这是一本

从保险行业走出来的律师

写给保险从业者和保险法律实务工作者的书

法 眼
看保险

人身保险合同
合规销售指引
和
实务问题精析

闫 准——主编

法律出版社 LAW PRESS · CHINA

图书在版编目(CIP)数据

法眼看保险：人身保险合同合规销售指引和实务问题精析／闫准主编. -- 北京：法律出版社，2021(2025.6 重印)
ISBN 978-7-5197-5529-4

Ⅰ.①法… Ⅱ.①闫… Ⅲ.①人身保险－保险合同－销售 Ⅳ.①F840.62

中国版本图书馆 CIP 数据核字(2021)第 066090 号

法眼看保险
——人身保险合同合规销售指引和实务问题精析
FAYAN KAN BAOXIAN
——RENSHEN BAOXIAN HETONG HEGUI XIAOSHOU ZHIYIN HE SHIWU WENTI JINGXI

闫 准 主编

责任编辑 张发靖 翁潇潇
装帧设计 汪奇峰

出版发行 法律出版社
编辑统筹 法规出版分社
责任校对 王 丰
责任印制 耿润瑜
经　　销 新华书店

开本 710 毫米×1000 毫米 1/16
印张 26.25 **字数** 445 千
版本 2021 年 5 月第 1 版
印次 2025 年 6 月第 4 次印刷
印刷 天津嘉恒印务有限公司

地址：北京市丰台区莲花池西里 7 号(100073)
网址：www.lawpress.com.cn
投稿邮箱：info@lawpress.com.cn
举报盗版邮箱：jbwq@lawpress.com.cn

销售电话：010-83938349
客服电话：010-83938350
咨询电话：010-63939796

书号：ISBN 978-7-5197-5529-4
定价：88.00 元

凡购买本社图书，如有印装错误，我社负责退换。电话：010-83938349

编 委 会 成 员

主　编　闫　准

副主编　任司辉　赵梦鹤

编委会（按照姓氏拼音排名）

樊云亮　何　瑞　姬瑞明　梁　栋

聂心尚　冉纲瑞　王玉光　叶俊庆

于德水　张　虎　张金凤

序　　言

第一次听到闫准律师请我给他的新书写序言的时候，我满腹疑惑，通常律师都只在专业法律层面探讨问题，似乎和保险行销集团服务内容关联不大。但经不住好友推介，说一定要留出时间见见闫律师，也许会改变看法。

和闫律师见面，基本上都是我在问，闫律师负责回答。在一来一回的互动交流中，我了解了闫律师的学识和为人，清楚了这本书的内容和价值，我愿意把闫律师和他的著作推荐给大家。

闫律师是一个与众不同的律师。保险行销集团创办37年来，初心就是为全球华人保险从业者打造一个能永续经营健康发展的分享和交流平台，所以历届大会的分享嘉宾都是我们慎重邀请确保和保险的价值理念是匹配的。在这方面，闫律师个人的成长经历无疑让我非常认可。

他在保险公司工作了8年多之后，克服困难历经波折通过司法考试，律师执业后方向就确定为保险领域的法律问题研究，可谓初心不改。大陆保险行业发展至今在册的从业人员已经超过900万人，如果加上内勤员工，早已经超过1000万人，这么庞大的一个职业群体，销售的商品又是一件受到专业监管的保险合同，当然需要懂保险的律师为他们的合规展业提供法律支持，为他们的理赔纠纷提供法律帮助。作为一位从保险行业走出来的律师，一位专注于保险合规销售的律师，一位参与了大量保险实务操作和诉讼案例，把理论和实务相结合的律师，无疑他的经历更值得我们大家的关注。

闫律师的著作是一本与众不同的著作。这本著作，不是闫律师纯粹的保险法律理论研究，而是源于他个人经历的大量诉讼案例和私人银行客户的一对一法律咨询中总结提炼而成；源于他对保险从业者大量的内部人员培训、外部客户沙龙和咨询的知识体系升华与淬炼。阅读本书你会明白,一个既懂法律又懂保险的作者编写的书籍,对保险从业者而言是多么的友好:语言通俗易懂、逻辑缜密细致、读者对保险实务中那些似是而非的问题在本书中都能找到法律层面的相关回答与解释。

这本书从保险从业者的视角,不仅告诉读者如何借助法律和政策更好地说服客户,让销售有法可依有理有据,而且通过闫律师独特的编排体系、原创的法条解读和丰富的案例汇编,让读者了解保险诉讼纠纷的典型案例和司法观点,更好地开展合规销售,避免自己日后陷入理赔的纠纷之中,用正心正念走行业持续发展之路。

保险行业是一个需要从业者终身学习的职业,尤其是对需要借助法律知识提升销售档次的新时代从业者更是如此。也希望闫律师再接再厉,为保险行业的健康发展和保险从业者的永续经营贡献更多的优秀作品。

保险行销集团董事长　梁天龙

2020 年 11 月 22 日

前　言

这是一本从保险行业走出来的律师写给保险从业者促进合规展业的建议书,同时也是写给保险法领域的法律实务工作者研究人身保险合同问题的参考书。

笔者在从事律师执业之前,拥有8年多外资和中资寿险公司一线营销培训和机构管理经验。深知法律知识对保险从业者合规销售的重要性,尤其是高绩优保险营销员在面对客户销售和处理理赔纠纷时,对法律知识的强烈渴望与热切需求。

从事律师工作至今,笔者研发了一系列专门针对保险从业者利用法律知识进行合规销售的培训课程,在全国为数万金融保险行业学员开展现场培训;同时代理了大量人身保险合同纠纷,通过参与司法实务工作高质量解决人身保险合同纠纷,守护契约精神,化解社会矛盾。

从最初薄薄的学员培训手册,到今天40多万字的一本书;从一个偶然的想要出版图书的念想出发走到今天,历经三载,数易其稿,克服困难,终于问世。

和市场上同类型书籍相比,这本书在以下方面有显著的特点:

(1)**法律条文更新鲜**。本书成书过程中恰逢《民法典》及其一系列司法解释的出台,本书全部选用最新的法条及司法解释,务求让读者在援引法律条文时更放心,让本书具备更长时间的效力性参考价值。

(2)**跨界指导更实用**。本书通过两编的设计,以倡导合规理念为主线,从合同成立前的销售环节,到合同成立后的法律纠纷解决环节,全方位展示法律在保险展业中的独特价值以及当面临保险合同纠纷时司法机关基本的裁判观点，既满足保险从业者售前售中售后的全流程法律意见需求，又能让对人身保险合同纠纷和财富管理领域感兴趣的执业律师可以通过本书快速熟悉相关业务。

（3）**正本清源更合规**。面对保险行业盛传已久但似是而非的诸如“离婚不分、欠债不还”等营销观点，本书第一编根据最新的法律和政策规定，进行深入的梳理和思考，重新给出系统性法律意见。用法条汇编、法条解读、故事分享的方式，编写出一套从法律和政策角度讲解人身保险合同的销售流程，通过法律价值讲解而非利益引导讲解的方式给到保险从业者一种全新的合规销售方式。

（4）**解决问题更具体**。本书在第二编中以人身保险合同领域的22个实务问题（4个基本原则、8个基础知识和10个热点难点问题）为中心，以法条汇编、法条解读和典型案例“三位一体”进行全方位延伸阅读。围绕这些实务问题，笔者对法条进行重新编排并展开专门的解读，在解读法条的过程中把这22个大问题拆解成超过100个更加具体的小问题，力求更清晰的指导实务、更精准地解决问题和更生动的呈现文字。

（5）**案例选择更典型**。为了让读者对相关法律观点的理解得更清楚，本书选编了60个典型司法案例。这些案例的选编标准，是笔者和编委会成员在200多个案例中根据时间远近、典型程度、裁判说理详细和清晰度等多个指标综合选定的结果。在选进本书时，不可避免地对原有案例进行细节处理。同时提醒读者，这些案例只作为论证笔者司法观点使用，可作为同类型案件的裁判参考，但由于我国不是判例法国家，所以不能作为判断案件胜负的直接和唯一依据。

如果说书籍是最廉价的奢侈品，那么阅读就是性价比最高的学习成长方式。本书的出版，权当抛砖引玉，倘若因此能够促使更多的保险从业者更加合规地执业，激发更多的律师同行参与到人身保险合同领域的实务研究，我将深感荣幸。

鉴于笔者有限的专业研究能力和对法律条文理解的不足，加上时间和资料的限制，书中不可避免存在缺陷甚至错误之处，恳请读者朋友批评指正。

闫　准

2021年3月15日于河南郑州

目·录

CONTENTS

第二编　人身保险合同重点法条解读及司法观点汇总

第一编

人身保险合同的法律价值分析和科学认知

第一章　从法律和政策角度解读人身保险合同销售流程

根据笔者连续多年对贝恩资本、招商银行联合发布的《中国私人财富报告》数据的分析，尽管受到新冠疫情对经济增长的影响，但是我国高净值客户数量仍在快速增长。2022年，可投资资产在1000万元人民币以上的中国高净值人群数量达316万人，人均持有可投资资产约3183万元人民币，共持有可投资资产101万亿元人民币，2020—2022年年均复合增速为10%，而新冠疫情之前的2018年，这个数字还只有197万人。伴随改革开放40多年的不断推进，政府对经济的管制逐步放松，民营企业家的创富热情不断被点燃，国富民强、藏富于民的改革目标正在逐步实现。这是改革开放的成果，也是实现中国梦的最好注解。如果说过去的40年国家关注的是经济的快速增长、民间个人关注的是财富的增加，那么在接下来的新时代里，国家关注的是经济的高质量增长，个人必须要关注的是财富的科学管理问题（包括依法保全、科学传承等方面）；如果说过去的40年我们的首要任务是做大蛋糕（做增量发展），那么接下来的新时代我们的首要任务就是如何将蛋糕切得更加公平公正（做存量分配）。

随着财富的不断增加，如何安全地保护财富、如何科学地传承财富、如何避开政策调整的风险、如何应对税收征管的问题已经成为整体上缺乏安全感的中国富人阶层头顶去不掉的“紧箍咒”。为了让“有恒产者有恒心”，2016年11月4日，中共中央、国务院发布了《关于完善产权保护制度依法保护产权的意见》，明确指出：加快完善产权保护制度，依法有效保护各种所有制经济组织和公民财产权，增强人民群众财产财富安全感，增强社会信心，形成良好预期，增强各类经济主体创业创新动力，维护社会公平正义，保持经济社会持续健康发展和国家长治久安。

2017 年 10 月,在党的十九大召开之后,中国特色社会主义进入新时代。针对以上问题,十九大报告作出了这样的战略性描述:鼓励勤劳守法致富,扩大中等收入群体,增加低收入者收入,调节过高收入,取缔非法收入。一方面,党和政府会加强措施保护公民的合法财产性收入增加;另一方面,对于高收入阶层要进行调节,对非法收入坚决予以取缔。在全面依法治国的时代,要实现对过高收入的调节以及非法收入的取缔,必须通过税收和法治的手段依法进行。

2021 年 7 月,在庆祝中国共产党成立 100 周年大会上,习近平总书记指出:着力解决发展不平衡不充分问题和人民群众急难愁盼问题,推动人的全面发展、全体人民共同富裕取得更为明显的实质性进展!如何实现共同富裕,在当年 12 月的中央经济工作会议上,他进一步强调:首先要通过全国人民共同奋斗把“蛋糕”做大做好,然后通过合理的制度安排把“蛋糕”切好分好。

中国特色社会主义进入新时代以来,世界正经历百年未有之大变局,国际冲突日益增加,地缘政治摩擦不断加剧,反全球化浪潮之下引发全球供应链体系重塑,国内外环境面临新挑战。面对新形势,我们继续对外坚持开放,对内进行改革。开放的大门不会关上,改革的脚步不会停止。一方面通过立法让高净值人群稳定预期,保护他们的合法私有产权,比如《民法典》出台、《公司法》修订;另一方面加强金融监管,防范系统性金融风险,保护金融资产安全,比如《关于规范金融机构资产管理业务的指导意见》(以下简称《资管新规》)打破刚性兑付,投资者教育和适当性司法原则确立;强化税收征管,强调税收在实现共同富裕过程中不可替代的作用,为此加快进行以“金税四期”为代表的大数据征税系统升级和以增值税、消费税为代表的税种改革,以及《税收征收管理法》的进一步修改。

在可预见的未来,运用税收的二次分配制度,实现富人多缴税,穷人不缴税,中等收入群体适当缴税,最终实现一个中间大、两头小的“橄榄型”社会分配结构,既是社会主义公平正义的基本要求,也是走向共同富裕的必由之路。

第一节　如何切入人身保险合同销售话题

我们讨论的国家宏观的社会治理和大政方针,似乎与保险从业者关心的话题有些遥远,有距离感。正是这些距离感的存在,拉开了绩优高手和普通营销员的差距。因为财富不是勤奋的奖赏,而是认知的补偿。当我们决定实现个人大单的突破,注定需要突破我们现有的认知层次,站在更高的层次上思考问题,和我们的高净值客户一起,焦虑他们的焦虑,关心他们的关心。否则我们也只能是"望单兴叹",空有客户资源而不敢去讲解营销。

面对高净值客户,我们需要具备宏观政策的解读能力,学会分辨自媒体博主对财经信息的分析是胡说八道还是严谨分析的能力;我们需要不断提升认知层次,直到超越高净值客户;我们也需要尊重大额保单的签单规律,"万丈高楼平地起",学会把宏观政策当作日常切入保险话题的能力。

一、顶层设计

"顶层设计"原为工程学术语,本意是统筹考虑项目各层次和各要素,追根溯源,统揽全局,在最高层次上寻求问题的解决之道。"顶层设计"在《中共中央关于制定国民经济和社会发展第十二个五年规划的建议》中首次出现,从此变成一个非常形象的政治术语。我们的改革开放事业从最初的"摸着石头过河"到如今的顶层设计,正好说明社会主义新时代的发展是有章可循、有条不紊的,是先有"蓝图"后有步骤实现的。

2016 年 3 月 16 日,第十二届全国人民代表大会第四次会议通过《中华人民共和国国民经济和社会发展第十三个五年规划纲要》,在该纲要第 63 章"缩小收入差距",第 3 节"规范收入分配秩序"中,提出"保护合法收入,规范隐性收入,遏制以权力、行政垄断等非市场因素获取收入,取缔非法收入。严格规范工资外收入和非货币性福利。全面推行非现金结算,建立健全自然人收入和财产信息系统,完善收入统计调查和监测体系"。

2017 年 10 月 18 日,中国共产党第十九次全国代表大会在人民大会堂开幕。习近平总书记代表第十八届中央委员会向大会作了题为《决胜全面建成小康社会　夺取新时代中国特色社会主义伟大胜利》的报告。习近平总书记在报告中指出:鼓励勤劳守法致富,扩大中等收入群体,增加低收入者收入,调节过高收入,取缔非法收入。

2019 年 10 月 31 日,中国共产党第十九届中央委员会第四次全体会议通过《中共中央关于坚持和完善中国特色社会主义制度　推进国家治理体系和治理能力现代化若干重大问题的决定》,在第 6 章中重申:"坚持按劳分配为主体、多种分配方式并存。鼓励勤劳致富,保护合法收入,增加低收入者收入,扩大中等收入群体，调节过高收入，清理规范隐性收入，取缔非法收入。”第一次提出“清理规范隐形收入”的概念。

2020年10月29日，中国共产党第十九届中央委员会第五次全体会议通过《中共中央关于制定国民经济和社会发展第十四个五年规划和二〇三五年远景目标的建议》，在第12章“改善人民生活品质，提高社会建设水平”中再次勾勒出未来的“蓝图”：“完善再分配机制，加大税收、社保、转移支付等调节力度和精准性，合理调节过高收入，取缔非法收入。发挥第三次分配作用，发展慈善事业，改善收入和财富分配格局。”

2021年3月24日，中共中央办公厅、国务院办公厅印发《关于进一步深化税收征管改革的意见》，此次改革目标为：到2022年，在税务执法规范性、税费服务便捷性、税务监管精准性上取得重要进展；到2023年，基本建成“无风险不打扰、有违法要追究、全过程强智控”的税务执法新体系，实现从经验式执法向科学精确执法转变，实现从“以票管税”向“以数治税”分类精准监管转变；到2025年，深化税收征管制度改革取得显著成效，基本建成功能强大的智慧税务，形成国内一流的智能化行政应用系统，全方位提高税务执法、服务、监管能力。

2021年10月15日，习近平总书记在光明网发布的《扎实推进共同富裕》一文中指出，要深入研究不同阶段的目标，分阶段促进共同富裕：到“十四五”末，全体人民共同富裕迈出坚实步伐，居民收入和实际消费水平差距逐步缩小。到2035年，全体人民共同富裕取得更为明显的实质性进展，基本公共服务实现均等化。到本世纪中叶，全体人民共同富裕基本实现，居民收入和实际消费水平差距缩小到合理区间。

二、制度建设

宏观的战略需要具体的战术进行落地实施。梳理一下自党的十九大以来在最高政治文件中的顶层设计与战略构想，从“规范收入分配秩序”到“清理规范隐形收入”，从重视“二次分配”到首倡“三次分配”，改革的方向日益清晰而坚定，改革的配套制度建设也逐步出台并日臻完善。

(1)个人收入和财产信息全面采集。2017年5月23日，中央全面深化改革领导小组第三十五次会议通过了《个人收入和财产信息系统建设总体方案》。

中国社科院财经战略研究院研究员杨志勇认为，该方案中涉及的个人收入和财产信息采集至少应包括自然人的登记信息（包括户籍、任职等），代扣代缴信息，自行申报信息，基金、股票以及其他投资信息，房地产车船信息，社会保障信息，教育信息，保险信息等各类涉税信息。

普华永道中国个人税务咨询合伙人张健菁认为：这个系统就是在现有信息的基础上，把个人的所有收入汇集在一起。加强对高收入者的收入征管也是这套系统应用的目的之一。个人收入和财产信息系统建立的基础是每个自然人都有一个纳税人识别号，以便把个人收入财产信息统一起来。

（2）自然人纳税人识别号制度建立。2015 年 1 月 5 日，国务院法制办发布《中华人民共和国税收征收管理法修订草案（征求意见稿）》。其中，新增了对自然人（自然状态下出生的人）纳税人的税收征管规定，首次建立自然人纳税人识别号（现行的居民身份证号码就是个人的纳税人识别号），未来将不断完善信息采集和数据共享。对于个人名下的全部动态收入、支出状况以及静态的财产持有状况，政府只需要在平台上输入居民身份证号码，则所有的个人名下的财产信息也就一目了然了。

2018 年修正的《个人所得税法》第 9 条第 2 款明确规定，纳税人有中国公民身份号码的，以中国公民身份号码为纳税人识别号。这一规定正式将居民身份证号码和纳税人识别号合二为一。

（3）自然人财产信息的全国查询平台建设。

一是不动产（此处只讨论居民住房）。2020 年 4 月，中国人民银行发布了《2019 年中国城镇居民家庭资产负债情况调查》，该调查报告显示：我国城镇居民家庭户均总资产 317.9 万元，资产分布分化明显；家庭资产以实物资产为主，住房占比近 7 成，住房拥有率达到 96%。与此同时，家庭负债结构相对单一，负债来源以银行贷款为主，房贷是家庭负债的主要构成，占家庭总负债的 75.9%。为实际掌握全国居民不动产持有状况，2015 年实施、2019 年修订的《不动产登记暂行条例》第 4 条明确规定，国家实行不动产统一登记制度。直到 2017 年 12 月 31 日，全国范围内的不动产统一登记中心才建设完成。紧接着，2018 年实施、2019 年修订的《不动产登记资料查询暂行办法》，标志着不动产全国范围内的查询有了具体的操作方案。而一旦实现真正意义上的不动产全国联网可查询，房地产税的实施也就没有技术上的障碍了。2023 年 4 月 25 日，自然资源部部长王广华表示，经过十年不懈努力，我国全面实现不动产统一登记，不动产统一登记制度体系基本成型。这意味着经过十年努力，从分散到统一,从城市房屋到农村宅基地,从不动产到自然资源,覆盖所有国土空间,涵盖所有不动产物权的不动产统一登记制度全面建立。

二是公司股权。与不动产查询相比,股权的查询比较容易。对于自然人在企业的股权持有状况,政府已经建立了"国家企业信用信息公示系统",查询人只需要登录网站就可以在该官方平台上查询自然人持有股权的情况。还有第三方App手机软件企查查、天眼查等都可以查询到自然人持股状态及该企业的经营情况等信息。

(4)私人财富的动态流转信息采集制度。

首先,2016年12月28日,中国人民银行发布《金融机构大额交易和可疑交易报告管理办法》,宣布自2017年7月1日开始,将原有大额交易报告的门槛从当日单笔或者累计交易人民币20万元以上(含20万元)的门槛调低至5万元人民币。

其次,国家外汇管理局决定于2017年6月2日正式实施《关于金融机构报送银行卡境外交易信息的通知》,要求自2017年9月1日起境内银行卡[包括但不限于借记卡、信用卡(贷记卡和准贷记卡)]在境外实体和网络特约商户发生的单笔等值1000元人民币(不含)以上的消费交易,发卡行应于北京时间每日12:00前报送上日24小时内本行银行卡境外交易信息。

最后,为规范银行卡境外大额提取现金交易,落实反洗钱、反恐怖融资、反逃税举措,进一步防范银行卡提取现金领域的违法犯罪活动,国家外汇管理局在2017年12月30日发布《关于规范银行卡境外大额提取现金交易的通知》(汇发〔2017〕29号)。从2018年1月1日开始执行新规则:①个人持境内银行卡在境外提取现金,本人名下银行卡(含附属卡)合计每个自然年度不得超过等值10万元人民币(原来的规定是每张卡每年可境外提现10万元人民币);②将人民币卡、外币卡境外提取现金每卡每日额度统一为等值1万元人民币;③个人持境内银行卡境外提取现金超过年度额度的,本年及次年将被暂停持境内银行卡在境外提取现金;④个人不得通过借用他人银行卡或出借本人银行卡等方式规避或协助规避境外提取现金管理。

(5)积极推动统一报告标准在中国的实施,加强国际合作,实现对境外金融账户的清查。统一报告标准(Common Reporting Standard,CRS)由世界经合组织(OECD)参照2010年美国政府实施的《海外账户税收遵从法》(FATCA)在2014年首次提出,旨在通过成员国间对在其本国的非税务居民的金融账户信息,以相互间情报交换的方式,实现加强全球税收合作提高税收透明度,打击利用跨境金融账户逃避税的违法犯罪行为的目的。根据国家税务总局的官网消息,截至2019年7月,已有106个国家(地区)签署实施统一报告标准的多边主管当局协议,其中,92个国家(地区)已开展相关信息交换。已签署国家(地区)包括中国香港、澳大利亚、加拿大、新加坡、瑞士等中国高净值人群境外投资的主要目的地,也包括英属维尔京群岛、开曼群岛等"避税天堂"。

2014年9月,经国务院批准,我国在G20财政部长和央行行长会议上承诺将实施统一报告标准,首次对外交换信息的时间为2018年9月。自2017年1月1日开始,中国政府正式启动对非中国大陆税务居民的身份识别以及涉及的金融账户信息的尽职调查。2018年9月30日前,中国将与其他参与CRS的辖区完成首次辖区间的涉税信息情报交换,以后每年都将定期进行辖区间的信息交换。可以预见,此后每年国家税务总局都会收到签订双边或者多边交换协议的国家和地区反馈过来的金融账户信息。这些金融账户信息的情报交换,将为我国政府打击贪腐、遏制跨境偷逃税的违法犯罪行为增添一把"利器";同时会对高净值人群的全球资产配置带来新的影响和挑战。对于高净值人士而言,未来可以全球资产配置,但必须符合现行外汇管制的规定,必须接受CRS的规则带来的全球资产透明化。

(6)国税地税合并,统一税收征管。2018年3月13日,国务院机构改革方案出炉。方案提出,改革国税地税征管体制,将省级和省级以下国税地税机构合并。国税地税机构合并后,实行以国家税务总局与省(区、市)人民政府双重领导管理体制。国税地税合并后,从纳税人缴税的角度来看,的确可以便利纳税人交税。以前是增值税跑国税,所得税跑地税,经常出现"交税两头跑"的局面。但是从另外一个层面来看,需要引起纳税人尤其是高净值人士们的关注:此次国税地税合并,实现了征税信息共享,能够有效提升税收征管能力,一个最直接的变化是社保由税务部门统一征收。2018年3月,中共中央印发的《深化党和国家机构改革方案》中明确指出,将基本养老保险费、基本医疗保险费、失业保险费等各项社会保险费交由税务部门统一征收。以税务机关强大的征管能力和多种执法手段,今后企业想要不缴、少缴社保将难上加难!这样既防止了税款流失,又加强了社保资金征收入账,可谓"一举两得"。

我国的财政收入90%来自税收,为加强税收征管力度,除了依靠机构的调整和科技的力量,人力的投入也是必不可少的。从2015年开始,全国税务系统公务员招录人数首次突破万人大关,随后逐年上升,到2018年,已经达到创纪录的17,701人,占当年全国公务员招录总人数的62%。

(7)史上首个个税汇算清缴来临。2019年12月31日,国家税务总局发布《关于办理2019年度个人所得税综合所得汇算清缴事项的公告》,明确了2020年3月1日至6月30日将要进行的2019年度个税汇算的具体事项。2019年1月1日,新修改的《个人所得税法》全面实施。这次个人所得税改革,除提高"起征点"和增加六项专项附加扣除外,还在我国历史上首次建立了综合与分类相结合的个人所得税制。合税制,通俗地讲就是"合并全年收入,按年计算税款",与我国原先一直实行的分类税制相比,个人所得税的计算方法发生了改变,即将纳税人取得的工资薪金、劳务报酬、稿酬、特许权使用费四项所得合并为"综合所得",以"年"为一个周期计算应该缴纳的个人所得税。年度终了,纳税人需要将上述四项所得的全年收入和可以扣除的费用进行汇总,向税务机关办理年度纳税申报和退(补)税,这个过程就是汇算清缴。简言之,就是在平时已预缴税款的基础上"查遗补漏,汇总收支,按年算账,多退少补",这也是国际通行做法。

如果经过汇算需要补缴税款,纳税人可以通过"个人所得税"手机App填报个人年度内的六项专项附加扣除支出,将包括子女教育、继续教育、大病医疗、住房贷款利息、住房租金和赡养老人的支出主动申报,以减少自己应当缴纳的税款。而这个过程,就是政府和纳税人双向互动的过程,纳税人主动提供个人和家庭信息给政府,政府根据规定给予相应税收优惠减免,纳税人得实惠,整个社会的税收遵从度提高,偷税漏税成为少数。政府了解了更多的公民财产信息,也就可以更加精准地制定政策,提升国家治理体系和治理能力的现代化。

(8)试点开展大额现金管理。2019年11月5日中国人民银行发布《关于在河北省、浙江省、深圳市试点开展大额现金管理的通知(公开征求意见稿)》,根据征求意见稿,试点为期2年,分地区分阶段实施。对公账户管理金额起点均为50万元,对私账户管理金额起点分别是河北省10万元、浙江省30万元、深圳市20万元。试点地区将逐步建立和规范大额取现预约、大额存取现登记、大额现金分析报告、监督检查等制度。

近几年来,虽然我国非现金支付业务迅速发展,但流通中现金总量平稳,大额现金交易量继续增长,大额现金支取成为流通现金的重要投放渠道。不过,越来越多的大额现金交易集中在特定领域、特定人群。人民银行相关人士表示,大额现金交易集中在特定领域、特定人群、特定时期,现金流通综合效率会降低。同时,大额现金广泛使用,容易被腐败、偷逃税、洗钱等违法犯罪活动利用,存在一定风险。专家表示,当下,发达国家已普遍把大额现金管理作为社会治理和国际合作的重要内容,采取从严从紧的管控措施,而我国大额现金管理仍存在监管覆盖面有限、法律效力不足等现象。大额现金管理在部分地区先行先试,有助于为建立大额现金管理长效机制奠定基础,逐步推广合理使用现金的理念。

(9)"银税互动"。如果说"金税三期"是政府给不依法纳税的企业"大棒"的话,那么"银税互动"就是政府给依法纳税企业的"胡萝卜"。现实情况下,一方面是中小微企业融资难,另一方面是银行放贷难。一般情况下,商业银行为了自身防控风险的需要,更愿意把资金贷给国有企业或者大型民营企业,其原因是中小微企业的财务状况不透明、坏账率高、抵押物不足等。久而久之,这种情况导致需要钱的企业贷不到钱,不需要钱的企业银行拼命给予授信额度,产生"贷款难"和"放贷难"的两难问题,严重影响了实体经济的发展。

2015 年,国家税务总局和银监会联合出台《关于开展"银税互动"助力小微企业发展活动的通知》(税总发〔2015〕96 号),为金融企业和守信用的小微企业搭起信用桥梁,破解融资难问题。具体的做法是:各地市级税务机关通过银税合作机制,定期向银监分局和银行业金融机构推送辖内小微企业的纳税信用评价结果,银行业金融机构也定期向银监会派出机构提供小微企业的有关融资信息。银行业金融机构对于税务部门推送的小微企业,要主动开展尽职调查,对于符合贷款条件的守信优质小微企业,优化贷款审批程序,简化贷款手续,提高贷款审批效率,加大信贷支持力度。"银税互动"项目将纳税信用与企业融资发展有机结合,使纳税信用成为小微企业的信用资产,提升了纳税信用的"含金量",彰显了诚信纳税的示范作用和激励作用。

税务部门每年依据主观态度、遵从能力、实际结果和失信程度 4 个维度近 100 项评价指标,对企业纳税人信用状况进行评价,评价结果由高到低分为 A、B、M、C、D 五级。税务部门按照守信激励、失信惩戒的原则,对不同信用级别的纳税人实施分类服务与管理。纳税信用评级越靠前,企业在融资贷款、税收优惠等方面享受的政策便利就越多。

(10)实施信用"红黑名单"和信用修复制度。2017 年 10 月 30 日,国家发改委联合中国人民银行发布《关于加强和规范守信联合激励和失信联合惩戒对象名单管理工作的指导意见》，明确提出建立守信联合激励对象和失信联合惩戒对象名单制度（以下简称“红名单”和“黑名单”制度），完善守法诚信褒奖和违法失信惩戒的联动机制。

从逻辑上来讲，所有的自然人或者法人企业，他们所有的个人财产信息和涉税信息，包括自然人的个人账户、企业对公账户以及在海外开设的金融账户都在政府的掌握之下，唯有诚实守信合法经营，敬畏法律及时履行司法判决，依法履行纳税人义务，才能作为被政府允许的交易主体参与市场经济运行。否则一旦失信，不仅个人财富无法保全，自己也将寸步难行，被全社会抛弃。

一旦被认定为失信者，是不是就意味着终身要顶着“失信”的帽子？政府一方面应当加强信用社会体系建设，另一方面也要为失信者提供自我纠错的机会，方法就是建立信用修复机制。比如 2019 年，国家税务总局印发《关于纳税信用修复有关事项的公告》，明确自 2020 年 1 月 1 日起，纳税人发生未按法定期限办理纳税申报、税款缴纳、资料备案等事项但已补办的，可在规定期限内向主管税务机关申请纳税信用修复。比如一旦被执行人积极履行生效法律文书确定的义务或主动纠正失信行为的，则可以申请执行机关撤销对自己的高消费限制，要求将自己的名字从失信被执行人名单中移除，恢复自己的正常社会信用，重新开始正常生活。

三、科技手段

工欲善其事，必先利其器。科技的发展极大地便利了人民的生活，人工智能、大数据、5G 技术的突飞猛进让中国的民族复兴速度大大提升，也给我们的社会治理插上了翅膀，以前所未有的快速度突破信息的壁垒和监管的死角，全面提升社会治理能力和治理体系的现代化。

（1）网联清算公司与百行征信。2017 年 8 月 29 日，网联清算有限公司在北京发起成立，注册资金 20 亿元。中国央行旗下 7 家单位，其中包括中国支付清算协会在内持有网联公司 37%股份，包括蚂蚁金服、财付通在内的 29 家第三方支付机构共持股 63%。网联的战略定位是为非银行支付机构设立统一的网络支付清算平台，建成后将一头对接 115 家持牌非银行第三方支付机构，一头对接近 300 家商业银行。这一中国独有的金融基础设施存在的意义就是把每年几十万亿元的非银行机构互联网支付业务纳入国家信息监管之下。

2017 年 8 月，中国人民银行支付结算司正式发布《关于将非银行支付机构网络支付业务由直连模式迁移至网联平台处理的通知》(银支付〔2017〕209号)。通知要求银行及各金融机构要在2017年10月15日前完成接入网联平台和业务迁移相关准备工作。而支付机构受理的涉及银行账户的网络支付业务全部通过网联平台处理的最后期限为2018年6月30日。从此以后,通过支付宝、微信等资金的往来将全部纳入金融监管之中,企业主再用支付宝或者微信收货款而不入对公账户将有据可查了。

百行征信有限公司(以下简称百行征信)于2018年3月19日在深圳注册成立,注册资本10亿元,是中国第一家获得个人征信业务经营许可的市场化公司,由中国人民银行批准并受其监管。其业务定位是专门从事个人征信、企业征信及相关征信产业链开发的信用信息产品与服务供应商。其主要股东和所持股份分别是:中国互联网金融协会持股36%,芝麻信用管理有限公司和腾讯征信有限公司等8家机构分别持股8%。

提到个人征信,很多人会联想到央行征信中心,央行征信中心是全球最大的征信机构,其数据主要源于以银行为主的传统金融机构。而在互联网金融飞速发展的今天,民间个人征信领域却是空白的。在信息不对等的情况下,每个人的信用成为"信息孤岛",好人无法被认识,坏人无法被甄别。百行征信的成立,正是为了填补这一空白,与央行征信中心形成有效补充,其成立的主要目的是构建一个国家级的基础数据库,把央行征信中心未能覆盖到的个人客户金融信用数据纳入其中,实现信息共享,以有效降低风险,完善民间个人征信制度。最终我们所有在网上的购物、支付、社交、出行、P2P、互联网金融等数据都会在百行征信进行有效的整合共享并形成每个人的数据信息。这些数据信息将直接服务于从事互联网金融个人借贷业务的机构、从事放贷业务的传统金融机构、司法机关与金融监管等部门、个人信息主体、从事征信和反欺诈服务的第三方机构。

所以在互联网"万物互联"的时代,百行征信让我们所有通过互联网以及第三方支付机构发生的交易信息都将正式纳入政府监管之下,让我们每一个人在大数据时代的信用记录成为极有价值的个人资源,打破"信息孤岛",降低交易成本。让诚信之人四处坦途,失信的人寸步难行。

(2)"金税四期"。1994年,我国启动了新中国成立以来最大的税制改革,正式确立增值税、营业税和消费税三大税种为主力的流转税体系,尤其是增值税,为推动增值税全面开征,国家正式启动金税工程。经过前面金税一期和金税二期的过渡性试点,到 2016 年,金税三期正式上线。金税三期实施过程中,经历了“营改增”,国地税合并,税务数据统一,也逐渐从最初的增值税覆盖到全部税种。金税工程也从增值税开始,最后成为集采所有税收数据的综合性税收系统。

金税三期征税主要依赖发票的核验,所以叫作以票控税,金税四期征税主要依赖资金的追踪,所以叫作以数治税,比如正在试点推进的全电发票(全面电子化数字发票)就是金税四期的核心,进入 2024 年,普通纳税人的一个直观感受就是纸质发票的消失,全部换成全电发票。以后的发票开具、报销、入账、存档全程数字化,发票“即时开具、即时交付、即时查验”。打个比方:纸质发票类似纸币,全电发票类似数字人民币,金税四期将会开启税务领域的“天网”时代。在可预见的未来,待数字人民币和数字发票相结合,到那个时候,一切交易,一切资金流向已经实质上不再需要税务局领导批准就可在监控之中,一个全新的真正以数治税的金税四期新时代就真的到来了。

(3)中国法定数字货币即将问世。2020 年 5 月 26 日,据中国人民银行官方网站消息,央行行长易纲在“两会期间”接受媒体采访时表示,目前,数字人民币(Digital Currency Electronic Payment,DCEP,中国人民银行暂未发行的法定数字货币)研发工作遵循稳步、安全、可控、创新、实用原则,先行在深圳、苏州、雄安、成都及未来的冬奥会场景进行内部封闭试点测试,以检验理论可靠性、系统稳定性、功能可用性、流程便捷性、场景适用性和风险可控性。但目前的试点测试,还只是研发过程中的常规性工作,并不意味着数字人民币正式落地发行,何时正式推出尚没有时间表。

DCEP 对普通人的生活影响体现在两个方面:第一,避免接触现金,加快无现金社会建设;第二,无限级追溯。DCEP 相对于银行账户体系具有更强的穿透性,有利于对资金的监督管理。比如,某村要修一条路,经过上级评估审批之后开始拨款,款项一级级往下拨,有的还有中央补助,最后项目负责人拿到手里的钱是不是打了折扣,没人知道。再如,红十字捐款、国家扶贫基金这种最终落实到个人的定向资助项目,人们只知道往机构账户捐款,却不清楚后续资金流向,即使有时候会公布捐款明细,但实际有没有“暗箱操作”,我们还是不得而知。以上一般都是通过某个或多个银行账户进行第一步操作,后续的资金流向很难全部监管。

面对这种情况,资金的透明就显得尤为重要,DCEP 作为央行数字货币,利用其可溯源的特性能有效追踪一笔资金的“前世今生”，如果想贪污或者制造假数据，那可能需要收买所有资金经手人，这显然不太现实。除了透明监管外，这样做还能大大提高资金流通效率，尽快地保证钱尽其用。更深远的还可以有效治理资本外逃、贪污腐败、偷逃税款、经济犯罪等问题。

四、总结

在依法治国的号角吹遍大江南北，一个个制度的漏洞正在被弥补的情况下；在大数据和人工智能时代来临，政府的管理正在通过拥抱科技使得效率大大提高的背景下；面对经济的波动和更加不确定的未来，中国的高净值客户逐渐从过去激进的财富创造阶段转向保守的财富管理阶段，他们的个人账户、名下企业的对公账户，还有曾经好不容易绕开外汇管制在海外设立的金融账户，将逐步曝光在政府的各种信息平台之上。如何在新形势下依法合规地保全自己日益庞大的财富，将成为新中国历史上第一批高净值人士遇到的历史性困惑。谁能够及早转变观念从关注创造财富到关注保全财富，谁又能在风险来临之前及时进行财富的科学传承和合法保全，将决定未来 30 年谁的家族在经历“创一代”向“富二代”传承后还能够继续家业兴旺事业长虹。在新形势下利用人身保险合同等金融工具进行现金资产配置，保全的不仅仅是财富的安全与传承，还有可能是下一次“东山再起”的希望。

第二节　如何沟通人身保险合同的功能和价值

——从人身保险合同的三种权利到 15 个法律价值

人身保险合同是万能的吗？它真的能做到“离婚不分”“欠债不还”“欠税不缴”吗？如何借助法律知识的解读给人身保险合同赋予更多的功能和价值？如何正本清源理性认识人身保险合同的功能和边界，不人云亦云，不以讹传讹？金融保险从业者们，任重而道远！

饱含为行业健康发展的责任和情怀，借助在保险和法律两个领域的实务经验，笔者决心从人身保险合同的外观入手，由表及里全方位多角度地剖析人身保险合同，梳理出人身保险合同内部三种权力各自分置的平衡状态，持续探究人身保险合同的法律和政策价值，最终形成人身保险合同的 15 个法律价值。

一、人身保险合同的三种权利

老子的《道德经》第42章讲:“道生一,一生二,二生三,三生万物。”当我们面对人身保险并且试图通过一种全新的逻辑来认识和解读它的时候,我们突然发现,人身保险制度也蕴含着丰富的哲学道理。

保险制度本为管理风险而生,是人类在风险管理领域最成功的制度创造,其本身具备极为独特和专属的理论设计,最终通过保险合同这个有形载体得以体现,故保险合同就是“一”;从这个“一”出发,我国《保险法》把它分为“二”,即合同的当事人和合同的关系人。保险合同因可以专为第三人利益而设定,故在一般合同的当事人之外,又多出了关系人的概念;再由当事人和关系人出发,我们发现一份人身保险合同除了保险公司这个单独的存在,与之相对应的会出现三种不同的人(投保人、被保险人和受益人),而且保险法围绕这三种不同的人进行了三种权利的制度设计,是为“三”。

在这个星球上,法律制度根据文明的演变和历史的发展,出现了两种不同模式的法律体系:大陆法系和英美法系。我国自清末至今,一脉相承学习的都是大陆法系的法律模式。所以,我国在保险合同立法制度设计上和大陆法系的典型代表国家和地区一样,比如德国、日本和我国台湾地区,都采用三分法。

具体而言,就是在人身保险合同中把笼统的消费者权利分为三份,分别赋予三种不同的人(投保人、被保险人和受益人),三者彼此独立又互相影响。也正因为这种创造性的权力分割,使人身保险在风险管理的效力上产生了几何倍数级的增长,创造出可以满足人类几乎所有风险管理需求的人身保险制度。

(1)投保人享有所有权。在人身保险合同中,投保人支付保险费和保险公司签订保险合同,是保险合同的当事人,所以当之无愧享有保险合同项下财产权益的所有权。投保人拥有保单所有权具体体现为:保险合同的任意解除权、保险合同现金价值的质押贷款等权利。可以说保险合同的“安危”系于投保人一身。

(2)被保险人享有被保障权。被保险人是以他自己的身体或者健康为标的享有被保障权利的人。在投保人另有他人时,被保险人不需要支付保费,法律赋予被保险人自己来决定由谁做自己的投保人的权利,具体体现就是被保险人或其法定代理人要签字同意和认可保险金额，这样既防止了道德风险的发生，又可以让被保险人获得既定的被保障权。这种制度，正是人身保险合同利他原则的具体体现，也是人身保险合同区别于一般合同的核心不同点。

(3)受益人享有受益权。受益人是由被保险人指定或者法律规定，在被保险人身故后享有向保险公司请求获得身故理赔金的人，所以一旦被保险人不幸身故，受益人的受益权就从一种期待变成了现实，成为可以向保险公司主张的债权。而受益人除了负有及时向保险公司提出理赔，配合理赔调查的义务之外，几乎全部是权利的享有。同时受益人之所以成为受益人，是因为他是被保险人在这个世界上最牵挂的人，被保险人自愿以自己的生命为代价，把自己的身故理赔金留给受益人，所以受益人最终由被保险人指定，法律对此不予干涉。

在一份普通的商事合同中，当事人也是受益人，所有的权利义务都集于一身，虽然更能直接地体现出对经济利益的追逐，比如合同目的预期达到，当事人获取大笔财富，实现自我价值。但同时这些财富也和自身的各种风险相对应。而人身保险合同创造性地把自我收益变成他人受益、把为自我保障变成为他人保障、把利益和风险有效隔离，实现了所有权、被保障权和受益权的各自分离又彼此关联的三角稳定状态，从而产生了一种几乎不需要承担责任却享有全部权利的超然利益存在体——受益人。从这个稳定的三种权利的状态继续递进，结合监管新规和政策解读，笔者首次提出的人身保险合同 15 个法律价值呼之欲出。

二、人身保险合同的 15 个法律价值

人身保险合同兼具金融与法律的双重属性。和其他持牌照经营的金融行业一样，银行业有《商业银行法》，信托业有《信托法》，保险业也有属于自己行业的《保险法》。

人寿保险既然属于金融行业的一员，自然要受到金融监管机关的行政监管，以确保行业的有序稳健运营，为整个社会经济发展提供最及时有效的风险管理工具。保险行业在整个金融体系中传统的定位就是回归保障和管理风险，在 2023 年 10 月召开的中央金融工作会议上，又史无前例地把保险行业定位更新为“经济减震器”和“社会稳定器”，在强调“保险姓保”的基础上，要求保险行业为中国式现代化高质量发展提供更创新的产品和更优质的服务。在高净值客户眼里，保险合同是在金融行业破除刚性兑付之后尚能安全兑付的金融工

具,是经济下行利率一降再降背景下尚能锁定收益的长期稳健理财选择,它应当是高净值客户追求财富保全和财富传承的必备工具,而不应当是用来博取收益的工具,所以人身保险合同应当是财富足球场上的守门员而不是前锋。

与此同时,人身保险合同又是以一份长期合同形式出现的法律契约,因为前文中呈现的三种权利的分配状态,使人身保险合同的法律价值大大拓展。这一部分,我们就尝试着通过对监管政策的解读和法律价值的阐述,对人身保险合同的功能进行更为全面的呈现。

(一)人身保险合同的安全赔付功能

【记忆要点】

2017 年 7 月召开的中央金融工作会议上,历史性地把防范系统性金融风险上升到国家安全的高度。紧接着 2018 年出台的《资管新规》,要求打破银行理财产品的刚性兑付。2021 年年底,3 年过渡期到期后,中国境内所有的保本保息类银行理财产品全部清零。尽管有监管的高压态势,但近年来的金融行业,包括部分村镇银行、信托公司包括头部第三方财富管理公司依然是雷声滚滚。而保险,不仅一如既往守护着客户的家庭财富安全,也通过《存款保险条例》规定,为 50 万元以内的银行存款的安全提供兜底保障,成为维护国家金融稳定的基石。

保险产品之所以能够确保安全,是因为人寿保险合同以人的健康和寿命作为标的的合同,合同的约定给付金额就是我们说的保额。这些保额的兑现不仅受到保险合同契约精神的约束,也受到《保险法》的立法保护,所以不会因为保险机构当年没有盈利甚至经营出现问题而不理赔或者少理赔。实务中,客户交给保险公司的是一点点保费,得到的是杠杆放大后的保额、源源不断的年金,这些都会远远大于所交的保费,成为实质意义上的刚性兑付。当然,在中国能确保刚性兑付的不仅有保险,还有 50 万元以内的银行存款和国债。

【正文理解】

什么是刚性兑付?当理财资金出现风险、产品可能违约或达不到预期收益时,作为发行方或渠道方的商业银行、信托公司等为维护自身声誉,往往通过寻求第三方机构接盘、用自有资金先行垫款、给予投资者价值补偿等方式保证理财产品本金和收益的兑付。

刚性兑付是一个极具特色的金融潜规则,它在为产品发行招徕大量客户的同时,也扰乱着金融市场规律。尤其是在市场化浪潮中,刚性兑付的成本已远超金融业的承受能力,产生了所谓的“系统性风险”。2017 年 7 月,国务院金融稳定发展委员会正式成立,这一机构的根本使命就是向党中央保证“守住不发生系统性金融风险的底线,确保国家安全”。

《资管新规》第 2 条明确提出:资产管理业务是指银行、信托、证券、基金、期货、保险资产管理机构等金融机构接受投资者委托,对受托的投资者财产进行投资和管理的金融服务。资产管理业务是金融机构的表外业务,金融机构开展资产管理业务时不得承诺保本保收益。出现兑付困难时,金融机构不得以任何形式垫资兑付。为确保《资管新规》的平稳实施,该指导意见规定存量业务的过渡期延长至 2020 年年底。2020 年 7 月,经国务院同意,人民银行会同发展改革委、财政部、银保监会、证监会、外汇局等部门,充分考虑 2020 年以来疫情影响的实际情况,在坚持资管新规政策框架和监管要求的前提下,审慎研究决定,将过渡期再延长至 2021 年年底。

2018 年 9 月 28 日,银保监会发布《商业银行理财业务监督管理办法》。其中第 3 条规定,本办法所称理财业务是指商业银行接受投资者委托,按照与投资者事先约定的投资策略、风险承担和收益分配方式,对受托的投资者财产进行投资和管理的金融服务。本办法所称理财产品是指商业银行按照约定条件和实际投资收益情况向投资者支付收益、不保证本金支付和收益水平的非保本理财产品。第 26 条规定,商业银行销售理财产品,应当加强投资者适当性管理,向投资者充分披露信息和揭示风险,不得宣传或承诺保本保收益,不得误导投资者购买与其风险承受能力不相匹配的理财产品。

2019 年 11 月 14 日,最高人民法院发布《全国法院民商事审判工作会议纪要》。第 92 条明确规定保底或者刚兑条款无效:信托公司、商业银行等金融机构作为资产管理产品的受托人与受益人订立的含有保证本息固定回报、保证本金不受损失等保底或者刚兑条款的合同,人民法院应当认定该条款无效。受益人请求受托人对其损失承担与其过错相适应的赔偿责任的,人民法院依法予以支持。

实践中,保底或者刚兑条款通常不在资产管理产品合同中明确约定,而是以“抽屉协议”或者其他方式约定,不管形式如何,均应认定无效。

通过政策研读,我们可以得出两个基本判断:第一,今后商业银行、信托机构的理财产品在销售时,必须向客户说明是不保本保息的,否则就是违规;第二,在文件指明的所有机构中,提到了银行和信托机构,提到了证券和保险资产管理机构,唯独没有保险机构。也就是说,在政府明确告知老百姓今后银行理财产品以及信托理财产品不可能再做到保本保息的时候(股票和基金自不待言),人身保险合同不仅可以做到保费的安全,还可以做到当保险事故发生时获得合同提前约定的加杠杆后的保额赔付。

人身保险合同为何在破除刚兑的背景下依然能保持安全兑付,如果保险公司自身出现经营困难,如何确保保险合同约定利益的如期兑现?近几年伴随短视频的兴起,很多自媒体博主为了博取流量罔顾事实和法律规定,以人身保险合同要打破刚兑为内容制造焦虑和恐慌,笔者认为有必要在此进行统一回复以正视听。

根据《保险法》第89条和第92条的规定综合分析可知:国家对于经营人寿保险业务的保险公司进行严格监管,如果真的有保险公司自身经营不善,其持有的人身保险合同是需要转让给其他保险公司继续履行的,关键是在转让环节,应当维护被保险人、受益人的合法权益。同时为进一步健全金融风险防范、化解和处置机制,2023年9月8日,在十四届全国人大常委会立法规划中,《金融稳定法》被明确列入第一类立法项目。截至2024年6月30日,《金融稳定法》二审稿已经正式公开征求意见,预计2025年正式通过并生效实施。在《金融稳定法》二审稿草案第24条,明确规定了处置问题保险公司的具体步骤、责任分工和风险处置资金来源,为人身保险合同的安全兑付从立法层面给予了更具操作性的保护措施。

(二)人身保险合同的杠杆放大功能

【记忆要点】

和其他金融工具一样,人身保险合同也自带杠杆,但是这个杠杆永远会正向放大,不会亏损;并且金额确定,不受保险公司经营波动的影响。

【正文理解】

一说到杠杆,熟悉金融业务的读者都不会陌生。金融行业的一个突出特点就是加杠杆。炒股炒期货时融资融券是杠杆、购买商品房时的按揭贷款是杠杆。杠杆操作其实就是负债操作,具有赌博性质。一旦赌赢了杠杆会把收益放大数倍,一旦赌输了杠杆也会把损失放大数倍,最后吞噬本金甚至破产。

人身保险合同也是一个自带杠杆的金融工具,但是这个杠杆永远会正向放大,并且放大的金额会以合同形式提前约定清楚,无亏损可预期,不受保险公司经营好坏的影响。根据被保险人的投保年龄和选择的险种不同,杠杆倍数也有所不同,不过永远是确定的放大的。比如航空意外险 80 元保费购买 500 万元保额,比如终身寿险 100 万元保费购买 2000 万元保额。

(三)人身保险合同的财富控制功能

【记忆要点】

对于尚处于创业期的高净值人士而言,绝大多数人的财富观念还停留在创造和拥有财富的阶段,创造财富会带来成就感,拥有财富会带来安全感!但是在非保险资产配置和安排的情况下,可能会因为一场诉讼使名下资产被查封被冻结甚至拍卖,也可能因为子女的一场婚变导致家族财富缩水一半甚至更多。要解决这个问题,就需要在拥有财富的基础上控制住财富。

人身保险合同是一种非常好的财富控制工具。其独特的投保人、被保险人和受益人设计让财富控制轻松实现。以年金保险为例:父母作为投保人把本来要过户到孩子名下的实物资产或者现金资产,以子女为被保险人的方式购买成年金保险保单。任何情况下只要父母在,这份保单的所有权和控制权都在父母手中,子女只有生存金受益权。无论子女将来是否婚姻幸福、是否挥霍败家,这笔钱永远都掌握在父母手里,子女只能获得每年固定领取的生存金,如果一切安好这就是孩子的教育金、婚嫁金,是伴随孩子一生的来自父母的爱;如果子女挥霍也只能按年支取不会一挥而就。真正实现拥有财富和控制财富的"双保险"。

【正文理解】

通常情况下我们要实现财富的传承,会把房子、公司股权直接过户给孩子,或者把现金直接交给孩子。用这样的方式的确可以把财富传承给想要传承的人。但是如果现金交付给了孩子,或者实名登记的财产过户给了孩子,一旦孩子发生婚姻风险或者人身风险,这些财产就会被分割被继承;或者在孩子已经成年的情况下被他挥霍败家,父母却很难阻止。而人身保险合同则可以规避这个问题。

在利用保单进行财富管理这件事情上,我们应该利用保险合同架构把权利进行一分为三的拆分。比如,我们把大额保单比作一套房子,投保人就是房子的产权登记人、被保险人就是房子的控制权人(当然现实中房屋的产权人通常就是房屋的实际控制人),受益人就是房屋的实际使用人。当一份保单被分成三份权利之后,被保险人的控制权就显得尤为重要,因为他掌握着谁有权在他身故之后以受益人身份来领取保险金的权利。当受益人领取受益金时,几乎不需要承担任何义务,却可以享有保险合同中最大的利益——保险金的请求权。相当于不花一分钱,就可以拥有这套房产的居住权一样的道理。而一旦这个受益人忤逆被保险人,被保险人随时可以把受益人换掉,确保自己的控制权地位不丧失。

在传统的商业社会中,控制权与所有权相分离的事情非常普遍。比如在《公司法》的有限责任公司内部管理中,股东投入资金获取公司股权,并以拥有的股权通过股东会的投票表决体现自己的所有权。但股东自己并不必然亲自参与公司经营,可以通过聘请 CEO 等职业经理人团队组成董事会对公司进行日常经营,股东通过对董事会和高级管理人员的任免和财务制度来体现自己对公司的控制权。这种模式,其实就是所有权与控制权的分离,但是在现实生活中,股东选聘的职业经理人往往存在道德风险,比如给自己制定不合理高薪、租赁超豪华办公环境、关联交易等损害股东所有权的事情。

而人身保险合同的保单所有权和控制权都在投保人手中,所以不存在上述的道德风险问题。

(四)人身保险合同的机构代持功能

【记忆要点】

原本是属于自己的财产,由于各种各样的原因不登记在自己名下,而是找一个自己认为信得过的人代为持有的方式就是资产代持。常见的有股权代持、房产代持、现金代持等。

资产代持就要找代持人,通常是自己信得过的家人、亲戚或者朋友等自然人,但是自然人做代持人会带来新的风险,如道德风险、不能对抗第三人的资产查封冻结风险,还有代持人离婚时代持资产被分割的风险。

人寿保险则不同。投保人把保费交给保险公司,相当于委托了专业的金融机构来代持这部分资产,等约定的条件发生时再以年金或者保额的方式给到受益人。有《保险法》和保险合同的存在,约束保险公司不会发生道德风险,保险公司作为一个法人机构也不会离婚、不会出现自然人死亡引发的财产继承,而且还有金融监管局的日常监管。所以比起自然人代持,保险公司做资产代持机构更安全、更放心。

【正文理解】

很多人为了把自己的财产和自己的债务风险进行隔离，会提早进行资产代持的安排。比如把自己名下的房子、车子、公司股权等资产登记在别人名下，然后为了防止代持人事后不承认，就签订代持协议。在代持协议不违反法律强制规定的情况下，就实现了自己所有的财产和自己的债务风险之间的有效隔离。

从风险管理的角度来看，代持的确是一种风险隔离的工具，但是自然人代持的最大风险就是不能对抗第三人，无论代持协议签订得有多完善。自己名下的财产如果登记在其他自然人名下，一旦这个自然人出现婚变或者涉及诉讼或者人身风险，这笔财产就可能被分割、被查封或者被法定继承。

人身保险合同配置其实就是一种委托专业机构进行的资产代持方式。投保人把保费交给保险公司，这份资产其实就相当于让保险公司代持了，而保单所有人仍然是投保人自己，并且所有的权益都记载在保险合同中。这种情况下，保险公司作为一个受到严格监管的金融机构，不会发生在自然人代持情况下的道德风险、离婚风险，也不会发生人身风险，就算保险公司自身破产清算也不会影响人身保险合同的安全。从而很好地规避了自然人代持的各种风险，而且又巧妙地运用代持规避了资产保全中的各种风险。

（五）人身保险合同的税收优惠功能

【记忆要点】

伴随2022年党的二十大会议的召开，以中国式现代化来推动实现共同富裕，成为未来30年我国社会治理层面的新基调。与此同时，一系列配套的改革措施也将快马加鞭地密集出台。比如以金税四期为代表的数字化税收征管措施，以房地产税为代表面向居民财产（财产持有和财富传承环节）进行开征的新税种等。过去，高净值客户做资产配置，只需要考虑资产的增值和收益，所以大量配置房地产、股权、股票、理财等资产。

而今时过境迁，传统的资产配置工具面临着大幅震荡和价值缩水的投资风险，再加上国家开始对居民财产进行征税的新形势，如果大量资产持有在手里，不仅不增值，还要每年缴税，那么税收就会成为加剧资产价值不断缩水的“腐蚀剂”。这个时候，保单作为资产配置的免税功能就凸显了出来。大额保单的价值会确定地与日俱增,而且大额保单无论持有环节,还是将来理赔环节都不涉及税收问题,是非常优质的免税资产配置工具。所以政府对税收的征管力度越大,人身保险的税收优惠功能就越突出。

【正文理解】

2018 年是中国改革开放 40 周年,也是中国先富裕起来的一批高净值家庭税收知识普及的元年。这一年,将实行 20 多年的国税和地税合并,共享税收信息,提升征管效率,但是税务系统的公务员数量不仅没有压缩编制,反而大举扩编。从 2015 年至今,国税系统在国家公务员考试中的招生数量常常占到当年的 60%以上,且人数逐年增加,2018 年更是达到空前的 17,000 多人。这一年,新修改的《个人所得税法》出台,在增设专向附加扣除给纳税人带来实惠的同时,也首次把反避税条款写进法律。这一年,因为“阴阳合同”牵扯出的范冰冰偷逃税事件,最终缴纳的罚款、滞纳金和补缴的税款合计超过 8 亿元人民币,税务机关通过舆论的渲染把加强税务征管的“尚方宝剑”高高举起。这一年,中国首次 CRS 信息交换,多年藏匿海外的高净值人士金融账户信息开始逐步被交换回来,全球资产透明时代来临。这一年,在多项税收征管措施严格执行之下,我国的税收在上半年以超过当年 GDP 两倍的速度增长(2018 年上半年税收整体增长幅度为 14.4%,个人所得税增长幅度 20.3%,同期 GDP 只有 6.8%的增幅)。这一年,根据财政部数据,前 7 个月累计个人所得税 9225 亿元,同比增长 20.6%。这个数据已经超过了 2015 年全年 8618 亿元的个税收入。

2019 年,加强税收征管的脚步并没有停止。2019 年 11 月 26 日,国家税务总局又出台新文件《税收违法行为检举管理办法》,第一次以规范性文件的形式鼓励大家对税收违法行为进行检举揭发。检举事项经查证属实,为国家挽回或者减少损失的,按照财政部和国家税务总局的有关规定对实名检举人给予相应奖励。2020 年 3 月 1 日至 6 月 30 日,我国迎来首次个人所得税的汇算清缴。纳税人将在指定日期前完成个税汇算申报,继而缴纳补税或申请退税,否则将影响个人的纳税信用评价结果。“今天你报税了吗?”正成为 2020 年新的问候语。

税收——一个普通中国人感觉很遥远的东西突然摆在了国人的面前,成为悬在每一个高净值人士头顶的一把“利剑”,而这一切显然来得太快,让他们长期坚守的应缴不缴或者少缴的“税务筹划”思维风险越来越大。新时代的税务筹划目标不是追求缴税额最小化,而是税后利益的最大化。

人身保险合同作为不可缺少的工具，在税收筹划领域的地位越来越重要。2018年修订的《个人所得税法》第4条第1款第5项明确指出：保险赔款免征个人所得税。所以受益人从保险公司获得的终身寿险和定期寿险理赔款、健康和意外险理赔款，均属于保险赔款故不缴纳个人所得税。而作为财富保全重头戏的年金类保险产品，被保险人作为年金保险的生存受益人，每年可以从保险公司把产生的年金领走，或者投保人作为保单所有人，也可以把保单产生的分红领走。从税收征管的角度来看，这些都应该属于收入，本来是应当缴纳个人所得税的。

虽然《个人所得税法》在第2条第6项和第3条第3项中提到了“利息、股息和红利所得应当缴纳20%个人所得税”，但在随后的《个人所得税法实施条例》第6条第6款中，又把利息、股息、红利所得明确界定为个人拥有债权、股权等而取得的利息、股息、红利所得。所以按照“法无禁止即自由”的原则，在法律对“红利”的理解仅限于“因为债权和股权”而产生的分红应当缴纳个人所得税的情况下，不能把“红利”扩大解释为保险红利。综上所述，在现有法律框架下，客户从保险公司无论是领取分红、年金，还是寿险赔款、健康及意外理赔款，都是不用缴纳个人所得税的。

除此之外，个人养老金和个人税收优惠型商业健康保险都可以在规定额度内，把所交保费在缴纳个人所得税之前税前列支，相当于购买了此类商业保险，提高了自己的个人所得税起征点。

（六）人身保险合同的定向传承功能

【记忆要点】

遗嘱是继承工具，而保险是传承工具。两者在财富传承中存在着明显的区别。和以遗嘱为代表的继承工具相比，大额保单作为传承工具有六大明显优势：

（1）大额保单可以确保传承资产的保值增值，避免实物资产在传承过程中因资产价值下跌而缩水的现象。

（2）大额保单可以保证财富分配的确定性，写明受益人、受益份额，实现定向传承。

（3）大额保单可以防止遗产被挥霍或者篡夺。通过约定身故受益金的领取方式和领取年龄，最大限度地保护受益人利益和完成被保险人生前心愿。

(4)大额保单的传承不涉及税收问题。根据《个人所得税法》的规定,受益人领取保险赔款不需要缴纳个人所得税。同时,保险金不属于遗产,即使未来开征遗产税,受益人领取保险金时也不需要缴纳遗产税。

(5)大额保单的保密性好。遗嘱最终是需要向所有的法定继承人公开的,一旦有人反对必然掀起继承纠纷;而大额保单则不需要公开,保险公司理赔时只通知受益人。

(6)大额保单的传承时效性强。遗产继承纠纷处理起来少则一年半载,多则数年以上,而大额保单理赔仅需要 30 天。

【正文理解】

遗嘱是一个人在生前对于其身后财产的法律安排,无论多少财富也无论是什么类型的财富,只要是个人的合法财产且不违反法律强制规定,都可以通过遗赠或遗赠扶养协议的方式给到想给的任何人,或者按照自己的意愿在法定继承人之间以遗嘱的方式进行财富的分配。正因为遗嘱的生效是以立遗嘱人身故为前提,也由于遗嘱本来就不是在所有继承人间平均分配财产。所以立遗嘱虽然相对容易,但遗嘱却无法避免这些继承人为争夺遗产而对簿公堂,还有很多遗嘱被法院认定无效而重新走法定继承,最后纷争不断、亲情撕裂。

人身保险合同在财富传承中相当于一份确定的没有争议的遗嘱,因为客户选择人身保险合同传承财富,其实相当于把自己的一部分现金财产交给了保险公司,委托保险公司作为自己的遗嘱执行人,在保险事故发生时由保险公司按照保险合同中的约定,把保险金按照事先在保险合同中指定好的受益人以及受益份额和受益顺序进行给付。用人身保险合同作为遗嘱传承财富好处如下:(1)人身保险合同可以确保资产保值。除了人身保险,几乎没有哪一个金融产品能保证在安全的前提下终身给付固定收益率(通常在保险合同中会约定一个保底利率,而且还是复利计息)随着时间的推移,最终这份财富也会越来越多。(2)人身保险合同可以保证财富分配的确定性和灵活性。对于人身保险合同来说,因为是指定受益人,保险公司直接按照合同约定把理赔款给付给受益人就可以了。遗嘱则难以保证这一点,即使是公证遗嘱也可能因为分配不均而造成纠纷。在灵活性方面,人身保险合同的指定受益人可以由被保险人生前任意变更,只要认为有变更的必要,只需要通知到保险公司即可生效。而遗嘱的变更虽可以通过后立的替代前立的遗嘱效力(《民法典》取消了公证遗嘱的最高效力),但是当被继承人年事已高,身体和智力不济的时候,很有可能无法再作出有效的意思表示，即使作出，法律效力也会大打折扣，从而引发纠纷。(3)人身保险合同可以防止遗产被挥霍或者篡夺。对于突然拥有巨额财富的年轻人来说，是否可以按照我们最初的意愿掌控财富，是否可以安全、长期地持有财富？或者未成年受益人获得巨额保险理赔金，很有可能被其监护人篡夺挪用，但对于人身保险合同或者保险金信托而言，可以实现由保险公司或信托公司分期、分批给付受益金，保证财富的安全定向传承。(4)人身保险合同财富传承的税费成本几乎为零。即使现在遗产税尚未开征，遗产继承过程中各项费用也不低，如请律师拟定遗嘱的律师费用，公证遗嘱本身的公证费用，最贵的是继承权公证费，按照继承财产的金额大小，再乘以一定的收费比例。财产金额越高，收费也就越高。而通过人身保险合同进行财富传承，在受益人来领钱的时候无须交纳任何费用也不用再进行继承权公证等程序。(5)人身保险合同的传承保密性好。法定继承和遗嘱继承，要把所有的法定继承人和遗嘱继承人召集到同一现场，即使遗嘱生前再保密，立遗嘱人身故后遗嘱必须向所有法定继承人公开。而保险公司在向受益人支付保险受益金时，只会通知受益人及其法定监护人，不会通知其他任何人到现场。(6)人身保险合同的传承时效性强。传统继承的时间长，从身故到葬礼，再办继承权公证以及过户，一切顺利至少也要一年半载。如果发生纠纷，则要更长时间。但保险公司理赔很快，只要理赔手续(受益人身份证明，被保险人死亡证明等)齐全，按照法律规定 30 天内保险公司就要完成理赔工作。著名国画大师许麟庐涉及 72 件名人字画，标的额高达 21 亿元的遗产继承纠纷案，经过一审、二审、重审、再二审，历时 4 年之久才尘埃落定就是明证。

(七)人身保险的非遗产传承功能

【记忆要点】

2021 年 1 月 1 日正式施行的《民法典》中，在继承编里首创了遗产管理人制度。它规定了当一个人去世之后，所有的遗产并不直接发生继承的效果，而是先由遗产管理人统一管理，给国家缴纳税款和清偿债务之后，最后剩下的再按照遗嘱或者法律规定分配给继承人。

由此可知，《民法典》新时代，遗产继承面临着诸多不确定性以及过程中居高不下的成本(包括税务成本、时间成本和管理人费用等)，而人身保险合同通过指定受益人方式留给受益人的保险金不属于遗产，不需要进行复杂的遗产管理人程序，传承程序更加高效和确定。

【正文理解】

随着我国公民个人财富积累与人口老龄化趋势的交织演进，遗产管理已成为关乎公民财产权益和社会和谐稳定的重要议题。遗产管理人作为连接逝者与继承人间的重要桥梁，其责任之重不言而喻。遗产管理人可以管理和保全财产，设立专业遗产管理人后，能够尽快通过清点、盘存、编制清册确定遗产范围、保全遗产价值；遗产管理人可以维护遗产权利人的利益。遗产管理人在接管遗产后，需要对遗产进行妥善管理、清算，避免遗产遭受损毁、灭失，并为被继承人收取债权、偿还债务；遗产管理人可以避免遗产纠纷或无人继承情形下的纠纷。以上这些都是遗产管理人的社会意义和价值，但是对于期待拿到更多遗产份额的继承人而言，遗产管理人介入后的遗产继承，意味着要承担更多的继承成本（比如管理人费用、税费）和面临更多的继承程序（比如要先产生出遗产管理人然后再启动继承程序）等。

用非遗产的方式进行财富传承，就可以避开遗产继承的种种法律成本，实现财富的确定传承。以大额保单为例，通过大额保单进行财富传承可以非常明确的体现四个确定性。(1)定向传承。大额保单指定受益人制度，可以完美实现传承过程中的指定到人，无须考虑复杂的法律规定，完全可以按照自己的心愿进行指定和变更受益人。(2)定量传承。遗产的财富传承是有成本的，比如要支付管理人费用、要缴纳税款（比如遗产税和赠与税），要清偿生前所欠债务等，最后到继承人手里的可能只是其中一部分而已。但大额保单的财富传承是不需要考虑以上问题的，受益人从保险公司领取的保险金不是遗产，也不需要自己缴纳个人所得税，是一笔合法免税的个人财产。(3)定性传承。大额保单以指定受益人的方式进行财富传承，受益人领取的保险赔款是属于他的个人财产，这样就避免了受益人婚内领取的保险金，在日后离婚时作为夫妻共同财产被分割的可能。(4)定时传承。遗产的财富传承时间是不确定的。因为管理人对遗产的统计和确认需要时间、处理被继承人生前债权债务需要时间，如果继承人对遗产管理人的工作或者对遗产的分配份额不满意，又会进行旷日持久的诉讼（例如国画大师许麟庐家族的遗产纠纷诉讼就进行了四年多才结束）。而以大额保单为代表的非遗产传承工具就不存在以上问题，因为按照法律规定，保险理赔时效是 30 日。

(八)人身保险合同的债务隔离功能

【记忆要点】

“父债子还天经地义”,这句话的前提是父亲生前欠债,但留有遗产给儿子,那么儿子要继承父亲的遗产就必须要在继承遗产的范围内先偿还父亲的债务。比如继承房屋要先还清银行按揭贷款就是这个道理。

根据《保险法》的规定,在指定了受益人的情况下,保险金不算作遗产。既然不算作遗产,作为受益人的子女从保险公司获取受益金时,就可以不用偿还作为被保险人的父母生前欠下的个人债务。这一规定切断了债务的代际传递,规避了财富传承中的债务风险,实现了传承财富而不是传承债务的目标。

【正文理解】

我们通常说“父债子还天经地义”,但是在通过人身保险合同解决资产保全方面可以做到“父债子不还”。比如张三是一个有钱人,临终时通过遗嘱给自己的儿子留下一套价值 1000 万元的别墅。之后,儿子拿着遗嘱去不动产登记部门要求按照遗嘱继承其父亲名下的房产并进行房产过户。就算不动产登记部门对遗嘱效力不产生异议,可是在办理过户时一查询发现这套房产作为张三的个人遗产,在其去世时尚有 200 万元的银行按揭贷款没有还完。在银行的实务操作中,房屋要想在有按揭贷款的情况下进行产权变动,必须把按揭贷款先还上才行。此时这套别墅就是张三留给儿子的遗产,而 200 万元的按揭贷款就是其留下的个人债务,按照我国《民法典》第 1161 条的规定,继承人以所得遗产实际价值为限清偿被继承人依法应当缴纳的税款和债务。所以张三的儿子要想把这套别墅过户到自己名下,必须先拿出 200 万元偿还给银行,如果未来开征遗产税和房地产税,还要把应缴的税款缴清,最后才是办理过户。这几项费用加起来,很有可能张三的儿子需要拿出 500 万元以上的现金才能把别墅过户到自己名下。所以张三留给儿子的到底是财富还是债务?恐怕连张三自己也想不到还有这么多的额外费用支出。例如,上市公司富贵鸟公司前执行董事林国强遗产继承案。因林国强在富贵鸟公司累计向银行借款 2.9 亿余元的债务中做了担保人,2017 年 6 月,林国强去世。林国强去世后,银行提出诉讼请求要求其配偶及子女作为第一顺位继承人在继承遗产范围内承担连带清偿责任。2017 年 12 月,林国强子女到法院声明放弃继承权。林国强所有遗产全部被债权人执行。

如果张三留给自己儿子的不是别墅，而是以儿子作为受益人的1000万元保额的人身保险合同，保单情况会有什么不同？张三作为被保险人身故后，张三的儿子作为受益人从保险公司领取的1000万元不认定是张三的遗产而是保险受益金。既然不认定为遗产，无论张三生前的债务有多少，其儿子也就没有替张三偿还债务的义务。这个结论的依据是《保险法》第42条：被保险人死亡后，没有指定受益人，或者受益人指定不明无法确定的，保险金作为被保险人的遗产，由保险人依照《民法典》的规定履行给付保险金的义务。反之，既然有指定受益人，保险金就不是遗产，自然不用清偿被保险人生前债务。

以上论述的是在财富传承阶段大额保单的债务隔离。在创造财富和管理财富阶段，企业家们要做好家业企业之间的风险隔离，应当通过搭建科学的公司股权架构（比如避免用自然人直接持股、搭建家族公司持股架构等）避免个人为公司债务担保、购买大额保单等多种工具组合使用来实现。比如一旦企业出现债务违约，在没有其他途径获取资金财产情况下，可以通过保单贷款以最快的速度，而且无须抵押和担保的方式拿到现金，实现债务清偿，此时的大额保单就是企业家债务纾困的“及时雨”。

（九）人身保险合同的家庭矛盾化解功能

【记忆要点】

幸福的家庭都是相似的，不幸的家庭则是各有不同。家庭不仅承载着亲情和财富，也会有矛盾和争端，甚至会出现家庭财富越多，矛盾也越多的情况。比如蓝翔技校老板、真功夫老板的家庭矛盾，所以企业家不仅要具备高财商，更要具备高情商，当一个人的创造财富能力大于管理财富能力的时候，财富无论对于家庭成员还是财富本身，都有可能是一种伤害。如果没有解决家庭矛盾的能力，又不想激化矛盾还想有所作为，那就要借助专业工具来实现。

人身保险合同独特的指定受益人制度设计可以实现这个心愿，尤其是面对复杂家庭客户需求时。在人身保险实务中，指定受益人有两种方式：一种是明确指定，把受益人指定为具体的个人或者机构（比如保险金信托中，信托公司就是保险金的受益人）；另一种是模糊指定，把受益人指定为一类人，比如填写受益人为“法定”，这样无论是父母、还是配偶，无论是婚生子女还是非婚生子女都是自己的法定继承人，也就都是自己保单的指定受益人。

【正文理解】

笔者曾经面谈过一个私行客户,引发了用保单来解决家庭矛盾的思考。一个“70 后”企业主,家里兄弟姐妹众多,父母倾其所有供其一个人读完大学,所以客户的家庭责任心很重,对母亲很孝顺。但自己的夫人和母亲合不来,客户不愿意自己的母亲天天和自己的媳妇斗智斗勇互相内耗,所以每月支付 1 万元给老家大哥,专款专用让老母亲在老家颐养天年。客户自己的身体状况不好,担心自己如果真的走在母亲前面,母亲的养老问题如何保障?于是想买一个保单,受益人写自己的母亲,又担心媳妇掌握家庭财政大权不会同意,不买保险又恐怕一次性给老母亲留下一笔遗产会被兄弟姐妹篡夺。

这个客户面临的困境可以通过以下两种方法进行解决。第一种是投、被保险人都写自己,受益人填写为“法定”或“法定继承人”,这样的话按照《保险法》司法解释三的规定:受益人约定为“法定”或者“法定继承人”的,以《民法典》继承编规定的法定继承人为受益人。也就是说,如果受益人填写为“法定”,相当于指定了全部第一顺序继承人都是自己的受益人。这样,如果客户在,客户就是母亲养老最好的保障;客户不在,母亲就是保单的当然受益人之一。只不过这个受益人隐藏在“法定”之后,不会因为妻子发现反对而导致保单无法落地。第二种就是通过保险金信托,保险合同过了犹豫期之后,和信托公司签订信托合同,把保险合同受益人变更为信托公司,并约定受益人及受益金支付的条件和期限,也能确保无论自己在不在,母亲有生之年每月都能收到固定数额养老金,确保在不增加家庭矛盾的情况下解决客户的需求。

(十)大额保单的智慧养老功能

【记忆要点】

用大额保单做养老,是智慧养老的体现,本质上是在利用保单架构中被保险人对受益人的控制权来实现。以增额寿险为例,随着被保险人年龄的越来越大,累计的保险金会越来越多,被保险人的身价也就越来越高,子女作为受益人享受的收益份额也越来越多,避免了久病床前无孝子的现象发生。一旦受益人是两人以上的情况下,根据《保险法》的规定,当被保险人的子女未来想拿到多少保险金份额,完全由被保险人自己说了算。用保险金份额作为控制手段,子女为了自己能获得更多的保险金份额,也会积极地在床前尽孝,让被保险人有尊严地度过晚年生活。哪个子女表现得好,就把收益份额多分一些给他;反之,则少分一些。

如此，通过一张保单，既可以实现让子女心甘情愿地表达孝心，又能让被保险人享受体面的退休养老生活，还能为子女赢得一个孝顺父母的好名声。这就是用保单做智慧养老的“一石三鸟”之功效。

【正文理解】

2020 年 11 月 20 日，中国保险行业协会发布《中国养老金第三支柱研究报告》。报告预测，未来 5 年至 10 年时间，中国预计会有 8 万亿元至 10 万亿元的养老金缺口，而且这个缺口会随着时间的推移进一步扩大。在第一养老支柱（社保）和第二养老支柱（企业）短时间内难有大的增长，而 2022 年我国出生人口 956 万，死亡人口 1041 万，“死亡交叉”正式来临，我国正式进入人口负增长时代，用第三支柱来弥补我国养老金储备的不足，鼓励民众利用第三支柱的商业保险进行自己的养老金补充成为官方和民间的共识。

养老问题的解决需要老龄人群有充足的养老金。但仅有充足的养老金并不是养老问题的全部。一个人奋斗了一辈子，到了失去创造财富能力的晚年，需要的不仅是锦衣玉食豪宅名车这些物质层面的需求，更是有尊严的体面的养老生活。前者是品质养老，而后者是智慧养老。

智慧养老的本质就是把财富控制在自己手里，通过商业养老保险实现自己的晚年幸福生活。比如银行存款 2000 万元用来养老，子女们张口问你要，你不可能拒绝，子女数量超过一个还要一碗水端平，最后的结果就是还未享受到自己的品质退休生活，钱已经被子女们用得差不多了。而且从人性的角度看，用 2000 万元存款来养老，不如月入 8000 元来养老。因为就算不借给子女，也会因为健康问题而导致久病床前无孝子的现象发生，因为他们也要生活。

如果换成用商业保险来养老，无论是增额终身寿险还是年金保险，伴随着被保险人年龄的增长，保单价值会越来越高，可领取的保险金会越来越多，所以子女们一定会期盼着父母寿命越长越好。而且根据《保险法》第 41 条的规定，被保险人有权随时指定或者变更受益人，受益人为多人时，可以指定或者变更受益份额和受益顺序。子女在赡养父母期间，为了获得更多的保险受益金或者收益份额，一定会孝顺父母。而且父母也可以每年从保险公司部分领取一部分养老金，用作激励子女常回家看看，满足自己天伦之乐的需求。

通过保险金的方式，实现在品质养老的基础上，给被保险人带来智慧养老的体验升级，确保每一个商业保险的被保险人都能拥有更有尊严、更有体面的养老体验。

(十一)人身保险合同的类家族信托功能

【记忆要点】

家族信托不同于信托理财,它是一种以家族财富传承为核心目的的信托计划,具有非常好的定向传承、资产隔离、防止挥霍和篡夺的功能。但是存在门槛太高、没有杠杆、不能分期交费,须配合信托机构进行尽职调查等特点。

人身保险合同的保单设计具有和家族信托非常近似的法律效果。投保人就是信托委托人、保险公司就是信托受托人、保险合同约定的受益人就是信托受益人。两者的法律名称不同,但是法律效果极为相似。不同点在于人身保险合同没有门槛限制可大可小、拥有杠杆还可以分期交费,方式更灵活,是一个人人都买得起的家族信托。

【正文理解】

信托的全称是“信任托付”,它既是一种财富管理方式(如通过信托公司进行财富传承)和法律行为(如股东出资聘请总经理管理公司),也是一种金融工具(如把资金交给专业机构进行理财)。信托和银行、保险、证券一起构成了现代金融体系。我们在此探讨的不是信托理财产品,而是以家族财富传承和保护而发展出的家族信托,它的出现实现了财富的所有权和控制权以及受益权的分离,并且通过和信托公司之间的信托合同约定,可以很好地达到防止财富传承过程中的家族内斗、防止信托受益人的挥霍、防止留给信托受益人的财产被第三人篡夺、通过财务激励实现良好家风等作用。

2018 年 8 月 17 日银保监会发布了《信托部关于加强规范资产管理业务过渡期内信托监管工作的通知》(信托函〔2018〕37 号),在这份官方文件中,有三大亮点值得关注:第一,首次以官方身份定义了家族信托。家族信托是指信托公司接受单一个人或者家庭的委托,以家庭财富的保护、传承和管理为主要信托目的,提供财产规划、风险隔离、资产配置、子女教育、家族治理、公益(慈善)事业等定制化事务管理和金融服务的信托业务。第二,明确了家族信托的门槛和形态。家族信托财产金额或价值不低于 1000 万元,受益人应包括委托人在内的家庭成员,但委托人不得为唯一受益人。第三,强调家族信托的法律属性,弱化理财属性。单纯以追求信托财产保值增值为主要信托目的,具有专户理财性质和资产管理属性的信托业务不属于家族信托。

2023年3月20日，银保监会正式公开发布了2023年1号文件《中国银保监会关于规范信托公司信托业务分类的通知》，明确信托业务分类改革将于2023年6月1日起正式实施。这是自《资管新规》后，监管部门对于信托业务正式出台的首个重磅文件，将信托业务分为资产服务信托、资产管理信托、公益慈善信托三大类25个业务品种。在资产服务信托里，财富管理服务信托是排在首位的分类项目，我们熟悉的家族信托、保险金信托就属于财富管理服务信托的新分类，而保险金信托更是首次在官方层面获得了身份确认。

家族信托虽好，但作为家族财富传承的顶层设计方案，门槛自然是不低的。国内一个标准的家族信托设立，起步资金就是1000万元人民币，而且是一次性交纳，没有分期、不能加杠杆，资金一旦支付给信托公司就转移了所有权，虽然可以很好地隔离风险但失去了自己的流动性。同时，由于在现金家族信托的设立中需要一次性1000万元以上的现金进入信托机构，所以为了确保信托资金来源的合法性，防止道德风险的发生，必须对信托资金的来源合法性和信托设立人的创富来源、法律风险进行全面的尽职调查，而且每一个家族信托都要进行信托登记，所以无形中加重了家族信托设立的手续烦琐程度。

人身保险合同和家族信托在功能上具有非常大的相似性。两者都可以通过受益人的指定对财富的所有权和受益权进行分离，通过把资金交给专业机构的方式实现所有权和控制权的完美结合。但是大额人身保险保单的门槛没有家族信托那么高，也不需要一次性交费，可以加杠杆，当需要资金的时候还可以保单贷款。所以和家族信托相比较，人身保险合同更容易落地操作、门槛也更低。

（十二）人身保险合同的婚姻资产保护功能

【记忆要点】

一对夫妻如果婚后不对财产作特别约定，那就是夫妻共同所有。无论是双方的工资收入、投资所得还是购买的房产都是共同财产，原则上就是一人一半。

人身保险合同则不然。以夫妻共同财产购买的保单，在夫妻离婚分割财产时和其他财产最大的不同是：其他财产的分割原则上是一人一半，而人身保险合同则不是分割保费，是分割离婚当时的现金价值。如果夫妻婚后以丈夫做投保人和被保险人把共同财产500万元保费交到保险公司，分割财产时现金价值只有100万元，丈夫只需要分割现金价值的一半也就是50万元给配偶，而不会是保费的一半。这样就人身保险合同财产而言,相当于在购买人身保险的范围内把夫妻共同财产合法地转变为个人财产了。所以婚后用夫妻共同财产给自己购买的人身保险合同,才是真正意义上的私房钱。

【正文理解】

很多人在结婚后都有存私房钱的习惯。但是这样会带来两个严重后果:首先是在婚后夫妻对共同财产没有作特别约定的情况下,婚后挣的钱都算是共同财产,辛辛苦苦存下的钱仍然属于夫妻共同财产;其次是保密性比较差,一旦被发现,势必引发夫妻矛盾,得不偿失。

如果在婚内想留下一笔属于自己的并且保密性高的私房钱,建议考虑人身保险合同。首先,从我国司法实务来讲:用夫妻共同财产购买的保单,离婚时应当作为共同财产进行分割,但是只分割该保单的现金价值(详见 2016 年 11 月 30 日《最高人民法院第八次全国法院民事商事审判工作会议纪要(民事部分)》)。举例说明,王某婚后用夫妻共同财产将自己作为投保人给自己购买了一份人身保险合同,年交保费 100 万元,5 年交费期满后保费合计 500 万元(此时该保单的现金价值是 200 万元)。夫妻离婚时,妻子主张对这份保单进行分割,按照该会议纪要此时只需要给妻子分割 100 万元,而不是 250 万元。这样的资产配置实现了在购买人身保险的范围内合法地将夫妻共同财产转化为个人财产的资产保全效果(注意:如果夫妻离婚期间或者关系破裂分居期间再以此操作购买大额人身保险保单,很有可能被法院认定为恶意转移夫妻共同财产,保险合同会面临被撤销的法律风险)。

其次,从人身保险合同销售实务来讲:绝大多数的家庭对于保险的认知是不够的,所以很少出现要投保时夫妻互相争做投保人的情况。实际上在用夫妻共同财产投保的情况下,尤其是离婚时保费已经交纳完毕的情况下,谁做投保人也就意味着这份保单的所有权就归谁支配。如果在销售时遇到客户说配偶不同意的时候,恰恰是一个非常好的销售机会。因为,如果配偶同意购买的同时又不要求自己做投保人,就可以光明正大地用夫妻共同财产为自己购买人身保险合同;如果配偶不同意购买,也可以把自己的私房钱拿出来购买。不管配偶是否知道,只要是在夫妻关系正常存续期间购买的保单,都是法律意义上的真正的属于自己的私房钱。就算要分割,也只是分割现金价值的一半,而自己可以通过人身保险合同保全绝大多数婚内资产不被分割,同时坐享保单后续全部预期的利益。

（十三）人身保险合同的保单贴现功能

【记忆要点】

通常情况下，人身保险合同的流动性都是通过保单贷款来解决的，但是保单贷款只能以现金价值的 80% 为限。如果想要更多，除了退保领取全额现金价值，别无他法。

有没有一种让人身保险合同的流动性放大数倍，以获取现金的方法？有，那就是保单贴现。在保单持有人（通常是投保人或者被保险人）急需大额资金的时候，可以通过保险交易市场把保单转让给保单投资人，以获取高于现金价值低于保额的现金救助（也就是保额打折的方式）。代价就是必须把受益人变更为保单投资人且不可撤销。

这一制度创新目前尚在监管机构征询意见阶段，一旦开始正式实施，将会让保单的融资功能极大地释放出来，全方位地满足保单持有人的资金需要。

【正文理解】

在理想世界里，一个完美的金融工具应当同时具备三个特征：安全性、收益性和流动性，但现实世界里不存在这三个特征同时具备的金融工具。如果有，多半有金融诈骗的嫌疑，以人身保险为例：安全性有保险合同中白纸黑字的保额或者生存金给予确定的保证；收益性有《分红保险管理暂行办法》第 12 条"保险公司每一会计年度向保单持有人实际分配盈余的比例不低于当年全部可分配盈余的 70%"的法律规定，同时国内多数理财型保险合同中也有保底利率的约定。那么流动性如何体现？传统的解决流动性的办法就是保单贷款或者退保。保单贷款通常是以现金价值的 80% 为限，而且本质上是以保单质押的方式向保险公司借款，到期仍然需要还本付息。而退保意味着解除合同并且丧失所有预期保障和收益。有没有一种更好的解决流动性的办法？

2018 年 1 月 2 日，中国保监会在其官方网站发布了《人身险保单贴现业务试点管理办法（征求意见稿）》，从官方渠道正式提出了保单贴现这一释放保单流动性的制度探索。首先我们需要先了解什么是贴现。贴现就是以支付一定成本为代价，把未来的钱拿到当下使用。比如，张三手里有一张商业承兑汇票，6 个月之后张三确定可以到某银行领取 100 万元。但是张三着急用钱，就以 80 万元把这张票据贴现给李四。张三亏掉的 20 万元就是张三的贴现成本，同时这 20 万元也是李四的贴现利润。保单贴现，是指保单贴现人（保单持有人)以保单满期给付折价或被保险人保险责任发生给付折价的方式,通过保单贴现机构将保单受益权转让给保单投资人从而获得贴现资金,当该保单满期或被保险人保险责任发生时,保单投资人可以领取保险金获得投资收益的交易行为。

《人身险保单贴现业务试点管理办法(征求意见稿)》第 3 条规定,保单贴现分为普通贴现和重疾贴现。普通贴现是指保单持有人无力续费或不愿意继续持有保单时,将其保单通过保单贴现机构转让给保单投资人从而获得贴现资金,保单投资人成为保单新的投保人和受益人,并承担保单到期前交费义务的交易行为。重疾贴现是指重大疾病患者将其持有的保单通过保单贴现机构转让给保单投资人从而获得贴现资金,用于解决医疗救治的财务需求,保单投资人成为保单新的投保人和受益人,并承担保单到期前交费义务的交易行为。第 9 条规定,保单贴现的产品类型包括普通型终身寿险、普通型两全保险和普通型年金保险。

在这一制度设计中,有三个主体:(1)保单持有人。是指对保单利益依法享有请求权的保险合同当事人,可以是自然人或法人,包括投保人和被保险人。(2)保单贴现机构。是指在保单贴现交易中提供专业咨询、保单价值评估、资金贴现、保单保全、保单追踪等一系列专业化服务的机构。(目前国内在保单贴现交易场所建设方面,具备交易条件的有两个:上海保险交易所和北京保险服务中心,其中在北京保险服务中心的官网上有关于保单贴现的详细业务流程介绍)(3)保单投资人。是指出资购买贴现保单的投资人,可以是保单贴现机构、其他机构投资人或个人投资人。保单贴现合同正式生效后,保单投资人成为贴现保单的不可撤销受益人。

通俗来讲,保单贴现是一种人身保险合同受益权的转让买卖。保险合同成立 2 年后到保险理赔发生前或保单期满前,保单持有人因为资金断裂或者身患重疾,将手中人寿保单以折价的方式、通过保单贴现公司卖给保单投资人以获取急需的现金(这笔资金会高于现金价值但低于保额),从而实现流动性释放。例如,王总今年 50 岁,在某保险公司以自己作为投保人和被保险人购买终身寿险一份,3 年交费,总保额 1000 万元,受益人是自己的儿子小王。按照保险合同的约定,王总无论以何种方式身故(两年内自杀除外),保险公司都要给王总指定的受益人小王 1000 万元保险理赔金。而且按照《个人所得税法》规定,小王拿到这 1000 万元还是一笔不用缴税的免税资金。

问题是王总购买保险5年后，个人突发债务危机，急需要500万元救急。如果此时现金价值只有200万元，那么依保单贷款王总最多可以拿出来160万元，退保则可以拿出来200万元，即便如此，与500万元也相去甚远。假如王总没有其他可供快速变现的资产还债，按照《人身险保单贴现业务试点管理办法（征求意见稿）》中的规定，他可以拿着保单到上海保险交易所找到保单投资人，声明自己要出售这张保单，价格是600万元。保单投资人接单后审核了王总的身体情况，最后评估同意以600万元现金购买这份保单，条件是王总要把受益人变更为保单投资人且不可撤销。

在保单贴现过程中，王总虽然把受益人让与了保单投资人，但是也在不发生保险理赔的情况下以远远高于现金价值的方式提前拿到资金救急；而保单投资人虽然支付了600万元的现金给王总，但是获得了未来在王总身故时确定的1000万元保险受益金的请求权，这是一个稳赚不赔的生意。

保单贴现源于20世纪80年代的美国，当时艾滋病在欧美国家暴发，很多美国人遭受艾滋病的威胁面临失业，当时美国的寿险保单基本是终身交费，一旦中断，辛辛苦苦几十年付出的保费将“清零”，由于这些人群都是艾滋病患者，医生已经对他们生命结束的时间给出了一个估值，于是这部分人群开始求助自己的亲友，希望将手中的寿险转让。亲友支付一定的金钱给病人，病人将受益人转为自己的亲友。有一部分投资者嗅到了其中金钱的味道，开始大肆收购这种保单，希望在艾滋病人过世后以受益人身份获得保险公司的理赔款，以此获得暴利！因此，保单贴现在这种环境下应运而生。

保单贴现目前在美国、英国、德国等发达国家已形成很大的市场。当保单持有人面临资金流动性需求时，可按照保单的市场价值，将保单受益权在二级市场上进行交易，转让给其他第三方收购保单的机构投资者，由此衍生出一批专业的机构专门从事保单的分析、估值和保单交易。为了让更多的投资人能够参与到保单贴现市场，于是一些基金公司将保单贴现基金引入金融市场，成为一种新型理财工具。

目前美国的保单贴现的市场规模约为3000亿美元。很多顶级的基金管理公司都参与其中，包括盖茨基金会、巴菲特的Berkshire Hathaway基金。从2016年的年报显示，这两家公司的另类项目投资70%以上的份额都是保单类投资。

在我国人口结构老龄化、个人预期寿命延长、基本医保保障不足、医疗费支出大幅增加的背景下，保单贴现可以增加获取养老金和筹措医疗费用的渠道，提高老年人晚年的生活质量;在经济下行不确定因素增加、商人们商海沉浮资金链发生危机的时候,如果能够提前给自己做一份商业保险规划,一旦遇到过不去的资金危机,外部救援已无可能的情况下,保单贴现可以让他们不必退保就可以获得资金来源,也可以间接成为保险公司应对退保风险的有利举措。

(十四)人身保险合同的股东互保功能

【记忆要点】

当一个创业公司的核心股东突发状况身故或者无法正常履职时,作为其他股东,是选择让这位股东的直系亲属都进公司当股东,还是选择用金钱补偿让他们退出公司,以保证股东结构的人合性?答案不言而喻,问题是很多公司没有这个专项的资金储备来应对类似的股东个人人身风险。

人身保险合同可以解决这个问题:根据公司章程或者股东会决议由自然人股东作为投保人和被保险人,受益人是提前约定好的其他股东,一旦股东个人发生人身风险,保险公司把保险受益金赔给其他股东,再由这些股东出面和股东家属谈判,用金钱补偿的方式实现股权内部转让,既实现了公司经营的稳定,又维护了股东家属的合法利益。

【正文理解】

根据2024年7月1日生效的新《公司法》第90条规定:自然人股东死亡后,其合法继承人可以继承股东资格;但是,公司章程另有规定的除外。因此,只要公司章程未作明确性的限制,那么原自然人股东的所有继承人均可继承股东资格。然而股东资格的继承,对其他股东带来的影响往往是负面的。主要表现在如下方面:(1)有限责任公司的股东上限是50人,在自然人股东去世后,如果继承人人数众多,就会导致股东人数超过50人上限而无法办理股权变更登记。(2)如果继承人是外籍身份,那么将造成公司变成一家合资公司,形成额外的审批义务与可能的经营范围限制。(3)继承人继承公司股权后对现有业务不感兴趣,很有可能转让股权,如果其他股东无法筹集足够的资金按照优先购买权购买身故股东的股权,该股权很可能会转让给第三方,甚至转让给公司的竞争对手。

举例说明:某公司由3名自然人股东A、B、C各出资100万元所创,注册资金共计300万元。5年后公司资产增长到1000万元,但账面流动现金只有不到100万元。股东A应酬客户后突发急症身故,A的法定继承人向其他两位股东提出:他们无意在公司当股东愿意以合理价格转让股权退出公司。A 去世时公司资产已经增长 3 倍,原有 100 万元出资享有的股权现在可以由其他两位股东按照 300 万元行使优先购买权,如果按照法律规定其他股东既不行使优先购买权也不同意对外转让的,他们就有权对外转让,甚至不排除转让给一直觊觎公司的竞争对手。

这让股东 B 和 C 非常为难:因与 A 交情甚好,为维护公司股权的完整很愿意出 300 万元妥善处理此事,但问题是:他们手里没有足够的资金来购买股权,也不愿意看到股东 A 的家属对外转让股权。面对这种情况,这三个股东可以通过股东互保保险来解决这个问题。

股东互保保险,是指股东之间签订股东互保协议,同时为彼此购买保险,当一方股东身故触发理赔时,理赔款赔付给提前指定的其他股东的保险产品。保费由公司以福利形式根据股东会决议发放给各自然人股东,股东本人做投保人和被保险人,受益人是其他股东(也有可能是被保险人自己指定的亲属)。我们此处只讨论受益人是其他股东的情形。

一旦其中有股东遭遇意外或疾病去世,该股东在保险公司获得的理赔款,按照保险合同约定理赔给其他股东。拿到理赔款的股东再按照股东互保协议的约定,把保险理赔金以股权转让款的方式支付给身故股东的亲属,拿到钱的亲属配合进行股权转让。在欧美发达国家、新加坡和我国香港特别行政区等国家和地区,股东互保已经较为普及,企业及股东甚至把其当作一项当然事项。我国《保险法》第 39 条规定:人身保险的受益人由被保险人或者投保人指定。投保人指定受益人时须经被保险人同意。因此只要被保险人指定或者经过被保险人同意,其他股东可以成为股东互保保险的受益人。

具体操作要点如下:(1)在公司章程中约定股权不得继承,而应内部转让给其他股东;(2)股东之间签订股东互保协议,约定自然人股东身故时保险理赔款的金额就是股权转让金的对价;(3)签订保险合同完成投保,必要时就保单进行律师见证或者公证。

我国现行法律制度下股东互保保险的落地障碍

(1)保险公司方面。目前国内的保险公司为了控制风险,通常都会把投被保险人和受益人限定在直系亲属之间。所以,股东互保保险在保单设计上如果按照投保人和被保险人是自然人股东、受益人是其他自然人股东这种模式,会面临在投保环节能不能被保险公司接受的问题。虽然这样设计完全符合《保险法》的立法规则。

(2)股东的道德风险。比如,股东自己作为投保人有可能违反股东互保协议的约定,私自和保险公司解除合同拿走现金价值。或者未经其他自然人股东的同意,私自把受益人变更成自己的亲属。

综上所述,目前在我国,股东互保保险仍然处于学术的讨论阶段,虽然理论上具有可行性,但鉴于目前法律和政策上的各种障碍,除非有保险公司愿意直接开售这类产品,否则只能参照普通人身保险产品进行购买。

(十五)大额保单的助力第三次分配功能

【记忆要点】

2019年11月,在党的十九届四中全会公报里,首次提出“重视发挥第三次分配作用,发展慈善等社会公益事业”。2023年7月,国务院发展研究中心主任表示,要尽快研究出台遗赠税,弱化财富两极分化走势。可以预见,未来的中国民营企业家在完成财富创造之后,要么多做慈善捐款少交税,要么财富传给后人时缴纳遗产税和赠与税,要么通过购买大额保单或者家族信托提前规划应税的现金。

如何通过一张大额保单让我们的高净值客户用最小的成本参与到第三次分配中来?例如先让客户拿出500万元购买大额终身寿险,保额2000万元,受益人是自己儿子,受益份额100%。合同成立后再通过受益人变更的方式,将其中受益人变更为某慈善机构或官方认可的慈善基金会,受益份额1000万元,自己儿子1000万元。这样,就可以用500万元保费通过杠杆放大,实现保险理赔金以免税方式留给家人和向社会慈善捐款,以及提前准备遗产税应税现金的三重目的。

【正文理解】

1985年10月23日,改革开放的总设计师邓小平同志在会见美国时代公司组织的美国高级企业家代表团时说:“一部分地区、一部分人可以先富起来,带动和帮助其他地区、其他的人,逐步达到共同富裕。”

40多年来,改革开放已经让我国彻底旧貌换了新颜,作为改革开放后出生的“80后”,我们享受到了中国历史上空前的经济繁荣和物质富足,但也面临着经济高速增长背后越来越明显的两极分化和底层民众的财富落差;40多年来,从以经济建设为中心到以人民为中心,中国共产党人始终“不忘初心”,把共同富裕作为推进国家长治久安的基本方针政策长期贯彻落实。2022 年 10 月,党的二十大报告指出:“共同富裕是中国特色社会主义的本质要求,也是一个长期的历史过程。我们坚持把实现人民对美好生活的向往作为现代化建设的出发点和落脚点,着力维护和促进社会公平正义,着力促进全体人民共同富裕,坚决防止两极分化。”

如何贯彻落实共同富裕?首先,共同富裕不是平均主义“大锅饭”,更不是“杀富济贫”,而是建立在全体人民共同奋斗基础上的富裕;其次,共同富裕在继续规范财富积累机制,继续做大“蛋糕”的基础上,还要规范收入分配秩序,把“蛋糕”进行合理分配。通过科学合理的分配制度设计,构建初次分配(市场主导,多劳多得)、再分配(政府主导,通过税收、社保和财政转移支付,为贫困人口弱势群体进行基本兜底)、三次分配协调配套的基础性制度安排。

第三次分配是党的二十大以来我们对共同富裕的理论创新。第三次分配是由社会机制主导的资源分配,以包括企业、社会组织和个人在内的社会力量为主体,以自愿和爱心为主观基础,是各种主体对社会资源的主动让渡,通过慈善捐赠和志愿服务等方式实现个人已有社会资源的重新配置。第三次分配强调“财富向善”“富而有仁”,通过价值引导我国先富起来的高净值人群在完成财富积累(一次分配)和依法纳税(二次分配)基础上积极参与慈善事业,通过人性的温暖促进社会资源在不同群体之间均衡流动,最终实现“橄榄型”的和谐友爱的共同富裕社会。为此,我国在 2024 年 7 月 1 日生效的《公司法》第 20 条规定,公司从事经营活动,应当充分考虑公司职工、消费者等利益相关者的利益以及生态环境保护等社会公共利益,承担社会责任。国家鼓励公司参与社会公益活动,公布社会责任报告。

企业家的天职是创造财富,不过在新《公司法》时代,民营企业家除了要继续创造财富,贡献税收和提供就业岗位之外,还多了一项社会责任承担,从共同富裕的角度看,这个社会责任还包含着共同富裕的第三次分配,即鼓励倡导企业家通过慈善捐款来承担社会责任。如何平衡创造财富、照顾家庭和社会公益?民营企业家如何能用一份钱实现三样花的效果?

用大额保单可以实现。例如先让客户拿出 500 万元购买大额终身寿险,通过终身寿险的杠杆放大实现保额 2000 万元,受益人是自己儿子,受益份额 100%。如果不考虑第三次分配的慈善捐款,用这张保单照顾家庭做财富传承已经是够用了。

如果考虑参与第三次分配，有了这张保单，也就不再需要额外出资做慈善了，因为合同成立后再通过受益人变更的方式，将其中受益人变更为某慈善机构或官方认可的慈善基金会，受益份额1000万元，自己儿子1000万元。这样，就可以用500万元保费通过杠杆放大，实现了既做了慈善捐款践行社会责任，又不至于额外拿钱做慈善影响公司正常运营，而且保险理赔金还以免税方式留给家人，实现了家庭责任和社会责任的双重担当。

第三节　如何借助法律和政策有效促成人身保险合同

很多客户在面对人身保险合同时，本能地选择拖延。也许在他们的心目中，人身保险合同是一个不紧急也不重要的东西，不属于他们生活中的必需品，所以任凭保险营销员如何催促，就是不着急。

也有很多客户在面对人身保险合同时，去比较收益的高低。他们习惯性地把人身保险合同的收益和自己的生意，或者房产收益、银行理财去对比，最后以收益太低为理由拒绝购买人身保险合同。

所谓销售促成，就是经过前面的观念导入和卖点价值分析，进行总结陈词。大多数情况下当我们的销售流程历经千辛万苦终于到了要促成的时候，客户仍然会提出"再等一等"或者"收益低"等这类问题，所以针对这些问题，笔者总结出了两个促成的路径供读者们选择：一个是从私人财富透明化和加强税收征管的角度谈人身保险合同的促成；另一个是从《民法典》中的遗产管理人职责谈人身保险合同的促成。

当然，在进行促成之前，我们还是要先做好促成的铺垫工作。那就是要明确"一个初心"和"两个基本点"。

促成准备之"一个初心"

我们一定要和客户确认人身保险合同真正的价值——在现有法律框架下，为他们的家庭解决未来可能出现的资产保全和传承风险而提前进行的合法的资产配置方式。不能探寻出这个初心，我们就会再次回到传统销售模式的怪圈中。

传统模式下我们是把人身保险合同当理财产品去销售，我们习惯性地用收益来吸引客户，而忘记了人身保险合同的真正价值是作客户资产保全的"守门员"、做客户财富传承的执行人，不是替客户去赚钱博取更多收益的"前锋"。

我们把人身保险合同保单的最大缺点——收益变成了最大的卖点去讲,结果在面临客户对收益质疑时又陷入不能自圆其说的窘境。

习近平总书记在十九大报告中的主题就是“不忘初心,牢记使命”,我们律师在接受当事人咨询的时候也会反复确认他们的咨询目的,以便合法地帮助他们实现这一诉求。笔者也希望大家在和客户最终确认需求时一定要把客户为什么购买人身保险合同的初心挖掘出来,如果客户的诉求不是财富的保全和传承,只是一味关注收益,请返回前文“人身保险合同的15个法律价值”中再次用法律和政策进行理念沟通。

促成准备之“两个基本点”

保险姓“保”!人身保险合同不是一个什么都可以往里面装、什么问题都能解决的万能工具,人身保险合同的功能和价值不能偏离保险的基本制度框架。我们在销售人身保险时一定要清醒地认识到它的价值和功能边界,恪守人身保险合同的两个基本点,做到边界之内大有可为,边界之外谨言慎行,这样才有可能树立起保险营销员理性客观的专业形象。

第一个基本点:现金配置是人身保险合同的基本特色。人身保险合同是所有资产配置中的基础工具,一份客户资产配置方案如果没有人身保险合同作为基础是不完整的。但同时人身保险合同也只接受现金资产,所以除非能说服客户把其他非现金资产变成现金资产再来购买人身保险合同(比如用变卖房产和赎回股票基金的方式换取现金),否则必须接受客户只会在可支配的现金中拿出一部分来做人身保险合同配置的情况。

正因为保险公司只接受现金投保,所以当客户需要资金的时候也会获得杠杆放大数倍后的现金赔付或者通过保单质押贷款获取现金等方式解决自己的阶段性现金流动危机。在这方面有一个网上流传甚广的典型案例,那就是国美电器创始人黄光裕入狱后,妻子杜鹃从保险和信托机构拿出巨额现金挽救企业危机并保住公司控制权的故事。

第二个基本点:长期持有是人身保险合同的基本要求。以终身寿险和年金保险为例。终身寿险的保险期间覆盖被保险人的一生,在被保险人身故后,由其指定的受益人领取身故受益金,所以这是一种利他型保险产品。年金保险的保险期间可长可短,长的可以覆盖被保险人终生直至身故,短的也要10年以上,在此期间,被保险人每年都可以领取生存金,这笔钱供自己使用,所以是利己的。

马克思主义哲学讲矛盾是对立统一的。比如快和慢是一对矛盾体。一味地追求快的效果但是带来的却是慢的结果。比如买一套房子，在行情好的时候可以很快地见到效益（100万元购入几年之后150万元卖出，中间的收益让人无法抗拒）。但是在房屋持有过程中有可能出现婚变分割、涉诉查封等问题；在传承时会面临继承权公证难关甚至诉讼的问题，最后会留下一大堆遗留问题。一快一慢之间问题接踵而至！

而人身保险合同由于保险期间较长，短期内获得的保险利益看似不如房产、股票或者银行理财产品那么快，但是当出现婚变分割和涉诉查封时它可以通过现金价值将资产隐身，实现债务隔离；当需要财富传承时它可以实现快速的、定向的现金传承。一慢一快之间问题又迎刃而解！

一、从私人财富透明化和加强税收征管角度谈人身保险合同的促成

随着大数据时代的到来，私人财富透明化已经不可逆转，我们在第一部分从法律和政策角度切入人身保险合同话题时已经有详细讨论，此处不再赘述。同时随着“金税四期”涉税大数据的不断完善、新版个人所得税法的全面实施和CRS下金融账户涉税信息的全球情报合作，加强税收征管也正在如火如荼进行中。未来，无论资金想要通过金融机构实现个人的财富增值还是资产的保全和传承，都必须要提供越来越多的证明，这些证明中，有些已经开始实施，而有些还未开始要求。

第一个要求（已经实施）：人身保险合同投保时需要提交资产证明。

人身保险合同不同于普通保单，在投保时为证明投保人的交费能力，或者在投保终身寿险时为避免被保险人的逆选择，保险机构在核保时都会要求这两类人提交相应的资产证明，包括银行流水或者存款凭证、公司股权、名下不动产等。比如王总自己做投保人给自己买一份保额5000万元的终身寿险，年交保费500万元，王总需要提交相应资料以证明自己有交费实力并且本身资产已经有5000万元左右，不会因为这5000万元两年后选择自杀以获得杠杆放大10倍后的保额赔付。

第二个要求（已经实施）：人身保险合同投保时需要提交财务证明。

按照我国《反洗钱法》的规定，保险公司在接受客户投保申请时，必须履行反洗钱、大额和可疑交易报告制度。客户投保时，不仅要向保险公司提交资产证明，证明自己名下拥有这么多的财产，而且还需要提交财务证明，证明自己的

这些财产不是掩饰、隐瞒毒品犯罪，黑社会性质的组织犯罪，恐怖活动犯罪，走私犯罪，贪污贿赂犯罪，破坏金融管理秩序犯罪，金融诈骗犯罪等犯罪和洗钱活动所得，以遵从政府和监管机构对于反洗钱的规定，确保这些资产的来源是自己的合法劳动所得。

第三个要求（还未实施）：人身保险合同投保时未来可能需要提交纳税记录证明。

根据现在的监管规定，投保人身保险合同需要提交资产证明和财务证明，以证明自己名下拥有的财富是自己的合法劳动所得。现在政府进行了一系列改革举措，通过制度的建设、机构的调整、信息的共享和技术的进步，全面对公民个人的个人账户、企业对公账户以及海外账户进行清查，实现对私人财富的全方位监管，最终精准地加强税收征管，通过二次分配实现社会的公平正义。

当然目前只是处于信息搜集的初级阶段，可是当这些信息越来越多地进入政府的大数据平台时，无论是企业法人还是自然人，每一个纳税人的资产持有以及资金的日常流动都会越来越清晰地被追踪和捕捉到。更何况，政府为了进一步强化税收征管力度，开始加大了各部门之间的信息联动，比如2024年2月27日全国八部门联合打击涉税违法犯罪工作推进会议在北京召开。八部门包括国家税务总局、公安部、最高人民法院、最高人民检察院、中国人民银行、海关总署、国家市场监管总局和国家外汇管理局。会议强调，将持续深化完善联合打击工作机制，依法严厉打击涉税违法犯罪行为。“八个部门联合治税”背景下，税务机关有权要求法院系统向税务机关开放，比如在民间借贷案件执行款到法院后，民间借贷的债权人要针对利息部分缴纳20%个人所得税，信息共享后，债权人需要先缴纳税款再拿回执行款。为了保障国家税收安全，人民法院作为国家司法机关都需要配合税务机关，那么未来保险公司作为商业企业会不会也会被税务机关要求配合做信息开放？可以预见的是：在不久的未来每一个客户要想再通过金融机构配置资金，恐怕需要提交的就不只是资产证明和财务证明，还需要根据监管机构要求提交纳税记录证明。换句话说，政府就是要告诉纳税人，所谓公民个人的合法收入，不仅收入来源要合法，而且还要依法纳税。只有能够提交纳税记录证明的收入才能称得上是自己的税后合法收入。

中国的改革向来是循序渐进的。在普遍的纳税意识不强和涉税信息不完善的情况下，贸然推出纳税记录证明前置措施不仅很难实施，也会让已经遭受严格监管的保险机构业务拓展雪上加霜。因此，目前国内的法律和监管环境还只是要求资产证明和财务证明，并没有要求客户提交纳税记录证明，这无疑给了高净值客户一个可以筹划的时间窗口。

如果将来推行纳税记录证明，高净值客户去银行购买理财产品，去保险公司购买大额人身保险保单或者去信托公司设立家族信托计划的时候，这些机构应按照监管机构要求需要客户在提交资产证明、财务证明的同时，再提交纳税记录证明。倘若其依法纳税自然没问题，但如果没有依法缴税，则要么放弃金融商品配置，要么在完成缴税和滞纳金（会不会产生罚款就要看税务部门具体如何操作）义务之后，拿到纳税记录证明再去购买。

从政府下大力气进行私人财富登记和透明开始，这一天终会到来。所以当前人身保险合同尚不需要提交纳税记录证明的时间窗口期，其实就是政府无法明确告知的对税务操作不严谨的高净值客户的“豁免期”。这个动作什么时候落地实施，没有人知道，但是等待一定是成本最高的选择。

二、从《民法典》中的遗产管理人制度谈尽快配置人身保险合同

我国目前并没有开征遗产税。但是我国的确有一部尚未真正实施的 2010 年版《中华人民共和国遗产税暂行条例（草案）》（以下简称《遗产税草案》）。

这部流传甚广的《遗产税草案》，不仅让数百万名从业人员感到迷惑，也让全国政协委员段祺华非常关心。于是在 2017 年 3 月召开的全国政协十二届五次会议上提出了修改遗产税法律法规的提案。2017 年 8 月，财政部作出了《关于政协十二届全国委员会第五次会议第 0107 号（财税金融类 018 号）提案答复的函》（财税函〔2017〕197 号）。这份回复函信息量非常大且代表官方的最新态度。该回复函的主要内容有：

我国目前并未开征遗产税，也从未发布遗产税相关条例或条例草案。提案中提到的“2004 年、2010 年版《中华人民共和国遗产税暂行条例（草案）》”来源未知。

遗产税是一个历史较长的税种，世界上有很多国家和地区开征了遗产税。

自上世纪 90 年代以来，我部会同国家税务总局等部门一直在认真研究相关问题，收集、梳理了部分国家和地区遗产税通行做法，并积极关注相关国家税制发展趋势。

从研究情况看，遗产税具有以下一些特点：

一是征税范围复杂。遗产形态多种多样，既包括房地产等不动产，也包括

银行存款、现金、股票、证券、古玩、字画、珠宝等动产，还包括知识产权等无形资产，开征遗产税需要全面、准确掌握居民财产信息，以及遗赠、继承等具体情况。

二是征管程序复杂。遗产税需要对各类财产进行合理估价，需要大量专业人员从事相关估价工作，征管中极易产生争议，争议解决程序通常也较为复杂。

三是征管配套条件要求高。开征遗产税还需要具备相应的征管条件，如不同政府部门的紧密配合、对拒不缴税的纳税人在法律中做出税收保全和强制措施制度安排等。

从近年来遗产和赠与税的国际发展趋势看，征收遗产和赠与税在调节贫富差距的同时，可能会对一国的经济特别是国外资本流入和国内资本流出产生一定的影响，是否征收遗产和赠与税已逐步成为国家、地区间税收竞争、吸引投资的一项重要内容。部分开征遗产和赠与税的国家和地区近年来出现了取消或弱化该税种的趋势。

下一步，我们将继续跟踪国际上遗产税的发展趋势，进一步研究遗产税有关问题。

认真研究该官方回复函，我们可以获取以下信息：第一，目前我国并没有开征遗产税，同时我们不知道这份《遗产税草案》来自何处。第二，我国一直都有遗产税的开征计划。因为世界上很多国家和地区都开征了遗产税，所以财政部会同国家税务总局等部门一直在认真研究相关问题，收集、梳理了部分国家和地区遗产税通行做法，并积极关注相关国家税制发展趋势。第三，遗产税的开征对于私人财富的透明度和税收征管条件有非常高的要求，我国目前还不具备这些条件。第四，遗产税开征虽然有困难，但是我们从未放弃努力。我国会继续跟踪国际上遗产税的发展趋势，进一步研究遗产税有关问题。

改革开放的40多年，是我国经济高速增长的40多年，也是民间私人财富空前暴增的40多年。2021年5月17日，招商银行和贝恩公司联合发布的《2021中国私人财富报告》，2020年我国可投资资产在1000万元以上的高净值人群数量达262万人，这个数字到了2022年达到了316万人。与此同时，中金公司公布的数据显示，2022年我国月收入5000元以下的人口累计13.28亿，占14亿总人口的94.8%。2024年2月，娃哈哈集团创始人宗庆后去世以及5个月之后接班人宗馥莉辞职，引发对高净值人士财富传承和企业传承的关注。随着年龄的增长，中国的“创一代”正在普遍走向“传一代”，然而从公开案例来看，成功者少失败者多。贫富差距日益明显，财富传承逐渐刚需，共同富裕势在必行。2023 年 7 月 3 日，国务院发展研究中心社会和文化发展研究部部长李建伟在接受媒体采访时建议：尽快研究出台遗赠税，以弱化财富两极分化走势。

开征遗产税不仅有利于缩小贫富差距，也能有效防止财富集中阶层固化并弥合因此带来的社会矛盾，根据我国共同富裕的时间节奏，笔者认为最晚在 2035 年，也就是浙江省作为共同富裕示范区实现共同富裕的时候，我们将会看到我国遗产税的正式文本。

既然遗产税是共同富裕的刚需和标配，为什么遗产税还是千呼万唤不出来？背后的深层次原因有两个：第一，遗产税是所有税种里面征税难度最高和征收成本最大的税种，国家要综合世界各国遗产税征收的经验教训，结合我国的实际国情，慎重考虑，把可能的负面因素控制到最小。第二，遗产税是面向纳税人的财产进行征税，会对纳税人的财产安全产生重大影响，所以按照税收法定的基本法治原则决定了遗产税这种新税种的开征，必须要听取各方面的意见建议，经历严格的立法程序才可以颁布生效。

遗产分割是财富传承的最后也是最关键一步。一个被继承人去世后，不仅会留下遗产，还有可能存在生前所负的债务和应当缴纳的税务没有结清的遗留问题。随着高净值人士和中产阶级持有的财富数量越来越多、财富形式日益多元化、财富存在地日益国际化，遗产分割的难度也越来越高。《民法典》继承编第 1159 条规定，分割遗产，应当清偿被继承人依法应当缴纳的税款和债务。

在分割遗产之前，应当先清缴税务和清偿债务。遗产债务清偿的顺序是：(1)遗产管理费。遗产管理、清算、分割等费用的支出，不仅是为了继承人的共同利益，也是为了遗产债权人的利益，应当优先清偿。遗产管理人的费用在这一项目下支出。虽然本条没有规定遗产管理费具有最优先的地位，但优先清偿遗产管理费较为合理、妥当。(2)缴纳所欠税款。被继承人生前所欠税款，应当在清偿生前所欠债务之前，予以扣除。(3)被继承人生前所欠债务。被继承人的遗产源于被继承人生前所从事的各类法律行为。被继承人生前进行法律行为是以获得债权为目的，而履行债务是获得债权的代价，即债务是债权的基础。在清偿遗产债务时，应当优先考虑被继承人生前所欠债务的清偿问题。[1]

在实务中，为确保遗产分割和财富传承的顺利进行，就需要有一个专门的

---

〔1〕 参见杨立新主编：《〈中华人民共和国民法典〉条文精释与实案全析》，中国人民大学出版社 2020 年版，第 1886 页。

"人"来管理遗产、处理税务和债务问题。《民法典》遗产管理人制度就应运而生。遗产管理人制度并非我国法律首创,大陆法系的日本、法国和德国都有相关规定,我国《民法典》继承编在第4章遗产处理中运用了五个法条对遗产管理人制度进行了较为详细的规定。

社会经济快速发展,公民的财富种类和数量逐渐增多,人与人之间的债权债务关系越发复杂,当事人争夺遗产控制权以及遗产债权人诉求利益保护等继承纠纷案件日益增发,这不仅给继承权利人的利益造成损失,也给家庭带来伤害,一定程度上也影响了社会的和谐和稳定发展。《民法典》应大势所向增加了遗产管理人制度,并对遗产管理人的产生、职责、民事责任以及报酬等作出了规定。

根据《民法典》第1145条和第1146条的规定,遗产管理人产生的方式有:第一,遗嘱指定遗产管理人。遗嘱指定了遗嘱执行人的,被指定人即为遗产管理人。第二,继承人推选遗产管理人。遗嘱未指定遗嘱执行人,或指定的遗嘱执行人无法履行管理义务的,继承人可以协商确定由继承人中的一人或者数人或者第三人担任遗产管理人。第三,继承人担任遗产管理人。继承人经协商未能推选出合适的管理人,则由继承人共同担任遗产管理人。第四,如果以上情况均不具备,则由法院指定遗产管理人。

根据《民法典》第1147条的规定,遗产管理人的职责:《民法典》规定遗产管理人应当履行的职责包括清理遗产并制作遗产清单、保管和管理遗产、及时向继承人报告、处理债权债务、按照遗嘱或者依照法律规定分割遗产。"如遗产管理人将遗产无偿赠与他人,将遗产故意毁坏等。对继承人、受遗赠人等造成损害的,应由遗产管理人承担赔偿责任","遗产管理人的报酬应当在遗产中支付,享有优先权。"〔1〕

遗产管理人的意义:除了履行法律规定的遗产管理人职责外,其实按照我国的立法逻辑可以推演出,遗产管理人制度产生的另外一个隐含意义是为我国遗产税的开征进行制度性前置。有了遗产管理人,就可以借用遗产管理人的法定职责在妥善保管遗产、清点遗产数量和价值后,税务机关和债权人直接联系遗产管理人进行相关税费缴纳和债务清偿,由遗产管理人出面处理相关善后事

---

〔1〕 杨立新主编:《〈中华人民共和国民法典〉条文精释与实案全析》,中国人民大学出版社2020年版,第1867、1870页。

宜,而税务机关和债权人也不用去面对继承人之间因为遗产继承产生的内部各种纠纷,专注于税款清缴和债务清偿,有利于社会矛盾的化解。

笔者认为:遗产管理人制度的出台,就是为了给未来的遗产税开征铺路。一旦我国对财富的透明能够落实到位,就完全可以利用这一制度要求遗产管理人必须根据法律规定,先把应缴纳的税款缴清,再把被继承人生前欠款偿还,剩下的部分再根据遗嘱或者法律规定分配给继承人。把这两个问题解决完毕,剩下的遗产才可以让遗嘱继承人或者法定继承人继承。否则无论是相关债权人还是国家税务机关都有权追究遗产管理人的法律责任。

需要提醒的是,按照《保险法》第 42 条的规定,在指定受益人的情况下,受益人领取的保险金不属于遗产。既然不属于遗产,就不属于遗产管理人的管理范围,也就不涉及清偿债务和缴纳税款的问题。

第二章　人身保险合同销售涉及的法律政策汇编

本章是人身保险合同的合规销售所需要的法律条文和政策文件汇编，也是人身保险在资产保全、财富传承领域价值的法律依据汇总。我们根据实务中的需要，按照本书第一章销售流程的内容进行有针对性的编撰，既是合规执业的日常指导，也是保险从业者或律师与高净值人士沟通财富管理与传承时的法律参考依据。

一、高净值人士的财产信息曝光

2015 年 1 月 5 日，国务院法制办发布《中华人民共和国税收征收管理法修订草案（征求意见稿）》。其中，新增了对自然人（自然状态下出生的人）纳税人的税收征管规定，首次建立自然人纳税人识别号，相当于纳税人纳税信息的“身份证”，这为此次个人收入和财产信息建立奠定基础。

2017 年 5 月 23 日，中央全面深化改革领导小组第三十五次会议通过了《个人收入和财产信息系统建设总体方案》。

2018 年修订的《个人所得税法》第 9 条第 2 款规定，纳税人有中国公民身份号码的，以中国公民身份号码为纳税人识别号。

《刑法》（2024 年 3 月 1 日）〔1〕

第三百九十五条　【巨额财产来源不明罪；隐瞒境外存款罪】国家工作人

〔1〕在全书法律、政策汇编部分，文件名称后的日期为其实施日期；有修改的，为其最新修改后的实施日期。

员的财产、支出明显超过合法收入，差额巨大的，可以责令该国家工作人员说明来源，不能说明来源的，差额部分以非法所得论，处五年以下有期徒刑或者拘役；差额特别巨大的，处五年以上十年以下有期徒刑。财产的差额部分予以追缴。

国家工作人员在境外的存款，应当依照国家规定申报。数额较大、隐瞒不报的，处二年以下有期徒刑或者拘役；情节较轻的，由其所在单位或者上级主管机关酌情给予行政处分。

《金融机构大额交易和可疑交易报告管理办法》(中国人民银行令〔2016〕第3号,2018年7月26日)

第五条　金融机构应当报告下列大额交易：

(一)当日单笔或者累计交易人民币5万元以上(含5万元)、外币等值1万美元以上(含1万美元)的现金缴存、现金支取、现金结售汇、现钞兑换、现金汇款、现金票据解付及其他形式的现金收支。

(二)非自然人客户银行账户与其他的银行账户发生当日单笔或者累计交易人民币200万元以上(含200万元)、外币等值20万美元以上(含20万美元)的款项划转。

(三)自然人客户银行账户与其他的银行账户发生当日单笔或者累计交易人民币50万元以上(含50万元)、外币等值10万美元以上(含10万美元)的境内款项划转。

(四)自然人客户银行账户与其他的银行账户发生当日单笔或者累计交易人民币20万元以上(含20万元)、外币等值1万美元以上(含1万美元)的跨境款项划转。

累计交易金额以客户为单位，按资金收入或者支出单边累计计算并报告。中国人民银行另有规定的除外。

中国人民银行根据需要可以调整本条第一款规定的大额交易报告标准。

第六条　对同时符合两项以上大额交易标准的交易，金融机构应当分别提交大额交易报告。

第八条　金融机构应当在大额交易发生之日起5个工作日内以电子方式提交大额交易报告。

第十一条　金融机构发现或者有合理理由怀疑客户、客户的资金或者其他资产、客户的交易或者试图进行的交易与洗钱、恐怖融资等犯罪活动相关的，不论所涉资金金额或者资产价值大小，应当提交可疑交易报告。

《反洗钱法》（2025年1月1日）

第二条 本法所称反洗钱，是指为了预防通过各种方式掩饰、隐瞒毒品犯罪、黑社会性质的组织犯罪、恐怖活动犯罪、走私犯罪、贪污贿赂犯罪、破坏金融管理秩序犯罪、金融诈骗犯罪和其他犯罪所得及其收益的来源、性质的洗钱活动，依照本法规定采取相关措施的行为。

预防恐怖主义融资活动适用本法；其他法律另有规定的，适用其规定。

第六条 在中华人民共和国境内（以下简称境内）设立的金融机构和依照本法规定应当履行反洗钱义务的特定非金融机构，应当依法采取预防、监控措施，建立健全反洗钱内部控制制度，履行客户尽职调查、客户身份资料和交易记录保存、大额交易和可疑交易报告、反洗钱特别预防措施等反洗钱义务。

第十一条 任何单位和个人发现洗钱活动，有权向反洗钱行政主管部门、公安机关或者其他有关国家机关举报。接受举报的机关应当对举报人和举报内容保密。

对在反洗钱工作中做出突出贡献的单位和个人，按照国家有关规定给予表彰和奖励。

第十八条 出入境人员携带的现金、无记名支付凭证等超过规定金额的，应当按照规定向海关申报。海关发现个人出入境携带的现金、无记名支付凭证等超过规定金额的，应当及时向反洗钱行政主管部门通报。

前款规定的申报范围、金额标准以及通报机制等，由国务院反洗钱行政主管部门、国务院外汇管理部门按照职责分工会同海关总署规定。

第三十一条 客户由他人代理办理业务的，金融机构应当按照规定核实代理关系，识别并核实代理人的身份。

金融机构与客户订立人身保险、信托等合同，合同的受益人不是客户本人的，金融机构应当识别并核实受益人的身份。

《国家外汇管理局关于金融机构报送银行卡境外交易信息的通知》（2017年5月26日）

一、采集范围

境内银行卡在境外发生的提现和消费交易信息，不含非银行支付机构基于银行卡提供的境外交易。

(一)银行卡境外提现信息采集范围为境内银行卡在境外金融机构柜台和自动取款机等场所和设备发生的提现交易。

(二)银行卡境外消费信息采集范围为境内银行卡在境外实体和网络特约商户发生的单笔等值1000元人民币(不含)以上的消费交易。

本通知所称境内银行卡,是指境内发卡金融机构(以下简称发卡行)在中国境内发行的各类银行卡清算机构标识的银行卡,包括但不限于借记卡、信用卡(贷记卡和准贷记卡)。

《国家外汇管理局关于规范银行卡境外大额提取现金交易的通知》(汇发〔2017〕29号,2018年1月1日)

一、个人持境内银行卡在境外提取现金,本人名下银行卡(含附属卡)合计每个自然年度不得超过等值10万元人民币。超过年度额度的,本年及次年将被暂停持境内银行卡在境外提取现金。

个人不得通过借用他人银行卡或出借本人银行卡等方式规避或协助规避境外提取现金管理。

二、外汇局每日通过银行卡境外交易外汇管理系统向发卡金融机构发送暂停持境内银行卡在境外提取现金个人名单,发卡金融机构应不晚于北京时间当日17时起暂停名单内所列个人使用本机构银行卡在境外提取现金。

四、个人持境内银行卡在境外提取现金,外币卡由每卡每日不得超过等值1000美元调整为等值1万元人民币,由发卡金融机构在自身业务系统内实现;人民币卡管理维持每卡每日不得超过等值1万元人民币,由境内人民币卡清算组织统一在自身业务系统实现。

《国家税务总局广东省地方税务局自然人税收管理办法》(2019年5月10日)

第二条第二款 自然人纳税人是指法律、行政法规规定负有纳税义务的个人。

第八条第一款、第三款 自然人纳税人、扣缴义务人应依法向税务机关报送自然人纳税人基础信息,包括姓名、身份证件类型、身份证件号码、国籍、性别、户籍地址、居住地址、联系方式等。

税务机关采集自然人纳税人基础信息后,按规则赋予自然人纳税人识别号。纳税人有中国公民身份号码的,以中国公民身份号码为纳税人识别号;纳税人没有中国公民身份号码的,由税务机关赋予其纳税人识别号。扣缴义务人扣缴税款时,纳税人应当向扣缴义务人提供纳税人识别号。

第十三条第一款 地税机关实施自然人纳税人、扣缴义务人实名办税制度。

第二十四条第二款 自然人纳税人按照收入和资产分为高收入、高净值自然人纳税人和一般自然人纳税人。

第二十五条 高收入、高净值自然人纳税人的税收风险管理,以省、市地税机关为主开展风险分析识别,以省、市、县税务机关为主开展风险应对。

《金融机构客户尽职调查和客户身份资料及交易记录保存管理办法》(2022年3月1日)

第三条 金融机构应当勤勉尽责,遵循"了解你的客户"的原则,识别并核实客户及其受益所有人身份,针对具有不同洗钱或者恐怖融资风险特征的客户、业务关系或者交易,采取相应的尽职调查措施。

金融机构在与客户业务存续期间,应当采取持续的尽职调查措施。针对洗钱或者恐怖融资风险较高的情形,金融机构应当采取相应的强化尽职调查措施,必要时应当拒绝建立业务关系或者办理业务,或者终止已经建立的业务关系。

第十三条 保险公司在与客户订立人寿保险合同和具有投资性质的保险合同时,应当开展客户尽职调查,确认投保人和被保险人之间的关系,以及被保险人和受益人之间的关系,登记投保人身份基本信息,并留存投保人有效身份证件或者其他身份证明文件的复印件或者影印件;识别并核实被保险人、受益人的身份,登记被保险人、受益人的姓名或者名称、联系方式、有效身份证件或者其他身份证明文件的种类、号码和有效期限,并留存被保险人、受益人有效身份证件或者其他身份证明文件的复印件或者影印件。当上述保险合同未明确指定受益人,而是通过特征描述、法定继承或者其他方式指定受益人时,保险公司应当在明确受益人身份或者赔偿或给付保险金时识别并核实受益人身份。

对于保险费金额人民币5万元以上或者外币等值1万美元以上的财产保险合同和健康保险、意外伤害保险等人身保险合同,保险公司在与客户订立保险合同时,应当识别并核实投保人、被保险人身份,登记投保人、被保险人、受益人的姓名或者名称、联系方式、有效身份证件或者其他身份证明文件的种类、号码和有效期限，并留存投保人有效身份证件或者其他身份证明文件的复印件或者影印件。

第十四条 在客户申请解除保险合同、减保或者办理保单贷款时，如退还的保险费或者提供的贷款金额为人民币1万元以上或者外币等值1000美元以上的，保险公司应当要求申请人出示保险合同或者保险凭证，核实申请人身份，登记退保、减保或者办理保单贷款原因，将保险费退还或者发放至投保人本人账户，如遇特殊情况无法将保险费退还或者发放至投保人本人账户的，需登记原因并经高级管理层批准。

第十五条 对于人寿保险合同和其他具有投资性质的保险合同，保险公司在赔偿或者给付保险金时，应当核实被保险人、受益人身份，并留存受益人有效身份证件或者其他身份证明文件的复印件或者影印件。

对于财产保险合同和健康保险、意外伤害保险等人身保险合同，当被保险人或者受益人请求保险公司赔偿时，如金额为人民币5万元以上或者外币等值1万美元以上的，保险公司应当识别并核实被保险人或者受益人身份，登记被保险人或者受益人的姓名或者名称、联系方式、有效身份证件或者其他身份证明文件的种类、号码和有效期限，并留存被保险人或者受益人有效身份证件或者其他身份证明文件的复印件或者影印件。

保险公司应当将保险金支付给保单受益人、被保险人或者指定收款人的账户。对于被保险人或者受益人请求将保险金支付给被保险人、受益人、指定收款人以外第三人的，保险公司应当确认被保险人和实际收款人之间的关系，或者受益人和实际收款人之间的关系，识别并核实实际收款人身份，登记实际收款人的姓名或者名称、联系方式、有效身份证件或者其他身份证明文件的种类、号码和有效期限，并留存实际收款人有效身份证件或者其他身份证明文件的复印件或者影印件。

第十六条 保险公司在与客户订立养老保障管理合同时，应当识别并核实委托人身份，登记委托人身份基本信息，并留存委托人有效身份证件或者其他身份证明文件的复印件或者影印件；在办理资金领取时，如金额为单笔人民币5万元以上或者外币等值1万美元以上的，保险公司应当识别并核实受益人身份。

第二十三条 对于人寿保险合同保单受益人为法人或者非法人组织并且具有较高风险情形的，保险公司应当在赔偿或者给付保险金时采取强化尽职调查措施，识别并采取合理措施核实保单受益人的受益所有人。

第三十三条 如果怀疑客户涉嫌洗钱或者恐怖融资，并且开展客户尽职调查会导致发生泄密事件的，金融机构可以不开展客户尽职调查，但应当提交可疑交易报告。

二、人身保险合同与债务隔离

《保险法》(2015年4月24日)

第二十三条 保险人收到被保险人或者受益人的赔偿或者给付保险金的请求后，应当及时作出核定；情形复杂的，应当在三十日内作出核定，但合同另有约定的除外。保险人应当将核定结果通知被保险人或者受益人；对属于保险责任的，在与被保险人或者受益人达成赔偿或者给付保险金的协议后十日内，履行赔偿或者给付保险金义务。保险合同对赔偿或者给付保险金的期限有约定的，保险人应当按照约定履行赔偿或者给付保险金义务。

保险人未及时履行前款规定义务的，除支付保险金外，应当赔偿被保险人或者受益人因此受到的损失。

任何单位和个人不得非法干预保险人履行赔偿或者给付保险金的义务，也不得限制被保险人或者受益人取得保险金的权利。

第四十二条 被保险人死亡后，有下列情形之一的，保险金作为被保险人的遗产，由保险人依照《中华人民共和国继承法》的规定履行给付保险金的义务：

（一）没有指定受益人，或者受益人指定不明无法确定的；

（二）受益人先于被保险人死亡，没有其他受益人的；

（三）受益人依法丧失受益权或者放弃受益权，没有其他受益人的。

受益人与被保险人在同一事件中死亡，且不能确定死亡先后顺序的，推定受益人死亡在先。

《民法典》合同编(2021年1月1日)

第五百三十五条 因债务人怠于行使其债权或者与该债权有关的从权利，影响债权人的到期债权实现的，债权人可以向人民法院请求以自己的名义代位行使债务人对相对人的权利，但是该权利专属于债务人自身的除外。

《民法典》继承编(2021年1月1日)

第一千一百六十一条　继承人以所得遗产实际价值为限清偿被继承人依法应当缴纳的税款和债务。超过遗产实际价值部分,继承人自愿偿还的不在此限。

继承人放弃继承的,对被继承人依法应当缴纳的税款和债务可以不负清偿责任。

《公司法》(2024年7月1日)

第三条　公司是企业法人,有独立的法人财产,享有法人财产权。公司以其全部财产对公司的债务承担责任。

公司的合法权益受法律保护,不受侵犯。

第四条　有限责任公司的股东以其认缴的出资额为限对公司承担责任;股份有限公司的股东以其认购的股份为限对公司承担责任。

公司股东对公司依法享有资产收益、参与重大决策和选择管理者等权利。

第二十一条　公司股东应当遵守法律、行政法规和公司章程,依法行使股东权利,不得滥用股东权利损害公司或者其他股东的利益。

公司股东滥用股东权利给公司或者其他股东造成损失的,应当承担赔偿责任。

《中国保险监督管理委员会关于寿险保单质押贷款业务有关问题的复函》(2008年3月28日)

一、保单质押贷款是长期寿险合同特有的功能,是指投保人在合同生效满一定期限后,按照合同约定将其保单的现金价值作为质押,向保险公司申请贷款。对于在财务上短期需要资金周转的投保人,与退保相比,保单质押贷款对投保人更加有利,既可以有助于解决投保人短期财务问题,又可以继续维持保险合同的效力,按合同约定得到保险保障。此外,寿险公司对于办理保单贷款的投保人收取利息,主要目的在于保证保单现金价值正常的保值增值。

中国银保监会关于《人身保险公司保单质押贷款管理办法(征求意见稿)》

第四条　保险公司对保险期间超过一年且具有保单现金价值的个人人身保险,在保险合同有效期内且犹豫期满后,可依据保险合同约定向符合申请条件的投保人提供保单质押贷款。

保险公司不得对投资连结保险保单和团体保险保单提供保单质押贷款。

第七条 保险公司办理保单质押贷款,应与投保人签订贷款协议或以保单批单的形式,约定投保人、被保险人、保险公司的权利和义务,包括贷款起止日期、期限、金额、利率、贷款用途范围、还款要求、违约处理方式及向金融信用信息基础数据库提供贷款信息的要求等。

第九条 保险公司在保单质押贷款业务办理前,应如实告知投保人与保险公司的权利与义务、保单质押贷款协议或保单批单的主要内容,以显著方式提醒投保人不良贷款确定标准、无法按时还款对保单效力和投保人信用记录的影响、贷款资金用途范围等事项。向金融信用信息基础数据库提供贷款信息,应事先取得投保人书面同意。

第十条 保单质押贷款的申请人为投保人,保险公司不得向投保人以外的第三方提供保单质押贷款。保险公司应采取有效措施核实投保人身份,确认贷款申请为投保人本人真实意思表示。

被保险人非投保人本人的,投保人申请保单质押贷款需经被保险人书面同意。保险公司应确认同意贷款申请为被保险人本人真实意思表示。

贷款办理人一般应为投保人本人,委托他人办理的,原则上受托人只能为投保人法定近亲属。保险公司应严格审核受托人身份,确认贷款申请为投保人本人真实意思表示。

失信被执行人申请保单质押贷款的,保险公司应审慎发放。

第十二条 保单质押贷款金额不得高于申请贷款时保单现金价值的80%。

保险公司应加强对保单质押贷款的额度管理,确保发放的贷款金额不超过监管规定。

国家发改委等多部门印发《加快完善市场主体退出制度改革方案》(发改财金〔2019〕1104号,2019年6月22日)

(二)建立健全破产退出渠道。在进一步完善企业破产制度的基础上,研究建立非营利法人、非法人组织、个体工商户、自然人等市场主体的破产制度,扩大破产制度覆盖面,畅通存在债权债务关系的市场主体退出渠道。

《深圳经济特区个人破产条例》(2021 年 3 月 1 日)

2020 年 8 月 31 日,深圳市人大常委会发布了《深圳经济特区个人破产条例》。该条例已于 2021 年 3 月 1 日起在深圳地区实施,是我国首部个人破产法规,首次将“个人破产”上升到了法律制度的层面。

第二条　在深圳经济特区居住,且参加深圳社会保险连续满三年的自然人,因生产经营、生活消费导致丧失清偿债务能力或者资产不足以清偿全部债务的,可以依照本条例进行破产清算、重整或者和解。

第八条　符合本条例第二条规定的债务人,可以向人民法院提出破产申请,包括申请破产清算、重整、和解。

第九条　当债务人不能清偿到期债务时,单独或者共同对债务人持有五十万元以上到期债权的债权人,可以向人民法院提出破产申请,申请对债务人进行破产清算。

第三十六条　为保障债务人及其所扶养人的基本生活及权利,依照本条例为其保留的财产为豁免财产。豁免财产范围如下:

……

(四)没有现金价值的人身保险;

……

(六)专属于债务人的人身损害赔偿金、社会保险金以及最低生活保障金;

……

前款规定的财产,价值较大、不用于清偿债务明显违反公平原则的,不认定为豁免财产。

……

《中共中央关于进一步全面深化改革　推进中国式现代化的决定》(2024 年 7 月 18 日中国共产党第二十届中央委员会第三次全体会议通过)

完善市场准入制度,优化新业态新领域市场准入环境。深化注册资本认缴登记制度改革,实行依法按期认缴。健全企业破产机制,探索建立个人破产制度,推进企业注销配套改革,完善企业退出制度。健全社会信用体系和监管制度。

三、债权人对保单债务隔离的反制措施

《民法典》总则编(2021年1月1日)

第一百五十二条 有下列情形之一的,撤销权消灭:

(一)当事人自知道或者应当知道撤销事由之日起一年内、重大误解的当事人自知道或者应当知道撤销事由之日起九十日内没有行使撤销权……

……

第一百五十三条 违反法律、行政法规的强制性规定的民事法律行为无效。但是,该强制性规定不导致该民事法律行为无效的除外。

违背公序良俗的民事法律行为无效。

第一百五十五条 无效的或者被撤销的民事法律行为自始没有法律约束力。

第一百五十七条 民事法律行为无效、被撤销或者确定不发生效力后,行为人因该行为取得的财产,应当予以返还;不能返还或者没有必要返还的,应当折价补偿。有过错的一方应当赔偿对方由此所受到的损失;各方都有过错的,应当各自承担相应的责任。法律另有规定的,依照其规定。

第五百三十八条 债务人以放弃其债权、放弃债权担保、无偿转让财产等方式无偿处分财产权益,或者恶意延长其到期债权的履行期限,影响债权人的债权实现的,债权人可以请求人民法院撤销债务人的行为。

第五百三十九条 债务人以明显不合理的低价转让财产、以明显不合理的高价受让他人财产或者为他人的债务提供担保,影响债权人的债权实现,债务人的相对人知道或者应当知道该情形的,债权人可以请求人民法院撤销债务人的行为。

第五百四十条 撤销权的行使范围以债权人的债权为限。债权人行使撤销权的必要费用,由债务人负担。

《最高人民法院关于人民法院民事执行中查封、扣押、冻结财产的规定》(2021年1月1日)

第二条第一款 人民法院可以查封、扣押、冻结被执行人占有的动产、登记在被执行人名下的不动产、特定动产及其他财产权。

《最高人民法院关于限制被执行人高消费及有关消费的若干规定》(2015年7月22日)

第三条第一款 被执行人为自然人的,被采取限制消费措施后,不得有以

下高消费及非生活和工作必需的消费行为：

（一）乘坐交通工具时，选择飞机、列车软卧、轮船二等以上舱位；

（二）在星级以上宾馆、酒店、夜总会、高尔夫球场等场所进行高消费；

（三）购买不动产或者新建、扩建、高档装修房屋；

（四）租赁高档写字楼、宾馆、公寓等场所办公；

（五）购买非经营必需车辆；

（六）旅游、度假；

（七）子女就读高收费私立学校；

（八）支付高额保费购买保险理财产品；

（九）乘坐G字头动车组列车全部座位、其他动车组列车一等以上座位等其他非生活和工作必需的消费行为。

《最高人民法院关于民事执行中财产调查若干问题的规定》（2021年1月1日）

第三条第一款　人民法院依申请执行人的申请或依职权责令被执行人报告财产情况的，应当向其发出报告财产令。金钱债权执行中，报告财产令应当与执行通知同时发出。

第五条第一款　被执行人应当在报告财产令载明的期限内向人民法院书面报告下列财产情况：

（一）收入、银行存款、现金、理财产品、有价证券；

（二）土地使用权、房屋等不动产；

（三）交通运输工具、机器设备、产品、原材料等动产；

（四）债权、股权、投资权益、基金份额、信托受益权、知识产权等财产性权利；

（五）其他应当报告的财产。

《最高人民法院关于公布失信被执行人名单信息的若干规定》（2017年2月28日修正）

第一条　被执行人未履行生效法律文书确定的义务，并具有下列情形之一的，人民法院应当将其纳入失信被执行人名单，依法对其进行信用惩戒：

（一）有履行能力而拒不履行生效法律文书确定义务的；

（二）以伪造证据、暴力、威胁等方法妨碍、抗拒执行的；

（三）以虚假诉讼、虚假仲裁或者以隐匿、转移财产等方法规避执行的；

（四）违反财产报告制度的；

（五）违反限制消费令的；

（六）无正当理由拒不履行执行和解协议的。

第二条 被执行人具有本规定第一条第二项至第六项规定情形的，纳入失信被执行人名单的期限为二年。被执行人以暴力、威胁方法妨碍、抗拒执行情节严重或具有多项失信行为的，可以延长一至三年。

失信被执行人积极履行生效法律文书确定义务或主动纠正失信行为的，人民法院可以决定提前删除失信信息。

第七条 各级人民法院应当将失信被执行人名单信息录入最高人民法院失信被执行人名单库，并通过该名单库统一向社会公布。

各级人民法院可以根据各地实际情况，将失信被执行人名单通过报纸、广播、电视、网络、法院公告栏等其他方式予以公布，并可以采取新闻发布会或者其他方式对本院及辖区法院实施失信被执行人名单制度的情况定期向社会公布。

第八条 人民法院应当将失信被执行人名单信息，向政府相关部门、金融监管机构、金融机构、承担行政职能的事业单位及行业协会等通报，供相关单位依照法律、法规和有关规定，在政府采购、招标投标、行政审批、政府扶持、融资信贷、市场准入、资质认定等方面，对失信被执行人予以信用惩戒。

人民法院应当将失信被执行人名单信息向征信机构通报，并由征信机构在其征信系统中记录。

国家工作人员、人大代表、政协委员等被纳入失信被执行人名单的，人民法院应当将失信情况通报其所在单位和相关部门。

国家机关、事业单位、国有企业等被纳入失信被执行人名单的，人民法院应当将失信情况通报其上级单位、主管部门或者履行出资人职责的机构。

四、人身保险合同与婚姻资产保全

《民法典》婚姻家庭编（2021年1月1日）

第一千零四十五条 亲属包括配偶、血亲和姻亲。

配偶、父母、子女、兄弟姐妹、祖父母、外祖父母、孙子女、外孙子女为近亲属。

配偶、父母、子女和其他共同生活的近亲属为家庭成员。

第一千零五十三条 一方患有重大疾病的，应当在结婚登记前如实告知另一方；不如实告知的，另一方可以向人民法院请求撤销婚姻。

请求撤销婚姻的，应当自知道或者应当知道撤销事由之日起一年内提出。

第一千零五十七条 夫妻双方都有参加生产、工作、学习和社会活动的自由，一方不得对另一方加以限制或者干涉。

第一千零六十二条 夫妻在婚姻关系存续期间所得的下列财产，为夫妻的共同财产，归夫妻共同所有：

（一）工资、奖金、劳务报酬；

（二）生产、经营、投资的收益；

（三）知识产权的收益；

（四）继承或者受赠的财产，但是本法第一千零六十三条第三项规定的除外；

（五）其他应当归共同所有的财产。

夫妻对共同财产，有平等的处理权。

第一千零六十三条 下列财产为夫妻一方的个人财产：

（一）一方的婚前财产；

（二）一方因受到人身损害获得的赔偿或者补偿；

（三）遗嘱或者赠与合同中确定只归一方的财产；

（四）一方专用的生活用品；

（五）其他应当归一方的财产。

第一千零六十四条 夫妻双方共同签名或者夫妻一方事后追认等共同意思表示所负的债务，以及夫妻一方在婚姻关系存续期间以个人名义为家庭日常生活需要所负的债务，属于夫妻共同债务。

夫妻一方在婚姻关系存续期间以个人名义超出家庭日常生活需要所负的债务，不属于夫妻共同债务；但是，债权人能够证明该债务用于夫妻共同生活、共同生产经营或者基于夫妻双方共同意思表示的除外。

第一千零六十五条 男女双方可以约定婚姻关系存续期间所得的财产以及婚前财产归各自所有、共同所有或者部分各自所有、部分共同所有。约定应当采用书面形式。没有约定或者约定不明确的，适用本法第一千零六十二条、第一千零六十三条的规定。

夫妻对婚姻关系存续期间所得的财产以及婚前财产的约定,对双方具有法律约束力。

夫妻对婚姻关系存续期间所得的财产约定归各自所有,夫或者妻一方对外所负的债务,相对人知道该约定的,以夫或者妻一方的个人财产清偿。

第一千零六十六条 婚姻关系存续期间,有下列情形之一的,夫妻一方可以向人民法院请求分割共同财产:

(一)一方有隐藏、转移、变卖、毁损、挥霍夫妻共同财产或者伪造夫妻共同债务等严重损害夫妻共同财产利益的行为;

(二)一方负有法定扶养义务的人患重大疾病需要医治,另一方不同意支付相关医疗费用。

第一千零七十七条 自婚姻登记机关收到离婚登记申请之日起三十日内,任何一方不愿意离婚的,可以向婚姻登记机关撤回离婚登记申请。

前款规定期限届满后三十日内,双方应当亲自到婚姻登记机关申请发给离婚证;未申请的,视为撤回离婚登记申请。

第一千零八十八条 夫妻一方因抚育子女、照料老年人、协助另一方工作等负担较多义务的,离婚时有权向另一方请求补偿,另一方应当给予补偿。具体办法由双方协议;协议不成的,由人民法院判决。

第一千零九十一条 有下列情形之一,导致离婚的,无过错方有权请求损害赔偿:

(一)重婚;

(二)与他人同居;

(三)实施家庭暴力;

(四)虐待、遗弃家庭成员;

(五)有其他重大过错。

第一千零九十二条 夫妻一方隐藏、转移、变卖、毁损、挥霍夫妻共同财产,或者伪造夫妻共同债务企图侵占另一方财产的,在离婚分割夫妻共同财产时,对该方可以少分或者不分。离婚后,另一方发现有上述行为的,可以向人民法院提起诉讼,请求再次分割夫妻共同财产。

《保险法》(2015 年 4 月 24 日)

第十五条 除本法另有规定或者保险合同另有约定外,保险合同成立后,投保人可以解除合同,保险人不得解除合同。

《最高人民法院关于适用〈中华人民共和国保险法〉若干问题的解释(三)》(以下简称《保险法司法解释(三)》)(2021年1月1日)

第十六条第一款 人身保险合同解除时,投保人与被保险人、受益人为不同主体,被保险人或者受益人要求退还保险单的现金价值的,人民法院不予支持,但保险合同另有约定的除外。

第十七条 投保人解除保险合同,当事人以其解除合同未经被保险人或者受益人同意为由主张解除行为无效的,人民法院不予支持,但被保险人或者受益人已向投保人支付相当于保险单现金价值的款项并通知保险人的除外。

《第八次全国法院民事商事审判工作会议(民事部分)纪要》(2016年11月30日)

4. 婚姻关系存续期间以夫妻共同财产投保,投保人和被保险人同为夫妻一方,离婚时处于保险期内,投保人不愿意继续投保的,保险人退还的保险单现金价值部分应按照夫妻共同财产处理;离婚时投保人选择继续投保的,投保人应当支付保险单现金价值的一半给另一方。

5. 婚姻关系存续期间,夫妻一方作为被保险人依据意外伤害保险合同、健康保险合同获得的具有人身性质的保险金,或者夫妻一方作为受益人依据以死亡为给付条件的人寿保险合同获得的保险金,宜认定为个人财产,但双方另有约定的除外。

婚姻关系存续期间,夫妻一方依据以生存到一定年龄为给付条件的具有现金价值的保险合同获得的保险金,宜认定为夫妻共同财产,但双方另有约定的除外。

《最高人民法院关于适用〈中华人民共和国民法典〉婚姻家庭编的解释(一)》(2021年1月1日)

第二十四条 民法典第一千零六十二条第一款第三项规定的"知识产权的收益",是指婚姻关系存续期间,实际取得或者已经明确可以取得的财产性收益。

第二十五条 婚姻关系存续期间,下列财产属于民法典第一千零六十二条规定的“其他应当归共同所有的财产”：

（一）一方以个人财产投资取得的收益；

（二）男女双方实际取得或者应当取得的住房补贴、住房公积金；

（三）男女双方实际取得或者应当取得的基本养老金、破产安置补偿费。

第二十六条 夫妻一方个人财产在婚后产生的收益，除孳息和自然增值外，应认定为夫妻共同财产。

第二十七条 由一方婚前承租、婚后用共同财产购买的房屋，登记在一方名下的，应当认定为夫妻共同财产。

第二十九条 当事人结婚前，父母为双方购置房屋出资的，该出资应当认定为对自己子女个人的赠与，但父母明确表示赠与双方的除外。

当事人结婚后，父母为双方购置房屋出资的，依照约定处理；没有约定或者约定不明确的，按照民法典第一千零六十二条第一款第四项规定的原则处理。

第三十条 军人的伤亡保险金、伤残补助金、医药生活补助费属于个人财产。

第三十一条 民法典第一千零六十三条规定为夫妻一方的个人财产，不因婚姻关系的延续而转化为夫妻共同财产。但当事人另有约定的除外。

第三十三条 债权人就一方婚前所负个人债务向债务人的配偶主张权利的，人民法院不予支持。但债权人能够证明所负债务用于婚后家庭共同生活的除外。

第三十四条 夫妻一方与第三人串通，虚构债务，第三人主张该债务为夫妻共同债务的，人民法院不予支持。

夫妻一方在从事赌博、吸毒等违法犯罪活动中所负债务，第三人主张该债务为夫妻共同债务的，人民法院不予支持。

第七十三条 人民法院审理离婚案件，涉及分割夫妻共同财产中以一方名义在有限责任公司的出资额，另一方不是该公司股东的，按以下情形分别处理：

（一）夫妻双方协商一致将出资额部分或者全部转让给该股东的配偶，其他股东过半数同意，并且其他股东均明确表示放弃优先购买权的，该股东的配偶可以成为该公司股东；

（二）夫妻双方就出资额转让份额和转让价格等事项协商一致后，其他股东半数以上不同意转让，但愿意以同等条件购买该出资额的，人民法院可以对转让出资所得财产进行分割。其他股东半数以上不同意转让，也不愿意以同等条件购买该出资额的，视为其同意转让，该股东的配偶可以成为该公司股东。

用于证明前款规定的股东同意的证据，可以是股东会议材料，也可以是当事人通过其他合法途径取得的股东的书面声明材料。

五、人身保险合同与家族财富传承

《民法典》总则编(2021年1月1日)

第二十九条 被监护人的父母担任监护人的，可以通过遗嘱指定监护人。

第三十三条 具有完全民事行为能力的成年人，可以与其近亲属、其他愿意担任监护人的个人或者组织事先协商，以书面形式确定自己的监护人，在自己丧失或者部分丧失民事行为能力时，由该监护人履行监护职责。

第三十四条 监护人的职责是代理被监护人实施民事法律行为，保护被监护人的人身权利、财产权利以及其他合法权益等。

监护人依法履行监护职责产生的权利，受法律保护。

监护人不履行监护职责或者侵害被监护人合法权益的，应当承担法律责任。

因发生突发事件等紧急情况，监护人暂时无法履行监护职责，被监护人的生活处于无人照料状态的，被监护人住所地的居民委员会、村民委员会或者民政部门应当为被监护人安排必要的临时生活照料措施。

《民法典》合同编(2021年1月1日)

第六百五十七条 赠与合同是赠与人将自己的财产无偿给予受赠人，受赠人表示接受赠与的合同。

第六百五十八条 赠与人在赠与财产的权利转移之前可以撤销赠与。

经过公证的赠与合同或者依法不得撤销的具有救灾、扶贫、助残等公益、道德义务性质的赠与合同，不适用前款规定。

第六百六十三条 受赠人有下列情形之一的，赠与人可以撤销赠与：

(一)严重侵害赠与人或者赠与人近亲属的合法权益；

(二)对赠与人有扶养义务而不履行；

(三)不履行赠与合同约定的义务。

赠与人的撤销权，自知道或者应当知道撤销事由之日起一年内行使。

《民法典》婚姻家庭编(2021年1月1日)

第一千零四十三条 家庭应当树立优良家风,弘扬家庭美德,重视家庭文明建设。夫妻应当互相忠实,互相尊重,互相关爱;家庭成员应当敬老爱幼,互相帮助,维护平等、和睦、文明的婚姻家庭关系。

第一千零六十一条 夫妻有相互继承遗产的权利。

第一千零七十条 父母和子女有相互继承遗产的权利。

《民法典》继承编(2021年1月1日)

第一千一百二十一条 继承从被继承人死亡时开始。

相互有继承关系的数人在同一事件中死亡,难以确定死亡时间的,推定没有其他继承人的人先死亡。都有其他继承人,辈份不同的,推定长辈先死亡;辈份相同的,推定同时死亡,相互不发生继承。

第一千一百二十二条 遗产是自然人死亡时遗留的个人合法财产。

依照法律规定或者根据其性质不得继承的遗产,不得继承。

第一千一百二十三条 继承开始后,按照法定继承办理;有遗嘱的,按照遗嘱继承或者遗赠办理;有遗赠扶养协议的,按照协议办理。

第一千一百二十四条 继承开始后,继承人放弃继承的,应当在遗产处理前,以书面形式作出放弃继承的表示;没有表示的,视为接受继承。

受遗赠人应当在知道受遗赠后六十日内,作出接受或者放弃受遗赠的表示;到期没有表示的,视为放弃受遗赠。

第一千一百二十七条 遗产按照下列顺序继承:

(一)第一顺序:配偶、子女、父母;

(二)第二顺序:兄弟姐妹、祖父母、外祖父母。

继承开始后,由第一顺序继承人继承,第二顺序继承人不继承;没有第一顺序继承人继承的,由第二顺序继承人继承。

本编所称子女,包括婚生子女、非婚生子女、养子女和有扶养关系的继子女。

本编所称父母,包括生父母、养父母和有扶养关系的继父母。

本编所称兄弟姐妹,包括同父母的兄弟姐妹、同父异母或者同母异父的兄弟姐妹、养兄弟姐妹、有扶养关系的继兄弟姐妹。

第一千一百三十三条 自然人可以依照本法规定立遗嘱处分个人财产,并可以指定遗嘱执行人。

自然人可以立遗嘱将个人财产指定由法定继承人中的一人或者数人继承。

自然人可以立遗嘱将个人财产赠与国家、集体或者法定继承人以外的组织、个人。

自然人可以依法设立遗嘱信托。

第一千一百六十一条　继承人以所得遗产实际价值为限清偿被继承人依法应当缴纳的税款和债务。超过遗产实际价值部分，继承人自愿偿还的不在此限。

继承人放弃继承的，对被继承人依法应当缴纳的税款和债务可以不负清偿责任。

《保险法》(2015年4月24日)

第三十一条　投保人对下列人员具有保险利益：

(一)本人；

(二)配偶、子女、父母；

(三)前项以外与投保人有抚养、赡养或者扶养关系的家庭其他成员、近亲属；

(四)与投保人有劳动关系的劳动者。

除前款规定外，被保险人同意投保人为其订立合同的，视为投保人对被保险人具有保险利益。

订立合同时，投保人对被保险人不具有保险利益的，合同无效。

第四十二条　被保险人死亡后，有下列情形之一的，保险金作为被保险人的遗产，由保险人依照《中华人民共和国继承法》的规定履行给付保险金的义务：

(一)没有指定受益人，或者受益人指定不明无法确定的；

(二)受益人先于被保险人死亡，没有其他受益人的；

(三)受益人依法丧失受益权或者放弃受益权，没有其他受益人的。

受益人与被保险人在同一事件中死亡，且不能确定死亡先后顺序的，推定受益人死亡在先。

《保险法司法解释(三)》(2021年1月1日)

第九条　投保人指定受益人未经被保险人同意的，人民法院应认定指定行为无效。

当事人对保险合同约定的受益人存在争议，除投保人、被保险人在保险合同之外另有约定外，按以下情形分别处理：

（一）受益人约定为“法定”或者“法定继承人”的，以民法典规定的法定继承人为受益人；

（二）受益人仅约定为身份关系的，投保人与被保险人为同一主体时，根据保险事故发生时与被保险人的身份关系确定受益人；投保人与被保险人为不同主体时，根据保险合同成立时与被保险人的身份关系确定受益人；

（三）约定的受益人包括姓名和身份关系，保险事故发生时身份关系发生变化的，认定为未指定受益人。

第十二条　投保人或者被保险人指定数人为受益人，部分受益人在保险事故发生前死亡、放弃受益权或者依法丧失受益权的，该受益人应得的受益份额按照保险合同的约定处理；保险合同没有约定或者约定不明的，该受益人应得的受益份额按照以下情形分别处理：

（一）未约定受益顺序及受益份额的，由其他受益人平均享有；

（二）未约定受益顺序但约定受益份额的，由其他受益人按照相应比例享有；

（三）约定受益顺序但未约定受益份额的，由同顺序的其他受益人平均享有；同一顺序没有其他受益人的，由后一顺序的受益人平均享有；

（四）约定受益顺序及受益份额的，由同顺序的其他受益人按照相应比例享有；同一顺序没有其他受益人的，由后一顺序的受益人按照相应比例享有。

第十四条　保险金根据保险法第四十二条规定作为被保险人遗产，被保险人的继承人要求保险人给付保险金，保险人以其已向持有保险单的被保险人的其他继承人给付保险金为由抗辩的，人民法院应予支持。

第十五条　受益人与被保险人存在继承关系，在同一事件中死亡且不能确定死亡先后顺序的，人民法院应依据保险法第四十二条第二款推定受益人死亡在先，并按照保险法及本解释的相关规定确定保险金归属。

六、人身保险合同与税务筹划

《深化国税、地税征管体制改革方案》（2015年12月25日）

到2020年建成与国家治理体系和治理能力现代化相匹配的现代税收征管

体制，降低征纳成本，提高征管效率，增强税法遵从度和纳税人满意度，确保税收职能作用有效发挥，促进经济健康发展和社会公平正义。

6. 建立促进诚信纳税机制。对纳税信用好的纳税人，开通办税绿色通道，在资料报送、发票领用、出口退税等方面提供更多便利，减少税务检查频次或给予一定时期内的免检待遇，开展银税互动助力企业发展。对进入税收违法“黑名单”的当事人，严格税收管理，与相关部门依法联合实施禁止高消费、限制融资授信、禁止参加政府采购、限制取得政府供应土地和政府性资金支持、阻止出境等惩戒，让诚信守法者畅行无阻，让失信违法者寸步难行。

9. 对纳税人实施分类分级管理。对企业纳税人按规模和行业，对自然人纳税人按收入和资产实行分类管理。

11. 建立自然人税收管理体系。顺应直接税比重逐步提高、自然人纳税人数量多、管理难的趋势，从法律框架、制度设计、征管方式、技术支撑、资源配置等方面构建以高收入者为重点的自然人税收管理体系。税务总局、省级税务局集中开展对高收入纳税人的税收风险分析，将分析结果推送相关税务机关做好应对，不断提高自然人税收征管水平。

14. 加快税收信息系统建设。2016 年全面完成金税三期工程建设任务，形成覆盖所有税种及税收工作各环节、运行安全稳定、国内领先的信息系统。2018 年实现征管数据向税务总局集中，建成自然人征管系统，并实现与个人收入和财产信息系统互联互通。到 2020 年使我国税收征管信息系统居于国际先进行列。

17. 不断加强国际税收合作。围绕建立合作共赢的新型国际税收关系，推动完善国际税收合作与协调机制，执行好《多边税收征管互助公约》和《金融账户涉税信息自动交换标准》，加强税收信息交换，形成深度交融的互利合作网络。

《关于进一步深化税收征管改革的意见》(2021 年 3 月 24 日)

(三) 主要目标。到 2022 年，在税务执法规范性、税费服务便捷性、税务监管精准性上取得重要进展。到 2023 年，基本建成“无风险不打扰、有违法要追究、全过程强智控”的税务执法新体系，实现从经验式执法向科学精确执法转变；基本建成“线下服务无死角、线上服务不打烊、定制服务广覆盖”的税费服务新体系，实现从无差别服务向精细化、智能化、个性化服务转变；基本建成以“双随机、一公开”监管和“互联网+监管”为基本手段、以重点监管为补充、以

“信用+风险”监管为基础的税务监管新体系,实现从“以票管税”向“以数治税”分类精准监管转变。到2025年,深化税收征管制度改革取得显著成效,基本建成功能强大的智慧税务,形成国内一流的智能化行政应用系统,全方位提高税务执法、服务、监管能力。

(十九)加强重点领域风险防控和监管。对逃避税问题多发的行业、地区和人群,根据税收风险适当提高“双随机、一公开”抽查比例。对隐瞒收入、虚列成本、转移利润以及利用“税收洼地”、“阴阳合同”和关联交易等逃避税行为,加强预防性制度建设,加大依法防控和监督检查力度。

《中共中央关于进一步全面深化改革　推进中国式现代化的决定》(2024年7月18日中国共产党第二十届中央委员会第三次全体会议通过)

(17)深化财税体制改革。……健全有利于高质量发展、社会公平、市场统一的税收制度,优化税制结构。研究同新业态相适应的税收制度。全面落实税收法定原则,规范税收优惠政策,完善对重点领域和关键环节支持机制。健全直接税体系,完善综合和分类相结合的个人所得税制度,规范经营所得、资本所得、财产所得税收政策,实行劳动性所得统一征税。深化税收征管改革。

《国家税务总局关于自然人纳税人识别号有关事项的公告》(2019年1月1日)

一、自然人纳税人识别号,是自然人纳税人办理各类涉税事项的唯一代码标识。

二、有中国公民身份号码的,以其中国公民身份号码作为纳税人识别号;没有中国公民身份号码的,由税务机关赋予其纳税人识别号。

……

五、自然人纳税人办理纳税申报、税款缴纳、申请退税、开具完税凭证、纳税查询等涉税事项时应当向税务机关或扣缴义务人提供纳税人识别号。

《个人所得税法》(2019年1月1日)

第一条　在中国境内有住所,或者无住所而一个纳税年度内在中国境内居住累计满一百八十三天的个人,为居民个人。居民个人从中国境内和境外取得的所得,依照本法规定缴纳个人所得税。

在中国境内无住所又不居住，或者无住所而一个纳税年度内在中国境内居住累计不满一百八十三天的个人，为非居民个人。非居民个人从中国境内取得的所得，依照本法规定缴纳个人所得税。

纳税年度，自公历一月一日起至十二月三十一日止。

第二条　下列各项个人所得，应当缴纳个人所得税：

（一）工资、薪金所得；

（二）劳务报酬所得；

（三）稿酬所得；

（四）特许权使用费所得；

（五）经营所得；

（六）利息、股息、红利所得；

（七）财产租赁所得；

（八）财产转让所得；

（九）偶然所得。

居民个人取得前款第一项至第四项所得（以下称综合所得），按纳税年度合并计算个人所得税；非居民个人取得前款第一项至第四项所得，按月或者按次分项计算个人所得税。纳税人取得前款第五项至第九项所得，依照本法规定分别计算个人所得税。

第三条　个人所得税的税率：

（一）综合所得，适用百分之三至百分之四十五的超额累进税率（税率表附后）；

（二）经营所得，适用百分之五至百分之三十五的超额累进税率（税率表附后）；

（三）利息、股息、红利所得，财产租赁所得，财产转让所得和偶然所得，适用比例税率，税率为百分之二十。

第四条　下列各项个人所得，免征个人所得税：

（一）省级人民政府、国务院部委和中国人民解放军军以上单位，以及外国组织、国际组织颁发的科学、教育、技术、文化、卫生、体育、环境保护等方面的奖金；

（二）国债和国家发行的金融债券利息；

（三）按照国家统一规定发给的补贴、津贴；

（四）福利费、抚恤金、救济金；

（五）保险赔款；

（六）军人的转业费、复员费、退役金；

（七）按照国家统一规定发给干部、职工的安家费、退职费、基本养老金或者退休费、离休费、离休生活补助费；

（八）依照有关法律规定应予免税的各国驻华使馆、领事馆的外交代表、领事官员和其他人员的所得；

（九）中国政府参加的国际公约、签订的协议中规定免税的所得；

（十）国务院规定的其他免税所得。

前款第十项免税规定，由国务院报全国人民代表大会常务委员会备案。

第六条 应纳税所得额的计算：

（一）居民个人的综合所得，以每一纳税年度的收入额减除费用六万元以及专项扣除、专项附加扣除和依法确定的其他扣除后的余额，为应纳税所得额。

（二）非居民个人的工资、薪金所得，以每月收入额减除费用五千元后的余额为应纳税所得额；劳务报酬所得、稿酬所得、特许权使用费所得，以每次收入额为应纳税所得额。

（三）经营所得，以每一纳税年度的收入总额减除成本、费用以及损失后的余额，为应纳税所得额。

（四）财产租赁所得，每次收入不超过四千元的，减除费用八百元；四千元以上的，减除百分之二十的费用，其余额为应纳税所得额。

（五）财产转让所得，以转让财产的收入额减除财产原值和合理费用后的余额，为应纳税所得额。

（六）利息、股息、红利所得和偶然所得，以每次收入额为应纳税所得额。

劳务报酬所得、稿酬所得、特许权使用费所得以收入减除百分之二十的费用后的余额为收入额。稿酬所得的收入额减按百分之七十计算。

个人将其所得对教育、扶贫、济困等公益慈善事业进行捐赠，捐赠额未超过纳税人申报的应纳税所得额百分之三十的部分，可以从其应纳税所得额中扣除；国务院规定对公益慈善事业捐赠实行全额税前扣除的，从其规定。

本条第一款第一项规定的专项扣除，包括居民个人按照国家规定的范围和标准缴纳的基本养老保险、基本医疗保险、失业保险等社会保险费和住房公积金等；专项附加扣除，包括子女教育、继续教育、大病医疗、住房贷款利息或者住房租金、赡养老人等支出，具体范围、标准和实施步骤由国务院确定，并报全国人民代表大会常务委员会备案。

第十五条　公安、人民银行、金融监督管理等相关部门应当协助税务机关确认纳税人的身份、金融账户信息。教育、卫生、医疗保障、民政、人力资源社会保障、住房城乡建设、公安、人民银行、金融监督管理等相关部门应当向税务机关提供纳税人子女教育、继续教育、大病医疗、住房贷款利息、住房租金、赡养老人等专项附加扣除信息。

个人转让不动产的，税务机关应当根据不动产登记等相关信息核验应缴的个人所得税，登记机构办理转移登记时，应当查验与该不动产转让相关的个人所得税的完税凭证。个人转让股权办理变更登记的，市场主体登记机关应当查验与该股权交易相关的个人所得税的完税凭证。

有关部门依法将纳税人、扣缴义务人遵守本法的情况纳入信用信息系统，并实施联合激励或者惩戒。

《个人所得税法实施条例》（2019 年 1 月 1 日）

第六条　个人所得税法规定的各项个人所得的范围：

……

（六）利息、股息、红利所得，是指个人拥有债权、股权等而取得的利息、股息、红利所得。

……

第十三条　个人所得税法第六条第一款第一项所称依法确定的其他扣除，包括个人缴付符合国家规定的企业年金、职业年金，个人购买符合国家规定的商业健康保险、税收递延型商业养老保险的支出，以及国务院规定可以扣除的其他项目。

专项扣除、专项附加扣除和依法确定的其他扣除，以居民个人一个纳税年度的应纳税所得额为限额；一个纳税年度扣除不完的，不结转以后年度扣除。

第十五条第二款、第三款　取得经营所得的个人，没有综合所得的，计算其每一纳税年度的应纳税所得额时，应当减除费用 6 万元、专项扣除、专项附加扣除以及依法确定的其他扣除。专项附加扣除在办理汇算清缴时减除。

从事生产、经营活动，未提供完整、准确的纳税资料，不能正确计算应纳税所得额的，由主管税务机关核定应纳税所得额或者应纳税额。

《国家税务总局关于贯彻执行提高个人所得税有关专项附加扣除标准政策的公告》(国家税务总局公告 2023 年第 14 号)

一、3 岁以下婴幼儿照护、子女教育专项附加扣除标准,由每个婴幼儿(子女)每月 1000 元提高到 2000 元。

父母可以选择由其中一方按扣除标准的 100%扣除,也可以选择由双方分别按 50%扣除。

二、赡养老人专项附加扣除标准,由每月 2000 元提高到 3000 元,其中,独生子女每月扣除 3000 元;非独生子女与兄弟姐妹分摊每月 3000 元的扣除额度,每人不超过 1500 元。

需要分摊享受的,可以由赡养人均摊或者约定分摊,也可以由被赡养人指定分摊。约定或者指定分摊的须签订书面分摊协议,指定分摊优先于约定分摊。

三、纳税人尚未填报享受 3 岁以下婴幼儿照护、子女教育、赡养老人专项附加扣除的,可以在手机个人所得税 APP 或通过扣缴义务人填报享受,系统将按照提高后的专项附加扣除标准计算应缴纳的个人所得税。

《财政部、税务总局关于个人取得有关收入适用个人所得税应税所得项目的公告》(2019 年 1 月 1 日)

一、个人为单位或他人提供担保获得收入,按照“偶然所得”项目计算缴纳个人所得税。

二、房屋产权所有人将房屋产权无偿赠与他人的,受赠人因无偿受赠房屋取得的受赠收入,按照“偶然所得”项目计算缴纳个人所得税。按照《财政部、国家税务总局关于个人无偿受赠房屋有关个人所得税问题的通知》(财税〔2009〕78 号)第一条规定,符合以下情形的,对当事双方不征收个人所得税:

(一)房屋产权所有人将房屋产权无偿赠与配偶、父母、子女、祖父母、外祖父母、孙子女、外孙子女、兄弟姐妹;

(二)房屋产权所有人将房屋产权无偿赠与对其承担直接抚养或者赡养义务的抚养人或者赡养人;

(三)房屋产权所有人死亡,依法取得房屋产权的法定继承人、遗嘱继承人或者受遗赠人。

前款所称受赠收入的应纳税所得额按照《财政部　国家税务总局关于个人

无偿受赠房屋有关个人所得税问题的通知》(财税〔2009〕78 号)第四条规定计算。

《关于个人养老金有关个人所得税政策的公告》(财政部 税务总局公告 2022 年第 34 号)

一、自 2022 年 1 月 1 日起,对个人养老金实施递延纳税优惠政策。在缴费环节,个人向个人养老金资金账户的缴费,按照 12000 元/年的限额标准,在综合所得或经营所得中据实扣除;在投资环节,计入个人养老金资金账户的投资收益暂不征收个人所得税;在领取环节,个人领取的个人养老金,不并入综合所得,单独按照 3%的税率计算缴纳个人所得税,其缴纳的税款计入"工资、薪金所得"项目。

《重大税收违法失信主体信息公布管理办法》(2022 年 2 月 1 日)

第六条 本办法所称"重大税收违法失信主体"(以下简称失信主体)是指有下列情形之一的纳税人、扣缴义务人或者其他涉税当事人(以下简称当事人):

(一)伪造、变造、隐匿、擅自销毁账簿、记账凭证,或者在账簿上多列支出或者不列、少列收入,或者经税务机关通知申报而拒不申报或者进行虚假的纳税申报,不缴或者少缴应纳税款 100 万元以上,且任一年度不缴或者少缴应纳税款占当年各税种应纳税总额 10%以上的,或者采取前述手段,不缴或者少缴已扣、已收税款,数额在 100 万元以上的;

(二)欠缴应纳税款,采取转移或者隐匿财产的手段,妨碍税务机关追缴欠缴的税款,欠缴税款金额 100 万元以上的;

……

第七条第一款 税务机关对当事人依法作出《税务行政处罚决定书》,当事人在法定期限内未申请行政复议、未提起行政诉讼,或者申请行政复议,行政复议机关作出行政复议决定后,在法定期限内未提起行政诉讼,或者人民法院对税务行政处罚决定或行政复议决定作出生效判决、裁定后,有本办法第六条规定情形之一的,税务机关确定其为失信主体。

第十三条 税务机关应当通过国家税务总局各省、自治区、直辖市、计划单列市税务局网站向社会公布失信主体信息,根据本地区实际情况,也可以通过税务机关公告栏、报纸、广播、电视、网络媒体等途径以及新闻发布会等形式向社会公布。

国家税务总局归集各地税务机关确定的失信主体信息，并提供至“信用中国”网站进行公开。

第十四条第一款 属于本办法第六条第一项、第二项规定情形的失信主体，在失信信息公布前按照《税务处理决定书》、《税务行政处罚决定书》缴清税款、滞纳金和罚款的，经税务机关确认，不向社会公布其相关信息。

《税收违法行为检举管理办法》(2020年1月1日)

第二条 本办法所称检举，是指单位、个人采用书信、电话、传真、网络、来访等形式，向税务机关提供纳税人、扣缴义务人税收违法行为线索的行为。

采用前款所述的形式，检举税收违法行为的单位、个人称检举人；被检举的纳税人、扣缴义务人称被检举人。

检举人可以实名检举，也可以匿名检举。

第三条 本办法所称税收违法行为，是指涉嫌偷税(逃避缴纳税款)，逃避追缴欠税，骗税，虚开、伪造、变造发票，以及其他与逃避缴纳税款相关的税收违法行为。

第三十四条 检举事项经查证属实，为国家挽回或者减少损失的，按照财政部和国家税务总局的有关规定对实名检举人给予相应奖励。

第三十五条 检举人不愿提供个人信息或者不愿公开检举行为的，税务机关应当予以尊重和保密。

第三十六条 税务机关应当在职责范围内依法保护检举人、被检举人的合法权益。

第三章　两类典型问题的实务探讨

一、如何通过婚姻家庭资产保全讲保险——离婚案件中对于人身保险合同的处理细则

中国人在对待婚姻问题上自古以来都是矛盾重重。古人们一方面感慨，“唯女子与小人难养也”；另一方面又说，“饮食男女，人之大欲存焉”，“不孝有三，无后为大”。钱锺书说婚姻是一座“围城”，城外的人想进去，城里的人想出来；林徽因说：其实结不结婚，都会后悔。巷子里的猫很自由，却没有归宿；围墙里的狗有归宿，却终身都要低头，人生这道选择题，怎么选都会有遗憾。

作为个体，对待婚姻有选择的自由，但作为国家必须高度重视，因为建立在婚姻基础上的家庭是国家最小的纳税单位，不仅贡献新生人口也为社会创造财富，这些都关乎一个国家的稳定。新中国成立后，我们颁布的第一部法律就是于1950年5月1日生效的《婚姻法》。而在更早的西周时期，我们的祖先就制定下了结婚的六个步骤和离婚的“七去三不去”原则，并在民间习俗方面一直沿用至今。在中国传承文化中，婚姻制度遵循的是“父母之命，媒妁之言”，选择结婚对象也遵循的是门当户对原则，而对女性在婚后用“三纲五常”之类礼教进行精神和行为约束，所以在这种制度设计下，无论再有能力的女性，也大概率会沦落为男性的附庸。

改革开放以来，随着国家经济的全面快速提升，女性受教育程度越来越高，女性经济自主能力越来越强，经济独立之后必然伴随人格独立。2018年4月12日的《法制日报》报道，最高人民法院发布的离婚纠纷司法大数据专题报告显示，2016年至2017年，全国离婚纠纷年度一审审结案件量基本持平，2017年

为140余万件。这些案件中,73.4%的原告为女性。根据国家统计局公布的2023年年末全国人口数据,从性别构成看,男性人口72032万人,女性人口68935万人,总人口性别比为104.49(以女性为100),我国男性比女性多出3000万人,导致在适龄结婚的年轻人群体中,女性的优势地位不断提升,在农村地区最直接的体现就是结婚彩礼的水涨船高,这带来了一系列的社会问题。为此,最高人民法院在2024年1月专门出台了《关于审理涉彩礼纠纷案件适用法律若干问题的规定》的司法文件,明确提出禁止借婚姻索取财物。工业化和城市化进程加剧了社会流动的频繁程度,熟人社会逐渐向陌生人社会转变。以往来自双方家庭和亲戚邻里等的舆论压力如今对女性离婚的约束大为降低。与此同时,民众价值观、道德观的多元化发展使社会对女性离婚、再婚的态度趋向宽容。一个属于女性独立自由的时代到来了,一个婚姻家庭不稳定的时代也同时到来了。通过近几年全国家庭结婚和离婚数字对比就可以发现这个问题(见表3-1)。

表3-1 2018—2023全国结婚离婚数字

单位:万对

年份	结婚数字	离婚数字	协议离婚	诉讼离婚
2018	1014	446.1	381.2	64.9
2019	927.3	470.1	404.7	65.3
2020	813.1	373.3	313	60.3
2021	764.3	283.9	214.1	69.8
2022	683.5	287.9	210	77.9
2023	768.2	360.53	259.37	101.16

资料来源:民政部《民政事业发展统计公报》。

习近平总书记指出:“家庭是社会的基本细胞,是人生的第一所学校。”家庭不仅是一个培养亲情的地方,也是一个创造财富的单位,家庭里面不仅有人身关系,还有财产关系。面对如此不稳定的婚姻家庭现状,即使《民法典》用离婚冷静期来进行立法干预,带来的效果反而适得其反,年轻的“90后”“00后”不仅离婚变得冷静,结婚也变得越来越冷静了。无论如何,一个家庭的解体不仅是夫妻关系的解除,还有财产的重新分割,而这些财产里面,有相当部分来自父母的赠与。年轻的子女可以冲冠一怒就离婚,但是离的是自己的婚,分割的有可能是父母的钱。如何帮助中国的父母们实现既要传承财富给孩子让他们婚后的生活锦上添花，又要做到给到子女的是真正属于他们自己的“私房钱”离婚时不被作为共同财产分割？这既是客户的刚需，更是财富管理工作者的机会。

《民法典》出台后，很多保险从业者希望就这个问题从里面找到确切的结论，可是翻遍《民法典》1260 条，尤其是规定了共同财产范围的第 1062 条和个人财产的第 1063 条，结果大失所望！根本没有提到人身保险到底是个人财产还是共同财产的认定。

其实大可不必有此遗憾。因为《民法典》作为市场经济的基本法和“社会生活的百科全书”，只能进行原则性和方向性的规定，不可能就人身保险合同这个家庭资产配置中的细微问题进行专门规定。

这个问题的答案规定在司法机关的文件中。主要有以下规定：

1.《第八次全国法院民事商事审判工作会议（民事部分）纪要》（2016 年 11 月 30 日）（摘录）

> （二）关于夫妻共同财产认定问题
>
> 4. 婚姻关系存续期间以夫妻共同财产投保，投保人和被保险人同为夫妻一方，离婚时处于保险期内，投保人不愿意继续投保的，保险人退还的保险单现金价值部分应按照夫妻共同财产处理；离婚时投保人选择继续投保的，投保人应当支付保险单现金价值的一半给另一方。
>
> 5. 婚姻关系存续期间，夫妻一方作为被保险人依据意外伤害保险合同、健康保险合同获得的具有人身性质的保险金，或者夫妻一方作为受益人依据以死亡为给付条件的人寿保险合同获得的保险金，宜认定为个人财产，但双方另有约定的除外。
>
> 婚姻关系存续期间，夫妻一方依据以生存到一定年龄为给付条件的具有现金价值的保险合同获得的保险金，宜认定为夫妻共同财产，但双方另有约定的除外。

2. 江苏省高级人民法院《家事纠纷案件审理指南（婚姻家庭部分）》

2019 年 7 月 18 日，江苏省高级人民法院（以下简称江苏高院）通过江苏高院微信公众号公布了由其民一庭印发的《家事纠纷案件审理指南（婚姻家庭部分）》，作为全省法院审理家事案件的指导意见。该指南涵盖了国内目前热点法律问题和前沿性法律争端，对当前家事审判实务具有一定的指导意义。

43. 离婚案件中对于人身保险合同应当如何处理？人身保险分为人寿保险、意外伤害保险和健康保险。离婚案件中对于人身保险合同，除当事人另有约定外，可以按以下情形分别处理：

(1)已获得保险金的情形

婚姻关系存续期间，夫妻一方作为被保险人依据意外伤害保险合同、健康保险合同获得的保险金，主要用于受害人的治疗、生活等特定用途，具有人身性质，应当认定为个人财产。

夫妻一方作为受益人依据以死亡为给付条件的人寿保险合同获得的保险金，该保险合同中受益人的指定本身就表明了投保人与受益人之间的特定关系，体现了保险金的专属性，应当认定为个人财产。

婚姻关系存续期间，夫妻一方依据以生存到一定年龄为给付条件的具有现金价值的保险合同获得的保险金，该保险具有一定的投资属性，由此获得的投资收益，应当认定为夫妻共同财产。

(2)尚未获得保险金的情形

婚姻关系存续期间以夫妻共同财产投保，离婚时仍处于保险有效期内的人身保险合同，夫妻双方主张分割保险单现金价值的，应予支持。

如果投保人和被保险人均为夫妻一方，离婚时夫妻双方可以协议退保或者继续履行保险合同。投保人不愿意继续履行的，保险人退还的保险单现金价值应当作为夫妻共同财产分割；投保人愿意继续履行的，投保人应当支付保险单现金价值的一半给另一方。

如果夫妻一方为投保人，另一方为被保险人，离婚时夫妻双方可以协议退保或者继续履行保险合同。协商一致退保的，保险人退还的保险单现金价值应当作为夫妻共同财产分割；协商一致愿意继续履行的，获得保险合同利益一方应当支付保险单现金价值的一半给另一方。如果投保人要求退保，而被保险人要求继续履行的，保险合同应当继续履行，获得保险合同利益一方应当支付保险单现金价值的一半给另一方。

(3)为未成年子女购买人身保险的处理

婚姻关系存续期间，夫妻一方或者双方为未成年子女购买的人身保险获得的保险金，如果未成年子女未死亡，应当专属于未成年子女所有。离婚时，如果为未成年子女购买的人身保险合同尚处于保险有效期的，因保险的最终利益归属于未成年子女，该保险应当视为对未成年子女的赠与，不再作为夫妻共同财产分割。

江苏高院民一庭《家事纠纷案件审理指南（婚姻家庭部分）》出台后，因为其几乎囊括了目前婚姻家事领域所有热点难点问题，在法律界引起广泛关注。该司法文件出台后，该院民一庭张娅法官与肖峰博士又专门就这份文件进行了更为详细的解读。本文把两位就该文件第43条的解读原文摘录，希望能让读者对此问题有更清晰的了解。

1. 处理原则。离婚中的人身保险问题处于《保险法》和《婚姻法》〔1〕的交叉领域，在同一个案件的处理过程中，应以家庭法的基本价值为指引，兼顾保险法价值的实现。保险仅是夫妻财产的一种形式，对保险的分割应遵从《婚姻法》中对财产分割的基本原理，同时应按照《保险法》的规定，力争使保险合同继续履行下去，促进保险交易的顺利进行，实现保险的价值。

2. 人身保险的价值确定。人身保险的价值确定标准有两种：一是所交保险费；二是保单的现金价值。保险费是为使保险人承担保险责任而向保险人支付的费用。随着保险合同的履行，保险费会转化为保险责任准备金，投保人将保险费支付给保险人后，保险费即转化为保险人的资产。因此，对保险费进行分割不合理。现金价值是保险公司在扣除手续费用后退给投保人的部分责任准备金。现金价值是可以结合保险费交纳情况、保险期限等因素计算出的确定数额的一种价值，也是唯一衡量保险合同价值的标准。因此，对履行中的保险合同，应该分割现金价值。

3. 人身保险的分割

(1) 已获得保险金的情形

婚姻关系存续期间，夫妻一方作为被保险人依据意外伤害保险合同、健康保险合同获得的保险金，具有人身性质，应认定为个人财产。对于夫

〔1〕《民法典》实施后，此处应修改为《民法典》婚姻家庭编。《民法典》实施后，《婚姻法》《继承法》《民法通则》《收养法》《担保法》《合同法》《物权法》《侵权责任法》《民法总则》均已废止，下文不再赘述。

妻一方作为受益人依据以死亡为给付保险金条件的人寿保险合同获得的保险金,有观点认为,此种情形下获得的保险金与婚姻关系存续期间一方继承或受赠所得的财产类似,应认定为夫妻共同财产。本条认为,《婚姻法》并没有明确将人身保险合同中受益人所得的保险金纳入夫妻共同财产的范围,受益人所得的保险金与继承或受赠所得的财产在取得条件上并不完全相同:人身保险合同中的保险金是受益人无偿、不负任何义务的取得,而继承人取得财产时应在继承财产的份额内偿还被继承人生前的债务,受赠人取得的财产也可以是附义务的。人身保险合同中受益人的指定本身就表明了投保人与受益人的特定关系,这种指定体现了保险金的专属性,如果将其作为夫妻共同财产处理,有违投保人指定受益人的本意,依照《婚姻法》第18条的规定,应认定为个人财产。婚姻关系存续期间,夫妻一方依据以生存到一定年龄为给付保险金条件的具有现金价值的保险合同获得的保险金,该保险具有一定的投资属性,由此获得的投资收益,应认定为夫妻共同财产。也就是说,如果保险费是投保人以个人财产支付的,最终获得的保险金要扣除本金部分才为夫妻共同财产。

(2)尚未获得保险金情形

区分投保人和被保险人均为夫妻一方及分别为双方的情形。总的处理原则是:如果协议退保,则分割保险单现金价值;如果继续履行保险合同,则获得保险合同利益一方应支付保险单现金价值的一半给另一方;在无法协商一致的情形下,根据被保险人中心主义的原则,保险合同应继续履行,同时应支付保险单现金价值的一半给另一方。

(3)为未成年子女购买人身保险的处理

婚姻关系存续期间购买的被保险人为未成年子女的人身保险获得的保险金,如果未成年子女未死亡,应专属于未成年子女所有。如果未成年子女死亡,则保险金属于未成年子女的遗产。离婚时,如果被保险人为未成年子女的人身保险合同尚处于保险有效期的,为未成年子女投保人身保险的行为是为第三方利益的行为,该保险的受益人往往是未成年子女而非夫妻一方。如果是以夫妻共同财产投保的,因保险利益对夫妻而言是共同的,夫妻即使离婚,其与子女的亲权关系也不消灭,因而不存在补偿现金价值的问题;如果是以夫妻一方的个人财产支付的保险费,因该保险的最终利益是归子女的,与夫妻另一方并不相关,故也不存在补偿现金价值的问题。此类保险应视为对子女的赠与，不再作为夫妻共同财产分割。

结合最高人民法院和江苏高院的相关规定，以及笔者对此问题的一贯认知，在此对这一问题进行系统性整理和更具体的解答，希望能为读者解开迷惑。

分析最高人民法院和江苏高院的规定发现：江苏高院的规定相较于最高人民法院，在夫妻离婚时涉及人身保险保单分割方面的规定符合最高人民法院的会议纪要精神，但是又比最高人民法院的规定更加具体、详细，对实务操作的指导性更强。比如，最高人民法院的会议纪要仅提到投保人和被保险人是同一人的情况下保单分割方法，对投保人和被保险人不是同一人的情况未作明确规定，需要借助《保险法司法解释（三）》第 17 条才能妥善解决。另外，江苏高院的逻辑性更清晰，分为已获得保险金和未获得保险金两种情况，同时把父母给未成年子女购买保单行为单列出来讨论。根据这两个司法文件，人民法院在面对保单分割问题时的裁判依据更加明确，对当事人的指导意义更加具体。

为方便读者阅读和理解，从实务操作的角度，笔者按照产品类别进行列举式陈述：

1. 重大疾病保险、健康险和意外险

（1）如果投保人是父母（保费来自父母一方，非夫妻共同财产出资），被保险人是夫或者妻一方。

离婚时被保险人身体健康，并未发生保险理赔，则保单所有权属于父母，不属于夫妻共同财产，不涉及保单分割问题；反之，如果夫妻离婚时被保险人发生了保险理赔（非死亡理赔的健康险，被保险人本人就是保单受益人），则这一笔保险金主要用于被保险人的治疗、生活等特定用途，具有人身性质，应当认定为个人财产。所以即使被保险人配偶提出离婚，对这一笔尚未花完的保险金，也无权提出分割要求。

（2）如果投保人是夫妻一方（保费来自夫妻共同财产），被保险人是其本人或其配偶。

离婚时假如被保险人身体健康，没有发生保险理赔，则该保单的现金价值应当作为夫妻共同财产进行分割。在投保人和被保险人是同一人的情况下，由于不涉及投保人变更问题，则投保人可以把现金价值金额的一半拿出来支付给配偶，保单分割完毕，投保人继续享受保险合同保障。

在投保人和被保险人不是同一人的情况下，结合《保险法司法解释（三）》

第16条和第17条的规定:投保人享有合同解除权,被保险人或者受益人享有相应的抗辩权。比如丈夫作为投保人,妻子作为被保险人购买的重大疾病保险,两人离婚时并未发生保险理赔,但二人离婚后投保人还要按照合同约定给前妻交保费,自己却享受不到保险合同保障,于是投保人很有可能去保险公司行使自己的合同解除权。实务中,保险公司也不可能知道投保人和被保险人离婚的情况发生,所以一旦退保完成,会伤害到被保险人或者受益人利益。此时司法机关允许被保险人或者受益人行使抗辩权,具体做法就是:一旦夫妻感情破裂,被保险人最好先通知保险公司告知实情,待投保人自行去办理合同解除时,保险公司应及时通知被保险人到场,由被保险人或者受益人支付给投保人现金价值的一半,再把投保人变更过来,则保单分割完毕。

(3)保费来自夫妻共同财产,无论投保人和被保险人是否是同一人,一旦被保险人发生健康或者意外理赔,保险金是专属于被保险人的个人财产。

(4)《民法典》关于重大疾病的最新规定。第1053条规定:一方患有重大疾病的,应当在结婚登记前如实告知另一方;不如实告知的,另一方可以向人民法院请求撤销婚姻。

根据《民法典》之前的《婚姻法》第7条规定,患有医学上认为不应当结婚的疾病的属于禁止结婚的情形之一。如果一方患有医学上认为不能结婚的疾病的(如严重遗传性疾病、传染病、精神病),在实践中一旦确诊,当事人之间的婚姻就被认定为无效。《民法典》的规定,将有疾病情况下的婚姻登记从无效改为可撤销,将是否结婚的最终决定权交给当事人本人,前提是患病一方在结婚登记前要履行告知义务,否则另一方可以向人民法院请求撤销该婚姻。上述修改也是减少国家及第三方的干涉、尊重当事人婚姻自主权的表现,是立法上的一大进步。

一方一旦罹患重大疾病,还能不能享有婚姻生活,第一次作为一个重大问题摆在了立法和司法机关的面前。什么是重大疾病?最高人民法院吴晓芳法官认为应当参照行业标准。2020年11月5日,中国保险行业协会和中国医师协会联合发布了《重大疾病保险的疾病定义使用规范(2020年修订版)》,将之前的25种重大疾病范围扩充到28种,并将新规定的实施期间定在了2021年2月1日。上述重大疾病的认定标准和实施时间可供法官在面对具体案件时作为裁判的依据和参考。

例如,2021年元旦刚过,上海一起离婚案件作为《民法典》实施后因一方隐瞒重大疾病导致婚姻撤销的第一案登上了热搜。原告妻子李某与被告丈夫江某经人介绍相识后确定了恋爱关系，订婚后双方开始同居。2020年6月李某怀孕后，两人登记结婚，之后丈夫江某就向妻子李某坦白自己身患艾滋病且长期服药。虽然经过检查，确定妻子李某并没有被感染，但妻子李某依然无法接受丈夫江某身患艾滋病的事实，最终决定终止妊娠，并向法院起诉要求撤销婚姻。2021年1月4日，上海市闵行区人民法院依据《民法典》第1053条的规定，宣判了这起国内婚姻撤销第一案：判决原告妻子李某与被告丈夫江某的婚姻属于可撤销婚姻，予以撤销。

2. 以死亡为给付条件的终身寿险和定期寿险

(1)投保人和被保险人是父母(保费来自父母)，受益人是子女。

如果作为子女的受益人在离婚时被保险人并未发生身故理赔，因保单不是夫妻共同财产，该子女离婚时不涉及保单分割问题。

如果子女离婚时或者离婚前，被保险人身故发生了保险理赔，子女作为指定受益人获得一笔保险金，则这笔保险金应当认定为子女也就是指定受益人的个人财产。请注意在这个问题上最高人民法院的会议纪要上规定的是“宜认定为个人财产，但双方另有约定的除外”，江苏省高院规定的是“应当认定为个人财产”。两者虽有表述上的差异，但基本原则是一致的，都倾向于认定为受益人的个人财产。只不过最高人民法院的会议纪要作为适用全国的文件，表述上更加谨慎，比如保险金在认定为受益人个人财产的同时，也认可受益人夫妻之间可以就这笔保险金的归属所作出的其他书面约定，尊重当事人的意思自治。

(2)投保人和被保险人为夫妻之间，可能是同一人，也可能不是同一个人，受益人是配偶。

如果离婚时该保单并未发生理赔，由于保费来自夫妻共同财产，则参照《保险法司法解释(三)》第17条和江苏高院关于“尚未获得保险金情形”的规定进行正常保单现金价值分割。如果发生保险理赔时二人尚处于婚姻存续状态，被保险人身故，其配偶作为受益人领取的保险金当然属于个人财产。

同时要注意《保险法司法解释(三)》第9条第2款第3项规定：约定的受益人包括姓名和身份关系，保险事故发生时身份关系发生变化的，认定为未指定受益人。比如丈夫既是投保人又是被保险人，妻子作为受益人，婚内购买终身寿险。如果未来夫妻离婚(人身关系发生变化)，丈夫不及时进行受益人变更，按照该条规定，视为没有指定受益人，保险金变成被保险人的遗产，由其法定继承人按照《民法典》继承编的规定继承。

3. 年金保险

(1)夫妻关系存续期间,以夫妻共同财产出资购买年金保险,此时不区分投保人和被保险人到底是丈夫还是妻子。

最高人民法院对此规定的是:婚姻关系存续期间,夫妻一方依据以生存到一定年龄为给付条件的具有现金价值的保险合同获得的保险金,宜认定为夫妻共同财产,但双方另有约定的除外。

江苏高院的规定是:婚姻关系存续期间,夫妻一方依据以生存到一定年龄为给付条件的具有现金价值的保险合同获得的保险金,该保险具有一定的投资属性,由此获得的投资收益,应当认定为夫妻共同财产。

两者相比江苏高院不仅给出了和最高人民法院一致的意见——夫妻关系存续期间产生的年金是共同财产,而且给出了原因和理由——这期间产生的年金属于投资所得。这个逻辑推导的过程完全符合《民法典》的规定。《民法典》第 1062 条第 2 项关于夫妻共同财产的认定,在“生产、经营”基础上又增加了“投资收益”。所以既然以夫妻共同财产购买的保单,在夫妻关系存续期间产生的年金属于投资产生的收益,在夫妻之间没有对此收益作特别约定的情况下,应当认定为共同财产。

(2)夫妻离婚后产生的年金应当认定为共同财产还是个人财产?

众所周知,年金的产生是以被保险人生存为给付前提,故又称作生存金。假如丈夫甲做投保人,妻子乙做被保险人,购买终身领取的年金保险,二人共同生活 7 年而离婚。则离婚时除了有权分割从第 5 年开始产生的共 2 年的年金外,丈夫是否还有权利再主张分割离婚后前妻获得的年金?笔者认为不可以。原因如下:

首先,该张保单已经在离婚时分割完毕,投保人可以在离婚时主张现金价值和已经产生的年金的分割,离婚后这张保单已经归属被保险人所有,投保人已经退出保险合同关系。

其次,离婚后年金的金额不确定,客观上无法分割。年金的产生是以被保险人生存为给付前提,甲、乙二人离婚后,被保险人乙能生存多少年是一个法律上的不确定状态,任何一个法院都无法作出一个人能够生存多久的判决,因此客观上处于分割不能的状态。所以,离婚后产生的年金自然应当由被保险人一个人享有。

(3)父母出资做投保人,自己的子女做被保险人购买年金保险,子女离婚时年金的分割问题。

如果保费是父母出资购买的,子女结婚后婚姻存续期间产生的年金是该子女与其配偶的共同财产还是其个人财产?笔者的观点是共同财产,这个结论可能和很多读者的认知产生差异,我们把理由陈述如下:

首先,根据《民法典》第 1062 条之规定,如果财产被认定为投资所得,在夫妻之间没有书面财产约定的情况下,那就是共同财产。同时,立法部门并没有区分投资的本金来自个人财产还是共同财产,只要是婚后产生的属于投资类的收益,都属于共同财产。所以,并不需要区分保费是来自父母出资还是夫妻共同财产出资。

其次,最高人民法院和江苏高院在作出规定时,也只有一个限定前提即婚姻关系存续期间,并没有明确地用更加详细的条件进行逻辑推导,我们严格按照司法机关的规定只能推出一个结论,那就是无论保费是共同财产出资还是父母出资,只要是婚姻关系存续期间产生的年金,都应当认定为夫妻共同财产,离婚时应当分割。但是有除外情况,"双方另有约定的除外",如果是父母出资给子女购买的年金保险,作为年金领取人的子女在夫妻关系存续期间,可以通过书面的财产协议约定,排除配偶作为共同共有人分享年金的权利。

(4)父母做投保人,以未成年子女做被保险人购买保险,如果父母离婚,该保单怎么办?江苏高院的规定和江苏高院民一庭张娅法官与肖峰博士的点评均给出了详细的意见和理由,此处不再赘述。

读者朋友看到这里,应该理解笔者对所谓保单资产"离婚不分"观点的驳斥态度。人身保险合同作为家庭资产的一部分,如果认定为夫妻共同财产,该分割时就应当分割。只不过因为保险合同独特的理论体系,离婚分割时的确和其他普通家庭财富有很大不同,所以我们就针对这个问题展开详细的论述。

二、如何给企业家讲保险——兼论中国的企业家精神和企业家两个"战场"

1904 年,美国《企业家》杂志选用托马斯·潘恩在《常识》中的一段话作为发刊词。此后百余年中沧海桑田,物是人非,但杂志扉页上的这段话却从来没有改变,它被称为企业家誓言:

> 我是不会选择做一个普通人的。

如果我能够做到的话,我有权成为一位不寻常的人。

我寻找机会,但我不寻求安稳,我不希望在国家的照顾下成为一名有保障的国民,那将被人瞧不起而使我感到痛苦不堪。

我要做有意义的冒险。

我要梦想,我要创造,我要失败,我也要成功。

我拒绝用刺激来换取施舍。

我宁愿向生活挑战,而不愿过有保证的生活;宁愿要达到目的时的激动,而不愿要乌托邦式毫无生气的平静。

我不会拿我的自由与慈善作交易,也不会拿我的尊严去与发给乞丐的食物作交易。

我绝不会在任何一位大师面前发抖,也不会为任何恐吓所屈服。

我的天性是挺胸直立,骄傲而无所畏惧。

我勇敢地面对这个世界,自豪地说:

在上帝的帮助下,我已经做到了。

(一)什么是企业家精神?

张维迎教授曾经有一个设问:什么改变中国?他的答案是:企业家改变中国。其实无论是从中国历史还是世界历史看,整个人类的现代化进程,一直离不开企业家们的推波助澜。“他们在利益的驱动下,奔走于各个市场之间,精明地寻找着各个市场间的价差,并试图用新产品、新服务赢得消费者,这群人就是企业家。”[1]

什么是企业家精神?奥地利学派经济学家熊彼特将企业家定义为资本主义的“灵魂”、经济增长的“国王”和市场经济的真正“英雄”,企业家精神则是经济增长的源泉和社会前进的动力;市场经济管理学大师彼得·德鲁克将企业家精神总结为:创新、冒险、合作、敬业、学习、执着和诚信。其中,最关键的因素是创新。正是由于企业家们“创造性的破坏”,市场效率不断提高,社会生活持续改善,人类生存的边界不断拓展。“只有拥有了企业家精神的人,才算是真正的企业家,否则即使他们创办或拥有了自己的企业,也至多是一个商人或业主。”[2]

---

[1] 张维迎、王勇:《企业家精神与中国经济》,中信出版社 2019 年版,第 5 页。
[2] 张维迎、王勇:《企业家精神与中国经济》,中信出版社 2019 年版,第 9 页。

中国人从来不缺乏勤奋和智慧,他们缺乏的是一个自我实现的机会。1978年党的十一届三中全会拨乱反正把国家重心转移到经济建设领域,2001年加入WTO让中国经济重返全球经济舞台,创造了一个空前增长的20年。这期间无数个有创业精神的"能人"提前感知到了市场经济大潮带来的机会,果断地投身其中,如一棵棵野草在各种荒原或者缝隙中破土而出野蛮成长。中国的民营经济从无到有、从小到大,再到如今的"五六七八九"(2018年11月1日,习近平总书记在民营企业座谈会上指出:"40年来,我国民营经济从小到大、从弱到强,不断发展壮大……概括起来说,民营经济具有'五六七八九'的特征,即贡献了50%以上的税收,60%以上的国内生产总值,70%以上的技术创新成果,80%以上的城镇劳动就业,90%以上的企业数量。"这是对民营经济地位与作用作出的最权威评价),这一代民营企业家创造了历史,也见证了历史。

民营经济就是民生经济,民营企业是我国创业就业的主要领域、技术创新的重要载体、国家税收的重要来源。正如习近平总书记所指出的,"我国经济发展能够创造中国奇迹,民营经济功不可没","民营经济是我国经济制度的内在要素,民营企业和民营企业家是我们自己人"。所以,每当经济下行就业低迷财政困难的时候,每当社会上一些对民营企业家不友好的舆论(比如"民营经济退场论""民营经济手段论")甚嚣尘上的时候,国家都会举起企业家精神的大旗,呼唤和号召民营企业家与国家民族同命运共呼吸,实现社会和个体的共创共赢。

党的十九大报告明确提出:"激发和保护企业家精神,鼓励更多社会主体投身创新创业。"2018年11月,习近平总书记在民营企业座谈会上,鼓励民营企业家"弘扬企业家精神,做爱国敬业、守法经营、创业创新、回报社会的典范"。2020年7月,习近平总书记在企业家座谈会上首次对企业家精神作了系统论述。2021年9月,企业家精神成为第一批纳入中国共产党人精神谱系的伟大精神之一。党的二十大报告强调:"完善中国特色现代企业制度,弘扬企业家精神,加快建设世界一流企业。"2024年7月1日生效的《公司法》第1条,就把"弘扬企业家精神"写进了法条里面。

(二)企业家的两个"战场"

第一个"战场":财富的创造,即企业家通过管理和创新不断地创造财富的"战场"。我国著名经济学家、天则经济研究所荣誉理事长茅于轼在《到底是什么创造了财富?》这篇文章中形象地描述了现代商业社会中企业家的财富创造模型:“劳动不是财富创造的必要条件,也不是充分条件。那么什么是财富创造的必要充分条件呢? 答案是:通过交换实现‘人尽其才,物尽其用’或者说,是良好的资源配置创造了财富。劳动者在生产产品的时候,如果企业家的资源组合决策是对的,劳动者帮助企业家实现了优化资源配置的决策,所以对社会做出了贡献。工资就是他应得的报酬。企业家的报酬来自他决定的资源优化组合是否正确。做得好他赚钱,做错了他赔钱。这就是市场经济中收入分配的法则。它相对而言是公平的。所以不存在剥削,也没有剥削阶级,更没有阶级斗争。社会是和谐的。”〔1〕

企业家天生就是和财富打交道的,企业家精神的最原始动力就是不断地创造财富。财富的创造,促使个人价值的提升和社会价值的提高,进而跨越阶层的限制,达到马斯洛需求层级的最高级——自我实现。每一个白手起家历经创业艰辛最终取得辉煌商业成就的企业家,只要诚信守法经营,都会走过一条从对财富的原始渴望出发,最终回归到社会价值的体现和社会责任承担的道路。改革开放以来,我国历经 40 余年的持续稳定发展,经济高速增长,一大批企业家在这一历史性的大发展机遇中脱颖而出,他们不仅成为所在行业的佼佼者,更是创造了规模空前的私人财富。2023 年 10 月 24 日,2023 年度《胡润百富榜》在四川成都发布。根据该榜单提供的数据显示,截至 2023 年 9 月 1 日,共有 1241 位个人财富 50 亿元人民币以上的企业家上榜,其中中国内地(分布在 139 个城市)有 1052 位企业家个人财富达到 50 亿元以上。2023 年度中国前五大企业家,有“50 后”“60 后”“70 后”“80 后”的代表。首富钟睒睒作为“50 后”的代表,从事传统产业现代工作;第四名曾毓群作为“60 后”的代表,从事技术创新工作;第二名马化腾作为“70 后”的代表,从事年轻消费者的平台工作;第三名、第五名黄峥和张一鸣作为“80 后”的代表,从事互联网信息和电商业务,且都成功实现国际化。

第二个“战场”:财富的管理,即财富的保全和传承的“战场”。历经 40 多年努力拼搏,企业家的第一个“战场”圆满“收官”,财富的增长已经只是数字的变化,边际效应的减退已经让财富的增加越来越没有成就感。随着越来越规范

---

〔1〕 茅于轼:《到底是什么创造了财富?》,载百度文库 2016 年 2 月 2 日,https://wenku.baidu.com/view/3ebea89cc850ad02de8041f0.html。

的社会管理、越来越严密的法律体系、越来越专业的金融分工及自己逐年增长的年龄，企业家们纷纷更换“战场”，重新进入一个陌生的“战场”，那就是财富的管理“战场”。因为在这个领域，企业家们要找到另外一个感觉，那就是安全感。

2016年11月4日，新华社发布《中共中央国务院关于完善产权保护制度依法保护产权的意见》，该意见开篇就提出：产权制度是社会主义市场经济的基石，保护产权是坚持社会主义基本经济制度的必然要求。有恒产者有恒心，经济主体财产权的有效保障和实现是经济社会持续健康发展的基础。2018年11月1日，习近平总书记在全国民营企业座谈会发表讲话：“保护企业家人身和财产安全。稳定预期，弘扬企业家精神，安全是基本保障。”2021年1月1日正式实施的《民法典》物权编第207条规定：“国家、集体、私人的物权和其他权利人的物权受法律平等保护，任何组织或者个人不得侵犯。”

财富急速膨胀的企业家们，在拥有了更稳定的预期和更好的安全感之后，接下来必须要面对财富管理的新“战场”了。在财富管理的定义上，笔者认同新财道财富管理公司董事长周小明先生的观点，“财富的生命周期基本上是一个宿命论：第一代是创造，第二代是停滞，第三代是消逝。这样的宿命是很公平的，因为没有这样的宿命，财富的阶层就会固化，社会的进步就更加困难。但是也有很多人一直想跳出‘富不过三代’这个宿命，想把财富宿命从财富的生命周期中解放出来。这种努力就是财富管理”。[1]

财富管理不是一种静态的存在，而是高净值人士借助专业人士的智慧，运用专业工具的组合，在财富的创造、保有和传承这个全流程过程中，构建一种系统性的安排和规划，最终形成一个财富创造、保护、传承、再创造的良性循环体系。它的目的是改变财富的宿命，对抗财富的生命周期，最终实现永续传承的理想境界。它的核心价值一定不是赚钱，否则就脱离了财富管理的意义而演变成财富创造的话题，所以它呈现的结果不可能同时满足安全性、收益性和流动性的三角稳定关系。

（三）企业家如何利用保险进行财富创造

众所周知，保险是用来进行风险管理的。我们讨论企业家时，在第一个

---

〔1〕 胡萍：《今天的企业家如何做财富管理》，载《金融时报》2017年8月21日。

“战场”的战斗中,为什么要用到保险制度,我们就应当先来考虑清楚企业家在创造财富的路上会遇到哪些风险?

(1)企业经营风险:顾客在享受企业服务期间发生人身或者财产损失。

(2)企业用工风险:聘任的员工发生工伤而企业又没有为该员工办理工伤保险。

(3)高管履职风险:聘请的高管工作不尽职给企业造成巨大经济损失。

(4)对外侵权风险:比如员工开着公司的车发生交通事故造成他人人身伤害,产生侵权责任。

(5)安全生产风险:比如承揽一个工程项目,因为自己员工操作不慎引发火灾给发包单位造成严重经济损失。

(6)营业中断风险:比如遇到不可预知的风险(疫情、灾害等)导致企业无法正常营业。

(7)资金断裂风险:企业在运营过程中,因为资金出问题不仅会影响企业无法正常发展,还会引发企业和企业家的债务危机。

保险业发展到今天,每一个风险都有相对应的风险管理办法。

(1)企业经营风险:如果是经营服务业的企业,比如宾馆、饭店、公园等,顾客在提供服务的场所内因为企业的管理不善造成人员或者财产损失,企业可以通过购买公众责任险来转移风险。如果是生产性企业,可以为其生产的产品购买产品责任保险,一旦因为产品质量不合格造成消费者人身或者财产损失,则由保险公司来承担责任。

(2)企业用工风险:企业没有为员工购买社保,一旦发生工伤,按照《工伤保险条例》的规定,企业有社保,就用社保的工伤保险来赔付,如果企业没有为员工购买社保或者社保不能完全覆盖员工的损失,那就需要企业用雇主责任险把风险转嫁给保险公司的方式来解决。

(3)对外侵权风险:如果员工开着公司的车发生交通事故造成他人人身伤害,产生侵权责任,企业可以通过购买高额的第三者责任险来让保险公司赔付。

(4)营业中断风险:如果企业因为政府防控疫情的需要导致营业中断,可以通过购买营业中断险来弥补自己的损失。

(5)资金断裂风险:如果企业面临资金困境时,通常的融资模式有两种:一种是股权融资;另一种是债权融资。股权融资对于绝大多数财务制度不透明、发展前景不明朗的小微企业而言很难实现,债权融资是绝大多数企业都会考虑的情况，问题是一旦企业发展出现问题，在银行收紧贷款尺度的情况下，除非有足够的资产做抵押或者有可靠的担保人，否则正规金融机构不会轻易放款。而人身保险的现金价值贷款功能以及未来即将实现的保单贴现功能可以帮助企业家不需要抵押或者担保，用手中的大额人寿保单就可以轻松实现融资（这一部分详情参照前文人身保险合同的 15 个法律价值之人身保险合同的保单贴现功能）。

接下来我们通过两个案例重点讲解高管履职风险和安全生产风险。

先通过瑞幸咖啡的“董责险”说一说高管履职风险的保险解决方案。如果企业聘任的高管因为自己的不尽职造成企业和股东损失，可以通过高管责任险来解决。高管责任险起源于欧美市场，在美国等西方发达市场已相对成熟。这个保险的保障责任范围包括董事、监事、独董、董秘及高级职员在履职过程中的过失行为，因为这些行为造成投资人损失应承担个人赔偿责任的，可由保险公司在约定的限额内承担投资者损失赔偿。瑞幸咖啡在赴美上市前投保了董责险，总保额达 2500 万美元，国内有多家保险公司以共保体的形式参与此次承保。2019 年修订的《证券法》实施后，“投资者保护”更受重视，上市公司高管及中介机构被要求承担的管理责任越来越多，且更趋近于“无过错责任”。高管们稍一不慎，就可能面临投资者诉讼。但人非圣贤，孰能无过，董责险正是一种对高管的保护性制度安排，高管和中介机构只要证明自己勤勉尽责，忠于职守，没有犯罪的主观故意，就能转嫁被索赔的风险。

再通过 SK 海力士无锡工厂大火的保险理赔谈一谈安全生产责任保险。SK 海力士（SKHynix）是韩国一家生产动态随机存取存储器芯片和闪存芯片的半导体供应商，仅次于三星电子，是全球第二大内存芯片制造商，也是世界第五大半导体公司。SK 海力士半导体（中国）有限公司成立于 2005 年 4 月 26 日，注册地位于中国江苏省无锡高新区综合保税区，由韩国 SK 海力士全资控股，属于外国法人独资企业，注册资本金 29 亿美元。无锡工厂产量占到了 SK 海力士全球总产量的一半。

2013 年 7 月 18 日，海力士公司与成道公司签订的《建设工程承包合同书》约定成道公司为海力士公司建设“2013 年第三季度设备（CNC、TF、DF）2 次配管工程”，竣工预定日期为 2013 年 9 月 30 日，合同金额为 2,740,792 元（含税）。2013 年 9 月 4 日下午 3 时 30 分左右，SK 海力士无锡工厂因为生产车间气体泄漏，引发车间屋顶排气洗涤塔管道的保护层着火，着火面积约 2500 平方米，烧毁二层的部分设备和管道，烧毁三层的部分设备和管道、四楼的洗涤塔等。事故造成1人受轻微外伤，无人员死亡，但是DRAM生产线全面中断。火灾发生20天后，全球DRAM存储芯片的价格已大幅上涨42%。经调查，对起火原因认定如下：该起火灾最先起火点为TV23号气柜。因该气柜最上层控制箱内吹入的保持正压的氮气被施工的成道公司工作人员错接为氢气，氢气喷出在控制箱内形成爆炸性混合物，遇静电火花产生爆燃，引起火灾。

SK海力士投保的是财产损失一切险及营业中断险，被保险人是位于江苏无锡的SK海力士半导体（中国）有限公司，保险期限为2013年8月1日到2014年7月31日，总保险金额为81.01亿美元，其中物质损失部分为72.71亿美元，营业中断损失部分8.3亿美元。另外保单设置了23亿美元的单次事故赔偿限额。SK海力士的索赔金额为10.64811729亿美元，最终获得保险赔偿金额（已考虑残值及免赔额）为8.6亿美元。韩国SK海力士无锡工厂大火造成的保险赔偿案件（以下简称海力士赔案）是亚洲保险业历史上最大的赔案，并创造了多项纪录——最大金额赔款纪录、最大物质损失纪录、最大营业中断损失纪录、最复杂的再保险排分纪录等。最终承担了理赔责任的保险公司按照代位求偿权向法院起诉，要求成道公司承担损失赔偿3亿元人民币。

一个总造价274万元的工程施工合同，因为自己的工人在施工中操作不慎引发的一场火灾，造成超过10亿美元的财产损失，最终企业要为这场火灾承担3亿元的赔偿。这样的结果，放在任何一家商业企业都是不能承受的，这样的赔偿足以瞬间击垮任何一家正在正常运营中的企业。我们的企业家们应当认真思考一下，在商业利益和意外风险面前，如何进行风险的规避和转移？如何没有后顾之忧地去追求合法的商业利润？

SK海力士火灾之后，政府首先作出了应对措施。2017年12月12日，国家安全监管总局、保监会、财政部联合制定了《安全生产责任保险实施办法》，自2018年1月1日起施行。安全生产责任保险，是指保险机构对投保的生产经营单位发生的生产安全事故造成的人员伤亡和有关经济损失等予以赔偿，并且为投保的生产经营单位提供生产安全事故预防服务的商业保险。保费由生产经营单位交纳。

细心的读者可能会发现，在这一部分，我们拿出来的保险解决方案几乎全部带有“责任保险”的字样（保单贷款和保单贴现除外）。按照我国保险法理论中两分法的理念，责任保险属于财产保险的范围，是企业家为企业健康发展将本来应当由自己承担的商业风险合法转移的风险管理工具。为激励更多的商业企业通过购买责任保险转嫁风险，国家税务总局又出台了相应的配套优惠措施。

2018 年 10 月 31 日，国家税务总局发布《关于责任保险费企业所得税税前扣除有关问题的公告》（国家税务总局公告 2018 年第 52 号），其中明确规定：企业参加雇主责任险、公众责任险等责任保险，按照规定缴纳的保险费，准予在企业所得税税前扣除。

（四）企业家如何利用人身保险合同进行财富管理

如果说企业家创造财富转移风险要靠财产保险，那么要想进行财富管理，做好财富的保全与传承，则要依靠人身保险。企业家的财富在保全与传承过程中会有哪些风险呢？

1. 婚姻的风险

2020 年 2 月 19 日，民政部公布 2019 年中国结婚离婚数字，全年登记结婚 927.3 万对，全年离婚登记 404.7 万对（不包含诉讼离婚）。而 2018 年这两个数字分别为：全年结婚登记 1013.9 万对，全年登记离婚 381.2 万对（不包含诉讼离婚）。在 2019 年的数据中，结婚离婚数字最高的省份为河南省。河南省以 282,511 对夫妻离婚的数据高居离婚榜榜首，同时也因 800,396 对新人结婚高居结婚榜榜首。另外，我国结婚数字逐年下降，而离婚数字逐年攀升，这些数字的背后越来越清晰地显示出两个明显特征：一方面，是我国私人财富的不断增长；另一方面，是承载财富的最重要载体——婚姻家庭却越来越不稳定。

不仅仅是一代婚姻频频亮红灯，其实目前离婚率最高的群体是“80 后”和“90 后”，也就是所谓改革开放后出生的新生代。他们生活在中国经济高速增长的时代，他们的父母历经创业艰辛创造大量财富，希望把自己的财富留给自己的子女让他们享受优越的物质生活。可是一旦子女婚姻出现变故，给予子女的现金资产和实物资产会变成子女的夫妻共同财产被分割。如何既让子女生活幸福又不用担心这些财富变成共同财产被分割？如何给到一笔在法律上专属于自己孩子个人财产的“私房钱”？这就需要专业的金融和法律工具结合来帮助企业家们完成心愿。

2. 家业企业混同的风险

首先当我们讨论家业企业存在混同风险时，是特指按照《公司法》设立的有限责任公司或者股份有限公司的股东或者实际控制人。个体工商户或者合伙企业本身就是混同的,所以不在我们本部分的讨论范围之内。

"有限责任",是指公司以其全部资产对公司的债务承担责任。股东对公司承担的责任是有限的,以其出资额为限。也就是说,只要股东按照自己认缴的出资额全额缴纳了出资,即使当公司资产不足以偿还公司所欠债务时,股东也无须承担连带清偿责任,即股东不需替公司还债。如果企业家的家庭财富和公司资金往来频繁,不能在法律上实现有效的隔离,一旦公司要承担法律责任,债权人通常会依据"公司法人人格否认"制度要求股东或者实际控制人对公司债务承担连带清偿责任,这样的话,就会危及股东的家庭财富安全了。

产生混同的风险操作体现在以下几点:(1)股东或者实际控制人用个人账户收取公司往来经营款,这些经营款正常是应当打入公司对公账户的;(2)股东或者实际控制人把公司当成提款机,家庭开支随意从公司对公账户中支取;(3)企业对外借贷,股东或者实际控制人自己用家庭财产作抵押或者以个人名义作担保人;(4)公司设立时认缴的出资额迟迟不出资到位等。

3. 税务的风险

在人类文明的演进过程中,无论是早期的农业文明,还是今天的工商业文明形态,税收都始终是一种客观的存在。这种客观存在,既超越了文明的演变形态,更超越了国家的意识形态,成为今天世界各国合法合理的存在和财政收入的主要来源。关于税收的认知,古今中外的学者给出了很多经典的比喻。法国路易十四时期的政治家科尔伯特(Colbert)形象地将政府征税比喻成拔鹅毛:"征税的艺术就是拔最多的鹅毛又使鹅叫声最小的技术"[1];19世纪美国最高法院法官、著名法学家小奥利弗·W. 霍尔姆斯(Oliver Wendell Holmes, Jr.)曾说过:"税收是人类为文明社会所付出的代价"(原文为:Taxes are the price we pay for a civilized society)。目前,税收是"纳税人为享用政府提供的公共产品和服务而支付的价格"的界定,为西方税收学界普遍接受。[2]

按照税收正义的理论,一个正常的社会应当是高收入者多缴税,低收入者不缴或者少缴税。随着私人财富透明化进程的不断加快,"金税三期"这样的征税机器人威力日渐显现,原有的企业家避税机会日渐式微,取而代之的就是

---

〔1〕 Harvey Rosen & Ted Gayer, *Public Finance*, New York: McGraw-Hill Education, 2013, p. 301.

〔2〕 参见王玮:《税收学原理》,清华大学出版社2016年版,第12页。

政府的两手抓策略：一方面加强税收征管，加大对公民隐形财富的清查以扩大税基；另一方面再减税降费，让依法纳税的纳税人拥有更多的获得感，让更多的纳税人都参与进来，形成良性循环。

企业家的征税风险具体而言体现在两个方面：一是企业税；二是个人税。企业作为纳税人应缴纳的税收主要包括增值税和企业所得税两项；而个人主要是个人所得税。当我们在讨论企业家的家庭资产保全时应当考虑的是个人所得税的问题。因为公司是独立法人，公司该缴纳的税收应由公司承担，公司股东或者实际控制人在公司把应缴税款缴纳后，按照法律规定的盈余可以提取分红的方式转化成个人财产，而这个过程，要支付的税收成本就是20%的个人所得税。

4. 债务的风险

债务的风险分为三个部分：一是作为债权人的资金出借风险；二是作为债务担保人的担保风险；三是作为债务人配偶的“被债务”风险。

首先，作为债权人，我们要确保借出去的钱能正常收回来。根据《民法典》第680条第1款的规定，禁止高利放贷，借款的利率不得违反国家有关规定，所以还要避免自己被司法机关认定为“职业放贷人”，并严格遵守法律关于借款利息的规定。另外，根据最高人民法院发布的第九次《全国法院民商事审判工作会议纪要》第53条规定，未依法取得放贷资格的以民间借贷为业的法人，以及以民间借贷为业的非法人组织或者自然人从事的民间借贷行为，应当依法认定无效。同一出借人在一定期间内多次反复从事有偿民间借贷行为的，一般可以认定为是职业放贷人。

其次，企业家非常容易成为担保人。在目前的商业银行贷款中，银行为规避自身风险、确保借贷资金安全，最常见的操作模式就是在企业作为借款人向银行贷款时要求股东个人承担连带保证责任，一旦企业在无法正常偿还时就可以要求股东用个人或者家庭资产为债务承担清偿责任，最终企业家势必因为自己公司的风险让整个家庭陷入风险之中，把本来的有限责任演变成了无限责任。2023年10月7日，一则“脑白金之父”史玉柱被司法执行17.65亿元的新闻迅速冲上热搜，随后巨人公司发布声明，这是史玉柱个人为朋友担保而引发。史玉柱本人也进行了公开回应，称自己曾为朋友担保，导致自己陷入困境，并且他表示自己不会放弃，会努力赚钱还债。全球华商之所以爱拜关公，看重的就是关二爷义薄云天的品质，然而在缺乏商业文明，缺乏道德约束的当下社会，只讲究朋友义气,忽略商业风险,最终在个人担保的法律风险面前,落得个“我为朋友两肋插刀,朋友背后捅我两刀”的惨痛教训,真的是既伤了钱,又伤了心。

最后,企业家配偶如何避免一方的个人债务成为夫妻共同债务。在财富管理的语境里讨论婚内债务问题的目的是避免把婚内的个人债务演变成夫妻共同债务。夫妻共同债务的形成有两种,一种是双方知情,由一方出面借债形成的,这种情况下是确定的夫妻共同债务;另一种是一方出面借债但另一方不知情,是否认定为共同债务,要看债权人能否举证证明该债务用于家庭共同生产生活。如果能够证明,则是夫妻共同债务,如果不能证明,则只能认定为个人债务。作为婚内一方应当尽可能掌握家庭财产状况,避免在一无所知的情况下被要求和配偶(哪怕已经是离婚的状态)承担连带清偿责任。个人债务不演变成夫妻共同债务,至少还给配偶(哪怕已经是离婚的状态)和孩子留下幸福生活的基础,否则就把整个家庭财富陷入一种极不安全的状态。

5. 传承的风险

改革开放 40 多年来,以民营企业家为主体的高净值家族普遍进入由“一代创业者”向“二代继承者”传承的关键阶段。据专业人士估算,未来 5 年至 10 年,中国步入财富传承期的高净值家庭(年龄超过 50 岁且家庭可投资金融资产在 3000 万元以上)将增长至 20 万户,拥有的可投资金融总资产超过 20 万亿元人民币。这些资产将面临紧迫的传承安排需求,中国将首次迎来大规模的财富传承关键期。

自秦王嬴政统一华夏,中国进入帝制时代一直到清康熙年间,每一任皇帝在位后都会提前册立太子作为帝国储君,一旦自己发生不测则太子立刻登基。但只有极少数非正常情况下才会存在皇帝在世主动让位给自己的儿子,自己做太上皇的。这种模式在财富传承中相当于生前传承,为什么绝大多数太子必须等到父皇驾崩之后才能即位大统,因为老皇帝要把权力控制在自己手中,一旦自己失去权力,很有可能会死于非命或者郁郁而终。而今中国先富起来的第一代创业者也逐渐年事已高,该到了向二代传承的时候了。如果能够提前选准自己的接班人加以培养,自己逐步交棒隐退回家含饴弄孙,尽享天伦之乐,则可实现自己一生事业的顺利传承,即使自己有一天离开人世也不再有牵挂。

生前传承客观上有诸多好处:可以避免身后传承带来的财富纷争、可以提前做好接班人培养计划等。但现实是很多企业家不愿意生前就实现财富的传承,因为不愿意失去自己对财富的控制权。比如担心一旦生前把大量物质财富给子女，会不会让子女失去奋斗动力随意挥霍？会不会因为失去对财富的控制而让自己的养老生活陷入危机之中？会不会因为财富的分配不均让家族内斗的战火提前点燃？……凡此种种，都是人性在财富面前的正常反应，如果这种情况真的出现，也许企业家自己该反思是不是自己过去太关注财富的创造而忽略了家庭的精神文化建设和良好家风的营造？

自清康熙皇帝以后，中国帝王在权力传承中逐渐采用一种秘密立储的方式，避免自己在世的时候继承人之间引发权力争夺。这种模式就是今天大多数人面临传承时用到的身后传承。具体方式有二：其一，生前悄悄立下字据，按照自己心愿把财富传给想传的人（比如通过遗赠把财富留给子女以外的其他人，或通过遗嘱把财富留给自己最喜爱的子女等）；其二，什么也不说什么也不做，然后子女们按照法定继承各自获得对应的份额。通过遗嘱或者遗赠方式传承固然可以体现立遗嘱人的个人意志，但是这种方式也意味着财富分配不均匀，一旦没有分到财产或者分到的份额未达到自己的预期，这些继承人势必通过否认遗嘱效力来争取平均分配的机会。这方面的典型案例就是许麟庐 21 亿元遗产继承纠纷案，虽然最终遗嘱的效力得到了法院的确认，但是亲情已经一去不复返。名门望族在面对巨额遗产时尚且如此，普通人又怎能抵挡财富的诱惑？

如何实现财富的传承既能够体现创造者的身后意志，又能够避免继承人之间陷入遗产的争夺之中？如何避免遗嘱继承中常见的“立时悄悄立，传时公开传”的尴尬，让财富的传承按照自己的心愿实现和谐私密地传承？

面对诸如婚姻风险、企业家业混同的风险、税务的风险、债务的风险和传承的风险，企业家群体该如何应对？很多人会自然地想到法律工具。

比如要防止二代婚变给父母带来的财富损失，可以通过让二代夫妻签署夫妻财产协议的方式实现，可问题是这样的协议在讲究和谐的中国几乎是法律人的一厢情愿，很少有家庭愿意采用，因为伤和气伤面子。

比如在面对企业家家业企业混同和税务问题时最好也是最安全的解决办法是合法合规，遵守《公司法》的规定做到公司法人人格独立和按时完成出资义务，利用政府给予的税收优惠政策合法地少缴税，而不是采用“鸵鸟战术”不申报也不去缴税。但问题是涉及核心经济利益，相当多的企业家宁愿违法也不愿意多缴税，宁愿把公司当成自己和家庭的提款机也不考虑公司法人人格独立和家业企业风险隔离问题，最终为企业家的个人安全和财富安全埋下了隐患。

比如很多企业家在面对债务风险时，纷纷采用一种“中国特色”的债务隔离手段，如“代持”。将自己的房产、自己的股权登记在别人名下等。一旦自己面临债务风险，这些操作就可以确保自己高枕无忧。虽然法律对代持协议持尊重认可的态度，但前提是代持协议不能违反法律的强制性规定，不能以规避债务执行为目的。否则，债权人仍然可以“穿透”到代持人处主张债权实现。如果代持人在代持财产期间离婚或者发生债务纠纷等，都会引发代持财产的安全性风险。

比如传承风险，如果仅仅从法律工具的角度来看，可以考虑通过慈善捐款、生前赠与或者遗嘱的方式来实现。慈善捐款既有助于提升捐赠者的社会地位，实现自我的社会价值，还有助于引导子孙投身公益，再加上财富已经捐出，部分避免了后人的财富争斗可能。中国的富人虽然也开始关注慈善事业对自己财富传承的意义，但除了个别顶尖富豪如马云、马化腾，还未能形成社会风气。生前赠与虽好，前面有提到它最大的风险就是让传承人失去财富的控制权；遗嘱继承也不错，但是无法实现财富的私密传承，最终在面对所有继承人的争论时也把自己的偏私暴露无遗。

要解决企业家们的财富管理问题，更理想的方法就是利用法律和金融结合的工具，比如家族信托或者大额人身保险保单。

2018 年 8 月 17 日银保监会信托部出台的《关于加强规范资产管理业务过渡期内信托监管工作的通知》（信托函〔2018〕37 号），首次对家族信托进行了官方定义：家族信托是指信托公司接受单一个人或者家庭的委托，以家庭财富的保护、传承和管理为主要信托目的，提供财产规划、风险隔离、资产配置、子女教育、家族治理、公益（慈善）事业等定制化事务管理和金融服务的信托业务。家族信托是一个法律和金融结合得非常好的工具，但是它想要落地却要面临诸多条件，不是一般家庭能够接受得起的。比如门槛太高，现金信托要求一次性 1000 万元起步，而且不接受分期交费，设立时还需要接受信托公司的尽职调查，设立后每年需要交纳管理费等。而人身保险的大额保单则无此限制。

关于企业家如何利用人身保险合同进行财富管理，请参阅本书第一章第二节的内容，里面有关于人身保险合同法律功能的详细阐述，此处不再赘述。

第二编

人身保险合同重点法条解读及司法观点汇总

第四章　人身保险的四大原则

现代保险制度起源于14世纪的海上保险。世界上第一份具有现代意义的保险单于1384年3月24日诞生于意大利佛罗伦萨。这张保单承保了从法国南部的阿尔兹运到意大利比萨的一批货物,这张保单中有明确的保险标的与保险责任的记载。人身保险也源于海上保险。15世纪后期,欧洲的奴隶贩子把运到美洲的非洲奴隶当作货物投保海上保险,后来船上的船员也可投保,若因意外事故造成损伤,则由保险人给予经济补偿。这一保险形式可谓人身保险的早期形式。[1]

现代汉语中使用的"保险"一词属外来用语,系日本学者借用汉字意译而来(借用汉字将insurance翻译成"保险"的是日本近现代传播西方文明知识的第一人福泽谕吉)。保险制度发展到今天,古今中外的学者尚未对保险的本质形成公认的、统一的精确定义。故关于"何为保险"？本书从实务操作的角度,认为可以参照我国《保险法》第2条的规定:"本法所称保险,是指投保人根据合同约定,向保险人支付保险费,保险人对于合同约定的可能发生的事故因其发生所造成的财产损失承担赔偿保险金责任,或者当被保险人死亡、伤残、疾病或者达到合同约定的年龄、期限等条件时承担给付保险金责任的商业保险行为。"

虽然我国《保险法》对保险进行了人身保险和财产保险的二元区分,但是我们讨论保险的基本原则均适用于人身保险和财产保险。因为这些基本原则贯穿整个保险法法律规范体系,是指导诸多保险法律制度使用的基本行为准则。关于基本原则的内容,本书采用覃有土教授的四原则说,即保险利益原则、近因原则、损失补偿原则和最大诚实信用原则。[2]

---

〔1〕 参见范健、王建文、张莉莉:《保险法》,法律出版社2017年版,第13、17页。

〔2〕 参见覃有土主编:《保险法教程》,法律出版社2002年版,第77~107页。

第一节 保险利益原则

根据我国《保险法》第12条第6款的规定，保险利益是指投保人或者被保险人对保险标的具有的法律上承认的利益。欠缺保险利益的保险合同属绝对无效，为理论所不争。"自十六世纪末以来，保险利益即为保险契约保护之重心，法谚有谓'无保险利益者，无保险'，此为世界各国公认。"[1]我国也不例外，《保险法》第31条第3款规定，订立合同时，投保人对被保险人不具有保险利益的，合同无效。此时的无效是绝对无效，即自始、确定、当然的无效。

法条汇编

《保险法》(2015年4月24日)

第十二条第一款、第六款 人身保险的投保人在保险合同订立时，对被保险人应当具有保险利益。

保险利益是指投保人或者被保险人对保险标的具有的法律上承认的利益。

第三十一条 投保人对下列人员具有保险利益：

(一)本人；

(二)配偶、子女、父母；

(三)前项以外与投保人有抚养、赡养或者扶养关系的家庭其他成员、近亲属；

(四)与投保人有劳动关系的劳动者。

除前款规定外，被保险人同意投保人为其订立合同的，视为投保人对被保险人具有保险利益。

订立合同时，投保人对被保险人不具有保险利益的，合同无效。

《最高人民法院关于适用〈中华人民共和国保险法〉若干问题的解释(二)》(以下简称《保险法司法解释(二)》)(2021年1月1日)

第二条 人身保险中，因投保人对被保险人不具有保险利益导致保险合同无效，投保人主张保险人退还扣减相应手续费后的保险费的，人民法院应予支持。

---

[1] 江朝国：《保险法逐条释义》(第1卷)，台北，元照出版有限公司2012年版，第553页。

《保险法司法解释(三)》(2021 年 1 月 1 日)

第三条 人民法院审理人身保险合同纠纷案件时,应主动审查投保人订立保险合同时是否具有保险利益,以及以死亡为给付保险金条件的合同是否经过被保险人同意并认可保险金额。

第四条 保险合同订立后,因投保人丧失对被保险人的保险利益,当事人主张保险合同无效的,人民法院不予支持。

法条解读

投保人与被保险人之间是否必须具有保险利益关系,答案当然是肯定的。但投保人和被保险人必须是近亲属关系吗?答案是否定的。因为《保险法》第 31 条还有一个兜底条款:被保险人同意投保人为其订立合同的,视为投保人对被保险人具有保险利益。这一个兜底条款极大地丰富了人身保险的商业运用范围,使股东互保保险等保险产品在未来落地成为可能。

在人身保险中,投保人和被保险人之间是否具有保险利益关系,直接决定着保险合同是有效还是无效的问题,因此探讨保险利益非常重要。按照《保险法》第 12 条第 1 款的规定,人身保险合同的投保人在订立时,对被保险人应当具有保险利益。但保险事故发生时还有没有保险利益,不影响保险理赔。如果保险公司以保险事故发生时投保人、被保险人之间没有保险利益为借口拒绝理赔的,人民法院是不应当支持的。换句话说:如果投保人在签订保险合同时对被保险人具有保险利益,在保险合同生效后,投保人和被保险人的关系发生了变化,比如夫妻离婚、员工离职等,投保人对被保险人客观上失去了保险利益,也不影响保险合同的效力,保险事故发生时,保险公司应当承担保险金给付责任。

到底投保人和哪些被保险人之间具有保险利益关系?根据《保险法》第 31 条规定可知:第一种是投保人本人。任何人对于自己的身体和寿命都有排他性的权益和利益,具有当然的保险利益关系,且实务中对保险险种和保险金额也没有限制。第二种是配偶、父母和子女。投保人与配偶、父母、子女之间因法律规定的扶养、赡养和抚养义务而具有保险利益关系,投保人可以以其配偶、子女、父母为被保险人购买人身保险。第三种是配偶、父母、子女之外的,与投保人形成抚养、赡养和抚养关系的家庭其他成员和近亲属,包括投保人的兄弟姐妹,祖父母、外祖父母,孙子女、外孙子女,养子女、继子女,同父异母、同母异父的兄弟姐妹，养兄弟姐妹，有抚养关系的继兄弟姐妹之间等。反之，如果这些人没有与投保人形成抚养、赡养和抚养关系，就没有保险利益。第四种是与投保人有劳动关系的劳动者。雇主对雇员的生命和身体具有保险利益，是因为一旦雇员发生死亡、伤残、意外、医疗等事故时，雇主需要承担一部分费用。所以法律规定了雇主需要负担雇员的强制工伤保险，也有雇主通过企业福利形式为雇员购买商业保险作为补充，这应当得到法律的支持和倡导。第五种就是在前四种之外，只要投保人为被保险人投保时获得被保险人的同意，两者之间就视为具有保险利益，保险合同也是成立和生效的。比如恋人之间、合伙人之间、债权人和债务人之间。立法机关把对道德风险的判断交由被保险人自己，即由被保险人来根据其与投保人的关系来衡量是否同意其为自己投保，既充分尊重当事人的意思自治，也为人身保险的创新发展提供了空间和机会。

在人身保险中，之所以要把保险利益原则提高到直接决定保险合同是否生效的高度上，就是因为保险利益原则的使用可以有效防止投机行为和道德风险的发生，遏制投保行为变成赌博甚至伤害被保险人的教唆行为。如果允许不具有保险利益的人以他人的生命或是财产作为保险标的，以自己作为受益人进行投保，那么一旦发生保险事故，他可以不承担任何损失而获取远远超过保险费的保险给付，这不仅违背了人身保险的本意，而且给社会徒增不稳定因素。

典型案例

☞ 案例1：商业公司给自己的客户在保险公司购买保险，两者之间有没有保险利益关系？

原告张某明诉被告徐州欧瑞联合商务服务有限公司、
中国人寿保险股份有限公司蚌埠分公司保险合同纠纷案[1]

裁判要旨

商业公司为了给自己的客户提供增值服务，在保险公司给客户购买保险，

---

〔1〕 参见拜泉县人民法院（2017）黑0231民初1223号民事判决书；齐齐哈尔市中级人民法院（2017）黑02民终2376号民事判决书。

客户在保险期间内发生保险事故,保险公司不能以投保人和被保险人之间没有保险利益关系主张合同无效。

原告(被上诉人):张某明

被告(上诉人):中国人寿蚌埠分公司(甲方)、欧瑞公司(乙方)

基本案情

2014年5月1日,被告中国人寿蚌埠分公司(甲方)与被告欧瑞公司(乙方)签订采购合同,合同约定:乙方为了更好地发展会员服务,完善对VIP会员的服务,决定向甲方采购保险产品,用于乙方对VIP会员的保障,甲方同意为乙方符合承保条件的会员提供保险产品保障,保费由乙方承担。

2014年5月18日原告张某明之妻白某在齐齐哈尔市拜泉县宏大保险代办处购买了欧瑞联合VIP会员卡——健康无忧B款20张,每张金额300元,每张附赠保险一份(附赠VIP会员保险,30种重大疾病保额1万元,身故保险2万元,等待期90天,保险期限5年),共计6000元。并于当日通过网络将上述20张VIP会员卡激活。当日欧瑞公司授权的泉山区爱建家用电器经营处作为投保人向被告中国人寿蚌埠分公司为白某等38人投保了国寿绿洲团体定期寿险、国寿附加绿洲团体重大疾病保险。保险合同约定保险期间为1年,保险合同期满日为2015年5月17日,身故保险金额为40万元。2015年5月12日白某因病在拜泉县人民医院住院治疗,诊断为淋巴瘤,于2015年6月8日去世。

原告张某明于2015年7月向中国人寿蚌埠分公司与欧瑞公司申请理赔40万元。

欧瑞公司辩称:

其不应当成为本案保险金的给付主体,其公司为实际投保人,要求投保人承担给付保险金的责任于法无据。

保险公司辩称:

(1)涉案保险合同的投保人是欧瑞公司,其以白某等人为被保险人,向保险公司投保,投保时的投保人与被保险人没有任何保险利益关系,因此涉案保险因违反保险法效力性规定而无效。

(2)假设投保人泉山区爱建家用电器经销处为白某投保的保险合同有效,被保险人在一年的保险期满后死亡,已超过保险责任期限,保险公司也不应承担保险责任。

一审黑龙江省拜泉县人民法院认为:

原告、被告双方对被保险人白某购买的欧瑞联合VIP会员卡及欧瑞公司授权泉山区爱建家用电器经营处为投保人向被告人寿蚌埠分公司为白某等38人投保了国寿绿洲团体定期寿险、国寿附加绿洲团体重大疾病保险的投保的事实均无异议，只是对投保人是否具有保险利益，保险合同是否有效，保险事故是否发生在保险合同期间内，原告是否履行了如实告知的义务，而发生争议。关于保险利益，根据《保险法》第31条第2款之规定，除前款规定外，被保险人同意投保人为其订立合同的，视为投保人对被保险人具有保险利益。即无论投保人与被保险人相互间有无利害关系，只要被保险人同意，投保人就具有保险利益。本案中，被保险人白某购买的欧瑞联合VIP会员卡——健康无忧B款上关于保险有明确的记载（附赠VIP会员保险30种重大疾病保额1万元，身故保险2万元，等待期90天，保险期限5年）被保险人白某激活上述卡片的行为，应认定为对VIP会员卡上保险事项的同意，即被保险人白某同意投保人欧瑞公司为其订立合同，投保人欧瑞公司就与之具有保险利益关系，也是被保险人白某同意订立以死亡为给付保险金条件合同的一种意思表示。被告欧瑞公司所委托的泉山区爱建家用电器经销处与被告人寿蚌埠分公司签订的国寿绿洲团体定期寿险保险合同是合法有效的合同。被告中国人寿蚌埠分公司理应依法对被保险人白某承担保险责任。否则，违背了保险诚信原则。被保险人白某购买的欧瑞联合VIP会员卡——健康无忧B款上关于保险载明的保险期限为5年。被告欧瑞公司是按照其与被告中国人寿蚌埠分公司签订的采购合同委托的泉山区爱建家用电器经销处为白某进行投保，按照采购合同约定，国寿绿洲团体定期寿险、国寿附加绿洲团体重大疾病保险中的保险期限为5年，后4年自动续保，而被告人寿蚌埠分公司为白某投保的保险期间为1年，违反了采购合同的约定。应按照采购合同的约定期间对白某承担保险赔偿责任。中国人寿蚌埠分公司在对白某承担保险赔偿责任后，就其与欧瑞公司之间是否存在缔约过失等责任承担问题可另行起诉处理。虽然被保险人白某在投保后1年就因为淋巴癌去世，但是被告欧瑞公司未能提供相关医疗方面的证据，证明白某在明知身体存在严重疾病进而隐瞒事实进行投保。因此，在被告欧瑞公司未能提交充分的证据支持自己主张的前提下，不能认定被保险人白某未履行如实告知的义务。因该合同的被保险人白某因淋巴癌已经去世，合同约定的保险事故已经发生，被告中国人寿蚌埠分公司应按照合同约定，向受益人即原告张某明支付保险理赔款40万元。

一审宣判后，被告中国人寿蚌埠分公司提起上诉，要求依法改判驳回张某明的诉讼请求或发回重审。

二审黑龙江省齐齐哈尔市中级人民法院审理认为：

根据各方当事人的上诉意见、答辩意见及查明事实，本案的争议焦点是：第一，投保人订立涉案保险合同时是否具有保险利益，该保险合同是否有效；第二，保险事故的发生是否在保险承保期间内，人寿蚌埠分公司是否应承担保险责任。

（1）在本案中，被保险人白某购买欧瑞联合VIP会员卡并激活附赠保险的行为，应视为对以生命为标的保险合同的认可，即无论投保人是欧瑞公司或泉山区爱建家用电器经销处，白某的购买、激活行为，均应视为白某本人知悉并且同意他人以其死亡为给付条件进行投保，符合法律的相关规定，本案的投保人基于白某认可而具有保险利益。涉案保险合同应认为是各方当事人真实意思表示，亦未违反法律禁止性规定，故合法成立并生效。

（2）本案的保险事故系发生在保险承保期间内。本案的保险合同于2014年5月18日成立并生效，被保险人白某于2015年5月13日被拜泉县人民医院诊断为淋巴癌，即2015年5月13日应视为本案的保险事故发生之日，按照保险公司提出的其应承保一年期保险主张，2015年5月13日白某被诊断之日亦在其承保期限范围内，而受益人张某明在知道保险事故发生之日起5年内，其有权请求保险公司依合同约定给付保险金，故人寿蚌埠分公司应按照保险合同承担相应责任。

综上所述，原审法院认定事实清楚，适用法律正确，应予维持。判决如下：驳回上诉，维持原判。

☞ 案例2：爷爷给未成年孙子购买年金保险，在自己儿子没有实际签字情况下，有没有保险利益关系？

杨某林诉新华人寿保险股份有限公司
恩施中心支公司人身保险合同纠纷案[1]

裁判要旨

爷爷为未满周岁的孙子购买带有身故理赔的长期年金保险，在孙子的法定

[1] 参见恩施市人民法院（2016）鄂2801民初2232号民事判决书；恩施土家族苗族自治州中级人民法院（2017）鄂28民终386号民事判决书；湖北省高级人民法院（2018）鄂民再287号民事判决书。

监护人没有实际签字的情况下,这张保单能不能认定投被保险人之间没有保险利益关系,继而投保人主张保险合同无效,申请全额退保?

此案一审判决原告胜诉,认定不存在保险利益关系,保险合同无效;二审法院进行改判,根据证据规则推定被保险人的法定监护人同意投保人为其投保,故存在保险利益关系,驳回原告全额退保的诉讼请求;再审又维持了一审判决,说理更加充分严谨。此案既能让人感受法官推理之严谨扎实,又为人身保险合规销售上了一节生动的法治课。

原告(被上诉人):杨某林

被告(上诉人):新华人寿保险股份有限公司恩施中心支公司、新华人寿保险股份有限公司湖北分公司、新华人寿保险股份有限公司

基本案情

2011年10月1日,原告杨某林以投保人的名义在新华人寿保险公司为同年8月9日出生的孙子杨某雅买了一份名为"好利年年两全保险(分红型)"产品,在"个人业务投保书"上,原告在"投保人签名"一栏中签署本人姓名,在"被保险人(法定监护人)"一栏中签署"杨某雅"(杨某代,杨某系杨某雅父亲)字样。同年10月19日,原告交纳首期保险费103,800元,基本保险金额为600,000元。2014年5月30日,被告将被保险人杨某雅的生存保险金60,000元转账支付到该卡号账户上。嗣后,原告连续交纳了3年保险费,共计人民币311,400元。另查明,2014年5月30日,原告以该保险单为质押担保向被告新华人寿保险恩施分公司贷款90,008元。

原告诉称:

2011年9月下旬,原告应邀参加了被告新华人寿保险公司在恩施市亚洲大酒店召开的产品说明会,说明会上被告宣传了一款"好利年年两全保险(分红型)"产品,原告在没弄懂该险种的条款及责任的情况下,在被告提供的投保单上签了自己的名字,约定给原告刚出生3个月大的孙子杨某雅年交保费103,800元。2011年11月初,被告将格式合同送给了原告。因原告是文盲,不懂保险专业知识,咨询后才知道受到了被告的宣传误导。原告给孙男杨某雅投保属于隔代投保,杨某雅属无民事行为能力人,其法定监护人没有在投保单上签字,且至今没有追认,故双方签订的格式保险合同无效。

原告诉至法院,请求:(1)确认保险合同无效、返还已交纳的保险费311,400元;(2)由被告承担全部诉讼费用。

被告辩称：

首先，原告、被告之间签订的保险合同合法有效。一是内容不违反法律禁止性规定，且被告明确履行了说明义务，尽管被保险人是未成年人，但投保人系其祖父，被保险人的法定代理人以自己的行为表明了对投保行为的认可，保险公司有理由相信投保人的投保行为是经过被保险人的监护人同意的。二是该合同系双方当事人真实意思表示，无欺诈胁迫等情形，对合同当事人均具有约束力。三是保险合同已实际履行。其次，原告要求被告返还所交保险费无依据。被保险人的法定监护人杨某在领取生存保险金时提供了自己与被保险人关系证明、身份证复印件及个人银行卡号，被告向该账号转账支付了第一期生存保险金即分红款。最后，原告以该保险单向保险公司质押贷款，被保险人法定代理人杨某均未提出异议，且贷款已逾期至今尚未归还。综上所述，原告主张保险合同无效的诉求与客观事实不符，请求依法予以驳回。

一审恩施市人民法院经审理认为：

本案的争议焦点为以下两个：第一，投保人与被保险人是否具有保险利益问题；第二，被保险人杨某雅的监护人杨某能否对合同进行追认以及可否推定杨某具有同意其父为其子办理保险的意思表示。

第一个焦点。本院认为，根据《保险法》第 12 条的规定，本案原告杨某林作为投保人与被保险人杨某雅系祖孙关系，虽属民法意义上的近亲属，但并不具备法定抚养关系，且被保险人杨某雅与其父母生活，与杨某林并非一个家庭之成员，双方亦未形成事实上的抚养关系，故不能认定投保人杨某林与被保险人杨某雅具有保险利益。

第二个焦点。本院认为，本案原告杨某林是以他自身的名义为其孙投保，并不是以其子杨某的名义投保，故不存在杨某对合同效力进行追认的问题。此外，保险合同区别于其他民事合同的重要特点是保险业务具有较强的专业性，保险公司在缔约过程中须尽谨慎审查义务，主动审查投保人与被保险人是否具有保险利益，主动与被保险人监护人取得联系，完善合同要素，尽可能避免合同纠纷。

本案中，原告杨某林并非以被保险人监护人杨某的名义投保、交费，被告转账支付保险金的银行卡亦为杨某林本人持有，故现有证据不足以认定杨某具有同意其父杨某林为其子杨某雅订立保险合同的意思表示。

综上所述，原告与被告签订的“好利年年两全保险（分红型）”合同，双方就保险期间内生存保险金、期满保险金和身故保险金的计算方式、支付期限等保险责任进行了明确约定，表明该保险是依附于被保险人人身、具有财产性与人身性双重属性的合同。由于投保人与被保险人没有保险利益，故该合同违反了法律的强制性规定，被告具有缔约过失，依法应当承担相应合同责任，故原告要求确认合同无效并要求退还保险费的诉求应予支持。合同被确认无效后应恢复到合同签订以前的状态，因无效合同取得的财产应相互返还，被告支付给原告的生存保险金60,000元亦须在应予返还的311,400元保险费中扣除。据此，恩施市人民法院作出一审判决：(1)原告杨某林与被告新华人寿保险公司签订的保险合同无效；(2)被告新华人寿于本判决生效后10日内扣除已支付的保险金60,000元后连带返还原告杨某林缴纳的保险费251,400元。

被告新华人寿不服一审判决，向恩施土家族苗族自治州中级人民法院提起上诉。

二审恩施土家族苗族自治州中级人民法院经审理认为：

本院认为，本案的争议焦点问题为：投保人杨某林以其对孙子杨某雅不具有保险利益为由主张合同无效能否得到法律支持。对此，本院分析评判如下：人身保险的投保人在保险合同订立时，对被保险人应当具有保险利益。最早出现保险利益说，是为了将保险与赌博相区分。现在法律规定保险利益原则，是为有效防范道德危险，该规则可降低甚至遏制投保人制造保险事故或者扩大保险损失的意愿。本案中，杨某林以其对孙子杨某雅不具有保险利益为由主张合同无效不能得到法律支持，理由如下：

第一，涉案保险合同中的生存保险金和期满保险金均不是以身故为给付条件，相反是以生存为给付条件，对于被保险人杨某雅或者法定受益人而言，属纯获利益的合同。对于无民事行为能力人杨某雅纯获利益的合同，不必经法定代理人追认。

第二，涉案保险合同约定的受益人法定，根据《保险法》的规定，人身保险的受益人由被保险人或者投保人指定，投保人指定受益人时须经被保险人同意。即使被保险人死亡而没有指定受益人，由保险人依照《继承法》的规定履行给付保险金的义务。法定继承中，杨某林属于第二顺序的继承人，在未经被保险人杨某雅的父母同意的情况下，杨某林不能从案涉的保险合同中获利。

第三，该保险合同约定每满两年可领取一笔生存保险金。在申请领取生存保险金时，杨某林向新华人寿保险公司提交了杨某的身份证复印件和关系证明,并在申请书转账账户一栏中明确填写了杨某的银行账号,之后新华人寿保险公司将应付生存保险金付至杨某账户。从上述事实可知,即使杨某在杨某林为杨某雅投保时对所投保险种类、保险金额等不知情,但在保险金领取时,杨某作为完全民事行为能力人,其将身份证等重要证件提供给杨某林时应当询问杨某林使用其身份证件的用途,新华人寿保险公司向杨某支付生存保险金后,杨某一直未提出异议。案涉保险合同属大额的人身保险合同,杨某作为家庭共同成员对如此大额的家庭支出完全不知情于情理不符,而且涉案保险合同包含了以死亡为给付保险金条件的条款,此类保险单,未经被保险人书面同意,不得转让或者质押。本案中,杨某林以涉案保险单为质押,已向新华人寿恩施支公司贷款 90,008 元。杨某作为被保险人杨某雅的法定代理人,其主张对保险一事不知情亦不合常理。

第四,关于涉案保险合同包含以死亡为给付条件的条款,是否导致合同无效的问题。法律上之所以对无民事行为能力人投保以死亡为给付保险金条件的合同进行限制,是为了保护未成年人的生命安全,因父母与子女血脉相连,道德危险的发生概率极低,且未成年人心智尚未成熟、意外伤亡可能性较高,依赖保险制度进行保护较迫切,故立法上对于父母为未成年人购买死亡保险予以放宽,允许父母为其未成年子女投保。从上述立法目的分析,出于对未成年子女利益保护角度,法律允许父母为其未成年子女投保死亡险不仅包含父母自身投保的情况,亦应包括父母同意他人投保的情况,因为在未成年人的父母同意并进行把关后,他人投保的道德风险已被防范,能够产生与父母投保相同的效果。因此,杨某林为杨某雅所购买的人身保险合同应当认定为有效。

综上所述,在不违反法律及违背公序良俗的前提下,保险利益是一个发展的、见仁见智的概念,具有强烈的主观性和个别性,结合本案的实际情况。本院认为,杨某林以其对孙子杨某雅不具有保险利益为由主张案涉保险合同无效的理由不能成立,本院不予采纳。新华人寿保险公司的上诉理由成立,应予支持;原审认定事实及适用法律错误,实体处理不当,予以改判。判决如下:(1)撤销湖北省恩施市人民法院(2016)鄂 2801 民初 2232 号民事判决;(2)驳回杨某林的诉讼请求。

二审判决作出后,杨某林向湖北省高级人民法院提起再审。认为二审判决适用法律错误。本案投保人杨某林对被保险人不具有保险利益,且案涉合同以死亡为给付保险金的条件,案涉合同依法应被确认无效。

湖北省高级人民法院经再审认为：

本案再审争议焦点为案涉保险合同是否无效。针对争议焦点，现评析如下：(1)杨某林不能以自己名义为其孙子女投保以死亡为保险金给付条件的人身保险。《保险法》第33条中明确规定："投保人不得为无民事行为能力人投保以死亡为给付保险金条件的人身保险，保险人也不得承保。父母为其未成年子女投保的人身保险，不受前款规定限制。"该条款系《保险法》为保障包括未成年人在内的无民事行为能力人的生命安全，不受人身保险合同蕴含的道德风险威胁而作的特别规定。无民事行为能力人，特别是低龄未成年人，因其生理及心理原因，对自身的人身安全缺乏必要的防卫能力，极易遭到不法侵害。如为无民事行为能力人投保以死亡为给付条件的人身保险不受限制，则该人身保险合同潜藏的巨大保险利益可能诱使直接或间接的受益者侵害欠缺防卫能力的被保险人，导致被保险人生命安全受到严重威胁。为防止此类威胁，《保险法》原则上禁止投保人与保险人缔结以无民事行为能力人死亡为保险金给付条件的保险合同。父母为其未成年子女投保上述保险可为例外，并非仅因为父母对其子女具有保险利益，而更在于彼此深厚的感情联结及根深蒂固的人伦观念足以抑制道德风险的发生。即便如此，法律仍通过限制此类保险的保险金给付总额，降低诱发风险的概率。因此，《保险法》第33条第2款原理上不得作扩大解释至父母以外的其他人。

(2)被保险人的法定代理人杨某的行为不足以补正杨某林投保行为的效力。本案中，杨某林购买的"好利年年两全保险(分红型)"产品，系含有生存保险金、期满保险金和身故保险金等多种给付内容的综合型人身保险，被保险人的法定代理人杨某虽然向杨某林提供了身份证及银行账户用于领取生存保险金，但尚无证据证明杨某在杨某林投保案涉人身保险合同时即知悉该合同的全部内容，特别是同意投保以其子女死亡为给付条件的身故保险。因此，杨某领取生存保险金的行为，即便推定为默示的追认，其追认的内容也仅能及于投保生存保险，而不涉及投保身故保险。另外，法定代理人的事后追认，并不能排除追认前未成年的被保险人已处于该人身保险合同诱发的道德风险威胁下。故而，从立法意旨看，为无民事行为能力的未成年人投保以死亡为保险金给付条件的保险合同不得以法定代理人事后追认的方式予以补正。

(3)案涉保险合同认定为无效更符合法律价值位阶的考量。本案中，投保人杨某林的不诚信行为，本院固然不予认同。但是，保险人新华人寿保险公司作为专业的人寿保险公司,应当明知法律有相关禁止性规定,其仍在投保人不是未成年人父母且事先未取得被保险人父母同意的情形下,承保案涉人身保险,违反不得承保此类保险的法定义务,亦具有明显过错。保险人的上述行为不仅是扰乱国家对保险行业的监督管理秩序,更是为了实现企业自身利益而置无民事行为能力人生命安全这一法律优先保护的价值于不顾。相较于交易中的背信行为,保险人的上述行为更应受到法律的否定评价。

本案中,保险人新华人寿保险公司与投保人杨某林缔结的保险合同即因违反法律的强制性规定而无效。综上所述,杨某林的再审请求成立,本院予以支持。二审判决适用法律错误,致判决结果失当,本院予以纠正,一审判决认定事实及适用法律正确,本院予以维持。判决如下:(1)撤销湖北省恩施土家族苗族自治州中级人民法院(2017)鄂28民终386号民事判决;(2)维持湖北省恩施市人民法院(2016)鄂2801民初2232号民事判决。

☞ 案例3:企业给在职员工购买意外保险,在员工离职后还有没有保险利益关系?

李某健、曾某甲、曾某水与中国平安财产保险股份有限公司佛山市三水支公司人身保险合同纠纷案[1]

裁判要旨

企业为在职员工购买意外伤害保险,后该员工从该单位离职,并在新单位上班。如果该员工在保险期间内发生保险事故,保险公司不能以双方没有保险利益关系和工作单位变更没有及时通知保险公司为由,拒绝理赔并主张合同无效。

原告:李某健、曾某甲、曾某水

被告:中国平安财产保险股份有限公司佛山市三水支公司(以下简称平安三水支公司)

基本案情

2014年7月7日,投保人佛山龙盛威能源有限公司(以下简称龙盛威公司)在被告处为曾某乙投保了短期健康保险和意外伤害保险,约定意外伤害身

[1] 参见佛山市三水区人民法院(2015)佛三法民二初字第1079号民事判决书。

故和残疾保额为30万元,保险期间自2014年7月13日至2015年7月12日。龙盛威公司购买该保险时,死者曾某乙属于龙盛威公司职员,从事设备安装等技术工作。2015年6月27日18时许,曾某乙在四会市东城街道五马岗和生染整厂内工作期间发生触电,经"120"医生到场抢救无效死亡。

原告诉称:

原告方是曾某乙的法定继承人即曾某乙意外身故的受益人。曾某乙意外身故后,2015年7月20日原告方向被告递交保险理赔申请书等相关理赔资料。被告以曾某乙身故时工作单位为佛山市三水区金众机电设备安装有限公司(以下简称金众公司),而非投保人龙盛威公司为由拒绝理赔,而保险条款中相关免责条款并无此类规定,被告拒赔无法律依据。为维护原告合法权益,原告只有诉请法院请求判令被告:(1)立即向原告方支付保险赔偿金30万元;(2)承担本案诉讼费用。

被告辩称:

(1)根据《保险法》的规定,人身保险合同在订立时,投保人对被保险人不具有保险利益的,合同无效。本案所涉及的保险合同于2014年7月7日签订,投保人为龙盛威公司,死者曾某乙是被保险人。事故发生后经答辩人核实,曾某乙是金众公司的合同工。故答辩人认为,原告方应当提供相应的劳动合同、社保参保证明、银行工资发放记录等证据,证明在保险合同签订时,其与龙盛威公司存在劳动合同关系,若不能举证,该保险合同应属无效。

(2)若法院裁定本案所涉合同有效,但按照金众公司负责人所陈述的内容中可见,死者曾某乙于2011年11月入职该公司,入职后主要从事外出机电设备安装工作,而龙盛威公司的经营范围是不包括"外出机电设备安装"一项的。曾某乙在加入金众公司后所从事的工种发生了变化,危险程度显著上升。保险公司在承保此类保险合同前都会对投保人的工作范围以及被保险人的工作性质、危险程度进行评估,被保险人的工作性质、危险程度是决定保险公司是否承保该保险合同以及承保后保费率多少的关键性因素。龙盛威公司在曾某乙离职时并没有向保险公司说明该情况,导致保险公司无法判定是否继续承保该保险合同。至事故发生后,再要求保险公司承担赔偿责任,显然对保险公司是不公平的。

一审佛山市三水区人民法院经审理认为:

龙盛威公司与被告平安三水支公司签订《短期健康保险和意外伤害保险单》,是为其公司职员包括曾某乙在内而购买的平安团体意外保险,龙盛威公司购买该保险时，死者曾某乙属于龙盛威公司职员，《保险法》第 31 条第 1 款规定了投保人具有保险利益的情形，其中第 4 项规定："与投保人有劳动关系的劳动者"，可见，龙盛威公司依法对上述保险合同具有保险利益，故龙盛威公司与被告平安三水支公司签订的《短期健康保险和意外伤害保险单》合法有效。被告辩称龙盛威公司没有保险利益，故保险合同无效。根据《广东省高级人民法院关于审理保险合同纠纷案件若干问题的指导意见》第 11 条"人身保险合同订立时，投保人对被保险人具有保险利益，但保险事故发生时不具有保险利益的，保险人以此为由主张保险合同无效的，人民法院不予支持"的规定，被告辩称无事实及法律依据，本院不予采纳。曾某乙在上班工作期间触电死亡，根据《平安团体意外伤害险条款》第 5 条"在保险期间内，被保险人因遭受意外伤害事故导致身故或伤残的，保险人依照下列约定给付保险金，且给付各项保险金之和不超过保险金额"的规定，曾某乙的死亡属于保险事故，被告平安三水支公司应承担保险赔偿责任。根据保险合同约定，被告平安三水支公司应赔偿曾某乙保险赔偿金 30 万元。该 30 万元属于曾某乙的遗产，应由曾某乙的法定第一顺序继承人继承，即应由其配偶、子女、父母继承。原告李某健、曾某甲、曾某水分别是曾某乙的配偶、儿子、父亲，属于曾某乙遗产第一顺序继承人。曾某乙的母亲先于曾某乙死亡，故曾某乙的遗产由李某健、曾某甲、曾某水共同继承。现原告方起诉请求被告支付该保险赔偿金，合法有据，本院予以支持。被告辩称曾某乙死亡时是在金众公司工作，并非在投保单位龙盛威公司工作，曾某乙从事的工种发生了变化，危险程度显著上升，而投保人对此变化未告知保险公司，故保险公司不应承担赔偿责任。首先，龙盛威公司只是投保人，实际被保险人是曾某乙，而保险合同并没有约定曾某乙离开龙盛威公司就不能享受保险合同的权利；其次，曾某乙死亡时从事的也是技术工作，与投保时从事的职业一样，并没有加重其职业危险程度。故被告辩称无理，本院不予采纳。判决如下：被告中国平安财产保险股份有限公司佛山市三水支公司于本判决生效后 10 日内支付原告李某健、曾某甲、曾某水保险赔偿金 300,000 元。

☞ 案例4:行业协会为本行业从业人员购买保险,两者之间有没有保险利益关系?

辽宁省公安英烈救助协会诉民安保险(中国)有限公司辽宁分公司保险合同案〔1〕

裁判要旨

投保人为包括被保险人在内的警察投保团体险的意愿来自对公安干警及其家属的帮扶,并非通过投保而自己获得利益。双方签订的保险合同从根本上排除了投保人可能为了牟取不法利益,人为制造保险事故,甚至谋害他人生命的道德风险。因此,该保险合同与保险利益的立法目的不相违背。被保险人并未明确表示拒绝,即可以认为被保险人同意并认可保险金额。

原告(被上诉人):辽宁省公安英烈救助协会

被告(上诉人):民安保险(中国)有限公司辽宁分公司

基本案情

2008年6月23日,辽宁省公安英烈救助协会与民安保险(中国)有限公司辽宁分公司签订保险协议一份,协议约定辽宁省公安英烈救助协会作为投保人,在民安保险(中国)有限公司辽宁分公司为辽宁省公安英烈救助协会会员即被保险人共计73,000人办理不记名因公牺牲、致残团体保险。辽宁省公安英烈救助协会会员因公牺牲或致残后,由辽宁省公安英烈救助协会向民安保险(中国)有限公司辽宁分公司提出赔付要求,民安保险(中国)有限公司辽宁分公司在接到赔付要求7个工作日之内将赔付的金额支付给辽宁省公安英烈救助协会。刘某鹏系丹东市凤城公安局刘家河派出所教导员。2008年9月20日,刘某鹏在驾驶轿车赶往派出所上班途中,与黄某强驾驶的货车相撞。经凤城公安局交通警察大队认定:刘某鹏、黄某强负同等责任。刘某鹏受重伤,经送往凤城市中心医院抢救无效,于2008年9月20日身亡。凤城市人事局认定刘某鹏同志因公牺牲。辽宁省公安英烈救助协会依据双方签订的保险协议,要求民安保险(中国)有限公司辽宁分公司理赔,该公司拒绝赔付,故辽宁省公安英烈救助协会向法院提起诉讼。

原告诉称:

要求被告按照双方签订的保险协议的约定赔付刘某鹏因公牺牲保险赔偿

---

〔1〕参见辽宁省沈阳市皇姑区人民法院(2010)皇民三初字第448号民事判决书;辽宁省沈阳市中级人民法院(2010)沈中民五终字第726号民事判决书。

金250,000元,并由被告承担本案诉讼费用。

被告辩称:

原告不具备主体资格,请求法院驳回原告的起诉。双方签订的保险合同是无效的合同,被保险人死亡的情况不符合公安机关对于因公死亡条件的规定,而相应的政府机关也不应当认定刘某鹏是因公牺牲。该起事故不在保险赔付范围。

沈阳市皇姑区人民法院一审经审理认为:

辽宁省公安英烈救助协会、民安保险(中国)有限公司辽宁分公司签订的保险协议是双方当事人的真实意思表示,合法有效。刘某鹏系丹东市凤城公安局刘家河派出所教导员,在上班途中发生交通事故,导致死亡,业经凤城市人事局认定刘某鹏同志为公亡,按照辽宁省公安英烈救助协会、民安保险(中国)有限公司辽宁分公司签订的保险协议,民安保险(中国)有限公司辽宁分公司应予以理赔。故辽宁省公安英烈救助协会要求民安保险(中国)有限公司辽宁分公司赔偿250,000元因公牺牲保险金的诉讼请求,法院予以支持。关于民安保险(中国)有限公司辽宁分公司提出本案原告辽宁省公安英烈救助协会不是保险受益人而不具有主体资格的主张,因在双方签订的保险协议中明确约定,辽宁省公安英烈救助协会会员因公牺牲或致残后,由辽宁省公安英烈救助协会向民安保险(中国)有限公司辽宁分公司提出赔付要求,民安保险(中国)有限公司辽宁分公司在接到赔付要求7个工作日之内将赔付的金额支付给辽宁省公安英烈救助协会,故辽宁省公安英烈救助协会作为原告提起诉讼向民安保险(中国)有限公司辽宁分公司索赔主体适格。关于民安保险(中国)有限公司辽宁分公司提出刘某鹏在上班途中发生交通事故导致死亡,交警队认定是对等责任,不是意外事故,刘某鹏死亡的情况不符合公安机关认定的因公死亡的条件,因而拒绝理赔的主张,因刘某鹏是在上班途中发生交通事故,凤城市人事局已认定刘某鹏同志为公亡,故民安保险(中国)有限公司辽宁分公司应按保险协议的约定向辽宁省公安英烈救助协会进行理赔。判决被告民安保险(中国)有限公司辽宁分公司支付原告辽宁省公安英烈救助协会因公牺牲保险金250,000元,于判决生效后10日内给付。

二审中上诉人(原审被告)诉称:

被上诉人不具有起诉的主体资格;被上诉人作为投保人对被保险人刘某鹏不具有保险利益;本案中被保险人刘某鹏并未书面同意并认可保险金额,上诉人与被上诉人之间签订的保险合同应属无效;刘某鹏不符合因公牺牲条件,不符合保险合同约定的给付保险金条件。

二审中被上诉人(原审原告)辩称:

被上诉人属于合同当事人一方,被上诉人具有主体资格;一审判决适用法律正确,保险合同认定为有效正确;刘某鹏死亡已经由法定机关作出了有效认定,属于因公牺牲。

沈阳市中级人民法院二审经审理认为:

(1)关于辽宁省公安英烈救助协会有无原告资格问题。根据双方签订的《保险协议》第4条关于保险赔付程序的约定,辽宁省公安英烈救助协会会员因公牺牲或致残后,由辽宁省公安英烈救助协会向民安保险(中国)有限公司辽宁分公司提出赔付要求;民安保险(中国)有限公司辽宁分公司在接到赔付要求7个工作日之内将应赔付的金额支付给辽宁省公安英烈救助协会。因此,辽宁省公安英烈救助协会有向民安保险(中国)有限公司辽宁分公司赔付请求权以及受领赔付金额的权利。这种合同权利,正是投保人享有诉权的法律基础。一审判决依据合同约定,对辽宁省公安英烈救助协会原告主体资格的问题认定正确。(2)关于辽宁省公安英烈救助协会对被保险人刘某鹏是否具有保险利益的问题。《保险法》规定人身保险合同投保人须对被保险人具有保险利益的立法目的主要包括两个方面:一为防止赌博行为;二为防止道德风险。在本案中,辽宁省公安英烈救助协会作为投保人,为包括刘某鹏在内的共计73,000名会员办理不记名因公牺牲、致残团体保险。在被保险人因公牺牲或致残后民安保险(中国)有限公司辽宁分公司依照约定给付保险金,辽宁省公安英烈救助协会受领保险金后,将全部保险金给付被保险人家属或被保险人本人,作为投保人的辽宁省公安英烈救助协会未在该保险合同中获得任何利益,因此,辽宁省公安英烈救助协会与民安保险(中国)有限公司辽宁分公司签订的保险合同不存在赌博行为。另根据《保险协议》的约定,辽宁省公安英烈救助协会会员因公牺牲,由民安保险(中国)有限公司辽宁分公司每人一次性赔付因公牺牲保险金人民币250,000元。由此可知,辽宁省公安英烈救助协会为会员购买人身团体保险的目的是保障警察、民警等此类高危行业群体利益。双方签订的保险合同就从根本上排除了投保人可能为了牟取不法利益,人为制造保险事故,甚至谋害他人生命的道德风险。因此,本案中的保险合同与保险利益的立法目的不相违背。(3)关于未经刘某鹏书面同意并认可保险金额的保险合同是否无效的问题。《保险法》规定,以死亡为给付保险金条件的合同,需经被保险人同意并认可保险金额。该规定的立法目的是防范人身保险中可能发生的道德风险。辽宁省公安英烈救助协会作为投保人为包括刘某鹏在内的73,000名警察等投保团体险的意愿来自对公安干警及其家属的帮扶,而并非通过投保自己获得利益,即保险事故的发生对于投保人没有任何正面的经济利益,团体保险中投保人没有获得利益的可能,这就从根本上排除了道德风险出现的可能性。因此,本案中的保险合同未经刘某鹏书面同意并认可保险金额并不违背《保险法》第34条规定的立法目的。辽宁省公安英烈救助协会与民安保险(中国)有限公司辽宁分公司签订的《保险协议》虽然没有被保险人的书面签字同意并认可保险金额,但包括刘某鹏在内的被保险人并未明确表示拒绝,即可以认为被保险人同意并认可保险金额。(4)关于刘某鹏死亡是否符合保险合同约定的给付保险金条件的问题。本案中,被保险人刘某鹏在上班途中发生交通事故身亡,丹东市公安局认定刘某鹏为因公牺牲,并向其家属发放刘某鹏《人民警察因公牺牲证明书》。因此,刘某鹏已经被有权机关认定为因公牺牲,符合双方约定的保险金给付条件,民安保险(中国)有限公司辽宁分公司应当按照保险合同的约定履行赔付义务。

沈阳市中级人民法院依照《民事诉讼法》第153条第1款第1项,作出如下判决:驳回上诉,维持原判。

第二节 近因原则

在人身保险实践中,如果只有一个原因造成保险事故的发生,对于保险公司而言就只需要核实事故原因是不是属于保险责任范围内,如果是就给予理赔,这是“一因一果”。但现实生活是复杂的,很多时候导致事故发生的原因不是一个,而是由一连串的事故叠加造成,能不能获得理赔,就需要借助近因原则的理论推导出导致事故发生的近因是哪一个,这就是“多因一果”。

当“多因一果”的情况出现后,保险公司应依据对保险事故的发生起决定作用的,有支配力的、最有效的或是直接促成事故发生的原因,即近因。近因原则指在保险法上,只有当一个原因对损害结果的发生有决定性意义,而且这个原因是保险合同承保的风险时,保险公司才承担保险责任。近因原则在我国《保险法》中虽然没有明文规定,但却在司法实践中得到承认。同时,这也是世界各国所公认的保险法的基本原则。“如果说保险利益原则是通过排除局外之人来防范道德风险，近因原则就是通过排除无关之事来防范道德风险。”[1]

法条汇编

《保险法司法解释(三)》(2021年1月1日)

第二十五条 被保险人的损失系由承保事故或者非承保事故、免责事由造成难以确定，当事人请求保险人给付保险金的，人民法院可以按照相应比例予以支持。

山东省高级人民法院《关于审理保险合同纠纷案件若干问题的意见(试行)》(2011年3月17日)

第十四条 如事故是由多种原因造成，保险人以不属保险责任范围为由拒赔的，应以其中持续性地起决定或主导作用的原因是否属于保险责任范围为标准判断保险人是否应承担保险责任。

法条解读

近因原则是保险法上确定损失原因的一个重要原则，是民法侵权因果关系原则在保险领域的具体运用。如果是一个原因导致一种结果，在保险理赔时无须探讨近因，没有适用近因原则的前提，近因原则探求的是“多因一果”的情形。我们通过两个案例故事感受一下近因原则是保险理赔实务中的具体运用。(1)“在著名的艾斯宁顿诉意外保险公司案中，被保险人打猎时不慎从树上掉下来，受伤后的被保险人爬到公路边等待救援，因夜间天冷又染上肺炎死亡。肺炎是意外险保单中的除外责任，但法院认为被保险人的死亡近因是意外事故——从树上掉下来，因此保险公司应给付赔偿金。”[2](2)张三所在企业给员工投保团体意外险，一日张三骑车外出被机动车撞倒，造成身体伤残并住院治疗。在治疗过程中，张三因突发急性心肌梗死死亡。由于意外伤害与心肌梗死之间没有内在的必然联系，心肌梗死属于新介入的独立原因，并非意外伤害的结果。故心肌梗死是被保险人张三死亡的近因，由于它属于疾病范围，不属

[1] 王卫国：《我国的保险法律制度——在十一届全国人大常委会第七次专题讲座上的讲稿》，载杨华柏主编：《保险业法制年度报告2008》，法律出版社2009年版，第8页。

[2] 杜万华主编：《最高人民法院关于保险法司法解释(三)理解适用与实务指导》，中国法制出版社2016年版，第610页。

于意外伤害保险的责任范围，故保险公司对张三的死亡不承担理赔责任。

在多个原因并存的情况下，如何确定近因？山东省高级人民法院《关于审理保险合同纠纷案件若干问题的意见（试行）》第14条给出了一个相对明确的判断标准：如事故是由多种原因造成，保险人以不属保险责任范围为由拒赔的，应以其中持续性地起决定或主导作用的原因是否属于保险责任范围为标准判断保险人是否应承担保险责任。

对于人身保险理赔，很多人的认知通常停留在要么全赔，要么不赔的阶段。在导致保险事故发生的原因清楚无争议的时候，也许这样认为是没有问题的。但现实生活的复杂程度决定了很多案件无法这样简单认定，比如在多个原因导致一个结果的情况下，各种情况错综复杂、相互交织，如何区分哪一个原因是导致被保险人损失的近因？与此同时，社会生活的多样性使严格恪守近因原则反而可能会导致过于死板的不公平后果，所以比例分摊原则就作为近因原则的补充和发展应运而生。《保险法司法解释（三）》给出了一个新的解决思路：免责事由造成难以确定，当事人请求保险人给付保险金的，人民法院可以按照相应比例予以支持。这个比例如何确定？由人民法院根据自由裁量权，将损失在承保事故和非承保事故、免责事由之间分摊，按照承保风险所占事故原因的比例和程度，判决由保险公司承担相应比例的保险责任。至于保险公司按照多大比例承担责任，应结合具体案情进行判断。[1]

典型案例

☞ 案例1：被保险人意外摔伤引发脑出血死亡，能否获得意外险理赔？

范某富诉中国太平洋人寿保险股份有限公司
焦作中心支公司人身保险合同纠纷案[2]

裁判要旨

导致被保险人死亡结果出现的原因是脑出血，而脑出血的原因是摔倒受

---

[1] 参见杜万华主编：《最高人民法院关于保险法司法解释（三）理解适用与实务指导》，中国法制出版社2016年版，第617页。

[2] 参见济源市人民法院（2010）济民二初字第95号民事判决书。

伤,摔倒受伤的行为符合意外事故的认定。所以,在被保险人因意外导致身故,而又有意外保险的情况下,应当获得理赔。

也就是说,多个原因连续发生,在因果关系没有中断的情况下,第一个原因即为近因,从本案看,第一个原因就是意外摔倒,符合意外伤害事故的定义,又刚好在保险责任范围内,因此应当获得理赔。

原告:范某富

被告:中国太平洋人寿保险股份有限公司焦作中心支公司

基本案情

2008年8月21日,投保人范某(系原告范某富、死者郑某清之长子)在被告中国太平洋人寿保险股份有限公司焦作中心支公司为其本人、其妻赵某利、其父范某富、其母郑某清投保了家庭人身意外伤害保险(B款),合同约定:保险金额为60,000元,保险期限从2008年8月21日零时至2009年8月20日24时,并且约定被保险人自意外伤害发生之日起180日内以该次意外伤害为直接原因身故,保险人按意外伤害保险金额及被保险人事故发生时的职业类别对应的比例给付事故保险金。每一被保险人的意外伤害保险金额等于保险单的意外伤害保险金额除以投保时注明的被保险人人数。范某也交纳了100元的保险费,未填写受益人。

2009年7月31日下午天快黑时,被保险人郑某清上楼收衣服,其孙女在楼下啼哭,因其穿着高跟鞋不慎从楼梯上摔下来,在原告家屋内玩电脑的姚某辰(系原告次子的朋友)听到响声后赶紧出来,发现被保险人郑某清昏迷不醒,就赶紧去大街喊人,与恰巧回家的原告将其送往济源市人民医院抢救治疗,济源市人民医院出具的入院诊断上显示为“(1)心肺复苏术后。(2)脑出血?”。病历上显示,被保险人郑某清现病史为“四小时前从楼梯上跌倒后,出现头晕、恶心、呕吐物为胃内容物,继而昏迷”。既往史为“既往体健,无肝炎、结核等传染病,无手术外伤输血史,无食物药物过敏史”,被保险人经抢救无效死亡,原告向被告主张理赔时遭拒,后诉至法院。

2008年8月16日,原告长子范某在被告处投保了家庭人身意外伤害保险,被保险人为范某、赵某利(范某之妻)、范某富(范某之父)、郑某清(范某母亲),保险期间为2008年8月21日零时起至2009年8月20日24时止。2009年7月31日下午,被保险人郑某清因意外事故脑出血,经抢救无效死亡。原告提出理赔申请后,被告以属于自然病,不属于理赔范围为由拒绝理赔。现请求判令被告支付郑某清的意外死亡保险金15,000元。

保险公司辩称:

原告、被告双方签订的保险合同是意外伤害保险合同,该保险合同和国家相关规定都明确,“意外伤害是指不可预见的、外来的、非本意的以及非疾病的对人体造成的伤害”。被保险人郑某清的身故原因系其自身的疾病所致,并不符合保险合同约定的意外伤害保险事故。

河南省济源市人民法院认为:

投保人范某与被告签订的人身保险合同系双方真实意思表示,且合同内容并不违反法律规定,法院对此予以确认。合同签订后,范某按照合同约定足额缴纳了保险费,被保险人郑某清在保险期间内在下楼梯时不慎摔倒致使脑出血死亡。被告辩称根据济源市人民医院的入院诊断证明上明确显示“(1)心肺复苏术后。(2)脑出血?”,且并无体表受伤,原告又不能提供证据证明被保险人郑某清是在摔倒后致使脑出血死亡,并不排除被保险人郑某清是自身出现脑出血后从楼梯上摔下来的可能性,因此不应该理赔。但是根据济源市人民医院对郑某清做的体格检查及病历明确显示,被保险人郑某清是四小时前从楼梯上跌倒后,出现头晕、恶心、呕吐物为胃内容物,继而昏迷,足以证明被保险人是摔倒后致使脑出血的事实,并且被告辩称的被保险人自身出现脑出血后摔倒的理由概率太低,不符合常理,对被告的该辩称理由,法院不予支持。被告辩称被保险人郑某清的身故原因并不符合保险合同约定的意外伤害保险事故,本案中被保险人郑某清在下楼梯时不慎摔倒发生意外伤害,完全符合保险合同约定的“不可预见的、非本意的对人体造成的伤害”,且从郑某清的病历中明确显示本人及其家族史中并无脑部既往史的疾病记载,对被告的辩称理由,法院不予支持。现原告要求被告支付保险金15,000元,理由正当,证据充分,法院予以支持。被告中国太平洋人寿保险股份有限公司焦作中心支公司在本判决书生效后10日内给付原告范某富保险金15,000元。

☞ 案例2：被保险人无证驾驶摩托车，行驶中因交通事故导致死亡，能否获得意外险理赔？

吴某先与泰康人寿保险有限责任公司
湖北咸宁中心支公司人身保险合同纠纷案〔1〕

裁判要旨

被保险人购买意外保险后，无证驾驶两轮摩托车在道路上行驶，因同向行驶大货车超车导致意外身故，在大货车负主要责任的情况下，被保险人的受益人仍然能够依据意外身故保险要求保险公司进行身故理赔。原因是被保险人的真正死因不是自己的无证驾驶，而是大货车司机超车，所以保险事故的近因应当归结于意外事件，应按照意外身故进行理赔。

原告（被上诉人）：吴某先

被告（上诉人）：泰康人寿保险有限责任公司湖北咸宁中心支公司（以下简称为泰康人寿咸宁支公司）

基本案情

2006年11月24日，原告之夫金某平在被告泰康人寿咸宁支公司投保了泰康永利两全保险A款（分红型）保险和附加特约保险，双方签订了一份保险合同。保险单载明：投保人和被保险人均为金某平，身故保险金受益人为原告吴某先，保险红利领取人金某平，保险金额为23,000元，缴费期间15年，保险期间20年；附加特约保险：泰康附加安心无忧意外伤害保险，保险金额20,000元，保险期间1年。其中，泰康永利两全保险A款（分红型）保险条款约定“1.1　保险责任，一、身故保险金给付，被保险人于本合同生效日起一年内因意外伤害导致身故或于本合同生效日起一年后身故，本公司按保险单载明的保险金额向身故保险金受益人给付身故保险金……第十二条责任免除，对下列情形之一，本公司不负给付保险金责任：一、因遭受意外伤害住院治疗……”2011年11月30日，该份保险合同经投保人与被告协商一致，被告作出投保人变更批单，投保人由金某平变更为原告吴某先，保险合同其他内容不变。自保险合同签订之日

〔1〕参见咸宁市咸安区人民法院（2016）鄂1202民初2740号民事判决书；咸宁市中级人民法院（2017）鄂12民终65号民事判决书。

起，金某平及原告均在每年约定时间及时足额交纳了主险和附加险保费 1773 元，该保费超过保险主合同载明的主险及附加险保费金额的总和。

2016 年 7 月 11 日，邵某灿驾驶 ARC2××号重型半挂牵引车拖带鄂 A×××号挂车，行至 107 国道某处超车时，将同向金某平无证驾驶的鄂 L×××号两轮摩托车挂倒，造成金某平受伤、鄂 L×××号两轮摩托车受损的交通事故。2016 年 7 月 22 日，咸宁市公安局交警支队三大队作出交通事故认定书，当事人邵某灿应负此次事故的主要责任，当事人金某平应负此次事故的次要责任。金某平因本起事故共计住院治疗 28 天，花费医疗费共计 47,404.67 元，最终经治疗无效死亡。2016 年 8 月 22 日，咸宁市公安局咸安分局刑事科学技术鉴定书，认定死者金某平存在脑部损伤，全身多发性骨折，创伤性湿肺，心功能不全，其死因应为多因素综合导致，与车祸外伤存在直接必然联系。

原告、被告双方对该笔保险合同约定保险红利分配同意按照被告的电脑查询结果 1466 元确定。

原告诉称：

(1)依法判令被告支付原告保险金额 70,020 元；(2)判令被告支付原告保险红利分配金(自合同签订之日起计算至今，分红数额以保险合同约定的红利分配方式计算)。

被告辩称：

(1)被保险人金某平无证驾驶，需对事故承担责任，其行为与死亡后果存在直接因果关系。(2)被保险人无证驾驶违反了法律禁止性规定，保险公司仅有提示义务；投保单由金某平亲笔签名确认，该免责条款通过黑体加粗的方式区别于其他条款，保险公司已尽说明义务。

一审咸宁市咸安区人民法院经审理认为：

被告泰康人寿咸宁支公司向投保人签发了保险单、投保人变更批单、保险条款，双方之间已形成了人身保险合同法律关系。保险单、投保人变更批单、保险条款系双方当事人真实意思表示，未违反法律强制性的规定，合法有效。本案的争议焦点为：金某平无证驾驶摩托车发生交通事故，是否导致保险人免除保险责任。根据保险合同纠纷中的近因原则，保险合同中的免责条款是否适用，要看造成保险事故的原因或者近因是什么，如果造成事故的近因是该免责条款描述的情形造成的，那么该条款就适用，就不予赔付。如果造成该事故的近因不是该免责条款描述的情形造成的，或者不是主要近因的，则该免责条款不适用。依据保险合同约定,只有在被保险人驾驶无有效行驶证的机动交通工具直接或间接导致被保险人身故时,保险人才能免除保险责任。本案中,被保险人金某平的死亡系案外人邵某灿造成交通事故负主要责任的违法行为直接作用所致,金某平无证驾驶摩托车的行为,与其死亡结果之间无因果关系,并非导致其死亡的直接原因,该情形不属于保险合同免责条款的约定内容。被告辩称被保险人发生保险事故时无证驾驶,属于合同约定的责任免除情形的理由不能成立。即使金某平无证驾驶属于保险合同的免责条款,该免责条款为格式合同,被告也未提供证据证明其履行了提示或者明确说明义务,根据《保险法》第17条和《保险法司法解释(二)》第21条的规定,该免责条款也认定为无效,被告仍然应承担保险责任。判决如下:(1)被告泰康人寿咸宁支公司于本判决书生效十日内给付原告吴某先保险金45,020元和保险红利分配金1466元,合计46,486元。(2)驳回原告吴某先的其他诉讼请求。

一审宣判后,被告泰康人寿咸宁支公司提起上诉,请求:(1)依法撤销湖北省咸宁市咸安区人民法院(2016)鄂1202民初2740号民事判决;(2)依法驳回被上诉人的全部诉讼请求。

二审湖北省咸宁市中级人民法院经审理认为:

《保险法司法解释(二)》第10条规定,保险人将法律、行政法规中的禁止性规定情形作为保险合同免责条款的免责事由,保险人对该条款作出提示后,投保人、被保险人或者受益人以保险人未履行明确说明义务为由主张该条款不生效的,人民法院不予支持。第11条规定,保险合同订立时,保险人在投保单或者保险单等其他保险凭证上,对保险合同中免除保险人责任的条款,以足以引起投保人注意的文字、字体、符号或者其他明显标志作出提示的,人民法院应当认定其履行了《保险法》第17条第2款规定的提示义务。上诉人泰康人寿咸宁支公司在保险合同的免责条款采用了黑体字加粗的形式与其他条款以示区别,足以引起投保人注意,该投保单经投保人签名确认,故保险公司已尽提示义务;而醉驾、无证驾驶等违法驾驶行为属于法律禁止性的规定,保险公司对此无须另行解释,故本案应认定为保险公司已履行提示和明确说明义务。被上诉人吴某先关于保险公司未尽提示、说明义务的辩解意见,本院不予支持。

但是,发生保险事故后保险公司是否承担赔偿责任,应当遵循的基本原则是近因原则,即保险合同约定的理赔事由必须是导致保险事故发生的主要原因。泰康人寿保险公司在保险合同的释义条款约定,意外伤害,是指以外来的、突发的、非本意的、非疾病的客观事件为直接且主要原因导致的身体伤害。该合同条款强调意外伤害的“直接且主要原因”就是保险合同中关于近因原则的直接体现。本案保险事故的主要和直接原因，是案外人邵某灿违法超车的行为，对被保险人金某平而言，其死亡显然属于意外伤害造成的，故保险公司应当承担赔偿责任。同样，保险公司的免责情形，亦适用近因原则，即免除责任的事由必须是导致保险事故的主要和直接原因。保险合同在责任免除条款约定，被保险人因酒后驾驶、无合法有效驾驶证驾驶或驾驶无有效行驶证的机动车，遭受意外伤害导致残疾或身故的，保险公司不承担保险责任。该条款明确了被保险人的违法驾驶行为与意外事故之间必须存在因果关系。本案被保险人金某平虽然存在无证驾驶的违法行为，但该行为不是导致其死亡的充分条件，故保险公司不能免除责任。保险公司以这一与事故发生无主要因果联系的事实作为免责事由，与近因原则相悖。保险公司在应该适用近因原则给被保险人赔偿的情况下，有选择性地不适用，违反了我国民法的公平和诚信原则。

综上所述，投保人与上诉人签订的《泰康安心无忧意外伤害保险》合同系双方的真实意思表示，该合同合法有效。上诉人应当依照合同约定全面正确履行自己的义务。在保险期间被保险人金某平发生保险事故后，被上诉人以意外伤害保险合同受益人身份请求判令上诉人依约赔付保险金的诉讼主张，有事实根据和法律依据。上诉人的上诉请求不能成立，本院不予支持。一审判决认定事实清楚，适用法律不当，但处理结果正确，应予维持。依照《民事诉讼法》第170条第1款第1项规定，判决如下：驳回上诉，维持原判。

☞ 案例3：在被保险人自身有严重疾病情况下，加上意外受伤共同导致生命垂危并产生大量医疗费，意外险能全额理赔吗？

张某琴诉中国平安财产保险股份有限公司
北京分公司意外伤害保险合同案[1]

裁判要旨

保险合同的核心是风险的承担，基于不同险种、不同费率精算基础之上的

---

〔1〕 参见北京市第四中级人民法院（2017）京04民终31号民事判决书。案例来源：《中国法院2019年度案例·保险纠纷》，中国法制出版社2019年版，第202页。

考量,该条规定突破了“全赔”或者“全不赔”的机械理论,既实现了被保险人的保险权利,又没有打破保险人承担风险与被保险人交纳保费遵循的“风险对等”的原则。

原告:张某琴

被告:中国平安财产保险股份有限公司北京分公司

基本案情

2015年6月10日,原告与被告订立了平安境外保险。保险单上记载:投保人及被保险人均为张某琴,保险期间自2015年6月28日零时起至9月25日24时止。被告在法庭上提交了保险条款,未提交投保单。原告称未收到保险条款。

原告称2015年9月13日,其在法国因就餐不慎被异物(橄榄核)意外扎伤口腔,造成细菌感染,引发胸腔腹水、呼吸困难,危及生命。原告为此提交了多份巴斯蒂亚医院的医疗证明,内容如下:本人证明张某琴女士,1962年11月2日出生,从9月13日至22日住院,因牙根感染引起发烧,经抗生素治疗后出院。9月28日又住院,诊断发现是胸膜腔积脓,做了引流手术并安置在重症监护室观察。虽然遭受严重感染,但肝功能并未退化。病人即日起就可以返回北京,但须遵循下列条件:引流管连接在装有防止回流阀的引流瓶,搭乘飞机时采取半躺或全躺姿势。应当事人之要求开立本证明。原告因此次在医院就医,花费了救护车费用219.7欧元以及医疗费503.21欧元。国际SOS出具了紧急转运说明:兹证明张某琴女士在法国突发疾病,法国巴斯蒂亚市医院及家属与我中心取得联系,要求对病人进行紧急转运。张某琴女士此次转运回国的救援费用为30万元人民币。原告实际支出了上述费用。2015年10月27日,飞机从法国起运,抵达北京后,原告直接被送往首都医科大学附属北京佑安医院(以下简称佑安医院)。法院调取了该次住院病历,首页记载第11次住院。出院诊断为原发性肝癌、硬化型、乙型;腹水;胸水、胸腔感染;低蛋白血症(中度);肝性脑病;脾功能亢进;肺部感染;胆汁淤积。

法院调取了原告在佑安医院就诊的19次住院病历。时间为2009年9月至2016年11月,其间,出院诊断分别为肝炎肝硬化失代偿期;腹水;低蛋白血症;门脉高压性胃病;胃溃疡(多发);十二指肠溃疡;胆囊炎(慢性);上呼吸道感染;出院诊断为肝炎肝硬化失代偿期乙型;腹水;腹腔感染;病毒性肝炎戊型;急性黄疸型;乙肝病毒多重耐药;肝内占位;原发性肝癌可能性大。经法庭询问，原告认可自己有肝病基础，这次意外扎伤事故导致原告在法国出现肝部病情反复、加重、恶化的情况。

争议焦点

第一，原告是否收到被告提供的保险条款；第二，原告请求所依的事故是否属于保险合同约定的保险责任；第三，被告是否应当赔付以及赔付的数额。

北京市第四中级人民法院认为：

1. 原告是否收到被告提供的保险条款

订立保险合同，采用保险人提供的格式条款的，保险人向投保人提供的投保单应当附格式条款，保险人应当向投保人说明合同的内容。对保险合同中免除保险人责任的条款，保险人在订立合同时应当在投保单、保险单或者其他保险凭证上作出足以引起投保人注意的提示，并对该条款的内容以书面或者口头形式向投保人作出明确说明；未作提示或者明确说明的，该条款不产生效力。被告未提交证据证明其已将保险条款一并交付给原告，也未提交证据证明其已就保险合同中免除保险人责任的条款向投保人作出了明确说明。所以，被告在法庭上提交的保险条款对原告不具有约束力，但是原告认可保险单上载明的各项保险金的给付前提是保险事故属于意外事故，故双方应当按照保险单上的约定履行权利义务。

2. 原告请求所依的事故是否属于保险合同约定的保险责任

通过原告提交的巴斯蒂亚医院的医疗证明，可以证实原告因橄榄核碎片扎伤牙龈，滋生细菌，细菌入侵肺部导致感染，应属意外事故。但是通过原告和被告报险时的叙述以及法院调取的原告19次的住院病历，可以看出，原告在发生保险事故之前，就患有肝炎肝硬化失代偿期乙型、腹水、胸水、胸腔感染、低蛋白血症等多种病症，且多次就医住院。毫无疑问，原告的上述病症与本次原告不慎被橄榄核碎片扎伤共同造成了保险事故的发生和损失，并且原告认可这次意外扎伤事故使其患有的肝病病情反复、加重、恶化。

3. 被告是否应当赔付以及赔付的数额

原告产生的符合保险合同约定的各项损失如下：(1)急救车费用219.7欧元；(2)医疗费503.21欧元；(3)飞机转运费用30万元。按照2016年12月17日判决之日欧元汇率，1欧元=7.2666元人民币，故上述损失共计305,253.1元。原告还请求了公证、翻译、认证、邮寄费720欧元，该项诉讼请求不符合保险责任范围，法院不予支持。另外，保险单上记载每次事故绝对免赔额300元。根据《保险法司法解释(三)》第25条的规定,法院将依照所承保的风险所占事故原因的比例或程度,判决被告应承担的保险责任。依照《保险法》第2条、第17条、《保险法司法解释(三)》第25条之规定,判决如下:

1. 被告中国平安财产保险股份有限公司北京分公司于本判决生效之日起十日内给付原告张某琴保险金11万元;

2. 驳回原告张某琴的其他诉讼请求。

二审法院同意一审法院裁判意见,予以维持原判。

法官后语(原北京铁路运输法院　张　博)

2015年12月1日施行的《保险法司法解释(三)》第25条规定,被保险人的损失系由承保事故或者非承保事故、免责事由造成难以确定,当事人请求保险人给付保险金的,人民法院可以按照相应比例予以支持。该条规定的是“多因一果”造成的保险事故如何赔付,充分考量各种风险对于损害发生的原因力大小来确定保险人应承担的责任,弥补了保险法上多年的空白,使判决结果更加合理、细致。

近因原则是保险法的基本原则之一。但是在实务中,有大量的承保事故、非承保事故、免责事由相互交织引发保险事故,情况更为复杂,这在意外伤害事故中尤为突出。意外伤害是指在被保险人没有预见到或违背被保险人意愿的情况下,突然发生的对被保险人身体造成伤害的客观事实,意外伤害的四个特征为:外来的、突发的、非本意的、非疾病的。对于由于被保险人自身疾病引起的意外事故一般都在免责条款中予以规定。但是在司法实践中,有很多情况属于被保险人的自身原因加意外因素共同导致保险事故的发生。根据举证责任分配原理,被保险人需对保险事故为意外事故而承担举证责任;保险人需对除外事由的存在承担举证责任。本案即是此种情况。原告确实因橄榄核碎片扎伤牙龈,滋生细菌,细菌入侵肺部导致感染,应属意外事故。但是通过法院调取的原告19次的住院病历可以看出,原告在发生保险事故之前,就患有肝炎肝硬化失代偿期乙型、腹水、胸水、胸腔感染、低蛋白血症等严重病症。毫无疑问,原告的上述病症与本次原告不慎被橄榄核碎片扎伤共同造成了最终的需要运送回国的状况,从而产生一定的费用损失。保险事故的发生和损失,应本着公平保护双方当事人利益的原则,由保险人承担相应比例的保险责任。至于保险人承担的比例,应根据当事人自身原因和外来因素的原因力进行裁判。本案中,原告自身的肝基础病占据绝大部分原因，故本案判决保险人承担30%左右的责任。

保险合同的核心是风险的承担，基于不同险种、不同费率精算基础之上的考量，该条规定突破了"全赔"或者"全不赔"的机械理论，既实现了被保险人的保险权利，又没有打破保险人承担风险与被保险人交纳保费遵循的"风险对等"的原则。该案例恰当地诠释了《保险法司法解释(三)》第25条的规定，二审对一审判决予以维持。

第三节 损失补偿原则

损失补偿原则又称损失填平原则，是指保险事故发生后，保险人在其承担的义务范围内对被保险人所遭受的实际损失给付保险金，被保险人不能因保险人履行保险金给付义务而获得额外利益。损失补偿原则是保险合同上诸多制度的基石，保险法上的许多规则，如代位求偿权、复保险之排除、超额保险之禁止、不足额保险之分摊等，都是由它派生出来的。[1]

损失补偿原则作为保险理论中的核心价值范畴，对于保险业的健康发展起着至关重要的作用。它的存在，有利于遏制以诈骗保险金为目的的恶意投保甚至犯罪行为，从而防止不当得利和道德风险的发生，维护保险当事人的利益，保障保险制度的健康发展。如果参与保险的当事人都考虑从中获利，结果将导致保险公司支付不能而倒闭，或者保险公司为继续经营的需要，很有可能增加投保人的保险费负担。在这种恶性循环之下，没有人愿意支付高额保险费而投保，终将使整个保险制度崩溃。[2]

法条汇编

《中国保险监督管理委员会关于商业医疗保险是否适用补偿原则的复函》(2011年7月25日)

第二条 根据《中华人民共和国保险法》第十七条"保险合同中规定有关于保险人责任免除条款的，保险人在订立保险合同时应当向投保人明确说明，

〔1〕 参见樊启荣:《保险法诸问题与新展望》,北京大学出版社2015年版,第144页。
〔2〕 参见范健、王建文、张莉莉:《保险法》,法律出版社2017年版,第90页。

未明确说明的，该条款不产生效力”，对于条款中没有明确说明不赔的保险责任，保险公司应当赔偿。

济南市中级人民法院《关于保险合同纠纷案件94个法律适用疑难问题解析》(2018年7月24日)

第八十五条 人身保险不适用损失补偿原则。人身保险合同中被保险人或者受益人已从实施致害行为人处获得侵权赔偿后，仍然可以向保险人主张保险理赔，保险人不得以被保险人或者受益人已经获得侵权赔偿为由拒绝承担保险理赔责任。

法条解读

损失补偿原则是财产保险的一项重要原则。其意义是：在保险事故发生后，保险公司在其承担的义务范围内对被保险人所遭受的实际损失给付保险金，被保险人不能因保险公司履行保险金给付义务而额外获取利益。比如代位求偿权的概念就是基于损失补偿原则提出来的。如果被保险人的财产损失已经由保险公司进行了赔付，则被保险人就不可以再向肇事方进行索赔。而保险公司在对被保险人进行理赔后，则可以就自己的理赔金额，向肇事方进行追偿。在此过程中，没有人因为这一场事故获得额外利益，但是所有的损失都已填平。所以损失补偿原则又被称为“损失填平原则”，它只存在于财产保险中。

人身保险，尤其是商业医疗保险，是否适用损失补偿原则，一直以来都有争议。但是从近几年的典型司法案件中可以越来越清晰地判断出，司法机关越来越倾向于认为商业医疗保险属于人身保险范畴，不能适用损失补偿原则。原因在于损失补偿原则主要是对财产保险而言的，目的就是不允许被保险人通过保险理赔而获取额外利益，因为这会诱发道德风险。而人身保险中的保险标的是被保险人的身体或者寿命，其本身是无价的。在一场交通事故人身侵权案件中，被保险人购买有商业医疗保险，在被保险人的医疗费用已经通过财产保险中的第三者责任险全额赔付的情况下，被保险人还能不能再通过商业医疗保险进行理赔申请？当然可以！

但为了平衡保险公司的利益，通常会给保险公司一个约定免责的机会。如果保险公司在合同中明确约定了“本合同医疗费用在有第三方支付的情况下，本公司仅负责支付剩余部分费用”,并且在投保时尽到了告知和说明义务,则发生法律效力。否则,被保险人依然可以获得合同约定的全部保险金赔付。这就要求投保人在今后购买商业健康医疗保险或者意外医疗保险时,要看清楚条款约定后再决定是否购买。

典型案例

☞ 案例1:被保险人因交通事故导致伤残,已经获得财产保险赔偿后,再依据人身意外保险提起理赔,能否得到法院支持?

韦某隆诉中国人民财产保险股份有限公司
武鸣支公司人身保险合同案[1]

裁判要旨

被保险人购买的有商业意外伤害保险,在保险期间内发生交通事故,被告能否以原告在交通事故中得到过其他赔偿为由拒绝支付意外伤害医疗保险金?法院认为,人身保险合同不适用财产保险的补偿原则,保险公司应当理赔。

原告:韦某隆

被告:中国人民财产保险股份有限公司武鸣支公司(以下简称人民财产保险武鸣支公司)

基本案情

原告韦某隆是武鸣县府城镇文泉小学的学生。2013年8月31日,原告通过所在学校向被告人民财产保险武鸣支公司投保了学生、幼儿意外伤害身故保险。由于系由学校团体投保,学校统一收取并交纳保险费,该保险单上无韦某隆或其法定代理人的签名,被告亦未向投保人书面或者口头说明该保险的保险责任及责任免除事项。保险期间为一年,自2013年9月1日零时起至2014年8月31日24时止。保险单约定适用的保险条款均为2009年版,其中《学生、幼儿意外伤害保险条款(2009版)》载明“人身保险残疾程度与保险金给付比例表”共七级含34种伤情的赔付比例。保险期间,韦某隆发生交通事故受伤接

[1] 参见广西壮族自治区南宁市武鸣区人民法院(2016)桂0122民初字第343号民事判决书。

受治疗。后经广西公明司法鉴定中心鉴定(适用道路交通事故受伤人员伤残评定标准),韦某隆颅脑损伤进行开颅手术治疗后,左颞顶部颅骨缺损面积 $6cm^2$ 以上,构成X级(十级)伤残。

原告诉称:

原告韦某隆认为被告应当向其支付因意外伤害产生的治疗费、住院费用补偿、伤残补偿金。

被告辩称:

被告人民财产保险武鸣支公司则辩称,医疗费方面,如果原告在交通事故中得到过其他赔偿,依照意外伤害医疗保险条款(2.2项)的损失补偿原则,被告不应再赔偿。

武鸣区人民法院认为:

原告与被告人民财产保险武鸣支公司形成了保险合同关系,被告人民财产保险武鸣支公司应当按照合同的约定进行赔偿。

被告能否以原告在交通事故中得到过其他赔偿为由拒绝支付意外伤害医疗保险金。其一,被告作为保险人以不重复赔偿为由拒绝理赔,但不能提供证据证明其已依照《保险法》第17条第2款的规定向原告明确说明免责事项。其二,法律上不限制人身保险的重复投保,人身保险合同不适用财产保险的补偿原则,韦某隆投保的是人身保险,被保险人从第三人处获得赔偿并不影响其向保险人主张其权利。其三,因本案系人身保险合同纠纷,与机动车交通事故责任纠纷分属不同法律关系,无论原告在交通事故中是否得到过其他赔偿均不能因而免除被告的保险责任。综上所述,被告关于医疗费补偿的拒赔理由不成立,原告韦某隆要求被告依据保险合同支付意外伤害医疗保险金10,000元的诉讼请求,有事实及法律依据,该院予以支持。

法官后语(广西壮族自治区南宁市武鸣区人民法院　刘芸芳)

损失补偿原则是适用于财产保险的一项重要原则,即当保险事故发生并使被保险人遭受损失时,保险人必须在其承担的保险金给付义务范围内对被保险人所受实际损失进行填补,被保险人不能因保险给付义务的履行而获得额外利益。法律赋予保险人行使代位追偿权也是财产保险中损失补偿原则的体现,其目的就是防止被保险人通过购买保险而获取不当利益。同时,《保险法》第56条限制了财产保险的重复投保,规定在财产保险中重复保险的保险金额总和超过保险价值的，各保险公司的赔偿金额的总和不得超过保险价值。除当事人另有约定外，各保险公司按其保险金额与保险金额总和的比例承担赔偿责任。但其第46条亦规定："被保险人因第三者的行为而发生死亡、伤残或者疾病等保险事故的，保险人向被保险人或者受益人给付保险金后，不享有向第三者追偿的权利，但被保险人或者受益人仍有权向第三者请求赔偿。"该条款明确限制保险人行使代位追偿权，被保险人或者受益人仍有权向第三者请求赔偿，且保险法对人身保险并无重复投保的限制。因此，损失补偿原则不适用于人身保险。

被保险人韦某隆在保险事故发生后依据保险合同取得赔偿是一种合同关系，是合同之债。韦某隆在交通事故中因侵害人的过错获取赔偿是一种侵权法律关系，是法定之债。根据债之相对性原理，法定之债和约定之债之间、数个约定之债之间均是不同的法律关系。同时，保险合同是最大诚信合同，保险人往往还是格式合同的提供方。因此，保险人若能从第三人处获得赔偿，从而"获得额外的不当利益，违反公平原则，引发道德风险"，则应当在保险免责事项中，明确在何种情形下、何种范围内免除自己的责任，并对自己尽到此说明义务负有举证责任。在保险人尽到了明确说明关于保险人责任免除条款义务的情形下，民事主体作为自己利益的最佳判断者，可以在综合考虑交纳保险金的数额、可得赔偿数额、风险及收益之后，决定自己是否投保，是否重复投保。被告作为保险人现以不重复赔偿为由拒绝理赔，又不能提供证据证明自己已经向原告明确说明免责事项，因此，本案被告拒赔理由不成立。

☞ 案例2：人身保险合同中明确约定医疗保险属于费用补偿型的情况下，被保险人发生的意外医疗能否获得多份赔偿？

沈某翔与中国人民财产保险股份有限公司
涟水支公司人身保险合同纠纷案[1]

裁判要旨

人身保险不适用损失补偿原则，但并不意味着被保险人在医疗费用报销的

[1] 参见涟水县人民法院(2018)苏0826民初6519号民事判决书；淮安市中级人民法院(2019)苏08民终510号民事判决书。

层面上必然可以获得重复赔偿。看似有些矛盾,实际上是理论界的争议在保险实务中的反映。

如果是被保险人身故和伤残,获得重复理赔当无争议。但在普通医疗费用层面上,到底是否适用损失补偿则存在较大争议。为平衡理论界的争端,实务中司法机关把这个问题以契约自由的方式交给了合同双方。只要保险公司在保险合同中提前约定并进行相关提示和说明,则医疗费用就可以按照损失补偿原则进行理赔;反之,则不可以。

原告(被上诉人):沈某翔

被告(上诉人):中国人民财产保险股份有限公司涟水支公司

基本案情

2017年9月,沈某翔家长为其在人民保险公司投保了学生、幼儿意外伤害保险,合同特别约定:附加学生、幼儿意外伤害医疗保险条款:意外医疗费用补偿、每人保险金额1000元,给付比例80%,每次事故门、急诊限额:500元,每次事故免赔额:100元。附加学生、幼儿住院医疗保险条款:住院费用补偿、每人保险金额3万元,重大疾病住院医疗限额:3万元,住院医疗免赔额:200元。原告受伤事故发生在保险期间。

2018年2月16日,周某鹏驾驶苏H××客车,沿涟水县河网乡村街道南北水泥路行驶时,与沈某驾驶的对向行驶的电动自行车(乘坐人沈某翔)发生碰撞,致沈某、沈某翔受伤。沈某翔伤后在涟水县人民医院住院治疗,产生住院医疗费29,128.72元,急诊费、门诊费1609.91元。该事故发生在保险责任期间。苏H××客车在人民保险公司投保了交强险、商业三者险,人民保险公司已就交强险、商业三者险对沈某翔进行了赔偿。

原告诉称:

人身保险不适用损失补偿原则,原告从交强险和商业三责险处获得的理赔,不影响原告以人身保险合同关系向被告主张意外保险金。请求法院:(1)判决人民保险公司赔偿沈某翔意外保险金3万元;(2)人民保险公司承担本案诉讼费。

被告辩称:

原告在被告处投保的学生、幼儿意外伤害保险,该保险条款明确约定适用补偿原则,即被保险人已经从社会基本医疗保险或任何第三方包括任何商业医疗保险获得相关医疗费用补偿的,保险人仅对扣除已获得补偿后剩余医疗费用在保单约定的限额内承担保险责任。原告的医疗费用已经由被告通过交强险和商业三者险进行了赔偿,不应再进行赔偿。

一审涟水县人民法院审理认为:

保险系投保人根据合同约定,向保险人支付保险费,保险人对于合同约定的可能发生的事故因其发生所造成的财产损失承担赔偿保险金责任,或者当被保险人死亡、伤残、疾病或者达到合同约定的年龄、期限等条件时承担给付保险金责任的商业保险行为。本案中,沈某翔家长为其在人民保险公司投保的学生、幼儿意外伤害保险是双方真实意思表示,且未违反法律、行政法规的强制性规定,未损害国家利益、社会公共利益和第三人利益,该合同合法有效,双方均应履行合同义务。沈某翔在保险期间内因交通事故意外受伤,住院治疗,人民保险公司应根据双方签订的保险合同约定给付保险金。

人民保险公司主张沈某翔已得到赔偿,人民保险公司不应再对沈某翔进行赔偿。经查,沈某翔在人民保险公司处所投保的学生、幼儿意外伤害保险属于人身保险。沈某翔在机动车交通事故责任一事中获得的赔偿系基于侵权人的侵权行为依法行使人身损害赔偿请求权。根据《保险法》第 46 条的规定,被保险人因第三者的行为而发生死亡、伤残或者疾病等保险事故的,保险人向被保险人或者受益人给付保险金后,不享有向第三者追偿的权利,但被保险人或者受益人仍有权向第三者请求赔偿。人身保险合同不适用损失补偿原则,即使被保险人已从第三人即实施致害行为人处获得赔偿,其仍可以向保险人主张保险金,保险人不得以被保险人已经获得赔偿为由拒绝承担保险赔偿责任,故人民保险公司的该抗辩无法律依据,不予支持。

沈某翔在保险期间内因交通事故意外受伤,人民保险公司应当向沈某翔给付意外伤害医疗保险金。沈某翔受伤治疗产生住院医疗费 29,128.72 元,急诊费、门诊费 1609.91 元,根据合同约定,人民保险公司应当赔付沈某翔医疗保险金为 29,428.72 元。判决如下:人民保险公司于判决生效后 20 日内给付沈某翔保险金 29,428.72 元。

一审宣判后,被告中国人民财产保险股份有限公司涟水支公司向淮安市中级人民法院提起上诉。请求二审法院撤销一审判决,改判驳回被上诉人诉讼请求。

二审淮安市中级人民法院经审理认为:

二审法院在一审的案件事实确认基础上,另查明:双方当事人所订立《中国人民财产保险股份有限公司附加学生、幼儿意外伤害医疗保险条款》第2条第2款和《中国人民财产保险股份有限公司附加学生、幼儿住院医疗保险条款》第2条第2款约定："除重大疾病保险金给付方式为定额给付型外，附加险合同适用补偿原则。被保险人通过任何途径所获得的医疗费用补偿金额总和以其实际支出的医疗费用金额为限。被保险人已经从社会基本医疗保险或任何第三方（包括任何商业医疗保险）获得相关医疗费用补偿的，保险人仅对扣除已获得补偿后的剩余医疗费用，按照合同约定承担给付保险金责任。"

本院归纳本案争议焦点为：沈某翔的医疗费用能否重复赔偿。

本院认为，根据《健康保险管理办法》第2条、第4条的规定，保险监管部门允许保险公司可以销售两种不同性质的医疗费用保险：一种是适用损失补偿原则和保险代位制度的费用补偿型医疗保险，另一种则是不适用损失补偿原则和保险代位制度的定额给付型医疗保险。根据我国《保险法》的规定，虽然人身保险不适用保险代位追偿制度。但费用补偿型医疗保险具有特殊性，属于中间性保险，该保险产品开发设计的目的在于补偿被保险人因治疗疾病或医治伤害所发生的费用，应当适用损失补偿原则。

本案中，双方当事人订立的《中国人民财产保险股份有限公司附加学生、幼儿意外伤害医疗保险条款》第2条第2款和《中国人民财产保险股份有限公司附加学生、幼儿住院医疗保险条款》第2条第2款约定："除重大疾病保险金给付方式为定额给付型外，附加险合同适用补偿原则。被保险人通过任何途径所获得的医疗费用补偿金额总和以其实际支出的医疗费用金额为限。被保险人已经从社会基本医疗保险或任何第三方（包括任何商业医疗保险）获得相关医疗费用补偿的，保险人仅对扣除已获得补偿后的剩余医疗费用，按照合同约定承担给付保险金责任。"由此，涉案保险费用补偿型医疗保险，应适用损失补偿原则，被上诉人的医疗费用已由上诉人人民保险公司在交强险和机动车第三者责任险中予以赔付，被保险人不能就同一保险事故要求保险人人民保险公司支付超过实际发生的医疗费用的保险金。上诉人的上诉理由成立，本院予以采纳。费用补偿原则为保险金的支付方式，非免责条款，被上诉人关于上诉人应履行明确说明义务的抗辩不能成立。

综上所述，一审判决认定事实清楚，但适用法律错误，应予以纠正。上诉人的上诉理由成立，本院予以支持。依照《民事诉讼法》第170条第2款第2项的规定，判决如下：(1)撤销江苏省涟水县人民法院(2018)苏0826民初6519号民事判决;(2)驳回被上诉人沈某翔的诉讼请求。

☞ 案例3:意外伤害保险理赔时,是否适用损失补偿原则?

冯某顺诉光大永明人寿保险有限公司保险合同纠纷案[1]

裁判要旨

意外伤害保险属于人身保险,不适用损失补偿原则,保险人不得以被保险人或者受益人已经获得侵权赔偿为由拒绝履行保险责任。原告因涉案交通事故受伤后,在已经获得交通事故肇事司机赔偿损失的情况下,可再向被告光大永明人寿保险有限公司进行保险理赔申请,被告光大永明人寿保险有限公司不得拒绝。

原告:冯某顺

被告:光大永明人寿保险有限公司(以下简称光大永明)

基本案情

2005年1月20日,原告冯某顺向被告光大永明提交投保书,申请投保光大永明"永宁康顺综合个人意外伤害保险(精英计划)",并预交了保险费388元。光大永明于2005年1月27日向冯某顺出具保单,确定:光大永明承保冯某顺投保的"永宁康顺综合个人意外伤害保险(精英计划)",保险期间自2005年1月26日起至2006年1月25日止,意外伤害医疗保险金为5000元,每日住院给付金额为每天20元。该保险合同第15条第1款第7项约定:"被保险人因遭受本合同认定的意外事故,需经医院进行必要的治疗,本公司对其自事故发生之日起180日内支出的必须且合理的实际医疗费用100元以上部分向被保险人给付意外伤害医疗保险金。被保险人意外伤害医疗保险金的累计给付以保险单载明的意外伤害医疗保险金金额为限。"2005年6月24日,原告冯某顺因交通事故受伤住院治疗,至同年7月28日出院,其间共计发生住院医疗费用6690.41元,门诊医疗费用491.6元。天津市公安交通管理局河西支队于2005年7月13日就此次交通事故出具公交西(2005)第384号《交通事故认定

[1] 参见天津市和平区人民法院(2005)和民三初字第1592号民事判决书,载《最高人民法院公报》2007年第11期。

书》,认定肇事司机黄某岐对此次交通事故负全部责任,冯某顺不负责任。

原告冯某顺于2005年8月1日向被告光大永明提交保险理赔给付申请书以申请保险理赔,并于2005年9月14日就保险理赔资料事项出具声明,表示不能提供其与肇事司机签订的交通事故损害赔偿调解协议、费用收据和诊断证明,也不能提供肇事司机赔偿的金额。光大永明分别于2005年9月21日、11月7日两次向冯某顺出具保险理赔通知书,明确表示冯某顺需提供涉案交通事故损害赔偿调解书以及相关治疗费的原件,否则暂不予保险理赔。光大永明于2005年10月24日向冯某顺出具保险理赔批单,表明光大永明已赔付冯某顺每日住院给付金额600元。2005年12月7日,经天津市公安交通管理局河西支队主持调解,原告冯某顺与肇事司机黄某岐达成交通事故损害赔偿调解协议,该调解协议约定:冯某顺因涉案交通事故受伤所花费的前期治疗费(凭票据)由黄某岐承担,黄某岐一次性赔偿冯某顺误工6个月(凭证明)、陪伴第1个月2人、第2个月1人(凭证明)的相关经济损失,以及冯某顺因涉案交通事故受伤所必需的后期治疗费、交通费、车款费、营养费等所有损失,以上共计18,500元。该款项黄某岐已给付冯某顺。

原告冯某顺诉称:

2005年1月25日,原告与被告光大永明签订个人意外伤害保险合同。2005年6月,原告因交通事故受到意外伤害,经住院治疗,花费各项治疗费用共计7200元。原告就此向被告申请保险理赔,被告以原告没有提交交通事故调解书及相关原始发票,且原告已接受交通事故肇事司机赔偿为由拒绝赔偿原告保险金。原告认为,根据公安交通管理部门的规定,交通事故调解书并不发放给原告,原告无法提供;被告以原告提交相关原始发票等单据的原件作为保险理赔的前提条件没有法律依据,原告已经向被告充分证明了涉案交通事故的相关事实,且原告最初曾持全部原始单据向被告理赔,但被告提出"应先由肇事司机赔偿后再进行保险理赔"。而原告从肇事司机处获得赔偿后,被告又以此为由拒赔,显然缺乏诚信。原告与被告之间订立的个人意外伤害保险合同中并没有载明"被保险人由于第三者伤害,依法应由第三者承担赔偿责任时,保险人免责"的内容,故被告应当依照保险合同进行保险理赔。被告此举违反了《保险法》第68条的规定,请求依法判令被告赔偿原告医疗费5000元。

被告光大永明辩称:

原告冯某顺未依照涉案个人意外伤害保险合同的约定向被告提供办理保

险理赔的相关原始单据材料,被告无法作出保险理赔决定;被告对原告的医疗费用已经作出保险理赔,原告也已经获得交通事故肇事司机的赔偿,原告因涉案交通事故发生的损失已经得到必要、充分的填补,不应就涉案交通事故损害赔偿义务人已经给予赔偿的损失再次要求被告进行保险理赔,否则将违背损失补偿原则。请求判令驳回原告的诉讼请求。

天津市和平区人民法院一审经审理认为:

本案要解决的争议焦点问题是:原告冯某顺因涉案交通事故受伤后,在已经获得交通事故肇事司机赔偿损失的情况下,能否再向被告光大永明进行保险理赔,被告应否给予保险理赔。

原告冯某顺与被告光大永明之间签订的个人意外伤害保险合同合法有效,应受国家法律保护。冯某顺因涉案交通事故受伤后,在已经获得交通事故肇事司机赔偿损失的情况下,仍然可以再向光大永明主张保险理赔,光大永明应当给予保险理赔。

首先,被告光大永明承保、原告冯某顺投保的"永宁康顺综合个人意外伤害保险(精英计划)"属于人身保险,不属于财产保险的性质。意外伤害保险具有一些类似于财产保险的特点。例如,意外伤害造成医疗费用的支出是一种经济损失,这种损失的数额可以确定,等等。但是,意外伤害保险从根本上讲是基于人身发生意外伤害而形成的保险,不能仅因涉及财产损失而将其归属财产性质的保险。2002 年《保险法》第 92 条第 1 款第 2 项规定:"人身保险业务,包括人寿保险、健康保险、意外伤害保险等保险业务。"该条款非常明确地把意外伤害保险划分在人身保险中。因此,意外伤害保险应属于人身保险范畴。被告光大永明将涉案个人意外伤害保险归为财产保险,并无法律上的依据。

其次,作为人身保险的个人意外伤害保险不适用损失补偿原则。原告冯某顺因涉案交通事故受伤后,在已经获得交通事故肇事司机赔偿损失的情况下,可以再向被告光大永明主张保险理赔,光大永明应依照保险合同给予保险理赔。损失补偿原则是适用于财产保险的一项重要原则,不适用于人身保险,当然也不适用于本案中属于人身保险的个人意外伤害保险。意外伤害保险的被保险人或受益人依保险合同取得赔偿系基于保险合同关系,这与意外伤害保险的被保险人作为受害人,因侵害人的过错获取赔偿属于不同的法律关系。因此,保险人不能以实施致害行为的第三人已经向被保险人、受益人给予赔偿为由拒绝保险理赔。本案是基于冯某顺与光大永明签订的个人意外伤害保险合同所发生的纠纷，涉案交通事故属于该险种保险条款所规定的保险事故，光大永明对此也不存异议，故光大永明应承担相应的保险责任，给付冯某顺保险金。

综上所述，被告光大永明关于“原告冯某顺已经获得交通事故肇事司机的赔偿，冯某顺因涉案交通事故发生的损失已经得到必要、充分的填补，不应就涉案交通事故损害赔偿义务人已经给予赔偿的损失再次向光大永明主张保险理赔，否则将违背损失补偿原则”的抗辩理由不能成立。根据本案事实，冯某顺因涉案交通事故住院治疗发生的治疗费用已逾7000元，而涉案个人意外伤害保险合同规定赔偿的最高限额为5000元，故光大永明应给付冯某顺保险金5000元。据此，天津市和平区人民法院依照《民法通则》第106条第1款、《保险法》第42条第1款、第52条、第68条的规定，于2006年6月判决：被告光大永明给付原告冯某顺保险金5000元，于判决生效后10日内付清。一审宣判后，双方当事人在法定期间内均未提出上诉，一审判决已经发生法律效力。

第四节　最大诚信原则

这一部分与《保险法》第16条内容高度重合，我们将在第六章人身保险合同纠纷的十个热点难点问题中用专门章节阐述，此处不再赘述。

第五章　人身保险合同的八个基础知识

人身保险合同作为保险合同的重要组成部分，我国《保险法》对其定义早有规定。本章我们将运用《民法典》中关于合同领域的法律规定，结合人身保险销售实务中的常见问题，梳理出在人身保险合同销售实务和司法实务中，无论是保险营销员还是执业律师都会面临的八个基础问题，并希望通过相关法条的解读和典型案例的汇编，帮助执业律师了解人身保险合同的法律架构设计及理论依据，帮助保险营销员清楚展业流程规定的背后逻辑。

第一节　人身保险合同的当事人

人身保险合同是双务合同，必须要有合同的双方当事人，即投保人和保险人共同配合，在平等协商、等价有偿的基础上，由投保人向保险人支付保费，保险人签发保险单。保险单上记载的核心内容就是当合同约定的风险发生时，保险人应当向合同约定的受益人支付先前约定的保险金。

人身保险合同的双方当事人虽然法律上地位相等，但实际上两者之间存在非常明显的信息和实力差异。比如，在投保时投保人掌握信息优势，有可能存在不履行法律规定的如实告知义务现象；或者在理赔时保险人拥有优势地位，有可能存在不按照法律规定和合同约定按时足额给付保险金的情形。这些问题都会在本书后面部分专门讲解。

法条汇编

《保险法》(2015 年 4 月 24 日)

第十条 保险合同是投保人与保险人约定保险权利义务关系的协议。

投保人是指与保险人订立保险合同,并按照合同约定负有支付保险费义务的人。

保险人是指与投保人订立保险合同,并按照合同约定承担赔偿或者给付保险金责任的保险公司。

第十一条 订立保险合同,应当协商一致,遵循公平原则确定各方的权利和义务。

除法律、行政法规规定必须保险的外,保险合同自愿订立。

第三十八条 保险人对人寿保险的保险费,不得用诉讼方式要求投保人支付。

《保险法司法解释(三)》(2021 年 1 月 1 日)

第十七条 投保人解除保险合同,当事人以其解除合同未经被保险人或者受益人同意为由主张解除行为无效的,人民法院不予支持,但被保险人或者受益人已向投保人支付相当于保险单现金价值的款项并通知保险人的除外。

江苏省高级人民法院《家事纠纷案件审理指南(婚姻家庭部分)》

43. 离婚案件中对于人身保险合同应当如何处理?

……

(3)为未成年子女购买人身保险的处理

婚姻关系存续期间,夫妻一方或者双方为未成年子女购买的人身保险获得的保险金,如果未成年子女未死亡,应当专属于未成年子女所有。离婚时,如果为未成年子女购买的人身保险合同尚处于保险有效期的,因保险的最终利益归属于未成年子女,该保险应当视为对未成年子女的赠与,不再作为夫妻共同财产分割。

法条解读

关于保险人,按照《保险法》第 10 条的规定,特指商业保险公司。作为保险合同的当事人之一,保险人的权利包括:决定是否订立合同的权利(对于投保人的投保申请,保险公司有权拒绝承保)、收取保费的权利(按照《保险法》第38条之规定,保险公司不得用发起诉讼的方式催收保费)和解除合同的权利。保险人应当承担的义务很简单,那就是当保险事故发生时,保险公司应当按照合同约定按时足额进行保险理赔。

和保险公司订立合同的客户一方当事人是投保人。作为保险合同的一方当事人,投保人所拥有的权利包括保单所有权、合同解除权(也就是"退保")和一定程度上的受益人指定权。

首先,投保人交纳保费给保险公司之后,就成为这份保单的所有人。他既可以行使任意解除权拿回现金价值(在犹豫期内拿回的是已交保费),也可以用保单作质押向保险公司申请现金价值贷款。其次,投保人申请退保时,无须征得被保险人或者受益人同意。但是在夫妻关系存续期间用夫妻共同财产购买的保单,如果丈夫是投保人,妻子是被保险人,夫妻离婚时如果该保单还在交费期,丈夫不愿意再为离婚后的前妻续交保费。在丈夫向保险公司申请退保的情况下,妻子可以通知保险公司停止退保并将该保单名下应分割给丈夫的现金价值支付给他之后,将投保人变更成自己,确保保险利益的实现。按照江苏省高级人民法院的《家事纠纷案件审理指南》第43条的规定,父母为未成年子女购买保险,视为对未成年子女的赠与,不再作为夫妻共同财产进行分割。这样既实现了未成年人利益最大化的司法原则,而且还为一些夫妻通过给未成年子女购买保险进行婚姻资产保全提供了可能。最后,作为投保人,在征得被保险人同意的情况下,有权对受益人进行变更,确保保单受益金的归属能够最大限度地体现出被保险人的意思表示。

投保人不仅享有权利,还需要履行义务。在《保险法》的立法思路和司法实践中,投保人的义务包括:按时交纳保费的义务、投保时如实告知的义务。

投保人的资格问题。投保人既可以是自然人,也可以是法人或非法人组织,除了投保时必须和被保险人存在保险利益关系外,《保险法》对投保人并没有限制。当然,对于自然人而言,想要成为合法的投保人还必须是完全民事行为能力人。

典型案例

☞ 案例1:对于自助式保险卡,在卡被转让,购买人和激活人不是同一人的情况下,如何确定投保人和被保险人?

顾某华诉华夏人寿保险股份有限公司
江苏分公司保险合同纠纷案[1]

裁判要旨

卡单式保险,购买卡单的人应当是投保人,激活卡单的人是被保险人。被保险人身故后,其法定继承人把保险受益金的主张权利转让给了投保人,转让行为合法有效。此时投保人也是受益人,保险公司应当向其支付保险金。

原告:顾某华

被告:华夏人寿保险股份有限公司江苏分公司

基本案情

2010年4月初,原告顾某华在被告华夏人寿保险股份有限公司江苏分公司处,为案外人施某华等其多名公司员工购买了"特惠保自助式保险卡",并将其中一张交给施某华。后施某华委托他人以自己为被保险人激活了该卡,打印出的电子保单载明:保险责任期间自2010年4月4日至2011年4月3日;意外伤害最高保险金额3万元,保险金额=最高保险金额×职业类别赔付比例;被保险人职业类别与赔付比例对应为:1~3类100%,4类80%,5类40%,6类20%,拒保职业0%;依据被保险人出险时所从事的工作或活动确定其职业类别,并按规定的比例进行相应保险金的给付。

"特惠保自助式保险卡"系由投保人自行在网上激活的自助式保险卡,背面印制的内容有:卡号、密码;投保流程。出售时随自助式保险卡一并交付给客户的还有产品说明手册。网上激活过程中,投保人须先阅读保险条款等内容,并在投保声明页面中"1. 本人认可并接受网上投保方式,愿以此种方式与华夏人寿保险股份有限公司签订保险合同;2. 本人已详细阅读投保须知和保险条款,对各项保险责任和除外责任均已了解并同意"的提示内容下方,点击"同

[1] 参见南京市鼓楼区人民法院(2011)鼓商初字第396号民事判决书。

意”并“确定”后，才能进入后续的激活程序，否则不能激活自助式保险卡，无法形成电子保单。

2010年12月21日，施某华在安装维修塔机过程中不慎坠落，经抢救无效死亡。施某华出险时从事的工作，对应《团险职业分类表》中的4类人员即建筑公司水电工。顾某华为其垫付医疗费用29万元，并向其家属支付59万元后，取得其继承人签字的权益转让承诺书，受让其人身意外险所接受理赔款的权益。顾某华据此向被告索赔未果，遂诉至法院，请求法院判令被告赔偿保险金3万元，并承担本案的诉讼费用。

江苏省南京市鼓楼区人民法院经审理认为：

本案之保险合同合法有效，被保险人施某华在保险责任期间内意外死亡，已构成保险事故，保险人应按约承担赔偿责任。施某华的法定继承人已将保险合同中接受赔偿款之权益转让给原告，其转让行为合法有效，原告有权据此向被告索赔。本案中，自助式保险卡的购买人是原告，而激活人是施某华。在卡被转让，购卡人与激活人不是同一人的情况下，首先要确定投保人身份，才能判定保险人是否向其正确履行了保险条款的明确说明义务，从而确定《团险职业分类表》、意外伤害保险金额与职业类别赔付比例的规定之效力，据此确定被保险人的理赔标准。

一般情况下，自助式保险卡的购卡人是投保人。但在卡被转让的情况下，应认定原投保人将该卡及其附随的获得相应保险保障的投保权利转让，受让人通过激活或委托他人激活自助式保险卡成为投保人。本案中，首先，原告将其购买的自助式保险卡交给施某华，施某华受让该卡后以自己为被保险人，委托他人激活并生成案涉电子保单，故施某华既是电子保单的投保人，也是被保险人。其次，保险人已经通过其网站上的流程设置，在投保人激活自助式保险卡的过程中，向投保人履行了保险人免责条款的明确说明义务，本案电子保单中的《团险职业分类表》以及意外伤害保险金额与职业类别赔付比例的规定等内容，应当认定为保险合同合法有效的组成部分而予以适用。最后，虽然电子保单中施某华的职业被填为“技工”，但保险条款规定，依据出险时所从事的工作或活动确定职业类别，并按规定的比例进行相应保险金的给付。施某华出险时所从事的工作，对应《团体职业分类表》中的4类人员即建筑公司水电工。根据意外伤害保险金额与职业类别赔付比例的规定，应按80%理赔。

据此，南京市鼓楼区人民法院于2011年7月15日判决：(1)被告华夏人寿保险股份有限公司江苏分公司于本判决生效后10日内一次性支付原告顾某华保险金24,000元;(2)驳回原告顾某华的其他诉讼请求。

☞ 案例2:婚内一方为投保人,配偶为被保险人,离婚后被保险人有无权利要求将投保人变更为自己?

马某萍诉中国人寿保险股份有限公司石河子分公司等人身保险合同纠纷案〔1〕

裁判要旨

夫妻一方与保险人订立人寿保险合同,其为投保人,夫妻另一方为被保险人。在夫妻关系存续期间,投保人以夫妻共同财产交纳保险费,在与被保险人离婚之后,由被保险人用其个人财产交纳保险费。现被保险人请求将其变更为投保人,合情合理,受诉法院应优先以调解方式给予支持为宜,促使原保险合同双方合意变更投保人。

原告:马某萍

被告:中国人寿保险股份有限公司石河子分公司(以下简称石河子保险分公司或人寿保险公司)

被告:王某强

基本案情

原告与被告王某强原系夫妻关系。1998年1月17日,被告王某强向石河子保险分公司投保两份99鸿福终身保险。其中,以原告为被保险人的一份保险单(正本)载明,保险名称:为了明天(99)型;被保险人:马某萍;投保人:王某强;保险金额:1万元整;受益人:王某晶;交费期:10年;保险费1130元;保险期间:终身;交费方式:10年交;保险责任开始时间:1998年1月17日。同时,被告王某强还为原告投保了附加住院医疗保险和附加住院医疗津贴保险。保险合同订立后,投保人按约交纳了各项保险费,人寿保险公司则向投保人发资料。2002年11月16日,原告与被告王某强协议离婚。其后,以原告为被保险人的保险合同的保险费由原告自行交纳至今,被告人寿保险公司在原告交纳保费后

〔1〕 参见石河子市人民法院(2008)石民初字第0871号民事判决书。

均向其出具了发票或收据。

原告马某萍诉称:

原告与被告王某强原系夫妻关系。1998年1月16日,原告与被告王某强共同出资向石河子保险分公司投保了两份99鸿福终身保险,其中一份保险合同的投保人为被告王某强,被保险人为原告,另一份保险合同的投保人和被保险人均为被告王某强。2002年11月16日,原告与被告王某强离婚。其后,被保险人为原告的保险合同的保费一直由原告交纳。原告曾多次要求被告王某强变更保险合同的主体,但王某强不予理睬。原告又多次找到被告人寿保险公司要求变更保险合同的主体,该公司未允许。原告起诉至法院,请求判令:(1)被告人寿保险公司将编号为1998-××××-9的保险合同中的投保人变更为原告本人;(2)本案诉讼费用由被告承担。

被告人寿保险公司未出庭应诉,亦未提交书面答辩意见。

被告王某强辩称:原告所诉属实。由于该保险合同的保险期限已满,不存在变更投保人的问题。

石河子市人民法院经审理认为:

被告王某强与石河子保险分公司签订的人身保险合同合法有效。本案的争议焦点主要为,被保险人是否能够转化成为保险合同的投保人。对此,我国保险法没有规定。法院认为,一般而言,根据合同的相对性原理,合同权利只有当事人才能享有,合同义务只有当事人才承担。除了法律另有规定,合同之外的人不享有合同权利,亦不承担合同义务,包括不享有行使变更、解除及转让合同等权利。就人身保险合同而言,被保险人虽然依法享有保险金请求权,因其并非保险合同的当事人,故不能行使变更、解除及转让保险合同等投保人应当享有的权利。但是,在某种情形下,应当允许被保险人转化为投保人并享有投保人的合同权利、承担投保人的合同义务。原因在于,人身保险合同通常保险期限较长,而分期交纳保费为该种保险经常采用的交费方式。合同履行过程中,如投保人自身状况发生变化而不能或不愿承担交费义务,则明显损害被保险人的利益。本案中,被告王某强为原告投保时系在双方夫妻关系存续期间。2002年11月16日,双方协议离婚。此时,如果投保人王某强不能或不愿承担交费义务而又不允许被保险人转化为投保人的话,则该保险合同的效力只能中止进而合同被解除。从保险人方面来讲,其承担的是被保险人的风险,收取的保费是保险人承担风险的对价。至于保费由谁交纳,并不影响保险公司对保险标的危险程度的判断，亦不损害保险公司的利益。从原告方面来讲，原告与被告王某强离婚后，保险费一直由其自行向石河子保险分公司交纳。允许原告转化身份成为投保人，符合权利义务对等原则和公平原则。因此，根据《民法通则》第4条“民事活动应当遵循自愿、公平、等价有偿、诚实信用的原则”的规定，对于原告要求被告人寿保险公司变更保险合同投保人的主张，法院予以支持。对于被告王某强关于保险合同效力已终止的辩解，法院认为，本案涉及的人身保险合同从性质上来讲属于分红型保险，作为保险凭证的保险单明确载明，保险期限为终身。虽然该保险合同约定的交费期限已满，但并不意味着保险人的保险期限届满，故被告王某强的上述辩解理由缺乏依据，法院不予采纳。因人寿保险公司完全有能力解决保险合同投保人的变更问题，故对于原告要求被告王某强变更保险合同投保人的主张，法院不予支持。

石河子市人民法院依照《民法通则》第4条和《民事诉讼法》第130条之规定，判决如下：(1)被告石河子保险分公司于判决生效后3日内将编号为1998-××××-9的保险合同的投保人变更为原告马某萍；(2)驳回原告马某萍对被告王某强的诉讼请求。

一审判决送达后，原被告均未上诉，判决已经生效。

第二节　人身保险合同的关系人

人身保险合同的独特魅力之所在就是特有的关系人设计。因为有关系人，人身保险合同从一般合同的“为自我利益而签订”变成“为第三人利益而签订”，不仅扩大了合同保障范围，而且让人身保险合同的法律价值产生了倍增，为我们借助人身保险探讨财富管理与传承提供了依据。

人身保险合同的关系人包括被保险人和受益人。根据《保险法》的规定，被保险人是指其财产或者人身受保险合同保障，享有保险金请求权的人。投保人可以为被保险人。受益人是指人身保险合同中由被保险人或者投保人指定的享有保险金请求权的人。投保人、被保险人可以为受益人。

法条汇编

《保险法》(2015年4月24日)

第十二条　人身保险的投保人在保险合同订立时，对被保险人应当具有保险利益。

财产保险的被保险人在保险事故发生时,对保险标的应当具有保险利益。

人身保险是以人的寿命和身体为保险标的的保险。

财产保险是以财产及其有关利益为保险标的的保险。

被保险人是指其财产或者人身受保险合同保障,享有保险金请求权的人。投保人可以为被保险人。

……

第十八条第三款　受益人是指人身保险合同中由被保险人或者投保人指定的享有保险金请求权的人。投保人、被保险人可以为受益人。

第三十三条　投保人不得为无民事行为能力人投保以死亡为给付保险金条件的人身保险,保险人也不得承保。

父母为其未成年子女投保的人身保险,不受前款规定限制。但是,因被保险人死亡给付的保险金总和不得超过国务院保险监督管理机构规定的限额。

第三十四条　以死亡为给付保险金条件的合同,未经被保险人同意并认可保险金额的,合同无效。

按照以死亡为给付保险金条件的合同所签发的保险单,未经被保险人书面同意,不得转让或者质押。

父母为其未成年子女投保的人身保险,不受本条第一款规定限制。

第三十九条　人身保险的受益人由被保险人或者投保人指定。

投保人指定受益人时须经被保险人同意。投保人为与其有劳动关系的劳动者投保人身保险,不得指定被保险人及其近亲属以外的人为受益人。

被保险人为无民事行为能力人或者限制民事行为能力人的,可以由其监护人指定受益人。

第四十条　被保险人或者投保人可以指定一人或者数人为受益人。

受益人为数人的,被保险人或者投保人可以确定受益顺序和受益份额;未确定受益份额的,受益人按照相等份额享有受益权。

第四十一条　被保险人或者投保人可以变更受益人并书面通知保险人。保险人收到变更受益人的书面通知后,应当在保险单或者其他保险凭证上批注或者附贴批单。

投保人变更受益人时须经被保险人同意。

《保险法司法解释(三)》(2021 年 1 月 1 日)

第一条 当事人订立以死亡为给付保险金条件的合同,根据保险法第三十四条的规定,“被保险人同意并认可保险金额”可以采取书面形式、口头形式或者其他形式;可以在合同订立时作出,也可以在合同订立后追认。

有下列情形之一的,应认定为被保险人同意投保人为其订立保险合同并认可保险金额:

(一)被保险人明知他人代其签名同意而未表示异议的;

(二)被保险人同意投保人指定的受益人的;

(三)有证据足以认定被保险人同意投保人为其投保的其他情形。

第二条 被保险人以书面形式通知保险人和投保人撤销其依据保险法第三十四条第一款规定所作出的同意意思表示的,可认定为保险合同解除。

第三条 人民法院审理人身保险合同纠纷案件时,应主动审查投保人订立保险合同时是否具有保险利益,以及以死亡为给付保险金条件的合同是否经过被保险人同意并认可保险金额。

第四条 保险合同订立后,因投保人丧失对被保险人的保险利益,当事人主张保险合同无效的,人民法院不予支持。

第十条 投保人或者被保险人变更受益人,当事人主张变更行为自变更意思表示发出时生效的,人民法院应予支持。

投保人或者被保险人变更受益人未通知保险人,保险人主张变更对其不发生效力的,人民法院应予支持。

投保人变更受益人未经被保险人同意的,人民法院应认定变更行为无效。

第十一条 投保人或者被保险人在保险事故发生后变更受益人,变更后的受益人请求保险人给付保险金的,人民法院不予支持。

第十二条 投保人或者被保险人指定数人为受益人,部分受益人在保险事故发生前死亡、放弃受益权或者依法丧失受益权的,该受益人应得的受益份额按照保险合同的约定处理;保险合同没有约定或者约定不明的,该受益人应得的受益份额按照以下情形分别处理:

(一)未约定受益顺序及受益份额的,由其他受益人平均享有;

(二)未约定受益顺序但约定受益份额的,由其他受益人按照相应比例享有;

(三)约定受益顺序但未约定受益份额的,由同顺序的其他受益人平均享

有;同一顺序没有其他受益人的,由后一顺序的受益人平均享有;

(四)约定受益顺序和受益份额的,由同顺序的其他受益人按照相应比例享有;同一顺序没有其他受益人的,由后一顺序的受益人按照相应比例享有。

第十三条 保险事故发生后,受益人将与本次保险事故相对应的全部或者部分保险金请求权转让给第三人,当事人主张该转让行为有效的,人民法院应予支持,但根据合同性质、当事人约定或者法律规定不得转让的除外。

第十五条 受益人与被保险人存在继承关系,在同一事件中死亡且不能确定死亡先后顺序的,人民法院应依据保险法第四十二条第二款的规定推定受益人死亡在先,并按照保险法及本解释的相关规定确定保险金归属。

法条解读

一、关于被保险人

(一)在人身保险合同中,被保险人只能是自然人

其可以是成年人,也可以是未成年人。只不过未成年人作被保险人时,为防范道德风险,应按照《保险法》第 33 条的规定,在以死亡为给付保险金条件的保险合同中,对谁来作未成年被保险人的投保人和保险金总额进行限制。

哪些人可以作人身保险合同中的被保险人?按照我国《保险法》第 31 条第 1 款的规定,人身保险中的被保险人包括:本人、配偶、子女、父母,存在抚养、赡养或扶养关系的家庭其他成员、近亲属,与投保人有劳动关系的劳动者,被保险人同意投保人为其订立保险合同的。《保险法》第 31 条第 2 款规定:第三人与投保人之间只要存在产生保险利益的法律关系,如债权债务关系、合伙关系以及雇佣关系等,并经第三人同意,投保人都可以取得保险利益。在国外,立法普遍承认的其他具有保险利益的情形还包括:公司对于股东、公司对于董监高等高级管理人员、保证人对于主债务人等。总之在我国,只要投保人、被保险人之间在订立保险合同时有保险利益关系,再加上被保险人同意,就可以成立人身保险合同的法律关系了。

(二)被保险人的权利和义务

被保险人的权利包含:同意权、否决权、指定和变更受益人权和抗辩赎买

权。被保险人的义务主要是在投保时协助投保人完成如实告知的义务以及当保险事故发生时和发生后及时通知保险公司。有关义务的部分我们在其他章节详细论述,这里只讨论权利部分。

(1)同意权。同意权包含以下几个方面:其一,按照《保险法》第 31 条之规定,当投保人既非被保险人本人,也不是配偶、子女、父母或者其他近亲属的时候,必须在被保险人同意投保人为其投保时,保险合同才能成立,否则两者之间就没有保险利益,合同应归于无效;其二,按照《保险法》第 34 条之规定,以死亡为给付保险金条件的合同所签发的保险单,未经被保险人书面同意,不得转让或者质押;其三,《保险法》把指定受益人的最终决定权赋予了被保险人,所以在实务中当投保人指定受益人时,也应当取得被保险人的同意。此时的同意,到底应当是口头同意还是书面同意,从保险实务操作的角度看,应当以书面同意为宜。

(2)否决权。即使是直系亲属之间,比如配偶、父母、子女,一旦发现以死亡为理赔条件的保险合同和保险金额未经被保险人同意,作为被保险人可以行使否决权。否决权的行使具体有两种方式:第一种是按照《保险法》第 34 条第 1 款"以死亡为给付保险金条件的合同,未经被保险人同意并认可保险金额的,合同无效"之规定直接认定合同无效;第二种是按照《保险法司法解释(三)》第 2 条"被保险人以书面形式通知保险人和投保人撤销其依据保险法第三十四条第一款规定所作出的同意意思表示的,可认定为保险合同解除"之规定认定合同解除。

(3)指定和变更受益人权利。指定受益人是法律赋予被保险人的一项重要权利,这项权利不仅意味着由谁来当受益人或者把受益人变更为谁的问题都由被保险人最终决定,而且也是保险理论在实务中的具体体现,因为被保险人指定受益人没有保险利益的限制,立法机关把这个问题完全交给了被保险人自主决定。从被保险人的角度看,一旦自己遭遇不测,谁是这个世界上他最牵挂的人,就把谁指定为受益人。当然如果这个指定的受益人有一天让他感到失望,随时可以把受益人变更成其他人。

(4)抗辩赎买权。根据《保险法司法解释(三)》第 17 条之规定,投保人解除保险合同时,被保险人可以向投保人支付相当于现金价值的款项,把投保人变更成自己,从而以赎买的方式实现对投保人任意解除合同的抗辩。实务中,很多离婚夫妻在婚内用夫妻共同财产互相投保，离婚时通常不愿意再为前妻或者前夫支付保费，作为投保人的一方往往会采用退保的方式解除合同，这不仅不利于保险合同的稳定，而且损害了被保险人和受益人的利益，所以允许被保险人或者受益人通过赎买把投保人变更成自己，这种方式既化解了矛盾又可以各取所需，实现了争议双方和保险公司的三方共赢。

二、关于受益人

受益人是人身保险合同的关系人，也是人身保险合同履行后的最终利益获得者。通过指定确定受益人，不仅体现出保险合同可以专为第三人利益而设定的独特性，而且可以有效防范投保人对被保险人实施道德风险意义上的伤害。因此，受益人制度对人身保险合同目的实现至关重要，是人身保险合同价值的根本体现。

(1)受益人是否必须与投保人或者被保险人具有保险利益关系，是否必须是投保人或者被保险人的近亲属？法律没有这样的限制。只要不违反法律的强制性规定，受益人既可以是近亲属以外的自然人，也可以是法人或者依法成立的非法人组织，指定受益人不受保险利益原则的约束。但是雇主为雇员投保，如果指定自己为受益人，即使经过了被保险人的同意，但由于违反了《保险法》第 39 条"投保人为与其有劳动关系的劳动者投保人身保险，不得指定被保险人及其近亲属以外的人为受益人"之规定，该指定行为是无效的。

我国《保险法》虽未明确规定受益人对被保险人必须具有保险利益，但实际上已经通过赋予被保险人拥有最终对受益人的指定、变更权利来替代了保险利益的功能。立法者有理由相信：一个精神智力正常的成年被保险人基于理性考虑，"不会以自己生命为赌注指定一个与自己毫不相干的第三人作受益人"。[1] 如果受益人故意制造保险事故伤害被保险人，法律仍可以借助受益人的变更、撤销、受益权的丧失等规则防范道德风险。

(2)受益人在保险合同中的权利义务。受益人最大的权利就是保险金请求权，为了确保保险金请求权的实现，还有一个附随权利，那就是受益人知情

---

〔1〕 杜万华主编：《最高人民法院关于保险法司法解释(三)理解适用与实务指导》，中国法制出版社 2016 年版，第 241 页。

权。无论投保时是否知道自己是受益人，但是至少在保险事故发生后，受益人应当有权利知道自己的受益人身份，这样才有可能主张保险金请求权。相比权利，受益人几乎不需要承担义务。如果说一定要有一项义务，那就是在申请理赔时提交理赔资料给保险公司这一项义务。

（3）关于受益人变更的法律规定。《保险法》第41条规定，变更受益人应当书面通知保险公司，但是在随后的《保险法司法解释（三）》第10条中规定，主张变更行为自变更意思表示发出时生效（有证据证明通知了保险公司或者保险代理人），不再要求必须书面。同时又规定：投保人或者被保险人变更受益人未通知保险公司的，变更不发生效力。举例说明：张三给自己购买了一份终身寿险，约定受益人是小儿子，后张三病重需要照顾，小儿子未尽赡养照顾义务，反倒是大儿子贴心照顾让张三心生悔意。于是自书遗嘱一份，其中有一项内容就是把这张保单的受益人变更为大儿子。待张三去世后，大儿子拿着遗嘱和小儿子拿着保险合同都去找保险公司理赔，保险公司只能理赔给小儿子，虽然这不符合张三本人意愿，但变更的意思表示没有通知到保险公司，所以并不发生受益人变更的实际效果。

（4）当保险事故发生后，不能再变更受益人，但是受益人可以将保险金请求权转让给第三人。投保人或被保险人更改受益人的，应当在保险事故发生前通知保险公司，且保险公司必须在保险单或其他保险凭证上，对该变更进行明确登记才行。如果是在保险事故发生后，再通知保险公司要求更改受益人的，变更后的受益人是不能得到保险金的。因为在保险事故发生前，受益人享有的受益权是一种期待权，是否能够实现尚不确定，故投保人、被保险人可以随时变更受益人。但在保险事故发生后，受益人的受益权转化为保险金给付请求权，该权利不再是期待权，而是确定性的债权请求权，故投保人、被保险人再进行受益人的变更，就不能得到法院的支持（事实上被保险人一旦发生身故，也不可能再变更受益人了）。

（5）关于保险事故发生后受益人转让问题，只要不违反约定或者法律规定，可以转让。甲在某建筑公司工地当工人，建筑公司为其购买了30万元保额的团体意外险。后甲不幸在工地坠亡，建筑公司与甲方亲属达成赔偿协议，由建筑公司先行赔偿甲方亲属包括丧葬费、死亡赔偿金、赡养费、抚养费、抚恤金等总计55万元，然后甲方亲属将30万元保险金请求权全部转让给建筑公司，由建筑公司通知保险公司申请理赔。这样的做法只要甲方亲属同意就是可行的,既不违反法律规定又能快速化解社会矛盾,所以当建筑公司以新的受益人向保险公司提起理赔申请时,保险公司应当把理赔款支付给建筑公司。

典型案例

☞ 案例1:死亡保险中,投保人和被保险人同为一人的情况下,若保险合同签字非本人签署,保险合同是否有效?

罗某河诉中国平安人寿保险股份有限公司
湖南分公司人寿保险合同纠纷案〔1〕

裁判要旨

在以死亡为给付保险金条件的合同中,如果投保人与被保险人为同一人,其投保时已有真实的意思表示并履行了合同,即使保险单上的签字不是本人亲签,仍然可以认定保险合同有效。

原告:罗某河

被告:中国平安人寿保险股份有限公司湖南分公司

基本案情

2002年5月21日,被告中国平安人寿保险股份有限公司湖南分公司向原告罗某河之夫刘某安签发了人寿保险单一份,保险单上载明:被保险人为刘某安,身故受益人法定,投保主险为平安鸿祥,保险金额1万元,附加险为意外伤害、意外医疗,年交保险费合计603.7元。保险期间20年。该保险单所附的平安鸿祥两全保险(分红型)条款的第2条保险责任中约定了满期生存保险金和身故保险金。之后,刘某安依约按期交付了保险费。2005年9月11日,刘某安因病住院,自述病史:1990年出现乙肝标志物阳性,近十几年来因肝炎发病2~3次,经诊断为"病毒性肝炎,慢性重型乙型,自发性腹膜炎,肝性脑病"。2005年9月16日,刘某安因病去世。刘某安有法定继承人4人,其他3人明确表示放弃保单权利。2005年12月28日,本案原告罗某河向被告递交理赔申

〔1〕 参见南京市雨花台区人民法院(2006)雨民初字第2067号民事判决书。

请书,要求被告支付保险金1万元。被告审核后,认为被保险人投保前存在有影响承保决定的健康情况而在投保时未书面告知,严重影响了公司的承保决定,通知原告解除保险合同,退还保险费1278.87元,不予给付保险金。原告遂诉至法院,请求判令被告支付保险金10,000元。

被告辩称:

2002年5月20日,投保人刘某安在充分了解保险合同条款及投保手续后投保时,未履行如实告知义务,对于其1990年出现乙肝标志物阳性,近十几年来因肝炎发病2~3次的身体状况未如实告知,此未告知事项对保险人的承保决定有严重影响,且该事项与被保险人于2005年9月11日至16日在湘雅医院的住院有密切联系。依据《保险法》第17条的有关规定,保险人有权解除保险合同,并对解除前发生的保险事故不承担保险责任。

同时经西南政法大学司法鉴定中心鉴定,《人寿保险投保书》原件上的投保人签章栏、被保险人/监护人签章栏二处填写字迹"刘某安"均不是刘某安本人书写。因为保险合同上的签字非刘某安本人签署,这意味着他没有书面同意并认可保险金额,违反了《保险法》第56条第1款的强制性规定,保险合同无效,被告同样也不承担保险责任。

长沙市雨花区人民法院经审理认为:

(1)根据生活常识和社会经验,通常情况下公民在取款及签订重大合同时系本人行为。西南政法大学司法鉴定中心出具的鉴定书程序合法、内容真实,对其鉴定结论,法院予以采信;被告虽对鉴定书依据的样本字迹提出异议,但未提出相应的证据证明其主张,法院不予采纳。因此,法院对投保书上"刘某安"的签名非投保人刘某安本人签名的事实予以确认。(2)被告与刘某安之间的保险合同是有效的。首先,投保书和保险单共同构成保险合同。本案中,被告持有的投保书上签名不是刘某安签名,但被告仍收取了刘某安的保险费,并签发了保险单,应视为同意承保,双方之间保险合同成立并生效。被告现就投保书未经刘某安签名认可为由而主张该保险合同无效,违反了诚实信用原则,其主张法院不予采纳。其次,《保险法》第56条第1款规定,以死亡为给付保险金条件的合同,未经被保险人书面同意并认可保险金额的,合同无效。该规定主要是规范投保人与被保险人不为同一人时的情形,即指法律规定投保人将第三人作为被保险人而与保险人签订的以死亡为给付保险金条件的合同时必须遵循的特殊有效要件。法律作出这种特殊规定,意在防止投保人将第三者作为被保险人而与保险人订立以死亡为给付保险金条件的合同后，投保人为图谋高额保险金而诱发对被保险人（第三者）生命不利的危险。故要求这种合同的生效与否完全取决于被保险人的意愿，被保险人同意后还必须以书面形式表示意思方能生效。本案中投保人与被保险人同为死者刘某安一人，其投保时已有真实意思表示，其投保人的身份已被合同确认，不存在以自己作为被保险人时还须自己同意，更不存在本人为图谋保险金引发对自己生命不利的危险，亦与《保险法》第56条第1款的立法原意不相违背。（3）投保人刘某安没有违反如实告知的义务，被告无权解除保险合同。保险合同属格式合同，根据《保险法》的规定，保险公司对合同条款负有提示和说明的义务，特别是对一些免责条款，必须进行提示和说明，否则该条款不能发生效力，尤其对投保人的身体健康条件，保险公司必须向投保人说明和询问，投保人亦必须向保险公司如实告知，并且保险公司的说明和询问义务应先于投保人的告知义务。在保险公司没有询问的情况下，投保人没有必须履行告知的义务。被告无证据证明投保书系刘某安亲笔填写，亦无证据证明其对刘某安的身体状况进行了询问及对保险合同中的免责条款履行了解释说明的义务，被告现主张投保人未尽到如实告知义务，要求解除合同，法院不予采纳。

综上所述，本案中投保人刘某安与被告签订的保险合同是双方真实意思表示，且合同内容不违反法律的强制性规定，应合法有效。合同签订后，投保人刘某安按合同约定履行了义务，在保险事故发生后，原告作为身故受益人按照保险合同约定要求保险公司给付保险金的请求符合法律规定，应予支持。法院判决被告中国平安人寿保险股份有限公司湖南分公司在判决生效之日起5日内支付给原告罗某河保险金10,000元。

☞ 案例2：保险事故发生后，受益人有无权利将保险金请求权转让给其他人？

延安华旭送变电有限公司与中国平安财产保险股份有限公司
延安中心支公司保险纠纷案〔1〕

裁判要旨

保险事故发生后，受益人可以将保险金请求权转让给其他人，保险公司不

〔1〕 参见志丹县人民法院（2016）陕0625民初1994号民事判决书。

得拒绝理赔。

原告:延安华旭送变电有限公司(以下简称华旭公司)

被告:中国平安财产保险股份有限公司延安中心支公司(以下简称平安保险公司)

基本案情

2014年3月6日,原告华旭公司在被告平安保险公司志丹营销服务部为其职工投保了平安附加意外伤害团体医疗保险(保险责任为住院和门急诊,保险限额为每人60,000元)、平安附加意外伤害团体收入保障保险(保险责任为意外住院津贴,保险限额为每人10,800元)、平安团体意外伤害保险(保险责任为意外伤害身故和残疾),共计交纳保费10,125元,为10人团体险,属于人身保险范畴,受益人为被保险人,保险期间为2014年3月7日至2015年1月6日。投保时原告提供了其职工杜某山的户口簿,平安保险公司的员工何某圆在录入被保险人信息时误将户口簿中杜某山的信息采集成了杜某萍的信息。2014年4月26日,原告职工杜某山在架线作业中因电击受伤,随即被送往志丹县人民医院,住院治疗51天,产生医疗费27,767.1元。2014年6月13日,原告的项目经理张某代表原告与杜某山签订协议一份,赔偿杜某山医疗费、护理费、生活费、工资、交通费共计64,875元。2015年10月21日,杜某山向原告出具承诺书一份,将案涉保险金请求权转让给原告。

原告华旭公司的诉讼请求:

(1)依法判令被告赔偿原告向杜某山支付的医药费、误工费、护理费、住院伙食补助费、营养费、交通费等共计46,292.1元;(2)依法判令被告赔偿原告向杜某山支付的意外住院津贴30,600元;(3)本案诉讼费用由被告负担。

被告平安保险公司辩称:

因受害人杜某山不属于被保险人,保险公司不承担赔偿责任。如果判赔,本案中原告购买的保险只赔偿医疗费与住院津贴,本保险中的住院津贴为每人限额10,800元,赔偿标准为10,800÷10个月÷30天×住院天数。误工费、护理费、营养费、住院伙食补助费不属于保险赔偿范围。本案诉讼费被告不负担。

陕西省志丹县人民法院经审理认为:

本案争议焦点为:(1)原告主体是否适格?(2)杜某山是否为被保险人?(3)本案的保险赔偿项目及数额是多少?

法院分析如下:关于争议焦点(1),《保险法司法解释(三)》第13条规定:

"保险事故发生后,受益人将与本次保险事故相对应的全部或者部分保险金请求权转让给第三人,当事人主张该转让行为有效的,人民法院应予支持,但根据合同性质、当事人约定或者法律规定不得转让的除外"。本案中原告为其职工购买了平安附加意外伤害团体医疗保险、平安附加意外伤害团体收入保障保险、平安团体意外伤害保险,均属于人身保险范畴,在保险事故发生后,杜某山在获得原告赔偿后将保险金请求权转让给原告,除平安团体意外伤害保险的保险金请求权外,平安附加意外伤害团体医疗保险、平安附加意外伤害团体收入保障保险的保险金随即成为确定的、纯财产性质的债权,该两项保险金请求权不再具有人身依附性,可以自由转让。另外,在本次诉讼前原告曾提起过诉讼,债务人平安保险公司亦到庭应诉,本次诉讼中被告对该债权的转让未提出不知晓的异议,故债权转让协议生效,原告主体适格。关于争议焦点(2),《保险法》第13条规定:"投保人提出保险要求,经保险人同意承保,保险合同成立。保险人应当及时向投保人签发保险单或者其他保险凭证。保险单或者其他保险凭证应当载明当事人双方约定的合同内容。当事人也可以约定采用其他书面形式载明合同内容。依法成立的保险合同,自成立时生效。投保人和保险人可以对合同的效力约定附条件或者附期限"。本案中原告作为投保人,向被告提出保险要求并交纳了保费,被告同意承保并向原告出具了保单,保险合同成立并生效。被告辩称杜某山并非本案保险合同中的被保险人,与庭审查明事实不符,法院对该辩称意见不予支持。关于争议焦点(3),本案中的平安附加意外伤害团体医疗保险、平安附加意外伤害团体收入保障保险限额分别为每人60,000元及10,800元,杜某山在事故发生后住院治疗51天,产生医疗费27,767.1元,被告辩称的住院津贴的计算方式虽无合同依据,但原告对此未提出异议,故对被告辩称的计算方式予以采纳。综上所述,保险赔偿金为医疗费27,767.1元、住院津贴1836元,共计29,603.1元。原告其他诉讼请求无合同和法律依据,法院不予支持。

一审判决送达后,原被告均未上诉,判决已经生效。

☞ 案例3:被保险人去世后,其妻子向保险公司申请退保,作为受益人的儿子是否还有权要求保险公司支付身故受益金?

李某与中国人寿保险股份有限公司
驻马店分公司人身保险合同纠纷案[1]

裁判要旨

被保险人去世后,其妻子以其本人为申请人向保险公司申请退保,由于其不是指定的受益人,不享有保险金的请求权,该退保行为违反了"无处分权的人处分他人财产,经权利人追认或者无处分权的人订立合同后取得处分权的,该合同有效"的相关法律规定,应确认为无效的民事行为。保险公司仍应当按照原合同约定向受益人支付保险金。

原告:李某

被告:中国人寿保险股份有限公司驻马店分公司

原告李某诉称:

2004年2月9日,保险公司业务员张某枝到原告家中,经其极力宣传购买保险的好处后,原告的父亲李某1便与保险公司签订康宁终身保险合同一份,投保人和被保险人均为李某1,受益人为李某,年交保费1110元,交费期间20年,保险金额10,000元。合同签订后,李某1分别于2004年2月10日和2005年2月23日交纳了保费1110元。2005年3月24日李某1身故,原告和家人向被告申请理赔被拒,后经与被告多次协商未果。请求:(1)判令被告赔付身故保险金30,000元;(2)判令被告承担自拒赔之日起至今的利息损失8761.95元。

被告中国人寿保险股份有限公司驻马店分公司辩称:

投保人李某1投保时带病投保,未履行如实告知义务,被告对该保险事故不承担赔付义务;2005年5月,保险公司向原告李某的法定代理人张某送达了拒赔通知书,张某在拒赔通知书签有"同意拒赔,但要求退还保费",随即被告向原告退还了保费,原告、被告双方的保险合同已于2005年5月解除。综上所述,原告的请求无事实和法律依据,应驳回原告的诉讼请求。

驻马店市驿城区人民法院经审理查明:

---

[1] 参见驿城区人民法院(2009)驿民初字第2537号民事判决书。

2004年2月9日,投保人李某1向保险公司投保参加康宁终身保险,投保单上显示:投保人、被保险人为李某1,受益人为李某。2004年2月16日,原告、被告双方签订康宁终身保险合同一份,保险单载明:投保人李某1,被保险人李某1,投保险种为康宁终身保险,保险金额10,000元,保险期满日为终身,交费期满日2024年2月16日,保险费1110元,交费方式为年交,交费日期为每年的2月17日,合同生效日期为2004年2月17日。康宁终身保险条款载明:康宁终身保险合同由保险单及所附条款、声明、批单,以及与保险合同有关的投保单、复效申请书、健康声明书和其他书面协议共同构成;被保险人身故,保险公司按基本保额的3倍给付身故保险金,但应扣除已给付的重大疾病保险金,保险合同终止;合同签订后,被保险人李某1分别于2004年2月16日和2005年2月23日依约交纳了保险费。2005年3月22日,被保险人李某1因患脑出血经抢救无效死亡。2005年3月29日,李某1之妻张某以其本人为申请人向保险公司申请理赔。2005年4月18日,保险公司作出拒赔通知书,内容为"尊敬的张某女士:你提交的康宁终身保险合同项下的理赔申请,经调查核实,属于故意不如实告知,合同终止,不退还保费,我公司决定对本次给付申请做拒赔处理……"同年5月15日,保险公司将该拒赔通知书送达给申请人张某,张某在拒赔通知书上签署有"同意拒赔,但要求扣除手续费后,退所交保费",当日,保险公司在扣除手续费后,将剩余保险费1542元退还理赔申请人张某。后原告以诉称理由起诉。审理中还查明,保险公司称投保人李某1投保时带病投保,未履行如实告知义务,并提交住院病历一份,住院病历显示被保险人李某1于1999年因患有脑积水在一五九医院住院治疗。

河南省驻马店市驿城区人民法院经审理认为:

原告、被告双方签订的康宁定期保险合同属人身保险合同,合同双方意思表示真实,内容未违反法律规定,应确认为有效合同。合同期内,被保险人李某1死亡,符合保险合同中约定的保险事故,因投保单上载明的受益人为李某,现原告李某请求给付身故保险金,原告主体适格;《保险法》第18条第3款规定"受益人是指人身保险合同中由被保险人或者投保人指定的享有保险金请求权的人",经查,李某1之妻张某不是指定的受益人,不享有保险金请求权,而张某以其名义申请理赔、保险公司向张某拒赔以及张某与保险公司协议解除保险合同的行为,违反了"无处分权的人处分他人财产,经权利人追认或者无处分权的人订立合同后取得处分权的,该合同有效"的相关法律规定,应确认为无效的民事行为，即张某与保险公司协议解除保险合同的行为是无效民事行为，同理，保险公司以原告、被告双方的保险合同已于2005年5月解除，应驳回原告诉讼请求的辩称，无事实和法律依据，法院不予支持。综上所述，原告李某请求保险公司按基本保额的3倍给付身故保险金，符合保险合同的约定，法院应予支持。因以上，法院已认定张某不享有保险金请求权，张某的申请理赔以及保险公司对张某的拒赔均对原告李某不产生法律拘束力，但原告李某以保险公司拒赔为由请求保险公司赔偿自拒赔之日起的利息损失，无事实依据，法院不予支持。关于如实告知义务，在张某的理赔申请案中，保险公司经调查，已知悉投保人带病投保，但保险公司在自2009年10月1日起的法定30日除斥期间内，未依法行使合同解除权，依照《保险法》第16条的规定，投保人故意或者因重大过失未履行如实告知义务，足以影响保险人决定是否同意承保或者提高保险费率的，保险人有权解除合同，合同解除权，自保险人知道有解除事由之日起，超过30日不行使而消灭；故庭审中保险公司以投保人李某1投保时带病投保，未履行如实告知义务进行抗辩，法院不予采信。依照《保险法》第16条第2、3款，第18条第3款，第23条，《保险法司法解释(一)》第5条第2项，《民事诉讼法》第64条第1款的规定，判决如下：

(1)限被告中国人寿保险股份有限公司驻马店分公司在判决生效后10日内向原告李某给付身故保险金30,000元。(2)驳回原告李某的其他诉讼请求。

第三节　人身保险合同的成立和生效

一份合同的产生，需要经过订立、成立和生效3个阶段，这3个阶段的顺序不可颠倒。

合同订立的过程是合同当事人之间充分磋商的过程，一般要经历要约邀请、邀约和承诺3个阶段。

合同订立是对磋商过程的抽象描述，是客观的且不带价值判断的。而合同成立则不仅有事实行为的要求(如双方签字或者有实际履行行为)，还有价值判断的因素。书面合同经过当事人磋商并达成一致意见后，在合同上签字、盖章，这个过程就是合同的成立。如果双方未达成一致意见，则合同就不具备成立的前提条件。

合同成立后，还需要经历更严格的价值判断，即合同是否生效。如果甲、乙双方达成一致意见并签订书面合同，但是合同内容是去贩卖毒品，则这种合同虽然成立但绝对不能得到法律的认可，应当归于无效。根据《民法典》第143条之规定，有效的民事法律行为，不仅需要行为人有行为能力和真实的意思表示，还需要不违反法律、行政法规的强制性规定，不违背公序良俗。一旦认定合同无效，即使当事人不提出申请，人民法院也应依职权宣告合同无效。

人身保险合同作为合同的一种特殊形态，除受到《保险法》的规制外，还应当符合《民法典》的一般性规定。因此，我们也借助《民法典》的新规定探讨一下人身保险合同的成立和生效问题。

法条汇编

《民法典》(2021年1月1日)

第一百四十三条　具备下列条件的民事法律行为有效：

(一)行为人具有相应的民事行为能力；

(二)意思表示真实；

(三)不违反法律、行政法规的强制性规定，不违背公序良俗。

第一百六十条　民事法律行为可以附期限，但是根据其性质不得附期限的除外。附生效期限的民事法律行为，自期限届至时生效。附终止期限的民事法律行为，自期限届满时失效。

第四百六十九条第一款　当事人订立合同，可以采用书面形式、口头形式或者其他形式。

第四百七十一条　当事人订立合同，可以采取要约、承诺方式或者其他方式。

第四百九十条第一款　当事人采用合同书形式订立合同的，自当事人均签名、盖章或者按指印时合同成立。在签名、盖章或者按指印之前，当事人一方已经履行主要义务，对方接受时，该合同成立。

第五百零二条第一款　依法成立的合同，自成立时生效，但是法律另有规定或者当事人另有约定的除外。

《保险法》(2015年4月24日)

第十三条　投保人提出保险要求，经保险人同意承保，保险合同成立。保险人应当及时向投保人签发保险单或者其他保险凭证。

保险单或者其他保险凭证应当载明当事人双方约定的合同内容。当事人也可以约定采用其他书面形式载明合同内容。

依法成立的保险合同,自成立时生效。投保人和保险人可以对合同的效力约定附条件或者附期限。

第十四条 保险合同成立后,投保人按照约定交付保险费,保险人按照约定的时间开始承担保险责任。

《保险法司法解释(二)》(2021年1月1日)

第三条 投保人或者投保人的代理人订立保险合同时没有亲自签字或者盖章,而由保险人或者保险人的代理人代为签字或者盖章的,对投保人不生效。但投保人已经交纳保险费的,视为其对代签字或者盖章行为的追认。

保险人或者保险人的代理人代为填写保险单证后经投保人签字或者盖章确认的,代为填写的内容视为投保人的真实意思表示。但有证据证明保险人或者保险人的代理人存在保险法第一百一十六条、第一百三十一条相关规定情形的除外。

第四条 保险人接受了投保人提交的投保单并收取了保险费,尚未作出是否承保的意思表示,发生保险事故,被保险人或者受益人请求保险人按照保险合同承担赔偿或者给付保险金责任,符合承保条件的,人民法院应予支持;不符合承保条件的,保险人不承担保险责任,但应当退还已经收取的保险费。保险人主张不符合承保条件的,应承担举证责任。

法条解读

保险合同的订立过程就是保险实务中的"投保"和"承保"过程,也就是《民法典》中一份合同要成立必须履行的邀约和承诺的过程。

在保险实务中,保险合同成立的第一步通常不是投保人在投保单上签字,而是基于人身保险商品的特殊性,由保险代理人先以各种类型的宣传材料向客户推荐,激发客户的投保意愿。这个过程就类似商业楼盘的促销广告,你看到广告中房子和小区的图片很诱人,这些广告的目的只有一个就是吸引你来房地产公司签正式的购房合同。所以发广告的环节叫作"要约邀请",真正签合同的环节叫作“要约”。同理,客户基于保险代理人的推荐从而激发购买人身保险的意愿,这个环节在保险代理人看来是销售面谈,其实在法律上叫作“要约邀请”。当客户决定购买的时候,代理人出示投保单、健康告知书等相关投保文件(无论是线下纸质操作还是线上操作)让客户填写并签名,这个环节才是正式的投保环节,法律上将其认定为“要约”。客户提交投保申请,向保险公司正式发出“要约”,保险公司接到投保文件后,如果同意接受投保申请,就要作出“承诺”,具体体现就是收取保险费签发保险合同。

客户的投保资料交到保险公司后,合同并不当然成立,因为保险公司还要进行核保,也就是从商业利润和风险管理的角度决定是否与投保人订立保险合同。核保的结果一般有三种:直接拒保、增加保费或者责任免除。无论哪一种,保险公司都应当及时将核保结果通知投保人。是不是一旦收取了投保人的保费,就视为保险合同成立了?笔者认为,无论保险公司接受客户投保申请还是收取客户保险费,都不意味着保险公司同意承保。合同是否能够成立,保险公司的同意承保至关重要。比如,在被保险人向保险公司递交投保资料,保险公司先行划扣了保险费但通知被保险人需要体检时,如果后期体检结果认定被保险人是非标准体,还存在拒保等以上 3 种处理结果。所以保险公司提前收取了客户的保费,也不意味着保险合同的成立。如果保险公司拒保,提前收取的保费还需要退还给投保人。实务中会存在保险公司接受了投保人提交的投保单并且收取了保险费,在尚未作出是否承保的意思表示前,被保险人发生保险责任事故(最常见的就是意外险,当天提交投保申请并当天收取保险费,但保险责任是自次日零时起算,结果在次日零时前突发意外),保险公司应当给予理赔吗?《保险法司法解释(二)》第 4 条给出了一个相对明确的裁判规则:是否应当理赔,要看是否符合承保条件。如果符合承保条件,则应当理赔,保险公司认为不符合承保条件的,应当由保险公司承担举证责任。

投保人填写投保单,保险公司核保通过,收取保险费并签发保险合同,视为保险合同成立。人身保险合同的成立并不意味着立即生效,尤其在健康险领域。合同成立后,通常还要约定观察期,只有过了观察期之后保险合同才正式生效,保险公司开始承担约定的保险责任。投保人在合同回执上签字的意义仅仅是方便计算犹豫期的起止时间,不影响合同的成立。

在代签字情况下保险合同是否成立的问题探讨。在投保环节,代签字是容易发生的一种现象,从法律上讲代签字属于一种民事代理行为。代理行为是否有效，关键看代理人有没有代理权限以及被代理人事后是否进行追认。具体而言，代签字分三种情况：第一，投保人或被保险人对别人代其签字行为明确知道，比如被保险人明确向投保人表示“你代我签字吧”，则代签行为有效；第二，如果在投保过程中，他人代投保人或者被保险人签字，而投保人或者被保险人在现场并未表示反对，视为默示同意；第三，如果他人代投保人或者被保险人签字时，虽然其未明示或者默示同意，但是事后以明确的书面或者口头方式对代签字行为予以认可，则视为有效。比如，在订立合同时，投保文件是由他人代签的，但是在电话回访中，投保人对订立保险合同的事实予以确认，则可以认定投保人已经对代签字行为予以追认，合同成立。

保险合同成立后，还有一个非常重要的环节不容忽视，那就是递送保险合同时的保单回执签收问题。保险合同成立后，保险公司通常会以最快的速度通过打印出来的纸质保险合同或者电子合同的形式送达投保人。在纸质保险合同送达过程中，投保人看到合同后需要进行合同回执签收，这个环节的意义就在于签收日期次日即为犹豫期起算日期，犹豫期内投保人随时可以主张全额退保。如果保险公司不及时向投保人送达合同，则法律后果相当于犹豫期一直没有开始起算，投保人随时有权利提出解除合同并要求全额退保。所以保险合同成立后，保险公司应当及时安排送达保险合同，保险从业者应当及时联系客户签收回执，一旦拿到客户签字的合同回执，应当及时交回保险公司进行系统核销登记。

为保护投保人、被保险人、受益人的合法权益，规范保险销售行为，统一保险销售行为监管要求，近些年金融监管部门分别采取了以下措施：比如，2017年11月1日正式实施的《保险销售行为可回溯管理暂行办法》，明确了在保险销售现场录音录像的有关要求；还有于2024年3月1日正式实施的《保险销售行为管理办法》，第一次对保险销售行为，实施了全流程的销售规范，该《办法》将保险销售行为分为保险销售前行为、保险销售中行为和保险销售后行为三个阶段，区分不同阶段特点，分别加以规制。

典型案例

☞ 案例1:投保人交纳保费后,保险期间还没有开始起算,被保险人发生保险事故,应当获得理赔吗?

席某会与泰康人寿保险股份有限公司河南分公司
保险纠纷案[1]

裁判要旨

原告于2014年9月2日将保费交给被告保险公司后,于2014年9月5日发生意外伤害。因被告保险公司内部原因导致9月9日才开通保险单,保险责任从9月10日零时开始。但是根据《保险法司法解释(二)》第4条的规定,保险公司接受了投保人提交的投保单并收取了保险费后,尚未作出是否承保的意思表示前,发生保险事故,符合承保条件的,应予理赔。

原告:席某会

被告:泰康人寿保险股份有限公司河南分公司(以下简称泰康人寿河南分公司)

基本案情

2014年9月,原告席某会在被告泰康人寿河南分公司处投保"泰康新生活好运卡(A款)保险组合计划",保险险种包括:泰康新生活交通工具意外伤害保险、泰康新生活意外伤害保险、泰康附加新生活意外伤害医疗保险,保险期间为1年,保险费为100元,其中泰康附加新生活意外伤害医疗保险的保险责任为意外伤害医疗保险金(免赔额100元,90%赔付),保险金额为3000元。被告泰康人寿河南分公司"泰康新生活好运卡(A款)"卡单其中显示,"被保险人席某会,保险期间365天,自2014年9月10日零时起至2015年9月10日零时止"。2014年9月2日,原告席某会将保险费交给被告保险公司的业务员何某利。何某利、白某荣(被告保险公司吉利支公司的内勤)二人向原告席某会出具"卡单投保经过说明"一份,载明"代理人何某利,工号10510608,于9月2日把好运来保费100元打入团险账号,4日把客户资料及小票交至内勤处,因内

---

[1] 参见洛阳市吉利区人民法院(2015)吉民初字第152号民事判决书。

勤4~5日两天公出,卡单未录入系统,6~8日中秋节放假,9日录入系统,10日卡单生效,情况属实,特此说明,请公司处理”。

2014年9月5日,原告席某会骑电动车时摔倒,导致右锁骨骨折,住院治疗7天,花费医疗费共计7057.34元。后原告席某会向被告泰康人寿河南分公司主张理赔,被告以其保单于2014年9月10日生效为由拒绝理赔。

原告诉称:

原告席某会主张被告泰康人寿河南分公司赔付医疗费3000元、误工费600元、精神损失费1000元的诉讼请求。

被告保险公司辩称:

原告于2014年9月初投保泰康人寿河南分公司意外伤害保险,该保险卡单于2014年9月9日激活后,于2014年9月10日零时开始生效,保险期间为2014年9月10日零时至2015年9月9日24时。原告发生意外的时间为2014年9月5日,原告发生事故时不在保险期间内,要求被告承担保险责任的理由不能成立。

洛阳市吉利区人民法院经审理认为:

本案争议焦点是被告应否承担保险责任。原告席某会于2014年9月2日将保险费交至被告业务员,被告业务员的行为系履行职务行为,行为后果由被告承担。根据《保险法司法解释(二)》第4条之规定,保险人接受了投保人提交的投保单并收取了保险费,尚未作出是否承保的意思表示,发生保险事故,被保险人或者受益人请求保险人按照保险合同承担赔偿或者给付保险金责任,符合承保条件的,应予支持。原告席某会将保费交给被告后,于2014年9月5日发生意外伤害,根据上述法律规定,被告应承担保险责任。故被告辩称原告发生事故时不在保险期间内,不承担保险责任的理由不能成立,法院不予支持。原告席某会主张被告赔付医疗费即给付保险金3000元的诉讼请求符合法律规定,亦符合承保条件,法院予以支持。原告席某会主张的误工费600元、精神损失费1000元,因未提供相应证据予以证明,故法院不予支持。

☞ 案例2:保险合同成立后,保险公司一直未送达保险合同导致投保人未在送达回执上签字,投保人能否主张全额退还保险费?

丁某霞诉中国太平洋人寿保险股份有限公司
陕西分公司保险合同纠纷案[1]

裁判要旨

投保人与保险公司已签订了保险合同,投保人也交纳了第一年保险费,该保险合同已经成立。保险合同的送达与否虽然不影响保险合同的成立和生效,但是投保人未在送达回执上签字,则相当于保险合同一直处在犹豫期内,投保人随时可以解除合同并要求全额退保。

原告:丁某霞

被告:中国太平洋人寿保险股份有限公司陕西分公司

基本案情

原告、被告于2007年1月10日签订了小康之家、鸿运年年两全保险(分红型)保险合同,交费方式为3年交清,每年交纳203,225元。合同签订后,原告于当日向被告交纳了第一年的保险费203,225元。按小康之家、鸿运年年两全保险(分红型)条款第20条规定,投保人于签收保险单之日起10日内要求解除合同的,自保险人收到解除合同申请书之时起,合同终止。扣除保险单工本费人民币10元后退还已收保险费。

另查,2007年12月14日,原告向被告送达投诉资料,以当时业务员未向其讲清保险条款,致使其误解。之后被告一直未将合同送达原告,2007年12月9日原告才见到保险合同,原告要求解除合同。被告送达保险合同及回执,至今原告未签收。

原告丁某霞诉称:

2007年1月10日,被告业务员宋某莉向原告介绍小康之家、鸿运年年两全保险,原告于当日向被告交纳保险费203,393元,此后,被告长期未向原告送达保险合同。2007年12月9日,被告业务员宋某莉通过其亲属交给原告一份

[1] 参见西安市碑林区人民法院(2008)碑民一初字第277号民事判决书。

《人身保险合同》,原告查阅后发现合同内容与被告保险业务员所述内容不符,于2007年12月14日向被告书面提出了解除合同及如数退还保险费的申请,但被告一直不给原告退还保险费。现起诉要求与被告解除人身保险合同,退还保险费203,225元,诉讼费由被告承担。

被告中国太平洋人寿保险股份有限公司陕西分公司辩称:

原告于2007年1月10日在被告处购买了两份保险:一份是小康之家、鸿运年年两全保险(分红型),保险期间自2007年1月11日起至合同列明的终止性保险事故发生时止。保险费为每年203,225元,交费方式为3年交清。另一份是168意外险,保险期间为一年,保险费为168元,一次性交清。原告交纳了首期保险后,于2007年12月14日来被告处投诉,并要求退保。因原告的退保请求已超出了保险条款关于10日犹豫期的规定,现同意解除保险合同,但按约定退还的保险费为零元。故要求驳回原告的诉讼请求。

西安市碑林区人民法院经审理认为:

依照法律规定,当事人采用书面形式订立合同的,双方当事人签字或者盖章时合同成立。原告丁某霞与被告已签订了保险合同,原告也交纳了第一年保险费,该保险合同已成立。按照双方保险合同的约定,投保人在签收保险单后,有10日的犹豫期,10日之内如果投保人要求解除合同,保险公司应退还全部费用。被告至今未向法庭提供已将保险单送达原告的证据,且不能证明在原告提出解除合同10日前,已向原告送达了保险单。故被告现同意解除合同,但不能同意退还保险费的辩解理由不成立。被告应在扣除保险单工本费之后,退还原告保险费。据此,依照《合同法》第32条、第53条的规定,判决如下:

(1)原告丁某霞与被告中国太平洋人寿保险股份有限公司陕西分公司签订的小康之家、鸿运年年两全保险(分红型)保险合同予以解除。(2)被告中国太平洋人寿保险股份有限公司陕西分公司于判决生效后10日内退还原告丁某霞保险费203,215元。

☞ 案例3:投保人明知保险单上签名是他人代签,但仍然正常交纳保费,事后能否主张保险合同无效?

王某诉某人寿保险股份有限公司人身保险合同纠纷案〔1〕
——保险合同代签名的法律后果

要点提示

投保人在订立保险合同时应当亲自签章。保险业务员代为签字,但投保人已经交纳保险费的,视为其对代签字行为的追认。

《保险法司法解释(二)》第3条第1款规定,投保人或者投保人的代理人订立保险合同时没有亲自签字或者盖章,而由保险人或者保险人的代理人代为签字或者盖章的,对投保人不生效。但投保人已经交纳保险费的,视为其对代签字或者盖章行为的追认。

简要案情

保险公司的业务员张某与投保人王某是同学关系。在张某向王某推销保险产品时,王某在外地出差,于是王某让张某到自己家中找自己的妻子收取保险费。张某遂到王某家中找到王某的妻子取得了保险费,并代替王某在投保书上签字。投保书所记载的投保人与被保险人均为王某,投保的险种为重大疾病保险,保险期限为终生,交纳保险费期限为20年,每年应交纳保险费金额为2000元。王某出差回到北京以后,张某将保险合同及保险费发票交给了王某。此后,王某每年正常交纳保险费,累计交费12,000元。直到2006年,王某、张某关系恶化,王某遂起诉保险公司,以投保书不是自己亲笔签字为由要求退还全部保险费。

法院判决

法院认为:王某在张某代其签署投保书后,取得了张某转交的保险合同文本及保险费发票,应视为其对张某所实施的代签约行为已经明知。在此后长达五年的时间里,王某按照保险合同的约定及时足额交纳各年度保险费的行为,即属于以积极参与合同履行的方式表达了其对于张某代其签约行为的追认。据此,法院认定王某追认了张某代其订立保险合同的行为,判决驳回王某的诉讼请求。

---

〔1〕 最高人民法院典型案例,载《中国法院报》2013年6月8日。

第四节　人身保险合同的解除与撤销

人身保险合同作为长期合同的典型，在其漫长的交费期间和保险期间内，为平衡投保人和保险人的地位差异，《保险法》特别把任意解除权交给了投保人，赋予其无理由解除合同的权利。

而解除权也是我国《民法典》赋予公民的一项权利。任何一个公民，在符合法律规定（规定的事由和规定的时间内）的前提下，面对一个已经开始履行但是欠缺生效要件的合同（通常都是对自己不利的），可以依法行使自己的撤销权，使自己摆脱合同“法锁”的约束，重新恢复到自由状态。人身保险合同的解除权也是如此。

法条汇编

《民法典》（2021 年 1 月 1 日）

第一百四十七条　基于重大误解实施的民事法律行为，行为人有权请求人民法院或者仲裁机构予以撤销。

第一百四十八条　一方以欺诈手段，使对方在违背真实意思的情况下实施的民事法律行为，受欺诈方有权请求人民法院或者仲裁机构予以撤销。

第一百五十二条　有下列情形之一的，撤销权消灭：

（一）当事人自知道或者应当知道撤销事由之日起一年内、重大误解的当事人自知道或者应当知道撤销事由之日起九十日内没有行使撤销权；

（二）当事人受胁迫，自胁迫行为终止之日起一年内没有行使撤销权；

（三）当事人知道撤销事由后明确表示或者以自己的行为表明放弃撤销权。

当事人自民事法律行为发生之日起五年内没有行使撤销权的，撤销权消灭。

第一百五十五条　无效的或者被撤销的民事法律行为自始没有法律约束力。

第一百五十七条　民事法律行为无效、被撤销或者确定不发生效力后，行为人因该行为取得的财产，应当予以返还；不能返还或者没有必要返还的，应当折价补偿。有过错的一方应当赔偿对方由此所受到的损失；各方都有过错的，应当各自承担相应的责任。法律另有规定的，依照其规定。

《保险法》(2015 年 4 月 24 日)

第十五条 除本法另有规定或者保险合同另有约定外,保险合同成立后,投保人可以解除合同,保险人不得解除合同。

第四十七条 投保人解除合同的,保险人应当自收到解除合同通知之日起三十日内,按照合同约定退还保险单的现金价值。

《保险法司法解释(三)》(2021 年 1 月 1 日)

第二条 被保险人以书面形式通知保险人和投保人撤销其依据保险法第三十四条第一款规定所作出的同意意思表示的,可认定为保险合同解除。

第十六条第一款 保险合同解除时,投保人与被保险人、受益人为不同主体,被保险人或者受益人要求退还保险单的现金价值的,人民法院不予支持,但保险合同另有约定的除外。

第十七条 投保人解除保险合同,当事人以其解除合同未经被保险人或者受益人同意为由主张解除行为无效的,人民法院不予支持,但被保险人或者受益人已向投保人支付相当于保险单现金价值的款项并通知保险人的除外。

法条解读

一、关于保险合同的解除

保险合同的解除,是指当保险合同有效成立后,因为法律的规定或者投保人个人意愿,要求将保险合同关系消灭的行为。在保险业务中,保险合同解除分为三种情形:第一种是投保人的任意解除权(俗称退保);第二种是保险公司的法定解除权;第三种是司法机关强制力解除保险合同。第二种和第三种两种解除权本书第六章有专门论述,此处我们只讨论投保人的任意解除权。

投保人是保险合同的当事人,拥有当然和任意的合同解除权。也就是说保险合同成立后,投保人有权利随时解除合同,当然也有例外。例外一,根据《保险法司法解释(三)》第 2 条的规定,被保险人也有合同解除权。保险合同成立后,被保险人只要以书面形式通知保险公司和投保人其不再同意投保人为其投保的以死亡为理赔条件的保险,可以认定保险合同解除。至于这种情况下解除后的退保损失问题,属于投保人和被保险人之间的问题,不属于本书讨论的问题。例外二,根据《保险法》第 15 条之规定:除本法另有规定或者保险合同另有约定外,保险合同成立后,投保人可以解除合同,保险人不得解除合同。按照这一条理解,保险合同中可以约定投保人不得解除保险合同,比如在保单贴现的操作过程中,为维护保单投资人利益,可以作此类约定。一旦保单持有人私自解除合同,则解除行为无效。例外三,根据《保险法司法解释(三)》第 17 条之规定:投保人要解除保险合同时,在被保险人或者受益人支付相当于保险单现金价值的款项并通知保险公司的情况下,投保人的解除行为无效。所以实务中如果夫妻离婚后,原先作为投保人的丈夫不愿意再为作为被保险人的前妻支付保费要求解除合同,则被保险人就可以利用这一条规定支付部分现金价值给投保人,并要求把投保人变更成自己,而作为前夫的投保人则可以退出原来的保险合同。

二、关于保险合同的撤销

《保险法》只对保险合同的解除作了明确的规定,对保险合同的撤销并没有相关规定。按照法律适用的基本原则,特别法优于一般法,新法优于旧法。保险合同中所有法律关系的成立、变更与终止,如果《保险法》有规定,优先适用《保险法》。如果《保险法》没有规定,则要适用《民法典》。

我们之所以要探讨这个问题,是因为在实务操作中,的确有投保人向法院提出要求撤销保险合同的诉求。这个诉求的背后,往往会被认为是销售误导造成的,比如因为重大误解、因为欺诈诱使投保人作出投保行为签订保险合同,最后投保人发现后及时行使撤销权。

投保人的撤销权行使能否得到人民法院的支持,要看其提交的证据证明力大小以及能否被法院所采信。比如,如何证明自己对保险合同存在重大误解,如何证明自己是因为受到欺诈才和保险公司签订的保险合同?一旦人民法院作出撤销保险合同的司法判决,其结果就是根据《民法典》第 157 条的规定,行为人因该行为取得的财产,应当予以返还。也就意味着保险公司最后要做全额退费处理。

鉴于撤销权的行使会对合同的稳定性带来不利影响,法律上特别针对撤销权行使进行了限定,规定当投保人知道或者应当知道有撤销事由之日起 1 年内、重大误解 90 日内不行使撤销权的,撤销权就消灭了。而且这 1 年或 90 日在法律上属于除斥期间,也就是不能中止中断。

典型案例

☞ 案例1:夫妻婚内购买保险,投保人、被保险人均为丈夫,离婚后,前妻冒用前夫名义申请解除保险合同,该解除行为是否有效?

林某容与中国人寿保险股份有限公司
九江分公司人身保险合同纠纷案[1]

裁判要旨

夫妻婚内,丈夫用共同财产购买保险,投保人、被保险人都是丈夫。离婚后,前妻冒用前夫名义申请退保。前夫发现后要求保险公司退还全部保费给自己。法院认为前妻的行为构成表见代理,解除保险合同行为有效。

原告(上诉人):林某容

被告(被上诉人):中国人寿保险股份有限公司九江分公司(以下简称中国人寿九江分公司)

基本案情

林某容与黄某红系夫妻关系,二人于2004年10月25日登记结婚,于2014年12月9日离婚。2012年2月8日,黄某红做投保人为林某容(被保险人)在中国人寿九江分公司签订保险合同,投保了国寿福禄鑫尊两全保险(分红型),保费每年14,000元,后投保人变更为林某容。合同签订后,林某容交纳了2012年度、2013年度和2014年度的保费。2015年度的保费未按合同约定时间交纳,中国人寿九江分公司工作人员电话催交。2015年5月25日,黄某红以林某容身份证在中国工商银行某支行实名开立了15×××46的银行账户,并于2015年5月27日持林某容的身份证原件、保险合同原件、存折原件向被告申请退保,领款形式选择转入林某容在中国工商银行某支行的15×××46账户,并委托中国人寿九江分公司工作人员办理退保手续,黄某红在投保人及委托人签名处均书写林某容的名字。中国人寿九江分公司当日同意退保20,321.71元,并于2015年5月28日将退款20,321.71元转入林某容在中国工商银行某支行的15×××46账户。

另查,2015年5月24日许,林某容与黄某红因感情发生矛盾并打架,九江市公安局浔阳区分局接到报警到达现场后,黄某红举报原告有吸毒行为,经询

[1] 参见九江市中级人民法院(2017)赣04民终881号民事判决书。

问，林某容承认吸毒，且林某容经尿检呈阳性。当日，九江市公安局浔阳区分局作出行政处罚决定书，对林某容决定行政拘留5日。

原告林某容的起诉请求：

(1)判令中国人寿九江分公司返还保险单日期自2012年2月8日至2015年6月3日止的保险本金42,000元及银行同期存款利息；(2)判令本案诉讼费用由中国人寿九江分公司承担。事实和理由：2015年5月24日其因与前妻感情问题被公安机关行政拘留5日，事后才知晓有人于2015年5月25日以林某容身份在工商银行开立账户，并于2015年5月27日在被告中国人寿九江分公司办理退保申请，2015年5月29日保费退还成功，2015年5月30日原告发现保险费被退且保单注销。被告的工作人员在未审核投保人身份的情况下办理退保手续，致原告财产权益受损，保险公司负有不可推卸的责任。

被告中国人寿九江分公司辩称：

林某容于2012年2月8日在我公司投保了国寿福禄鑫尊两全保险(分红型)。2015年5月27日，林某容的妻子黄某红持原告身份证原件、保险合同及林某容实名开立的银行存折前往我公司办理退保，我公司依据保险合同条款予以退保，并将所退保费汇至原告的存折，林某容与案外人黄某红离婚我公司不知情，因案外人黄某红持有原告身份证、存折及合同原件办理退保手续，且原投保人系黄某红，并登记两人系夫妻关系，我公司有理由相信其取得了林某容的授权才予以办理，故请求驳回林某容诉讼请求。

九江市浔阳区人民法院一审经审理认为：

原告林某容与被告中国人寿九江分公司签订的人身保险合同系双方当事人真实意思表示，合法有效。案外人黄某红持林某容身份证及保险合同原件向被告中国人寿九江分公司申请退保，中国人寿九江分公司予以办理退保手续并将退保费汇入林某容的银行账户，中国人寿九江分公司办理退保手续符合双方保险合同约定。林某容主张其身份证被盗且在行政拘留期间案外人黄某红盗用其身份证开户并向中国人寿九江分公司申请退保，中国人寿九江分公司未尽审核义务即予以办理，造成其财产权益受损并要求退还全额保费的诉讼请求，因其未提供证据证实其身份证系被盗用，投保时其与案外人黄某红为夫妻关系，在离婚后其未及时告知中国人寿九江分公司，案外人黄某红代理林某容退保的行为构成表见代理，且双方合同约定退保的条件为“填写解除合同申请书”及“提交保险合同和投保人法定身份证明”，而该条件明显已成就，故中国人寿九江分公司办理退保手续符合保险合同的约定和法律规定，其已尽审核义务，故法院不予支持。判决:驳回林某容全部诉讼请求。本案诉讼费用850元,由林某容负担。

江西省九江市中级人民法院二审经审理认为:

一审确认上诉人林某容与被上诉人中国人寿九江分公司签订的人身保险合同合法有效,于法有据。本案争议焦点为上诉人林某容前妻即案外人黄某红代为办理退保手续是否合法,以及被上诉人中国人寿九江分公司在办理退保时是否按照合同约定履行相应合同义务。依据双方签订的合同第14条"本合同成立后,除本合同另有约定外,投保人可以要求解除本合同。投保人要求解除本合同时,应填写解除合同申请书,并提交保险合同和投保人法定身份证明。本合同自本公司接到解除合同申请书时终止"和第16条"法定身份证明:指依据法律规定,由有权机构制作办法的证明身份的证件、文件等,如居民身份证、户口本、护照、军人证等"之约定,一审确认案外人黄某红持林某容身份证及保险合同原件向中国人寿九江分公司申请退保,中国人寿九江分公司予以办理退保手续并将退保费汇入林某容的银行账户,符合合同双方当事人意思自治原则的约定。退保行为发生于2015年5月,即上诉人林某容与案外人黄某红2014年12月离婚之后,由于上诉人林某容未及时向被上诉人中国人寿九江分公司履行提醒之义务,故一审认为投保时其与案外人黄某红为夫妻关系,在离婚后其未及时告知中国人寿九江分公司,案外人黄某红代理林某容退保的行为构成表见代理,符合法律规定。中国人寿九江分公司办理退保手续符合保险合同的约定和法律规定,其已尽审核义务。综上所述,一审判决认定事实清楚,适用法律正确,故对于上诉人林某容上诉请求,不予支持。判决:驳回上诉,维持原判。

☞ 案例2:被保险人身故后,投保人未经其他权利人同意解除保险合同的行为,能否得到法律支持?

董某珍等诉中国人寿保险股份有限公司
丰都县支公司人身保险合同纠纷案[1]

裁判要旨

保险事故发生后,投保人未经其他权利人同意而提出解除合同的行为无

〔1〕 参见丰都县人民法院(2006)丰民初字第175号民事判决书;重庆市第三中级人民法院(2006)渝三中民终字第315号民事判决书。

效。原因有二：其一，保险事故发生后，保险金就从一种期待权变成了确定的债权，此时投保人解除保险合同，显然剥夺了其他继承人继承保险金的机会；其二，保险公司明知保险事故已经发生仍然同意投保人退保的行为是一种恶意规避理赔责任，有违诚实信用原则的行为。

原告（被上诉人）：黄某秀、黄某明、董某珍

被告（上诉人）：中国人寿保险股份有限公司丰都县支公司（以下简称人寿保险丰都支公司）

基本案情

2004年5月16日，黄某明以自己为投保人，其妻张某英为被保险人和受益人向人寿保险丰都支公司投保"康宁终身保险"1份。保险单上载明：合同生效日期为2004年5月20日，交费方式为年交，每年保险费为850元，保险金额为10,000元。该合同所附的"中国人寿保险股份有限公司康宁终身保险条款"第4条保险责任中约定：在合同有效期内，被保险人身故，本公司按基本保额的三倍给付身故保险金，本合同终止。2005年12月14日，因张某英突发性疾病死亡。2005年12月22日，黄某明向人寿保险丰都支公司提交申请，其上载明："我自愿申请放弃我家属张某英的理赔，不再向中国人寿保险股份有限公司申请索赔；在给张某英保险时，我没有向中国人寿保险股份有限公司如实告知张某英得肺结核一事，请求人寿保险公司退还我所交的保险费"。并于同日向人寿保险丰都支公司提交了保险合同解除申请书。2005年12月27日，黄某明与人寿保险丰都支公司达成了理赔协议书，其上载明：(1)中国人寿保险公司丰都县支公司同意给付受益人所交的保险费本金1700元整。(2)受益人同意放弃保险合同项下其他所有与本次保险事故相关之权利。黄某明在受益人处签字并加盖手印，人寿保险丰都支公司在协议上加盖了单位公章。尔后，黄某明、黄某秀、董某珍遂诉至法院。

原告黄某明、黄某秀、董某珍诉称：

2004年5月19日，黄某明在人寿保险丰都支公司处为其妻张某英投保的"康宁终身保险"合同依法成立并生效，投保人按约履行了合同义务，交纳了保费。合同有效期间，被保险人张某英于2005年12月14日死亡，人寿保险丰都支公司应按约支付保险金30,000元。至于黄某明与保险公司达成的理赔协议，因其系保险公司的工作人员趁黄某明喝醉酒后所为，不是黄某明的真实意思表示，而属无效行为，对本案不发生法律效力。故请求法院判令人寿保险丰

都支公司支付保险金30,000元。

人寿保险丰都支公司辩称：

黄某明投保时隐瞒了张某英患有肺结核的病史，系带病投保，且张某英死亡后黄某明已经与我公司达成了退还1700元保险费的理赔协议，并已经解除了本案保险合同。故我公司不同意赔偿保险金，主张驳回黄某明、黄某秀、董某珍的诉讼请求。

丰都县人民法院一审经审理认为：

黄某明以自己为投保人，以其妻张某英为被保险人与人寿保险丰都支公司签订的康宁终身保险合同依法成立并生效，系有效合同，应当受到法律保护。合同有效期内，被保险人张某英因不明原因死亡，人寿保险丰都支公司又未能举证证明张某英的死亡有保险合同所约定的责任免除情形，人寿保险丰都支公司应当承担按照保险合同约定的支付身故保险金的民事责任。对人寿保险丰都支公司辩称黄某明投保时没有履行如实告知义务，即隐瞒了被保险人张某英投保时患病之事实的问题，因为人寿保险丰都支公司所提供的证据不足以证实黄某明投保时张某英患有肺结核的疾病，且张某英死亡后保险公司与黄某明达成了理赔协议，这足以说明人寿保险丰都支公司认为就本案保险事故应当赔偿，仅是对赔偿数额需要与黄某明协商，所以人寿保险丰都支公司所辩称的黄某明系投保时没有履行如实告知义务的理由不能成立。2005年12月22日，黄某明申请解除本案保险合同，因本案被保险人张某英死亡这一保险事故已经发生，故解除合同不符合法律规定。另外，证人何某华、黄某节、杜某节均证实了2005年12月27日，黄某明与人寿保险丰都支公司签订理赔协议书时黄某明系喝醉了酒，神志不清，且事后黄某明对该协议翻悔，应当认定该理赔协议不是黄某明的真实意思表示，属无效协议。现张某英已经死亡，其权利请求人应为其近亲属即黄某明、黄某秀、董某珍。据此，依照《保险法》第24条第1款之规定，判决如下：中国人寿保险股份有限公司丰都县支公司在判决发生法律效力后10日内支付董某珍、黄某秀、黄某明因张某英死亡的身故保险金30,000元。案件受理费1210元，其他诉讼费680元，共计人民币1890元，由中国人寿保险股份有限公司丰都县支公司负担。

人寿保险丰都支公司不服一审判决，向重庆市第三中级人民法院提起上诉。

重庆市第三中级人民法院二审经审理认为：

黄某明以自己为投保人，以其妻张某英为被保险人向人寿保险丰都支公司投保康宁终身保险，人寿保险丰都支公司在投保单上签署“承保”，并签发保险单，双方之间的保险合同依法成立，内容合法，系有效合同，应当受到法律保护，合同当事人均应当按约履行合同义务。合同履行过程中，在黄某明已交费的保险合同有效期内，被保险人张某英因突发性疾病死亡，发生了合同约定的保险事故。现上诉人人寿保险丰都支公司上诉称，根据被上诉人黄某明提交的申请书上载明的内容及董家中心卫生院的住院费用清单，能证明黄某明在投保时隐瞒了被保险人张某英患肺结核的疾病，其未尽如实告知义务，人寿保险丰都支公司按约不应承担给付保险金的责任。对于上诉人的这一上诉理由，法院认为，黄某明于2005年12月22日向上诉人提交的申请书中虽载明了“在给张某英保险时，我没有向中国人寿保险股份有限公司如实告知张某英得肺结核一事”之内容，但人是否患病以及患何种疾病，应当由医疗机构予以认定和判断，而非任何个人的主观推测。黄某明在该申请书上的陈述系自己根据对其妻张某英的表象而作的主观推测，而非医疗机构的诊断；且因其发生在本案诉讼之前（黄某明、董某珍、黄某秀于2006年2月15日向丰都县人民法院提起本案诉讼），不构成《最高人民法院关于民事诉讼证据的若干规定》第8条“诉讼上的自认”，不能免除人寿保险丰都支公司就“黄某明隐瞒张某英患肺结核，其未尽如实告知义务”这一主张举证的责任。人寿保险丰都支公司又未能提供充分有力的证据证明其所主张的“黄某明未尽如实告知义务”之事实，故人寿保险丰都支公司上诉称其对本案保险事故不应承担保险责任的理由不能成立。

另外，关于2005年12月27日黄某明与人寿保险丰都支公司签订的理赔协议的效力问题，因本案保险合同约定的受益人是本案的被保险人张某英，由于张某英已经死亡，其按约应领取的本案身故保险金依法应由张某英的法定继承人黄某明、黄某秀、董某珍领取。黄某明在无黄某秀、董某珍的授权下以其一人的名义与人寿保险丰都支公司签订理赔协议，就黄某明、黄某秀、董某珍本应领取的本案保险金30,000元进行了处分即只领取1700元，事后也未得到权利人黄某秀、董某珍的认可，该行为侵害了黄某秀、董某珍的合法权益，该份理赔协议应属无效协议，对双方当事人不发生法律效力。至于2005年12月22日黄某明提交的解除合同的申请书所带来的法律后果，因本案的被保险人张某英已于2005年12月14日死亡，本案保险合同约定的保险事故已发生，故该申请书不发生解除合同的效力。

综上所述,本案保险合同合法有效,在保险期间内发生了合同约定的保险事故,人寿保险丰都支公司又不能举证证明投保人投保时违反了如实告知义务及存在其他免责情形,故应承担支付保险金的民事责任。原判认定事实清楚,适用法律正确,依法应予维持。上诉人的上诉理由不能成立,对其上诉请求应予驳回。据此,根据《民事诉讼法》第153条第1款第1项之规定,判决如下:驳回上诉,维持原判。

☞ 案例3:保险合同成立后,投保人以保单分红远低于银行存款利息为由要求解除合同全额退保,能否得到法律支持?

董某霞与中国人寿保险股份有限公司
济南分公司长清支公司人身保险合同纠纷案[1]

裁判要旨

保险合同成立后,投保人以分红利息远低于银行存款利息为由主张解除合同,退还全部保费并支付利息的诉求,法院不予支持。

原告(上诉人):董某霞

被告(被上诉人):中国人寿保险股份有限公司济南分公司长清支公司(以下简称人寿保险长清支公司)

基本案情

2011年11月29日,原告董某霞与被告中国人寿济南分公司长清支公司签订国寿福满一生两全保险(分红型)保险合同一份。投保人和被保险人均为董某霞,保险金额11,869.44元,保险期间50年,年交保费12,000元,该份保险合同现金价值表载明,每1000元保险金额为标准,保险年度末对应的现金价值为223.50元。现金价值表页面载明解除合同说明中对合同解除的条件及限制进行了明确的说明。董某霞在个人保险投保单中声明与授权处书写"本人已阅读保险条款、产品说明书和投保提示书,了解本产品的特点和分红利益的不确定性",并在该处及被保险人处签署"董某霞"。合同签订后,保险公司客

---

[1] 参见济南市长清区人民法院(2016)鲁0113民初327号民事判决书;济南市中级人民法院(2016)鲁01民终3890号民事判决书。

服人员针对投保情况对董某霞进行电话回访，进行了投保真实性确认并提示购买保险是一种长期理财行为，中途退保可能会有损失。次日董某霞交付首期保险金12,000元，此后保险费未再交付。现董某霞认为在签订合同时人寿保险长清支公司存在欺诈手段，使董某霞对保险合同产生了错误认识，人寿保险长清支公司支付的分红利息远低于银行存款利息，双方进入诉讼程序。

原告诉称：

原告与被告签订了一份国寿美满一生年金保险合同（分红型），合同签订后原告按照合同的要求足额交纳了保险费，合同交费期满后原告发现被告支付的分红利息远低于银行的存款利息，原告认为被告在与被告签订合同时存在欺诈的手段，致使原告对上述保险产生了错误的认识，为此原告要求法院依法解除与被告的保险合同，并要求被告退还保险费12,000元及利息3960元，诉讼费由被告承担。

被告辩称：

对于合同内容我公司已经向董某霞进行尽到明确说明义务，因此若原告要求解除合同应按合同约定以现金价值支付退保金。原告单方面终止交费义务侵犯了我公司的合法权益，原告要求利息没有依据，我公司不应支付。

一审济南市长清区人民法院审理认为：

保险合同系投保人与保险人约定保险权利义务关系的协议。原告董某霞在被告处投保国寿福满一生两全保险（分红型），原告、被告在自愿原则基础上所签订的该份保险合同有效，合同内容对双方具有约束力。合同签订后，原告仅交付首期保险费，此后未履行交费义务，合同效力中止。原告董某霞对个人保险投保单中“董某霞”签名及电话录音中“董某霞”声音有异议，但在本院指定期限内未提交书面鉴定申请，视为对其权利的放弃。原告委托代理人董某泉陈述保险合同非董某霞本人签订，而是其找人代签，董某霞本人事后知晓，未发表意见予以反对。原告委托代理人在庭审中亦认可在签订保险合同时其明知并非进行银行储蓄，保险公司业务人员并未向其承诺保险收益与人民银行5年定期存款收益相当。现原告认为被告保险公司作为商业组织从事营利活动所获收益与投保人的收益不平等，主张其个人收益未达到先前预期且低于银行存款利率，该事由并非构成合同无效或可变更、可撤销的法定事由。根据《保险法》第15条的规定，除本法另有规定或者保险合同另有约定外，保险合同成立后，投保人可以解除合同，保险人不得解除合同。现原告要求解除保险合同，被告亦同意解除。故对于原告要求解除与被告签订的保险合同的诉讼请求，本院予以准许。根据原告、被告签订的保险合同现金价值表计算，原告可领取的现金价值为2652.82元。另外，原告可从被告处领取生存金等收益2946.21元，故被告共应向原告返还5599.03元。原告要求被告按人民银行5年定期存款利率支付利息3960元，于法无据，对此本院不予支持。判决如下：

(1)解除原告董某霞与被告中国人寿保险股份有限公司济南市长清区支公司签订的保险合同；(2)限被告于本判决生效后10日内向原告董某霞退还并支付上述保险合同保单现金价值及可领取收益共计5599.03元；(3)驳回原告董某霞的其他诉讼请求。

一审宣判后，原告董某霞不服一审判决，向济南市中级人民法院提起上诉。请求依法撤销济南市长清区人民法院(2016)鲁0113民初327号民事判决第2项、第3项，改判人寿保险长清支公司退还董某霞保险费12,000元及支付利息3960元并承担本案全部诉讼费用。

二审济南市中级人民法院审理认为：

董某霞与人寿保险长清支公司签订的保险合同，董某霞签字确认合同内容，该保险合同系双方真实意思表示，内容合法有效，双方均应履约遵守。该保险合同保险条款中对解除合同的处理作出了明确约定：投保人可以要求解除保险合同，投保人签收保险单后10日内要求解除本合同的，人寿保险长清支公司于接到解除合同申请书之日起30日内向投保人退还已收全部保险费。涉案保险合同于2011年11月29日签订，并于次日交费12,000元，董某霞并未提供证据证实其曾在合同签订后的10日内向人寿保险长清支公司提出过解除合同的申请，因此，根据《保险法》第47条的规定，人身保险合同投保人解除合同的，保险人应当自收到解除合同通知之日起30日内，按照合同约定退还保险单的现金价值。涉案保险合同中对现金价值的计算予以明确约定，且董某霞坚持要求解除保险合同，故董某霞要求人寿保险长清支公司退还全部保费并要求支付利息的上诉理由，无事实及法律依据，本院不予支持。

另外，关于董某霞提出的涉案保险合同的收益未达预期目标的上诉理由，董某霞并未对人寿保险长清支公司曾经对收益进行承诺或人寿保险长清支公司在与董某霞签订保险合同时存有欺诈行为提供相关证据，因此，对于该项上诉理由,本院亦不予支持。

综上所述,董某霞的上诉请求不能成立,应予驳回;一审判决认定事实清楚,适用法律正确,应予维持。判决如下:驳回上诉,维持原判。

☞ 案例4:投保人以保险宣传中的“分红收益免税”存在欺诈为由,要求撤销保险合同全额退保,能否得到法律支持?

唐某与新华人寿保险股份有限公司
北京分公司人身保险合同纠纷案[1]

裁判要旨

投保人以保险宣传中的“分红收益免税”存在欺诈宣传导致其产生重大误解为由,要求保险合同撤销,退还全部保费。法院认为:保险宣传单属于商业广告中的要约邀请,不是合同的组成部分,且收益免税属实,投保人并未因此遭受损失,遂驳回原告诉讼请求。

原告(上诉人):唐某

被告(被上诉人):新华人寿保险股份有限公司北京分公司(以下简称新华人寿)

基本案情

2007年11月,唐某看到了红双喜两全保险(分红型)的宣传资料,宣传资料对保险公司及此款保险产品进行了介绍,如“收益=保证收益+年度分红+终了分红”“收益免税,完全自享”等。同时宣传资料注明:本宣传资料仅供参考,具体内容请以条款为准。宣传资料还以35岁王女士为例进行了投保示例。

2007年11月15日,唐某在新华人寿填写了银代保险专用投保书及授权声明,投保新华人寿的红双喜两全保险(分红型)。当月20日,唐某交纳保险费1000元。次日,新华人寿为唐某出具了保险单,保险的被保险人和投保人均为唐某,初始基本保额10,794元。当月26日,唐某在客户回访问卷暨保险单签收回执上签字。2008年11月22日,新华人寿针对唐某这一保单进行了

[1] 参见北京市丰台区人民法院(2009)丰民初字第00788号民事判决书;北京市第二中级人民法院(2009)二中民终字第11298号民事判决书。

2007年度红利分配。唐某认可其收到了红利保险金额。

2008年年初,唐某对宣传资料上的"收益免税"提出疑问,为此业务员向唐某作出了解释。后唐某两次将此事反映至中国保险监督管理委员会北京监管局(以下简称北京监管局),北京监管局均作出了答复。

一审原告唐某诉称:

2007年,唐某到银行办理储蓄业务时,看到新华人寿"红双喜两全保险"的宣传资料(或产品说明书),资料上称"收益免税"。同年11月15日,唐某再次到银行办理储蓄业务时,向银行工作人员了解"红双喜两全保险"情况,工作人员介绍了保险的各种好处,其中包括明确告诉唐某收益免税,于是,唐某签订了合同,购买了"红双喜两全保险"。2007年年底至2008年年初前后,唐某拿着保险合同和宣传资料(或产品说明书)到银行了解情况。过程中,银行工作人员(应当是保险公司工作人员)明确称:保险收益免税。2008年6月2日,中国保险监管管理委员会下发通知,明确"收益免税"为欺骗投保人的宣传。鉴于此,唐某认为因保险公司进行了欺诈性宣传,致使唐某误认为购买了收益免税的保险产品。故唐某起诉,要求撤销与新华人寿签订的红双喜两全保险合同,要求新华人寿退还保费1000元,支付利息,并承担案件受理费用。

一审被告新华人寿辩称:

(1)唐某与新华人寿签订的保险合同合法有效,新华人寿已依法履行说明义务,不存在欺诈行为。①唐某诉称新华人寿宣传材料存在"欺诈"与事实不符,因为宣传资料仅为要约邀请,并不等同于保险合同,对于唐某及新华人寿不具备法律约束力。而且宣传资料上有特别提示"本宣传资料仅供参考,具体内容以条款为准",这表明宣传资料只是一种要约邀请,不是保险合同的组成部分,它不可能等同于保险合同。②唐某签约过程符合真实意思表示,保险合同合法有效。③新华人寿依法履行了说明义务。(2)新华人寿依约正确履行保险合同。按照唐某投保的"红双喜两全保险(分红型)(C款)"的条款约定,新华人寿每年根据分红保险业务的实际经营状况确定红利分配方案,根据分红率在保单生效日或者红利公布日增加合同的有效保险金额。(3)唐某要求终止保险合同只能依约办理。综上所述,涉案合同的订立系双方真实意思表示,合法有效,新华人寿一直在正确地履行保险合同,唐某主张新华人寿存在欺诈并要求退还已交全部保费及利息,没有事实及法律依据,请求法院依法驳回唐某的诉讼请求。

北京市丰台区人民法院一审经审理认为:

唐某所提供的宣传资料即为宣传、推销"红双喜两全保险(分红型)(C款)"这一险种的保险而制作的,其性质为商业广告。既然是商业广告,则该宣传资料应认定为要约邀请,要约邀请是没有法律约束力的。也就是说,宣传资料上所记载的内容目的在于宣传、推销"红双喜两全保险(分红型)(C款)"这一险种,引诱不特定的人投保、签订保险合同,宣传资料上的内容并不是最终的合同内容,并不是双方最终的意思表示,而且,该宣传资料上也已注明,"仅供参考,具体内容以条款为准!"这就更说明对双方具有约束力的是正式的保险合同,而不可能是宣传资料。既然宣传资料对双方不具有约束力,那么唐某对宣传资料所产生的重大误解,不应对保险合同的效力产生影响。再有,无论是在唐某投保时、签订保险合同时、签收客户回访问卷暨保险单签收回执时、向业务员提出疑问时,新华人寿分别、多次采取了书面说明、口头提示等形式,向唐某说明了其所具有的犹豫期、退保等权利,在上述任何时间段,保险单都是在犹豫期内,唐某均可以要求退保,或对自己不明白的事项要求新华人寿作出解释,但唐某作为一名完全行为能力人,并未行使自己的任何权利,在这种情况下,只能视为其已经自愿接受了保险单及保险条款的内容,同意受到保险合同的约束。且该保险合同未违反有关法律、法规的强制性规定,应为有效合同。至于北京保监局向唐某出具的几份告知书,只是保险行业内部的一种管理措施,其不能对当事人之间自愿签订的保险合同的效力产生影响。综上所述,唐某以对宣传资料产生误解,要求撤销其与新华人寿之间签订的保险合同,退还保险费的请求,没有事实及法律依据,该院不予支持。据此判决:驳回唐某的诉讼请求。

唐某不服一审法院上述民事判决,向北京市第二中级人民法院提起上诉。其主要上诉理由是:

(1)本案双方争议的焦点在于新华人寿是否做过"收益免税"的误导性宣传,从而导致唐某是在重大误解情况下与新华人寿签订保险合同。唐某是以重大误解请求解除合同提起的诉讼,而不是以欺诈为由提起的诉讼,一审法院对唐某起诉的事实没有查清。新华人寿的宣传资料和产品说明书中均明确标注有"收益免税"的宣传内容,其工作人员也向唐某进行了"收益免税"的宣传,唐某是在"收益免税"的误导性宣传下与新华人寿签订的保险合同。而"收益免税"的宣传不仅不符合国家法律法规的规定,也被保险行业的主管部门认定为明显具有误导性宣传的行为。唐某在听信新华人寿这一宣传下,误认为可以获得更大收益才与其签订保险合同,该合同应予撤销。(2)唐某是在保险合同约定的犹豫期满后才获知重大误解的事实,而不是在犹豫期满内,所以本案不适用犹豫期解除合同的情形。一审法院认定本案应适用保险合同有关犹豫期限的约定,适用了不当的事实作为判决依据。(3)新华人寿将宣传资料与产品说明书混为一谈,导致唐某对“收益免税”产生重大误解,双方当事人从未对宣传资料属于要约邀请还是要约产生争议,一审法院审非所诉。因此,请求二审法院撤销原判,依法改判撤销唐某于2007年11月21日与新华人寿签订的红双喜两全保险合同;判令新华人寿退还唐某保险费人民币1000元;判令新华人寿支付自收取唐某保险费之日起至实际退还之日止,按中国人民银行同期一年人民币定期存款利率计算的利息;并由新华人寿承担本案一审、二审诉讼费用。

法院经审理查明的事实与一审法院查明的事实基本一致。法院另查明:2007年9月,唐某就中意人寿北京分公司宣传材料中“年年分红免扣税”的文字表述是否属于保险违法违规行为的事项向北京监管局信访。后又就中国人寿北京分公司宣传材料中“收益免征个人所得税”的表述是否属于保险违法违规行为的事项向北京监管局信访。2007年11月,唐某在看到新华人寿对涉案险种的宣传材料中有“收益免税”的表述后,向新华人寿投保。2008年4月,唐某又向北京监管局投诉反映新华人寿在销售涉案险种中宣传收益免税的问题。截至目前,唐某因投保分红型保险所取得的红利未被征收个人所得税。

北京市第二中级人民法院二审经审理认为:

本案的争议焦点在于唐某是否因重大误解而向新华人寿投保涉案险种。根据《最高人民法院关于贯彻执行〈中华人民共和国民法通则〉若干问题的意见(试行)》第71条的规定,“行为人因对行为的性质、对方当事人、标的物的品种、质量、规格和数量等的错误认识,使行为的后果与自己的意思相悖,并造成较大损失的,可以认定为重大误解”。本案中,唐某在向新华人寿投保涉案险种前,已就其他分红型险种的宣传材料中关于分红收益免税的表述向监管部门信访,在信访过程中,唐某向新华人寿投保涉案险种,投保之后,又就涉案险种中关于收益免税的宣传向监管部门信访。从唐某的信访、投保过程来看,其是在对相关保险分红收益免税的宣传明确提出质疑的情况下,仍然投保了涉案险种,其对自己的投保行为和后果应有清醒和明确认识,而不能认定其存在错误认识。并且,唐某已享受涉案险种的分红,其取得的分红现未被征收个人所得税,本案现亦不存在唐某因投保涉案险种给其造成较大损失的情形。因此,唐某在本案中所称的重大误解，不符合上述法律关于重大误解的规定。其基于重大误解提出的诉讼请求，缺乏依据，法院不予支持。

综上所述，原审判决认定事实清楚，适用法律正确，应予维持。依照《民事诉讼法》第153条第1款第1项之规定，判决如下：驳回上诉，维持原判。

第五节　人身保险合同的无效

合同自由是民事法律中意思自治的具体体现，只有合同自由才能实现交易的繁荣进而促进市场经济的发展。但是自由从来不意味着可以随心所欲，如果对自由不加限制，人性之恶就有可能借合同自由的名义侵犯他人合法利益、甚至公然违法犯罪。

所以必须在尊重合同自由的基础上，赋予国家司法机关对一个已经成立的合同的进行效力性评价的权力。评价依据是根据《民法典》第143条之规定，即使一个合同当事人适格且意思表达真实，但当其内容违反法律、行政法规的强制性规定或违背公序良俗时，国家司法机关有权依职权宣告其无效。

人身保险合同中的无效规定，基本上都立足于一个明确的立法目的，那就是防范道德风险的发生，防止人身保险合同演变成赌博行为甚至成为犯罪行为的诱发因素。

法条汇编

《民法典》(2021年1月1日)

第五百零七条　合同不生效、无效、被撤销或者终止的，不影响合同中有关解决争议方法的条款的效力。

《保险法》(2015年4月25日)

第十九条　采用保险人提供的格式条款订立的保险合同中的下列条款无效：

（一）免除保险人依法应承担的义务或者加重投保人、被保险人责任的；

（二）排除投保人、被保险人或者受益人依法享有的权利的。

第三十一条　投保人对下列人员具有保险利益：

（一）本人；

（二）配偶、子女、父母；

（三）前项以外与投保人有抚养、赡养或者扶养关系的家庭其他成员、近亲属；

（四）与投保人有劳动关系的劳动者。

除前款规定外，被保险人同意投保人为其订立合同的，视为投保人对被保险人具有保险利益。

订立合同时，投保人对被保险人不具有保险利益的，合同无效。

第三十三条 投保人不得为无民事行为能力人投保以死亡为给付保险金条件的人身保险，保险人也不得承保。

父母为其未成年子女投保的人身保险，不受前款规定限制。但是，因被保险人死亡给付的保险金总和不得超过国务院保险监督管理机构规定的限额。

第三十四条 以死亡为给付保险金条件的合同，未经被保险人同意并认可保险金额的，合同无效。

按照以死亡为给付保险金条件的合同所签发的保险单，未经被保险人书面同意，不得转让或者质押。

父母为其未成年子女投保的人身保险，不受本条第一款规定限制。

第三十九条 人身保险的受益人由被保险人或者投保人指定。

投保人指定受益人时须经被保险人同意。投保人为与其有劳动关系的劳动者投保人身保险，不得指定被保险人及其近亲属以外的人为受益人。

被保险人为无民事行为能力人或者限制民事行为能力人的，可以由其监护人指定受益人。

《保险法司法解释（二）》（2021年1月1日）

第二条 人身保险中，因投保人对被保险人不具有保险利益导致保险合同无效，投保人主张保险人退还扣减相应手续费后的保险费的，人民法院应予支持。

《保险法司法解释（三）》（2021年1月1日）

第一条 当事人订立以死亡为给付保险金条件的合同，根据保险法第三十四条的规定，“被保险人同意并认可保险金额”可以采取书面形式、口头形式或者其他形式；可以在合同订立时作出，也可以在合同订立后追认。

有下列情形之一的，应认定为被保险人同意投保人为其订立保险合同并认可保险金额：

（一）被保险人明知他人代其签名同意而未表示异议的；

（二）被保险人同意投保人指定的受益人的；

（三）有证据足以认定被保险人同意投保人为其投保的其他情形。

第三条 人民法院审理人身保险合同纠纷案件时，应主动审查投保人订立保险合同时是否具有保险利益，以及以死亡为给付保险金条件的合同是否经过被保险人同意并认可保险金额。

第四条 保险合同订立后，因投保人丧失对被保险人的保险利益，当事人主张保险合同无效的，人民法院不予支持。

第六条 未成年人父母之外的其他履行监护职责的人为未成年人订立以死亡为给付保险金条件的合同，当事人主张参照保险法第三十三条第二款、第三十四条第三款的规定认定该合同有效的，人民法院不予支持，但经未成年人父母同意的除外。

法条解读

无效合同，是指合同虽然已经成立，但因其违反法律、行政法规、社会公共利益，被确认为无效的合同。无效合同自始无效，合同一旦被确认无效，就产生溯及既往的效力，即自合同成立时起不具有法律的约束力，以后也不能转化为有效合同。无效分为两种情况：一种是全部无效，另一种是部分无效。无效的法律后果是什么？根据《民法典》第157条的规定："民事法律行为无效、被撤销或者确定不发生效力后，行为人因该行为取得的财产，应当予以返还；不能返还或者没有必要返还的，应当折价补偿。有过错的一方应当赔偿对方由此所受到的损失；各方都有过错的，应当各自承担相应的责任。法律另有规定的，依照其规定。"所以，一旦保险合同被认定无效，保险公司应当返还的是从投保人处收取的全部保险费，而不是投保人的保单现金价值，这是保险合同无效与保险合同解除的本质区别。

关于全部无效。就人身保险合同而言，如何认定保险合同无效？有两种方法：一是根据《保险法》第31条看投保人和被保险人在投保时是否具有保险利益关系，二是根据《保险法》第34条之规定看被保险人是否同意并认可保险金额。这个同意和认可最直接的体现就是被保险人在投保单上的本人签字。如果本人没有签字,可以参照《保险法司法解释(三)》第1条的规定综合来判断。如果仍然不能认定,则应当认定保险合同无效,否则就有可能诱发道德风险。比如天津张某在泰国“杀妻骗保”案件中,所有被保险人的签字均是代签,并且被保险人根本就不知道丈夫给自己购买了上千万元保额的死亡理赔保险,结果不幸真的就发生了。

大多数情况下是保险合同的部分无效。其一,在以死亡为理赔条件的保险合同中,投保人未经被保险人的同意指定受益人,那么这种指定行为在被保险人不同意的情况下就是无效的。但只是投保人指定受益人的指定行为无效,不影响合同的其他效力。其二,根据《保险法》第34条第2款之规定:按照以死亡为给付保险金条件的合同所签发的保险单,未经被保险人书面同意,不得转让或者质押。如果投保人未经被保险人书面同意私自把保单转让或者质押贷款,则该转让或者质押行为是无效的,同样也不影响保险合同的其他效力。其三,按照《保险法》第19条之规定:保险合同中如果出现免除保险人依法应承担的义务或者加重投保人、被保险人责任的,则该条款无效。如果保险合同中出现了这样的条款,该条款对投保人不发生法律效力,但是合同的其他条款仍然是有效的。其四,按照《保险法》第39条第2款之规定:投保人为与其有劳动关系的劳动者投保人身保险,不得指定被保险人及其近亲属以外的人为受益人。如果一家企业为其员工购买保险,要求把受益人指定为企业自己,则这种违反法律的强制性规定的条款也是无效的。一旦发生保险理赔,理赔金仍然要理赔给员工个人或者其近亲属。

由于人身保险合同对保险利益的要求是只要保险合同成立时有保险利益就可以,发生理赔时是否还有保险利益关系不影响保险合同的效力和理赔。比如夫妻婚内丈夫给妻子投保,后两人离婚,妻子不久病故,保险公司此时不能以两者没有保险利益关系为由主张合同无效不予理赔。

关于父母对未成年子女投保的问题探讨。为了防范针对未成年被保险人的道德风险,我国《保险法》设置了三重制度保障:父母投保、保险金额限制和被保险人同意。根据《保险法》第33条第2款的规定,父母对未成年子女购买死亡保险,无须经过未成年人同意,但要受到金融监管部门对保额的最高额限制,此处的“未成年人”不区分是8周岁以下的无民事行为能力人还是8周岁以上的限制民事行为能力人。此处的“父母”应当是法律意义上的父母而不是生理意义上的父母，应当包括亲生父母、形成抚养关系的继父母和依法办理收养登记的养父母。无论哪一种父母，他们都应当具有监护权和监护能力。

关于未成年人父母以外的人为未成年被保险人投保的行为，我们借助《保险法司法解释（三）》第 6 条的规定进行拓展。（1）保险营销员最熟悉的操作——爷爷奶奶、姥姥姥爷为孙子女、外孙子女的“隔代投保”。按照我国《保险法》第 33 条第 1 款的规定，爷爷奶奶、姥姥姥爷这些投保人不能给 8 周岁以下的无民事行为能力人投保死亡保险（即使合同成立，也因为违反《保险法》强制性规定而被认定无效），但可以为 8 周岁以上的限制民事行为能力人投保死亡保险。如果被保险人是超过 8 周岁的未成年人，投保人在为其投保时，应当由其法定监护人签字确认。（2）“未成年人父母之外的其他履行监护职责的人”为未成年人订立死亡保险的情形。请注意这里的“未成年人”同样仅指 8 周岁以上的限制民事行为能力人。什么情况下会出现由未成年人的父母之外的人履行监护职责？有可能父母因为刑事犯罪在监狱服刑无法履行监护职责，或者父母是没有监护能力的精神病人，或者父母因为侵害未成年人利益而被依法剥夺了监护权，抑或父母双亡。如果是第一种情况，在征得未成年人父母同意的情况下，其他实际履行监护职责的监护人可以为未成年被保险人购买死亡保险。如果是后两种情况，因为客观上无法取得未成年人父母的同意，保险合同将被一律认定无效。

立法者在这里之所以做这样的制度设计也许是考虑到：在这个世界上，只有未成年人的父母才可以对未成年人死亡保险的正当性和可能的道德风险把关。因为对立法者而言，父母不仅是未成年人的天然法定代理人，而且父母子女之间血脉相连是人世间最可靠的亲缘关系，也是道德风险最低的关系。所以对父母之外的投保人在为未成年人投保死亡保险时，如果没有该未成年人父母的同意，一律作出无效的否定性法律评价，实在用心良苦。虽然不能买死亡保险，但是其他类型的健康医疗保险、带有生存给付功能的分红险还是可以购买的。

典型案例

☞ 案例1:丈夫以妻子为投保人和被保险人,自己为受益人,购买死亡保险,妻子知道后,是否有权利主张保险合同无效?

汤某苗诉中国人寿保险股份有限公司
北京市分公司人身保险合同纠纷案[1]

裁判要旨

丈夫为妻子投保以死亡为给付保险金条件的人身保险,只要未经妻子同意并认可保险金额,该保险合同无效。

原告:汤某苗

被告:中国人寿保险股份有限公司北京市分公司(以下简称人寿公司)

基本案情

2004年4月18日,第三人吕某以其妻子汤某苗的名义向人寿公司投保了国寿鸿鑫两全分红保险。投保单记载,保险金额为473,260.77元,保险期间为定期,保险费为30万元,投保人和被保险人为汤某苗,受益人为吕某,保险条款第5条保险责任约定:被保险人于本合同生效之日起1年内因疾病身故,本公司无息返还所交保险费,本合同终止;被保险人因意外伤害身故或于本合同生效之日起1年后因疾病身故,本公司按基本保险金额200%给付身故保险金,本合同终止。合同签订后,吕某于2004年4月26日以出票人为北京聚鑫方达商贸有限公司、金额为30万元的转账支票形式向人寿公司支付保险费30万元,人寿公司出具了保险费收费凭证。另查,审理法院委托鉴定部门对本案所涉保险的投保单和高保额财务问卷上"投保人"和"被保险人"栏"汤某苗"的签名笔迹进行鉴定,鉴定结果为该签名笔迹与汤某苗的真实签名笔迹不为同一人书写。

原告汤某苗诉称:

2004年4月18日,汤某苗的丈夫吕某与人寿公司签订了保险合同一份,险种为国寿鸿鑫两全保险,保险费为年交30万元,期满日为2007年5月9日,

[1] 参见北京市朝阳区人民法院(2007)朝民初字第04684号民事判决书。

首期保费为30万元,是吕某交纳的。汤某苗为合同中的投保人和被保险人,受益人为吕某。在人寿公司业务员曹某英在场的情况下,投保人和被保险人签字栏的“汤某苗”均为吕某填写。合同签订后,汤某苗并不知情。在2005年4月准备交纳第二年保险费时,汤某苗知道此事,不同意继续交纳保险费,也不愿意投保,因此,多次找人寿公司协商退保,但未成功。汤某苗诉至法院,要求确认该保险合同无效,要求人寿公司退还保险费30万元,按照中国人民银行同期贷款利率支付利息损失,并承担本案诉讼费。

被告人寿公司辩称:

双方签订保险合同是双方真实意思表示,保险数额巨大,汤某苗不可能不知道投保的情况。人寿公司于2004年4月18日在汤某苗家中,对汤某苗的生存状况进行了详细调查,征得汤某苗对投保事实的同意。根据保监会[1999]154号批复,不能认定保险合同无效,因为没有涉及死亡责任部分,也未对汤某苗造成实际经济损失。自2004年5月10日起,人寿公司严格按照合同约定承担保险责任,人寿公司不能全额退还保险费。故不同意汤某苗的诉讼请求。

第三人吕某(原告汤某苗丈夫)述称:

同意汤某苗的起诉意见,但要求人寿公司将保险费和利息返还给吕某本人,因为费用是由吕某交纳的。

北京市朝阳区人民法院经审理认为:

本案所涉国寿鸿鑫两全分红保险合同属人身保险合同,保险条款中约定“被保险人于本合同生效之日起1年内因疾病身故,本公司无息返还所交保险费,本合同终止;被保险人因意外伤害身故或于本合同生效之日起1年后因疾病身故,本公司按基本保险金额200%给付身故保险金”,证明该合同属于以死亡为给付保险金条件的合同,由于该合同未经被保险人汤某苗书面同意并认可保险金额,该合同应认定为无效,双方当事人根据该无效合同取得的财产应当予以返还。现汤某苗关于确认合同无效的诉讼请求,理由和证据充分,法院予以支持。由于人寿公司收取的30万元保险费系吕某以汤某苗的名义所交,而非汤某苗本人实际所交,故人寿公司应当将30万元保险费返还吕某,汤某苗关于人寿公司向其返还该保险费及利息的诉讼请求于法无据,法院不予支持。吕某在未得到汤某苗书面认可的情况下以汤某苗的名义订立本案所涉保险合同,应当对保险合同的无效承担过错责任,吕某要求人寿公司支付保险费利息损失的意见不成立,法院不予采纳。人寿公司关于已征得汤某苗对投保事实同意、不能全额退还保险费的抗辩缺乏依据,法院不予采纳。第三人吕某关于人寿公司返还其交纳的保险费30万元的主张成立,法院予以支持。

北京市朝阳区人民法院如下判决:(1)确认吕某以汤某苗的名义与人寿公司于2004年4月18日签订的险种为国寿鸿鑫两全分红保险的保险合同无效;(2)人寿公司于判决生效后10日内返还吕某30万元。

☞ 案例2:姥姥给未成年外孙投保死亡保险,保险代理人代其监护人签字后,被保险人的监护人能否主张保险合同无效?

袁某庆与信泰人寿保险股份有限公司
江苏分公司人身保险合同纠纷案[1]

裁判要旨

姥姥给外孙子投保以死亡为理赔条件的保险,保险营销员替外孙子的法定监护人签字,结果被保险人法定监护人不同意,最后保险合同认定无效,保险公司退还全部保费。

原告(被上诉人):袁某庆

被告(上诉人):信泰人寿保险股份有限公司江苏分公司(以下简称信泰人寿江苏分公司)

基本案情

2011年9月9日,袁某庆向信泰人寿江苏分公司投保信泰爱无忧两全保险(分红型)D款,保险合同号为50000023××××,被保险人为余某丽。2011年9月13日,信泰人寿江苏分公司收取该合同保险费12万元。信泰爱无忧两全保险(分红型)D款保险合同第2.3条保险责任约定:“在本合同保险期间内,我们承担下列保险责任:身故保险金……”保险合同资料表明,被保险人余某丽于本案保险合同投保时11周岁,欧阳某芳系余某丽的法定监护人,而保险合同中所附个人保险投保单上被保险人/监护人签名“欧阳某芳”非欧阳某芳本人签署。

---

[1] 参见南京市建安区人民法院(2013)建商初字第85号民事判决书;南京市中级人民法院(2014)宁商终字第219号民事判决书。

一审原告袁某庆诉称:

2011年9月,保险业务员吉某华向袁某庆承诺,只要袁某庆交纳25万元,就可以获得江苏华康保险代理公司(以下简称华康公司)的股份,待华康公司于2011年11月上市后,25万元可以升值到34万元。袁某庆在吉某华的安排下,在一些文件上签了名,并交纳了费用。后袁某庆发现受骗,吉某华让其签字的是保险单。因袁某庆购买股份的事情,被保险人余某丽的监护人欧阳某芳从不知情,且保险合同中被保险人余某丽的监护人欧阳某芳的签名也并非本人所签,根据《保险法》第34条的规定,以死亡为给付保险金条件的合同,未经被保险人同意并认可保险金额的,合同无效。于是袁某庆和业务员交涉,要求退还所交纳的费用,但未果。现诉至法院,请求判令:(1)确认案涉人身保险合同无效。(2)信泰人寿江苏分公司退还12万元,并支付自2011年9月14日起至判决确定付款之日止的利息(按同期银行贷款利息计算)。(3)信泰人寿江苏分公司承担本案诉讼费用。

一审被告信泰人寿江苏分公司辩称:

(1)袁某庆提交的诉状中有虚假陈述,2011年9月起袁某庆经常到华康公司常州分公司参加各种活动和会议,对保险业有了认知并决意参与。袁某庆了解到从事保险代理业务不仅可获取保险公司给付的佣金,还可享有代理公司华康公司的股份,遂于2011年9月购买了信泰人寿两份保险合同,并获取了两份保险合同的佣金。信泰人寿江苏分公司有理由相信袁某庆对于《保险法》尤其是第34条谙熟,其以近亲属身份为被保险人购买大额长期保险合同,且故意替被保险人代签名,实则是为日后诉讼埋下种子。(2)本案中信泰人寿江苏分公司无过失。信泰人寿江苏分公司销售的是正规保险产品,无任何欺诈、隐瞒等行为,且信泰人寿江苏分公司在承保后给予投保人合同犹豫期,并对投保人进行电话回访,回访中确认了合同的真实性、有效性,合同相关情况也得到了投保人确认,尽到了应有的告知义务。(3)袁某庆有恶意骗保和恶意诉讼的意图。袁某庆在投保时以"不愿让子女知道其财产为由",唆使和要求保险代理人在被保险人签名处代签名,目的便是日后以此为由恶意诉讼,是恶意骗保行为。(4)被保险人的同意可以是任何方式,包括口头等多种形式,无须拘泥于书面形式。原《保险法》(2002年修正)中规定:"以死亡为给付保险金条件的合同,未经被保险人书面同意并认可保险金额的,合同无效",而2009年修订的《保险法》中,删除了"书面"二字,故仅仅因为代签名就主张合同无效,有悖于新的立法精神。(5)根据《保险法》第16条的规定,因投保人袁某庆故意未履行如实告知义务,足以影响信泰人寿江苏分公司决定是否同意承保,故信泰人寿江苏分公司有权解除本案涉案保险合同。综上所述,袁某庆的诉请缺乏依据,应予以驳回。

南京市建邺区人民法院一审经审理认为:

以死亡为给付保险金条件的合同,未经被保险人同意并认可保险金额的,合同无效。本案中,被保险人余某丽系限制民事行为能力人,应由其监护人作出同意投保的意思表示,但案涉保险合同中被保险人监护人"欧阳某芳"字样并非欧阳某芳本人签名,且投保单等投保资料亦无法证明欧阳某芳已同意投保并认可保险金额,故袁某庆要求确认合同无效,可予支持。信泰人寿江苏分公司因合同无效取得的财产应当返还,袁某庆要求信泰人寿江苏分公司返还收取的保费,原审法院予以支持。袁某庆作为投保人未通知被保险人签名,存在过错,故袁某庆要求信泰人寿江苏分公司支付利息,原审法院不予支持。依照《合同法》第58条,《保险法》第5条、第34条,《民事诉讼法》第64条、第142条、第152条之规定,判决:(1)袁某庆与信泰人寿江苏分公司于2011年9月9日签订的保险合同号为50000023××××的信泰爱无忧两全保险(分红型)D款保险合同无效;(2)信泰人寿江苏分公司于判决生效之日起10日内向袁某庆返还保险费12万元;(3)驳回袁某庆其他诉讼请求。

宣判后,信泰人寿江苏分公司不服一审判决,向南京市中级人民法院提起上诉,请求撤销一审判决,依法改判驳回袁某庆的诉讼请求并判令全部诉讼费用由袁某庆承担。主要事实和理由为:(1)被保险人余某丽的监护人欧阳某芳系投保人袁某庆唯一女儿,且两人感情甚好,应当知道袁某庆的投保行为。袁某庆称欧阳某芳并不知晓袁某庆的投保行为,与常理不符。(2)袁某庆指使吉某华假冒欧阳某芳在被保险人处签名,欺骗信泰人寿江苏分公司,信泰人寿江苏分公司有权解除合同并要求袁某庆承担赔偿责任。(3)华康公司保险业务员吉某华在订立案涉人身保险合同时存在重大过失,原审法院在判决书中未提及,对信泰人寿江苏分公司极不公平。(4)根据2009年修订的保险法规定,被保险人同意的意思表示并非必须以书面形式作出,原审法院以被保险人欧阳某芳未亲笔签名即认定案涉保险合同无效,有悖于保险法立法精神,应予纠正。(5)根据《保险法司法解释(二)》第3条的规定,欧阳某芳的签名虽系吉某华代签,但因投保人袁某庆已按约交纳保险费用,故应视为对吉某华签字行为的追认,案涉保险合同有效。

南京市中级人民法院二审经审理认为:

经当事人确认,本案的争议焦点是案涉保险合同是否无效。

法院认为,我国《保险法》第34条第1款规定,"以死亡为给付保险金条件的合同,未经被保险人同意并认可保险金额的,合同无效"。本案中,袁某庆投保的信泰爱无忧两全保险(分红型)D款中明确约定被保险人身故为支付保险金条件,故该保险合同签订时应当取得被保险人余某丽的法定监护人欧阳某芳同意,否则无效。信泰人寿江苏分公司称袁某庆与欧阳某芳系母女关系,袁某庆签订案涉保险合同时欧阳某芳应当知晓并已同意,但并未提供证据证明,故对该主张,法院不予采信。因案涉保险合同并未取得被保险人余某丽的法定监护人欧阳某芳同意并认可,故应属无效。信泰人寿江苏分公司主张根据《保险法司法解释(二)》第3条之规定,案涉保险合同有效,但该条款系对投保人签名系他人代签之规定,并不适用于本案中被保险人签名系他人代签之情形,故信泰人寿江苏分公司的该主张,缺乏法律依据,法院不予支持。信泰人寿江苏分公司称袁某庆恶意唆使吉某华假冒欧阳某芳签名,但未能提供证据证明,信泰人寿江苏分公司据此主张解除合同并要求袁某庆赔偿损失,证据不足,法院不予支持。至于信泰人寿江苏分公司所称的吉某华假冒欧阳某芳签名损害其公司利益的问题,与本案并非同一法律关系,不属于本案审理范围,法院对此不予理涉,信泰人寿江苏分公司可另案主张。

综上所述,原审判决认定事实清楚,适用法律正确,实体处理并无不当。据此,依照《民事诉讼法》第142条、第170条第1款第1项之规定,判决如下:驳回上诉,维持原判决。

☞ 案例3:限制民事行为能力人签订的保险合同,当其法定代理人(妻子)反对时,是否有权利主张保险合同无效?

曹某国与中国平安人寿保险股份有限公司永川支公司人身保险合同纠纷案[1]

裁判要旨

本案例中保险合同之所以被认定无效,主要原因是投保人签订保险合同时

[1] 参见重庆市永川区人民法院(2014)永法民初字第02363号民事判决书。

有证据证明系限制民事行为能力人,因事后该合同遭到其法定代理人(妻子)的拒绝追认而无效。本案例中原告妻子发现保险合同后,先通过法院判决确认原告投保时系限制民事行为能力人,从而根本上动摇了保险合同的效力根基,合理又合法。

原告:曹某国,法定代表人:张某平(其妻子)

被告:中国平安人寿保险股份有限公司永川支公司

基本案情

2010年5月14日,原告以自己为被保险人在被告处购买了主险种为平安智盈人生终身寿险(万能型)并附加智盈重疾寿险、附加一年期短险的人身保险,并签订了《人身保险合同》一份,约定生存保险金受益人为曹某国,身故保险金受益人第一顺位为张某平,第二顺位为曹某然;交费年限为终身,保险期间为终身,首期保险费为6000元,首期追加保险费44,000元。同日,原告向被告支付了保险费50,000元,被告亦向原告交付了《中国平安人寿保险股份有限公司平安智盈人生终身寿险(万能型)条款》,该条款约定了合同构成、合同成立与生效、保险责任、责任免除、保险金的领取、保单红利、合同效力的中止与恢复等内容。2011年5月31日,原告通过银行转账方式从被告处退还45,000元。

2014年4月22日,原告的妻子张某平向本院起诉请求宣告原告自2010年3月9日起为限制民事行为能力人,本院于2014年6月16日作出(2014)永法民特字第00009号终审民事判决书,该判决书确认:(1)宣告曹某国自2010年3月9日起为限制民事行为能力人;(2)指定张某平为曹某国的监护人。被告质证后对该判决书不予认可,但未举示相反证据予以反驳。

审理中,原告的法定代理人张某平明确表示拒绝追认原告与被告签订的《人身保险合同》,并将要求被告退还保险费50,000元的诉讼请求变更为退还保险费5000元。

原告诉称:

2010年4月15日,被告公司的保险代理人杨某为、李某与原告商谈购买人身保险事宜。在杨、李二人的误导诱惑下,原告因在煤矿上班致脑部受伤后四级智残无法辨别保险合同的相关条款,于2010年4月29日在被告处购买了主险种为平安智盈人生终身寿险(万能型)人身保险,保险费为6000元,后追加44,000元,共计交纳保险费50,000元。原告购买保险后一直未告知其妻子。2014年2月,原告之妻得知前述事情后当即表示异议,原告之妻认为,原告本是四级脑残的残疾人，属于无民事行为能力人或限制民事行为能力人，无法理解前述人身保险合同。根据《合同法》第 47 条“限制民事行为能力人订立的合同，经法定代理人追认后，该合同有效，但纯获利益的合同或者与其年龄、智力、精神健康状况相适应而订立的合同，不必经法定代理人追认”之规定，原告与被告签订的人身保险合同未经原告法定代理人的追认，该合同对原告不发生法律效力，被告理应将所收取的保险费退还原告。原告之妻多次到被告处要求退还，被告均只同意退还原告现金价值，故起诉要求：(1) 确认原告与被告于 2010 年 4 月 29 日签订的《中国平安人寿股份有限公司人身保险合同》(以下简称《人身保险合同》) 无效；(2) 被告返还保险费 50,000 元。

被告辩称：

(1) 原告投保时交纳了保险费 6000 元，后又交纳 44,000 元属实，2011 年 5 月原告通过电子系统自行退款 45,000 元，截至 2011 年 5 月，原告只交纳一年的保险费 5000 元，该保单在 2011 年 7 月停效，截至 2013 年 7 月无复效保全记录，该合同已失效，现有现金价值为零；(2) 原告在与被告签订合同时无任何证据证明其系脑力残疾，该合同为有效合同，且按照法律规定，只有未成年人和精神病人属于无民事行为能力人和限制民事行为能力人，原告作为成年人，其法定代理人认为其属于无民事行为能力人和限制民事行为能力人无法律依据，故请求驳回原告的诉讼请求。

重庆市永川区人民法院经审理认为：

该院已经生效的民事判决书已确认原告在与被告签订的《人身保险合同》前为限制民事行为能力人，被告质证后虽不予认可，但未举示相反的证据予以反驳，根据 2011 年《最高人民法院关于民事诉讼证据的若干规定》第 2 条的规定，其公司应承担举证不能的不利后果，据此本院认定原告在与被告签订《人身保险合同》时为限制民事行为能力人，因该合同系商事合同而非纯获利益的合同，合同内容涉及合同的成立与生效、合同效力的中止与恢复等法律专业知识，作为一般不了解法律专业知识的完全民事行为能力人都有可能不能完全理解前述合同条款内容，而原告作为限制民事行为能力人签订该合同显然与其智力、精神健康状况不相适应，根据《合同法》第 47 条“限制民事行为能力人订立的合同，经法定代理人追认后，该合同有效，但纯获利益的合同或者与其年龄、智力、精神健康状况相适应而订立的合同，不必经法定代理人追认”之规定，该合同须经原告的法定代理人张某平追认后有效，但被告未举示原告的法定代理人张某平已追认的证据，同时庭审中原告的法定代理人张某平明确表示拒绝追认，因此，该《人身保险合同》对原告不产生法律效力，该合同无效。原告要求确认与被告于2010年5月14日签订的《人身保险合同》无效的诉讼请求符合法律规定，本院予以支持。被告的该辩解理由不能成立，本院不予采纳。

同时，根据《合同法》第47条"合同无效或者被撤销后，因该合同取得的财产，应当予以返还；不能返还或者没有必要返还的，应当折价补偿。有过错的一方应当赔偿对方因此所受到的损失，双方都有过错的，应当各自承担相应的责任"之规定，《人身保险合同》被确认无效后，被告应当将原告交纳的保险费5000元（50,000元-45,000元）返还原告，故原告要求被告返还保险费5000元的诉讼请求成立，该院亦予以支持。据此，判决如下：

（1）确认原告曹某国与被告中国平安人寿保险股份有限公司重庆市永川中心支公司于2010年5月14日签订的《中国平安人寿保险股份有限公司人身保险合同》无效；（2）由被告中国平安人寿保险股份有限公司重庆市永川中心支公司于本判决生效后5日内返还原告曹某国保险费5000元。

☞ 案例4：保险代理人因代理行为瑕疵导致合同无效的，保险公司有无权利解除代理合同并扣发相关佣金？

单某某与中国平安人寿保险股份有限公司上海分公司保险代理纠纷案[1]

裁判要旨

保险代理人因代理行为瑕疵导致保险合同无效，保险公司与客户协商退保后，有无权利单方面解除代理合同？保险代理人有无权利向保险公司主张因解除代理合同带来的经济损失？

原告（上诉人）：单某某

被告（被上诉人）：中国平安人寿保险股份有限公司上海分公司（以下简称平安人寿）

---

〔1〕参见上海市静安区人民法院（2009）静民一（民）初字第1626号民事判决书；上海市第二中级人民法院（2010）沪二中民一（民）终字第1189号民事判决书。

基本案情

单某某自2002年3月起进入平安人寿担任保险代理人,双方签订了《保险代理合同书》。2002年9月至2007年11月,单某某作为平安人寿的保险代理人先后与郑甲、王某某(两案外人系夫妻关系)签订了8份保险合同,被保险人均为郑甲、王某某的儿子郑丙和女儿郑乙。截至发生退保纠纷时,郑甲、王某某累计交纳保费人民币(以下币种均为人民币)516,391元,已领取生存金及红利35,543元。2008年10月,单某某曾书面告知平安人寿,郑甲、王某某在投保时并未让儿子、女儿知道,现王某某生病住院,急需医药费,故要求退保。同年12月,郑丙、郑乙共同向平安人寿作出申明,表示涉案保单上并非其亲笔签名,要求平安人寿退还已交保费。平安人寿在核实确认涉案保单非被保险人亲笔签名后,于2009年2月1日与郑甲、王某某、郑乙协商订立了解约申明,解约金为460,848元(已交保费516,391元-生存金及红利35,543元-郑甲、王某某自愿承担20,000元)。解约申明签订后,平安人寿已向郑甲等支付解约金460,848元。

一审法院另查明,基于保险合同有效的前提,投保人提前解除全部8份保险合同(退保)可获得的现金价值总额为322,310.74元。在本案所涉8份保险合同中,单某某获佣金33,607.44元,单某某所在营业部主任和经理获管理收入4304.20元。平安人寿尚有19,716.88元佣金未向单某某支付。

原告单某某诉称:

原告、被告于2002年3月签订了《保险代理合同书》,并于2003年和2008年续签,根据双方签订的合同,被告应支付原告续年度服务津贴及相应的利息。原告于2008年10月辞职,但被告未及时注销原告的保险代理资格,致使原告无法到别的公司从事保险工作,被告应当赔偿原告2008年10月至2009年12月的损失。现原告起诉来院,请求判令:(1)被告返还原告代理费人民币26,106.06元及利息3000元;(2)被告赔偿原告未及时注销展业证的损失30,000元。

被告平安人寿辩称:

原告所主张的代理费是在2009年2月22日至2010年7月17日发生的,此系原告、被告保险代理合同终止以后发生的,并且原告也没有对相关客户提供过任何服务,按照双方的合同约定,被告无须向原告支付代理费及利息;关于原告主张的待业损失,由于办理展业证的注销需要原告将展业证交付给被告,而原告直至2009年10月才交付,导致被告无法为其注销,所以原告主张的待业损失是由其自己造成的,故请求法院驳回原告的全部诉讼请求。

一审上海市静安区人民法院认为：

本案的争议焦点有二：(1)被告是否应当向原告支付续年度服务津贴及利息。法院认为，原告、被告签订的《保险代理合同书》对双方均具有约束力，双方应当恪守履行。被告在2009年1月14日向原告发出了《解除〈保险代理合同书〉通知》，自此双方的保险代理关系解除。根据《保险代理合同书》以及“基本管理办法”的规定，续年度服务津贴的支付对象必须是当年度在职的业务员。现原告所主张的代理费所对应的续期保险费均发生于2009年2月之后，即在双方解除代理关系之后，因而原告的主张并无依据，法院不予支持。(2)被告是否应当赔偿原告的待业损失。法院认为，当事人应当按照约定全面履行自己的义务，并且应当遵循诚实信用原则，根据合同的性质、目的和交易习惯履行相应的义务。本案中，原告是保险代理的从业人员，在终止保险代理关系之后，保险公司不及时注销展业证将使其无法继续从事保险代理人这一职业。被告应当按照法律规定和诚实信用原则积极履行合同的附随义务，及时办理相关的展业证注销手续，为原告再就业提供条件。现被告未及时为原告注销展业证，由此所造成的损失理应由被告承担。关于被告辩称的，其未及时注销系因原告未将展业证交予被告，并未提供证据予以证明，法院对被告的辩称不予采信。

关于被告未及时注销展业证对原告所造成的损失，法院认为，对此原告负有相应的举证责任。从原告提供的证据来看，无法证明其所主张的要求被告赔偿30,000元的损失。法院根据被告迟延履行的时间、违约程度及原告工资损失的预期利益，酌定被告赔偿原告损失8000元。

综上所述，根据《合同法》第6条、第60条的规定，判决如下：(1)被告平安人寿应于判决生效之日起10日内赔偿原告单某某未及时注销展业证的损失8000元；(2)原告单某某要求被告平安人寿返还代理费人民币26,106.06元及利息的诉讼请求，不予支持。

单某某不服判决，向上海市第二中级人民法院提起上诉称：

其代理被上诉人与案外人签订的保险合同是无效合同，并非被保险人退保，不应计算现金价值，被上诉人比照有效合同计算的损失是不存在的。而且，保险合同的订立必须经过被上诉人的审核，被上诉人未向被保险人核实签名的真实性，被上诉人对合同的无效存在过错，因此被上诉人自身过错导致的后果不应由上诉人承担。请求二审法院依法改判。

被上诉人平安人寿认为：

上诉人代理签订的保险合同未经被保险人签名，根据双方之间代理合同的约定，上诉人应当承担违约责任，赔偿被上诉人的财产损失。有效合同的退保与无效合同的退费金额之间的差额是被上诉人的财产损失，原审法院根据双方当事人的过错所作的损失分担是正确的，请求二审法院维持原审法院判决。

上海市第二中级人民法院认为：

上诉人与被上诉人之间签订了保险代理合同，根据合同的约定，上诉人负有向被上诉人提供客户真实签名文本的合同义务，违反合同义务则应承担赔偿损失的违约责任。相关合同条款并无无效事由，应当对上诉人发生法律约束力。被上诉人比照退保计算的财产损失是其可得利益损失，依法应当列入违约赔偿范围，原审法院根据被上诉人的自身过错，减轻了上诉人的赔偿责任，并无不当，法院予以确认，上诉人拒绝承担赔偿责任的理由不充分，法院无法采信。据此，依照《民事诉讼法》第 153 条第 1 款第 1 项之规定：驳回上诉，维持原判。

第六节　人身保险合同的中止和复效

合同中止，是指在合同有效期内，因为发生了中止事由，导致合同权利、义务关系暂处于停止的状态。在人身保险合同的履行过程中，保险合同的效力会因为投保人在宽限期届满后仍然欠交保险费而暂时停止，这种暂停状态就是人身保险合同的中止。中止期内，保险合同“未失效也未终止，但保险人和投保人双方不负对待给付义务”。[1]

恢复已经处于中止状态的保险合同的效力，称为保险合同的复效。根据《保险法》第 37 条第 1 款的规定，保险合同进入中止期后，经保险人与投保人协商并达成协议，在投保人补足保险费后，合同效力恢复。

法条汇编

《保险法》(2015 年 4 月 24 日)

第三十六条　合同约定分期支付保险费，投保人支付首期保险费后，除合

[1] 樊启荣：《保险契约告知义务制度论》，中国政法大学出版社 2004 年版，第 169 页。

同另有约定外，投保人自保险人催告之日起超过三十日未支付当期保险费，或者超过约定的期限六十日未支付当期保险费的，合同效力中止，或者由保险人按照合同约定的条件减少保险金额。

被保险人在前款规定期限内发生保险事故的，保险人应当按照合同约定给付保险金，但可以扣减欠交的保险费。

第三十七条 合同效力依照本法第三十六条规定中止的，经保险人与投保人协商并达成协议，在投保人补交保险费后，合同效力恢复。但是，自合同效力中止之日起满二年双方未达成协议的，保险人有权解除合同。

保险人依照前款规定解除合同的，应当按照合同约定退还保险单的现金价值。

《保险法司法解释（三）》（2021年1月1日）

第七条 当事人以被保险人、受益人或者他人已经代为支付保险费为由，主张投保人对应的交费义务已经履行的，人民法院应予支持。

第八条 保险合同效力依照保险法第三十六条规定中止，投保人提出恢复效力申请并同意补交保险费的，除被保险人的危险程度在中止期间显著增加外，保险人拒绝恢复效力的，人民法院不予支持。

保险人在收到恢复效力申请后，三十日内未明确拒绝的，应认定为同意恢复效力。

保险合同自投保人补交保险费之日恢复效力。保险人要求投保人补交相应利息的，人民法院应予支持。

法条解读

人身保险合同效力的中止和复效是保险合同有别于其他合同的显著特征之一。由于人身保险合同具有长期性和连续性特点，所以很多投保人都会选择分期交费的方式。如果在交费期内出现投保人偶然遗忘或者暂时经济困难无法按时交付续期保费的情况，就直接认定保险合同终止，则对投保人不公正，因为原合同终止后投保人再行投保，则要面临重新投保带来的保费增加甚至拒保的风险。

所以法律上给予投保人两个缓冲和自救的机会。第一个就是可以按照

《保险法司法解释(三)》第7条的规定由投保人之外的第三人代为支付。因为第三人仅仅是替投保人支付保费,并不替代投保人在保险合同中的当事人身份,所以既不会涉及道德风险问题,还能保持保险合同的稳定性,应当给予肯定;第二个就是宽限期和中止期制度,以及中止期内申请复效制度。宽限期内,保险公司仍然需要按照合同承担保险责任,但是在给付保险理赔金时保险公司可以把应交保费提前扣除掉。这样操作虽然没有《保险法》的明确授权,但是从公平责任原则和保险合同的合同目的角度看,是没有问题的。

对于宽限期,国内的保险合同基本上都约定为两个月,如果超过两个月仍未交上保费,保险合同进入中止期(投保人投保时也可选择自动垫交条款延缓中止期到来)。根据《保险法》第37条第1款之规定,中止期的时间为两年。中止期内发生保险事故,保险公司不承担保险责任。合同一旦进入中止期,被保险人处于无法得到保险保障的不安全状态,对保险公司而言,虽无须承担保险责任但也因此可能失去一位客户,所以为矫正这种状态,避免给合同的双方带来麻烦,保险合同的中止期复效制度应运而生。

在中止期内复效,投保人需要就中止期间危险程度显著增加的事项告知保险公司,否则保险公司可以拒绝复效申请。提出复效申请的权利在投保人,同意复效的权利在保险公司。已经效力中止的人身保险合同如果要重新生效,应当是投保人和保险公司双方达成合意的结果。毕竟在保险合同效力中止期内,被保险人的健康状况处于不确定状态,甚至还会有被保险人体检发现健康异常后主动申请复效的逆选择行为。根据《保险法司法解释(三)》第8条第1款的规定,保险合同效力依照《保险法》第36条规定中止,投保人提出恢复效力申请并同意补交保险费的,除被保险人的危险程度在中止期间显著增加外,保险人拒绝恢复效力的,人民法院不予支持。可知,投保人申请复效,如果原则上并没有增加保险公司所承保的风险,只要投保人提出复效申请,并同意补交保险费及相应利息后,保险公司无正当理由就应当复效。

保险公司不同意复效的"正当理由"是什么?司法解释规定为"被保险人的危险程度在中止期间显著增加",如何理解这句话,还是要回到《保险法》的基本立法精神去找答案。《保险法》第16条第2款规定,投保人故意或者因重大过失未履行前款规定的如实告知义务,足以影响保险人决定是否同意承保或者提高保险费率的,保险人有权解除合同。"影响保险人决定是否同意承保"或"提高保险费率"的事项均系投保人投保时如实告知的重要内容,而今申请合同复效，也应当遵照这两个标准就被保险人在中止期间的危险程度向保险公司如实告知。由保险公司评估有没有“危险程度显著增加”，如果有则应当允许保险公司行使拒绝复效的权利。

如何理解“危险程度显著增加”？首先，这个危险不是投保时就存在的，而是在中止期内新发生的。如果这个危险在投保时已经存在，复效时因为没有“新增加危险程度”，所以保险公司无权拒绝复效。其次，这个危险程度的增加必须达到“显著”的程度，也就是说，在中止期内发生的新危险是一般性的危险，不足以达到“影响保险人决定是否同意承保”或“提高保险费率”的程度，则保险公司也无权拒绝复效。实务中在投保人申请复效时，保险公司要求投保人如实告知、被保险人重新体检，或者重新计算观察期的行为都是对复效风险的合法控制措施。

典型案例

☞ 案例1：保险公司单方面改变保费交纳方式导致保单失效的，投保人提交复效申请时，保险公司是否有权利拒绝复效？

陆某芳诉中国人寿保险股份有限公司
太仓支公司保险合同纠纷案[1]

裁判要旨

人寿保险合同未约定具体的保费交纳方式，投保人与保险人之间长期以来形成了较为固定的保费交纳方式的，应视为双方成就了特定的交易习惯。保险公司单方改变交易习惯，违反最大诚信原则，致使投保人未能及时交纳保费的，不应据此认定保单失效，保险公司无权中止合同效力并解除保险合同。

原告（被上诉人）：陆某芳

被告（上诉人）：中国人寿保险股份有限公司太仓支公司（以下简称中国人寿太仓支公司）

〔1〕 载《最高人民法院公报》2013年第11期。

基本案情

1997年2月13日,原告投保人陆某芳向中国人寿太仓支公司投保了少儿一生幸福保险,被保险人董某威,保险期限自1997年2月14日12时起,交费期15年,交费方式为年交,保险费720元。陆某芳投保时,直接交纳了第一年保费,之后两年由中国人寿太仓支公司业务员刘某每年上门向陆某芳收取现金保费。从2000年开始,中国人寿太仓支公司委托邮政部门向陆某芳发送交费通知单,至2008年陆某芳每年按照交费通知单的提示向中国人寿太仓支公司指定的银行交纳保费,在银行直接领取保费收据。2009年中国人寿太仓支公司仍委托邮政部门发送交费通知单,但陆某芳称并未收到交费通知单。2010年之后在交费期即将届满之时,中国人寿太仓支公司却终止了委托邮政部门向陆某芳发送交费通知书的业务。2011年5月,刘某委托姐姐到陆某芳处上门办理银行代扣保费业务时,陆某芳知晓自己未按期交纳保费致使保单失效,当月向中国人寿太仓支公司申请复效,中国人寿太仓支公司拒绝复效。

原告陆某芳诉称:

经保险代理人刘某联系,陆某芳与被告中国人寿太仓支公司于1997年2月13日签订了一份少儿一生幸福保险的保单,保险期限自1997年2月14日12时起,交费期15年,年缴720元。中国人寿太仓支公司每年发出交费通知书,陆某芳按通知书交费。但是,自2009年起,中国人寿太仓支公司无故不再发出交费通知书,导致陆某芳未能按期交费,后陆某芳向中国人寿太仓支公司反映情况,但中国人寿太仓支公司以保单失效为由拒收保费,引起纠纷,故诉至法院请求判令:(1)中国人寿太仓支公司恢复保单效力,继续收取保费;(2)赔偿陆某芳为保单复效的损失2000元;(3)由中国人寿太仓支公司承担诉讼费用。

被告中国人寿太仓支公司辩称:

(1)《保险法》规定,交纳保险费是投保人的义务;(2)保险费的催交不是保险人的法定义务;(3)保险法规定人身保险合同超过两年未交费的,永久失效。本案保险合同因超过两年未交费,所以本合同已经失效,请求法院驳回陆某芳诉讼请求。

江苏省太仓市人民法院一审经审理认为:

原告陆某芳为被保险人董某威向被告中国人寿太仓支公司投保人身保险,中国人寿太仓支公司签发了保单,保险合同依法成立并生效。保险条款关于交费、失效、复效的约定中,投保人本应在每年的2月交纳当年保险费,这是投保人应履行的义务,但保险条款中并未约定具体的交纳方式,根据中国人寿太仓支公司业务员刘某的证言及该公司的陈述,订立合同后的第二年和第三年保险费是刘某上门收取,之后至2008年,投保人是按照太仓人寿保险公司委托邮政部门发送的交费通知书告知的时间和地点交纳保险费,双方已成就了特定的交易习惯。2009年,中国人寿太仓支公司虽委托邮政部门发送交费通知书,但邮政部门是否按约发送给陆某芳,中国人寿太仓支公司并未提供证据证明。2010年在交费期即将届满之时,中国人寿太仓支公司已不再发送交费通知书,单方中断向陆某芳履行有效通知的义务,致使陆某芳未能及时交纳保费,且重组并未改变中国人寿太仓支公司应履行收取保费及通知交缴等习惯形成的义务。因此,对投保人两年内未能交费致使保单失效应由中国人寿太仓支公司承担责任,中国人寿太仓支公司无权径依《保险法》的规定和保险条款的约定中止合同效力并解除保险合同,故对陆某芳要求中国人寿太仓支公司继续履行合同义务的诉讼请求法院予以支持。关于陆某芳诉请中国人寿太仓支公司赔偿损失2000元的请求,因陆某芳未能提供证据证明,不予支持。

据此,太仓市人民法院依照《保险法》第36条、《合同法》第60条第2款之规定,于2012年11月20日作出判决:(1)原告陆某芳与被告中国人寿太仓支公司继续履行1997年2月13日签订的少儿一生幸福保险合同;(2)被告中国人寿太仓支公司于判决生效之日起10日内收取原告陆某芳应交纳的2009年及之后应交纳的保险费;(3)驳回原告陆某芳其他诉讼请求。

一审判决后,中国人寿太仓支公司不服,向苏州市中级人民法院提起上诉。

江苏省苏州市中级人民法院二审经审理认为:

《合同法》第60条规定,当事人应当按照约定全面履行自己的义务。当事人应当遵循诚实信用原则,根据合同的性质、目的和交易习惯履行通知、协助、保密等义务。根据现已查明的事实,在案涉保险合同履行的前两年,系由上诉人中国人寿太仓支公司业务员上门向被上诉人陆某芳收取保费,2000年开始中国人寿太仓支公司委托邮政部门向陆某芳发交费通知单,至2008年陆某芳每年按照交费通知单的提示向中国人寿太仓支公司指定的银行交纳保费。由此可见,首先,双方已经就交纳保费形成了一定的交易习惯,即由中国人寿太仓支公司上门收取保费或由其通知投保人按其指定交纳保费;其次,中国人寿太仓支公司在合同履行过程中亦曾要求投保人变更交费方式(前两年为上门收取保费，后变更为由投保人按交费通知要求至相关指定银行进行交费)，在该种情形下，投保人无法确认每年交费方式是否相同，因此，作为保险人的中国人寿太仓支公司更应负有每年通知投保人交费及告知交费方式的义务。但是在案涉保险合同履行过程中，中国人寿太仓支公司并无证据证明其于2009年向投保人陆某芳送达缴费通知书，2010年后更是未向陆某芳发送交费通知书。据上述分析，显然造成投保人陆某芳两年未能交费这一后果的主要责任在于中国人寿太仓支公司，在该种情况下其无权仅依《保险法》的相关规定及合同的相关约定中止合同效力并主张解除合同。在特别法有明确规定的情形下应当优先适用特别法，而在特别法无明确规定的情况下应当适用一般法的相关规定。因此，原审法院在《保险法》无明确规定的情况下适用《合同法》的相关规定，合法有据。中国人寿太仓支公司主张原审法院适用法律错误的上诉理由显然也不能成立。综上所述，一审判决认定事实清楚，适用法律正确，实体处理亦无不当。苏州市中级人民法院依照《民事诉讼法》第170条第1款第1项之规定，于2013年1月18日作出判决：驳回上诉，维持原判。该判决为终审判决。

☞ 案例2：保险公司能否以被保险人在保险合同中止之前患有的疾病为由，拒绝恢复保险合同效力？

黄某杰诉中国人寿保险股份有限公司
无锡市分公司人身保险合同案[1]

裁判要旨

保险公司能否以被保险人在保险合同效力中止之前患有的疾病为由拒绝恢复保险合同效力？如果被保险人的危险程度在合同效力中止之前已显著增加，则其申请复效不会增加保险公司的风险，保险公司拒绝恢复效力缺乏正当性。

原告：黄某杰

被告：中国人寿保险股份有限公司无锡市分公司(以下简称中国人寿无锡分公司)

[1] 参见无锡市滨湖区人民法院(2016)苏0211民初字第3241号民事判决书。

基本案情

2000年11月20日,黄某杰向中国人寿无锡分公司投保了国寿金色夕阳养老年金保险(A),保险金额为1万元,保险期间为终身,交费期间为39年,交费方式为年交,领取方式为年领,起领时间为2039年11月22日,保险费为670元。在投保人告知事项中,除了有无机动车驾驶证外,其他选项均勾选为否(包括过去是否因疾病或受伤住院或手术,是否患有冠心病、心肌梗塞、风湿性心脏病、肺源性心脏病、先天性心脏病、心肌病、高血压等)。投保单声明与授权栏处载明:"本人谨此代表本人及被保险人声明及同意,向贵公司投保上述保险,对保险条款的各项规定均已了解,所填投保单各项及告知事项均属事实并确无欺瞒。"2000年11月21日,中国人寿无锡分公司向黄某杰出具保险单及保险条款。分期交付保险费的,年交保险费的交付日期为本合同每年的生效对应日。投保人如未按上述规定日期交付保险费的,自次日起60日为宽限期间,在宽限期间内发生保险事故,中国人寿无锡分公司负保险责任,逾宽限期间仍未交付保险费的,合同效力自宽限期间届满的次日起中止。合同效力中止之日起两年内,投保人可填写复效申请书,并提供被保险人的健康声明书或体检报告书,申请恢复合同效力,经公司审核同意,自投保人补交所欠的保险费及利息的次日起,合同效力恢复。因2016年1月22日黄某杰未在宽限期内补交保险费,保险合同效力中止。2016年1月28日,中国人寿无锡分公司受理黄某杰申请恢复保险合同效力业务,并计算应当补交的保险费及利息合计670.61元。2016年2月3日,中国人寿无锡分公司出具拒绝复效通知书,载明因黄某杰主动脉全弓置换术、高血压的原因,不同意复效申请,并于2016年2月16日出具保险合同效力中止通知书。另查明,2014年12月7日,黄某杰因急性主动脉夹层(Stanford A型)以及高血压病2级(极高危组)在上海长海医院住院治疗,并进行"主动脉根部成形+升主动脉+全弓置换+降主动脉支架"置入术。在申请复效时,黄某杰将该情况如实告知人寿公司。

案件焦点

中国人寿无锡分公司能否因黄某杰在保险合同中止之前存在的疾病拒绝恢复保险合同的效力?

江苏省无锡市滨湖区人民法院经审理认为:

《保险法司法解释(三)》第8条规定:"保险合同效力依照保险法第三十六条规定中止,投保人提出恢复效力申请并同意补交保险费的,除被保险人的危险程度在中止期间显著增加外,保险人拒绝恢复效力的,人民法院不予支持。保险人在收到恢复效力申请后,三十日内未明确拒绝的,应认定为同意恢复效力。保险合同自投保人补交保险费之日恢复效力。保险人要求投保人补交相应利息的,人民法院应予支持。”黄某杰因急性主动脉夹层(Stanford A 型)以及高血压病 2 级(极高危组)在长海医院住院治疗,进行手术治疗并非发生在保险合同效力中止期间,黄某杰的危险程度在合同效力中止之前即已增加,因此保险合同效力恢复,不会增加中国人寿无锡分公司的责任,中国人寿无锡分公司拒绝恢复效力缺乏正当性。

江苏省无锡市滨湖区人民法院依照《保险法》第 36 条、第 37 条,《保险法司法解释(三)》第 8 条之规定,作出如下判决:(1)原告黄某杰补交拖欠中国人寿无锡分公司保险费及利息 670.61 元。(2)原告黄某杰与被告中国人寿无锡分公司订立的保险合同于原告黄某杰补交上述保费后恢复效力。

法官后语(江苏省无锡市滨湖区人民法院　贺锡霞)

《保险法》第 37 条规定:“合同效力依照本法第三十六条规定中止的,经保险人与投保人协商并达成协议,在投保人补交保险费后,合同效力恢复。但是,自合同效力中止之日起满二年双方未达成协议的,保险人有权解除合同……”该规定将“保险人与投保人协商并达成协议”作为保险合同复效的条件,未对保险人拒绝复效作出任何限制性规定。这意味着保险人握有保险合同复效的同意权,借助这一权利,保险实务中出现了保险人滥用同意权阻碍本应复效之保险合同复效的情形。故《保险法司法解释(三)》第 8 条就此作出了新的规定,即“保险合同效力依照保险法第三十六条规定中止,投保人提出恢复效力申请并同意补交保险费的,除被保险人的危险程度在中止期间显著增加外,保险人拒绝恢复效力的,人民法院不予支持。保险人在收到恢复效力申请后,三十日内未明确拒绝的,应认定为同意恢复效力。保险合同自投保人补交保险费之日恢复效力。保险人要求投保人补交相应利息的,人民法院应予支持”。本案双方对于第 8 条中“危险程度在中止期间显著增加”时间点的理解出现争议,黄某杰认为应当对保险合同中止前后的危险程度进行对比,中国人寿无锡分公司则认为应当对效力中止期间与合同订立时进行比较。江苏省无锡市滨湖区人民法院认为如果被保险人的危险程度在合同效力中止之前已显著增加,则其申请复效不会增加保险公司的风险,保险公司拒绝恢复效力缺乏正当性。

本案被保险人黄某杰在合同效力中止之前已患有急性主动脉夹层(Stanford A型)以及高血压病2级(极高危组),在保险合同效力中止后,保险人仍以其在合同效力中止之前患有的疾病拒绝恢复保险合同效力没有法律依据。

☞ 案例3:保险合同中关于复效后观察期重新计算的约定,是否属于格式合同中的责任免除条款?

李某君、马某涛等与中国人民人寿保险股份有限公司镇原县支公司人身保险合同纠纷案[1]

裁判要旨

保险公司在保险合同中关于复效后观察期重新计算的约定,属于格式合同中的责任免除条款,应当在同意复效时尽到明确的告知义务。如果保险公司不能证明履行了告知义务,则对投保人不发生效力。

原告:李某君、马某涛等

被告:中国人民人寿保险股份有限公司镇原县支公司

基本案情

2012年2月11日,马某志为其父马某峰在保险公司投保险种为康宁人生两全保险及附加康宁人生定期重大疾病保险,双方签订的保险合同约定:投保人年交保险费共3340元,即康宁人生两全保险年保险费3095元,基本保险金额5万元,附加康宁人生定期重大疾病保险年保险费245元,基本保险金额5万元,交费期满日为2022年1月16日,保险期满日为2038年1月16日,授权账户为农业银行的账号×××;合同中2.4条款约定"被保险人自本合同生效(或最后复效)之日起1年内因疾病导致身故或全残,保险公司按已交的本合同和附加合同的保险费之和(不计利息)给付身故或全残保险金,本合同终止"。2015年5月6日,投保人马某志将授权账户变更为农业银行账户,保险公司于同月16日在该账户收取了当年保险费;2016年7月5日,马某志又将授权账户变更为中国邮政储蓄银行账户,保险公司于同月12日在该账户收取了当年保险费。2017年1月14日,马某峰因病死亡,投保人向保险公司申请理赔,保险

[1] 参见甘肃省镇原县人民法院(2017)甘1027民初391号民事判决书。

公司按照合同条款约定,于2017年2月9日向马某志赔付16,700元。马某志等对此不服,遂诉诸法院。

原告诉称:

按照保险合同约定赔付受益人10万元身故保险金。

被告辩称:

依照保险合同中的约定"被保险人自本合同生效(或最后复效)之日起1年内因疾病导致身故或全残,保险公司按已交的本合同和附加合同的保险费之和(不计利息)给付身故或全残保险金"的约定,被告只需退还投保人交纳的保险费16,700元。

甘肃省镇原县人民法院经审理认为:

人身保险合同是以人的寿命和身体为保险标的的保险合同。投保人马某志为其父与保险公司签订的康宁人生两全保险及附加康宁人生定期重大疾病保险合同,系双方真实意思表示,且签字确认,应认定为有效合同,受法律的保护。《保险法》第36条规定:"合同约定分期支付保险费,投保人支付首期保险费后,除合同另有约定外,投保人自保险人催告之日起超过三十日未支付当期保险费,或者超过约定的期限六十日未支付当期保险费的,合同效力中止,或者由保险人按照合同约定的条件减少保险金额"。第37条第1款规定:"合同效力依照本法第三十六条规定中止的,经保险人与投保人协商并达成协议,在投保人补交保险费后,合同效力恢复。但是,自合同效力中止之日起满二年双方未达成协议的,保险人有权解除合同。"本案中,投保人按照约定按年交纳保险费,并履行自己的义务,虽然在2015年、2016年两次延迟交费,但经保险公司催告后,投保人与保险公司达成协议,保险公司同意投保人变更交费账户,保险公司亦在变更后的交费账户扣划了保险费用,双方签订的人身保险合同继续有效,应全面履行。但在被保险人马某峰因病死亡后,投保人马某志在法定期限内申请理赔时,保险公司却以投保人变更交费方式后合同开始复效为由,依照保险合同中的格式条款"被保险人自本合同生效(或最后复效)之日起1年内因疾病导致身故或全残,保险公司按已交的本合同和附加合同的保险费之和(不计利息)给付身故或全残保险金"的约定,仅退还投保人交纳的保险费16,700元,拒绝支付合同约定的保险金10万元,保险公司以该格式条款约定拒付保险金,与本案事实和法律规定不符,故此理由不能成立,不予采信。李某君、马某涛、马某志、马某梦作为马某峰保险金的继承人,主张保险公司赔付保险金10万元的理由正当，应予支持。判决：中国人民人寿保险股份有限公司镇原县支公司向原告李某君等支付保险金10万元（含已给付16,700元）。

第七节 人身保险合同中格式条款的解释

2001年9月11日，美国发生了历史上最严重的恐怖袭击。恐怖分子劫持两架客机先后撞向纽约世贸中心，共造成2973人死亡，酿成震惊世界的"9·11"事件。纽约世界贸易中心承租者拉里·西尔弗斯坦在"9·11"事件前承租了纽约世贸中心，租期99年，并为其购买了赔偿金额为35亿美元的保险。

在世贸中心双子塔倒塌后，西尔弗斯坦要求保险公司双倍赔付，理由是在18分钟内，共有两架被劫持的飞机撞向大楼，因此是两次袭击。但保险公司认为这是一次袭击，拒绝双倍赔付。双方就此展开了漫长的法律较量。最终法院认定是两次事故，应当获得双倍赔付。而围绕这起理赔纠纷中关于合同条款的解释应当值得保险从业者和相关法律人士的思考。[1]

人身保险合同是由保险公司出具的书面格式合同，书面合同中的文字虽然具有超级稳定性，但是语言表达的逻辑和方式却因为社会生活的快速发展而不断变化，对于一个有效期可以长达几十年的人身保险合同而言，一旦若干年后发生因保险合同记载内容与客户理解不一致的合同纠纷，该如何解决，我们在这一节重点讨论保险合同中格式条款的解释原则和这些原则的使用顺序问题。

法条汇编

《民法典》合同编（2021年1月1日）

第四百九十六条 格式条款是当事人为了重复使用而预先拟定，并在订立合同时未与对方协商的条款。

采用格式条款订立合同的，提供格式条款的一方应当遵循公平原则确定当事人之间的权利和义务，并采取合理的方式提示对方注意免除或者减轻其责任等与对方有重大利害关系的条款，按照对方的要求，对该条款予以说明。提供格式条款的一方未履行提示或者说明义务，致使对方没有注意或者理解与其有

[1] 参见《纽约世贸中心理赔纠纷尘埃落定》，载和讯理财2007年5月28日，http://futures.money.hexun.com/2246899.shtml。

重大利害关系的条款的，对方可以主张该条款不成为合同的内容。

第四百九十七条 有下列情形之一的，该格式条款无效：

（一）具有本法第一编第六章第三节和本法第五百零六条规定的无效情形；

（二）提供格式条款一方不合理地免除或者减轻其责任、加重对方责任、限制对方主要权利；

（三）提供格式条款一方排除对方主要权利。

第四百九十八条 对格式条款的理解发生争议的，应当按照通常理解予以解释。对格式条款有两种以上解释的，应当作出不利于提供格式条款一方的解释。格式条款和非格式条款不一致的，应当采用非格式条款。

《保险法》（2015年4月24日）

第十七条 订立保险合同，采用保险人提供的格式条款的，保险人向投保人提供的投保单应当附格式条款，保险人应当向投保人说明合同的内容。

对保险合同中免除保险人责任的条款，保险人在订立合同时应当在投保单、保险单或者其他保险凭证上作出足以引起投保人注意的提示，并对该条款的内容以书面或者口头形式向投保人作出明确说明；未作提示或者明确说明的，该条款不产生效力。

第十九条 采用保险人提供的格式条款订立的保险合同中的下列条款无效：（一）免除保险人依法应承担的义务或者加重投保人、被保险人责任的；（二）排除投保人、被保险人或者受益人依法享有的权利的。

第三十条 采用保险人提供的格式条款订立的保险合同，保险人与投保人、被保险人或者受益人对合同条款有争议的，应当按照通常理解予以解释。对合同条款有两种以上解释的，人民法院或者仲裁机构应当作出有利于被保险人和受益人的解释。

《最高人民法院关于适用〈中华人民共和国民法典〉合同编通则若干问题的解释》（2023年12月25日）

第十条 提供格式条款的一方在合同订立时采用通常足以引起对方注意的文字、符号、字体等明显标识，提示对方注意免除或者减轻其责任、排除或者限制对方权利等与对方有重大利害关系的异常条款的，人民法院可以认定其已经履行民法典第四百九十六条第二款规定的提示义务。

提供格式条款的一方按照对方的要求,就与对方有重大利害关系的异常条款的概念、内容及其法律后果以书面或者口头形式向对方作出通常能够理解的解释说明的,人民法院可以认定其已经履行民法典第四百九十六条第二款规定的说明义务。

提供格式条款的一方对其已经尽到提示义务或者说明义务承担举证责任。对于通过互联网等信息网络订立的电子合同,提供格式条款的一方仅以采取了设置勾选、弹窗等方式为由主张其已经履行提示义务或者说明义务的,人民法院不予支持,但是其举证符合前两款规定的除外。

《保险法司法解释(二)》(2021 年 1 月 1 日)

第九条 保险人提供的格式合同文本中的责任免除条款、免赔额、免赔率、比例赔付或者给付等免除或者减轻保险人责任的条款,可以认定为保险法第十七条第二款规定的"免除保险人责任的条款"。

保险人因投保人、被保险人违反法定或者约定义务,享有解除合同权利的条款,不属于保险法第十七条第二款规定的"免除保险人责任的条款"。

第十条 保险人将法律、行政法规中的禁止性规定情形作为保险合同免责条款的免责事由,保险人对该条款作出提示后,投保人、被保险人或者受益人以保险人未履行明确说明义务为由主张该条款不成为合同内容的,人民法院不予支持。

第十一条 保险合同订立时,保险人在投保单或者保险单等其他保险凭证上,对保险合同中免除保险人责任的条款,以足以引起投保人注意的文字、字体、符号或者其他明显标志作出提示的,人民法院应当认定其履行了保险法第十七条第二款规定的提示义务。

保险人对保险合同中有关免除保险人责任条款的概念、内容及其法律后果以书面或者口头形式向投保人作出常人能够理解的解释说明的,人民法院应当认定保险人履行了保险法第十七条第二款规定的明确说明义务。

第十二条 通过网络、电话等方式订立的保险合同,保险人以网页、音频、视频等形式对免除保险人责任条款予以提示和明确说明的,人民法院可以认定其履行了提示和明确说明义务。

第十三条 保险人对其履行了明确说明义务负举证责任。

投保人对保险人履行了符合本解释第十一条第二款要求的明确说明义务在相关文书上签字、盖章或者以其他形式予以确认的，应当认定保险人履行了该项义务。但另有证据证明保险人未履行明确说明义务的除外。

第十七条 保险人在其提供的保险合同格式条款中对非保险术语所作的解释符合专业意义，或者虽不符合专业意义，但有利于投保人、被保险人或者受益人的，人民法院应予认可。

《江苏省高级人民法院关于审理保险合同纠纷案件若干问题的讨论纪要》(苏高法审委〔2011〕1号，2011年1月12日)

第二条 保险责任范围与免责条款之间的关系不限于包含关系。被保险人或者受益人以相关免责条款不产生效力为由要求保险人赔偿或者给付保险金的，人民法院应当审查保险条款关于保险责任范围的具体规定，以确定事故是否属于保险责任范围。事故不属于保险责任范围的，无需审查事故是否属于免责范围以及相关免责条款的效力；事故属于保险责任范围的，应进一步审查事故是否属于免责条款规定的情形，以及免责条款是否有效。

第六条 投保人、被保险人或者受益人以保险人未履行明确说明义务为由，主张下列情形相关免责条款不产生效力的，人民法院不予支持：

(一)免责条款是相关法律规定免除保险人责任的条款。

(二)同一投保人签订二次以上同种类保险合同，且保险人有证据证明曾就同种类相同的免责条款向投保人履行过明确说明义务。

第十三条 保险人在保险单上以“特别声明”或者“特别约定”等方式对保险条款的相关内容单方作出变更，限制被保险人权利或者限缩保险人义务的，对投保人、被保险人、受益人不发生法律约束力。但保险人能够证明“特别声明”或者“特别约定”征得了投保人同意的除外。

《健康保险管理办法》(中国银行保险监督管理委员会令2019年第3号，2019年12月1日)

第二十二条 保险公司拟定医疗保险产品条款，应当尊重被保险人接受合理医疗服务的权利，不得在条款中设置不合理的或者违背一般医学标准的要求作为给付保险金的条件。

第二十三条 保险公司在健康保险产品条款中约定的疾病诊断标准应当

符合通行的医学诊断标准,并考虑到医疗技术条件发展的趋势。

健康保险合同生效后,被保险人根据通行的医学诊断标准被确诊疾病的,保险公司不得以该诊断标准与保险合同约定不符为理由拒绝给付保险金。

法条解读

保险合同是长期有效的最大诚信合同,无论是投保人还是保险公司都需要在订立合同时履行如实告知的法定义务。如实告知义务不仅仅针对投保人,还针对保险公司。关于投保人的如实告知义务,我们在其他地方专门讨论,此处,我们只讨论保险公司的如实告知问题。

众所周知,保险合同是由保险公司单方面出具的格式合同,其中不可避免地存在对保险公司的免责条款,为避免和减少不公平现象的发生,《保险法》和相关司法解释对此进行了专门规制。寻求投保人和保险公司的利益平衡,尽可能做到既保护弱者,又防范保险欺诈,维护正常的保险市场秩序。

一、保险公司需要对哪些条款进行告知?

保险公司在保险合同订立时,应当对责任免除条款进行告知。在保险合同中,责任免除条款分两种:一种是法定免责条款,另一种是约定免责条款。法定免责条款是法律对保险合同当事人所作出的直接行为规范,具有普遍的约束力。投保人或者保险合同关系人不能以对法律的无知为理由,否定法定免责条款的效力。比如故意犯罪造成的自己身体伤害不能赔付、肇事逃逸不能赔付等。根据《保险法司法解释(二)》第10条之规定,法定免责条款无论是否在保险合同中体现,投保人、被保险人均不得违反,亦不得援引《保险法》以保险公司对免责条款未尽到说明义务为理由,主张法定免责条款无效。所以我们在谈及保险公司的免责条款告知义务时,主要讨论的是法定免责条款之外的约定免责条款。

二、保险公司应当以何种形式对免责条款进行告知?

这一部分的核心法条是《保险法》第17条第2款:对保险合同中免除保险人责任的条款,保险人在订立合同时应当在投保单、保险单或者其他保险凭证上作出足以引起投保人注意的提示,并对该条款的内容以书面或者口头形式向投保人作出明确说明;未作提示或者明确说明的,该条款不产生效力。解读本条法律规定发现:第一,保险公司对责任免除条款应当在订立合同时履行提示和说明义务;第二,保险公司的提示和说明对象是投保人,而非被保险人或者受益人;第三,提示和说明的方式可以在投保单等保险凭证上直接体现,也可以以口头或者书面方式由保险公司或者其代理人做出;第四,如果保险公司未履行提示和说明义务,法律后果是未提示和说明部分无效,并不影响合同其他部分的法律效力。

如何理解《保险法》第 17 条第 2 款中"足以引起投保人注意"? 保险公司要做到何种程度才算"足以引起投保人注意"? 实务中,保险公司有三种做法:

第一,采用专门章节印刷和在整体合同文本中印刷显著标识的方法体现。具体而言,要么在保险合同中用一个专门的章节把责任免除的条款全部罗列进去,投保人只需要在这一部分根据自己情况对照,如果自己的情况不在这一部分,那就是应当理赔的;要么在具体的保险责任条款中,再将不予理赔的例外情形以加大字号、加粗、斜体字、下画线等方式与合同其他内容区分开,这样既能够足以引起投保人的注意,又能通过客观证据证明履行了法定提示和说明义务。

第二,在投保单上增设"投保人声明"。投保单上"投保人声明栏"载明:"保险人已向本人详细介绍了保险条款,并就该条款中有关责任免除和投保人、被保险人义务以及本投保单中付费约定的内容做了明确说明,本人接受上述内容,自愿投保本保险。"这是目前保险人较为通行的做法。此种做法的法律效力,司法界有三种不同的声音,有完全认可其效力的,有完全不认可的,还有有条件认可的,笔者持第三种观点:投保人在投保单上的"投保人声明栏"已签字确认表示对免责条款的概念、内容及其法律后果均已经明了的,一般应认定保险人已履行提示和明确说明义务。但投保人有证据证明保险人未实际进行提示或明确说明的除外。

第三,"双录"。2017 年 6 月 28 日,中国保监会发布《保险销售行为可回溯管理暂行办法》,规定自 2027 年 11 月 1 日起,保险公司、保险中介机构在保险销售过程中,应当通过录音、录像等技术手段采集视听资料和电子数据,记录和保存保险销售过程。"双录"的实行,让保险公司的提示和说明义务有了更加直观的呈现,它的实施,将促使保险公司不断提高自身业务水平,加强对营销队伍的培训,对营销员而言有利于提高在自身展业过程中的证据意识,保存和积累自己在销售过程中明确说明和提示义务的有关证据,促使自己必须依法合规销售。

三、如果保险公司在提供的格式条款中出现了两种以上的不同解释，应该怎么办？

关于保险合同解释，无论是作为特别法的《保险法》还是作为普通法的《民法典》都有明确的规定。比如《民法典》合同编第 498 条规定："对格式条款的理解发生争议的，应当按照通常理解予以解释。对格式条款有两种以上解释的，应当作出不利于提供格式条款一方的解释。格式条款和非格式条款不一致的，应当采用非格式条款。"《民法典》总则编第 142 条规定："有相对人的意思表示的解释，应当按照所使用的词句，结合相关条款、行为的性质和目的、习惯以及诚信原则，确定意思表示的含义。无相对人的意思表示的解释，不能完全拘泥于所使用的词句，而应当结合相关条款、行为的性质和目的、习惯以及诚信原则，确定行为人的真实意思。"又如，《保险法》第 30 条规定："采用保险人提供的格式条款订立的保险合同，保险人与投保人、被保险人或者受益人对合同条款有争议的，应当按照通常理解予以解释。对合同条款有两种以上解释的，人民法院或者仲裁机构应当作出有利于被保险人和受益人的解释。"

其实通俗的理解就是当保险合同中出现了两种以上不同解释的时候，我们应该首先遵循"通常理解"予以解释。什么是"通常理解"？

我国《保险法》对保险合同解释争议的解决，除了技术层面探讨立法原意或者"通常理解"之外，还有一个终极原则，那就是有利于被保险人和受益人的解释原则，理论界又称为"不利解释"原则。

"不利解释"原则的立法初衷是防止保险公司在保险合同中滥用自身优势地位，过多采用普通人难以理解的专业术语，以达到减轻自身法律责任的不正当目的。立法者也许天然地认为消费者是弱势群体，必须要通过立法强行矫正合同双方的不平等关系，所以才有这样的规定。但是在司法实务中却是从一个极端走向了另外一个极端：部分基层法院的法官在审判中片面强调"弱势群体利益保护"，置其他解释规则于不顾，将"不利解释"原则作为首要或者唯一的解释规则，导致"不利解释"原则被滥用，司法活动倾向性明显。部分保险合同当事人或者关系人基于这些不公正判决的诱导，以各种不合法方式进行投保（如不履行投保人如实告知义务），等保险公司不予理赔时再以"不利解释"原则要求判决保险公司败诉，客观上加大了人身保险合同纠纷领域的道德风险。

典型案例

☞ 案例1:对于保险合同中的格式条款,如果保险公司没有证据证明尽到了明确提示和说明义务,该条款有无法律效力?

王某华诉中国平安财产保险股份有限公司
沧州中心支公司意外伤害保险合同案[1]

裁判要旨

保险合同中的格式条款,被告是否向原告做了明确的提示和说明义务?如果没有证据证明尽到此项义务,该条款对原告没有拘束力。

原告(被上诉人):王某华

被告(上诉人):中国平安财产保险股份有限公司沧州中心支公司(以下简称平安沧州支公司)

基本案情

2012年12月4日,原告王某华在被告公司投保平安道路交通事故意外伤害保险一份,投保两个险种:一种为意外伤害身故和残疾,另一种为意外伤害医疗,投保期限均为12个月,保险费分别为100元和20元,保险金额分别为60,000元和10,000元。2013年10月2日,原告驾驶轿车发生交通事故,支出医疗费51,796元,二次手术费需8000元,已得到事故对方保险公司赔偿27,669元(10,000元+17,669元),尚余32,172元;另原告经司法鉴定,构成九级伤残。原告诉请被告赔偿保险金70,000元并负担诉讼费用。

河北省河间市人民法院经审理认为:

原告在被告处投保平安道路交通事故意外伤害保险,有原告提交的保险单证实,且被告对此亦无异议,双方存在合法有效的保险合同关系,被告在原告发生保险事故后应根据保险合同履行给付保险金的义务。原告的伤残等级是经过有资质的专业鉴定机构作出的权威认定,应予认定。被告向本案提交的平安道路交通事故意外伤害保险条款,原告称没有见过,被告也未提交任何证据证实其已针对该条款向原告进行了提示和明确说明,故根据《保险法》第17条以

[1] 参见沧州市中级人民法院(2015)沧民终字第2714号民事判决书。

及《保险法司法解释(二)》第9条的规定,该条款对原告不产生效力,被告主张原告不构成条款约定的伤残程度且应依照比例赔付的主张,不应得到支持。根据双方的保险合同约定,本次事故造成原告受伤致残,医疗费超出保险限额,被告应向原告支付医疗保险金10,000元;原告构成九级伤残,被告应支付残疾保险金60,000元,共计70,000元。依照《合同法》第60条、《保险法》第17条、《保险法司法解释(二)》第9条的规定,作出如下判决:被告平安沧州支公司于判决发生法律效力之日起10日内给付原告王某华保险金70,000元。

平安沧州支公司提起上诉,沧州市中级人民法院经审理,确认一审法院认定的事实和证据。依照《民事诉讼法》第170条第1款第1项之规定,判决如下:驳回上诉,维持原判。

法官后语(河北省河间市人民法院　王　杰)

本案案由是意外伤害保险合同纠纷,保险人在签订保险合同时,向被保险人提供的是自己拟制的保险合同,保险人是否就有关合同条款向被保险人进行了明确说明,是否保障了被保险人关于自己切身利益相关条款内容的知情权是本案审查的关键。《保险法》第17条规定:"订立保险合同,采用保险人提供的格式条款的,保险人向投保人提供的投保单应当附格式条款,保险人应当向投保人说明合同的内容。对保险合同中免除保险人责任的条款,保险人在订立合同时应当在投保单、保险单或者其他保险凭证上作出足以引起投保人注意的提示,并对该条款的内容以书面或者口头形式向投保人作出明确说明;未作提示或者明确说明的,该条款不产生效力。"另外,《保险法司法解释(二)》第9条第1款规定:"保险人提供的格式合同文本中的责任免除条款、免赔额、免赔率、比例赔付或者给付等免除或者减轻保险人责任的条款,可以认定为保险法第十七条第二款规定的'免除保险人责任的条款'。"本案中,上诉人主张按其制定的伤残等级评定标准和赔偿比例进行赔偿,属于免除保险人责任的条款,如果没有向被保险人进行提示和明确说明,该条款不产生法律效力。因上诉人未提供证据证实其对该保险条款向被上诉人进行了提示和明确说明义务,且被上诉人称其从未见过该条款,故该条款对被上诉人不发生法律效力。所以,上诉人主张按其规定的《人身保险残疾程度与保险金给付比例表》确定伤残和按比例赔付,没有法律依据,其主张不能得到支持。

本案的裁判结果给我们以下启示:

(1)作为保险人应完善相应的告知手续,对相应的条款内容,特别是有关责任免除条款、免赔额、免赔率、比例赔付或者给付等免除或者减轻保险人责任的条款,一定要认真翔实地告知被保险人,在被保险人详细了解后,让被保险人亲自在告知说明后签字确认,证实自己履行了相应的明确说明义务,以便在以后的理赔或诉讼中做到有据可依。(2)作为被保险人在签订保险合同时,一定要详细了解保险合同内容,特别是有关自己切身利益的条款,要认真阅读了解,在充分明知、认真考虑得失利害关系的前提下,再在保险合同上签字。(3)作为合同的双方当事人都应该本着诚信原则进行理赔和索赔。保险人对于自己免除责任等条款一定要让被保险人明知,不能故意隐瞒或有意回避,要保障被保险人的知情权。被保险人一定要自担一定的保险风险,在合同约定且自己明知的情况下,应按约定索赔,不要造成不必要的索赔纠纷。

☞ 案例2:保险合同中约定将特定治疗方式作为重大疾病的认定标准,这样的条款有无法律效力?

宋某秋诉太平洋保险股份有限公司
徐州中心支公司人身保险合同纠纷案[1]

裁判要旨

治疗方式由于各种主客观因素的制约是可以选择取舍的,故其不应成为重大疾病的认定依据和标准,也不能与是否理赔捆绑挂钩。重大疾病保险合同格式条款中,保险人对疾病治疗方式的格式合同约定,不符合医学规律,其以治疗方式限定重大疾病的范围实际上免除了保险人依法应当承担的保险责任,限制了投保人获得理赔的权利,也违背了投保人投保重大疾病保险的基本目的,依据《保险法》第19条的规定,该条款应被判定为无效。

原告:宋某秋

被告:中国太平洋人寿保险股份有限公司徐州中心支公司(以下简称太平洋保险徐州支公司)

---

[1] 参见邳州市人民法院(2010)邳商初字第0107号民事判决书,载《江苏省高级人民法院公报》2011年第2辑。

基本案情

2000年4月21日,原告在被告处投保了一份太平盛世·长健医疗(a)保险,原告按照约定交纳了保费,保险期限从2000年4月22日到2010年4月21日,其中约定重大疾病范围有“慢性肾衰竭(尿毒症)”,保险金额为50,000元。该合同保险条款第23条第9款第4项规定,“慢性肾衰竭(尿毒症):是指两个肾脏慢性且不可复原的衰竭而必须且已进行定期透析治疗者”。2006年年初,原告经诊断为系统性红斑狼疮、狼疮性肾炎、慢性肾衰竭、肾功能不全(尿毒症),且两肾功能不可逆转衰竭,医院建议透析治疗,但原告因经济条件等诸多原因并未进行透析治疗。2010年2月21日,原告向被告理赔时,被告认为原告所患疾病不属于理赔范围,拒绝向原告赔付保险金。

原告诉称:

2000年4月,原告在太平洋保险徐州支公司投保了太平盛世长健医疗保险。2006年4月,原告患有系统性红斑狼疮、狼疮性肾炎。2010年3月4日,经南京军区解放军肾病研究所检查,原告被确诊为慢性肾衰竭(尿毒症)。为治疗疾病,原告已花去10余万元费用。原告所患为重大疾病,根据原告、被告之间的合同,被告应当给付原告保险金50,000元,被告在收到原告的相关资料后,却拒绝给付保险金。故请求法院判决被告赔偿保险金50,000元。

被告辩称:

由于双方在合同上明确约定了重大疾病范围,而原告所患的疾病不属于约定的重大疾病范围。该保险条款是经过中国保监会核准的,不违反国家强制性规定,应按双方的合同约定履行,故被告不应承担责任。

邳州市人民法院审理认为:

该案争议焦点是:原告患有的疾病是否属于被告赔偿范围。

原告、被告双方2000年4月21日签订的保险合同,系双方当事人真实意思表示,且不违反法律、法规禁止性规定,应认定该合同为有效合同,双方当事人应严格按照合同约定履行权利义务。本案中,原告、被告对双方存在保险合同关系、原告患有的疾病等均无异议,只是对原告没有进行透析治疗是否属于保险公司理赔范围产生异议。双方签订的保险合同已明确约定重大疾病的保险范围有“慢性肾衰竭(尿毒症)”,该合同保险条款第23条第9款第4项的是对医疗专业术语“慢性肾衰竭(尿毒症)”进行症状上的解释和描述,以进一步明确保险责任范围,其中关于“慢性肾衰竭(尿毒症):是指两个肾脏慢性且不可复原的衰竭”即属于解释性内容。本案中,原告经诊断为“系统性红斑狼疮、狼疮性肾炎、慢性肾衰竭、肾功能不全(尿毒症),且两肾功能不可逆转衰竭,医院建议透析治疗。”与这一解释相一致,属于合同约定的重大疾病的保险范围。该合同保险条款第23条第9款第4项关于“必须且已进行定期透析治疗”显然不属于对疾病症状的解释和描述,而是对疾病治疗方式的限制,该内容系由保险人提供的格式条款,排除了被保险人依法享有的对疾病治疗方式的选择权。

在通常理解中,重大疾病并不会与某种具体的治疗方式相联系。对于被保险人来说,其在患有重大疾病时,往往期望采用风险较小、费用较低的治疗方式得到有效治疗,而不会想到为确保重大疾病保险金的给付而采取保险人限定的治疗方式。保险人以治疗方式限定重大疾病范围实际上免除了保险人依法应当承担的保险责任,限制了投保人获得理赔的权利,根据《保险法》第19条的规定,该条款应认定无效。而且,重大疾病的保险期间往往较长甚至为终身,在此期间,医学发展变化很大,以被保险人投保时的治疗方式来限定若干年后被保险人患重大疾病时的治疗方式,不符合医学的发展规律。保险公司不能因为被保险人没有选择合同指定的治疗方式而拒绝理赔。

综上所述,被告中国太平洋人寿保险股份有限公司徐州中心支公司认为原告宋某秋所患的疾病不属于理赔范围的辩解意见,法院不予支持。据此,邳州市人民法院作出(2010)邳商初字第0107号民事判决:被告太平洋保险徐州支公司赔偿宋某秋保险金50,000元。此款于本判决生效后10日内交付。

一审宣判后,双方当事人在法定期限内均未提出上诉,一审判决已经发生法律效力。

☞ 案例3:被保险人未按照合同约定的治疗方式进行重大疾病治疗,保险公司能否以此为由免除自己的理赔责任?

王某国诉中国人寿保险公司淮安市楚州支公司
保险合同纠纷案[1]

裁判要旨

保险公司以保险合同格式条款限定被保险人患病时的治疗方式,既不符合医疗规律,也违背保险合同签订的目的。被保险人有权根据自身病情选择最佳

[1] 载《最高人民法院公报》2015年第12期。

的治疗方式,而不必受保险合同关于治疗方式的限制。保险公司不能以被保险人没有选择保险合同指定的治疗方式为由而免除自己的保险责任。

原告(被上诉人):王某国

被告(上诉人):中国人寿保险股份有限公司淮安市楚州支公司(以下简称人寿保险楚州支公司)

基本案情

2009年7月30日,原告、被告签订了保险合同一份,合同约定:险种名称为康宁终身保险合同(2007修订版),保费金额为2万元,保险期间为终身。康宁终身保险条款(2007修订版)第5条第1款约定,被保险人于合同生效之日起180日后,初次发生本合同所指的重大疾病,本公司按基本保险金的2倍给付重大疾病保险。第23条重大疾病的名称及定义如下:……10.主动脉手术指为治疗主动脉疾病,实际实施了开胸或开腹进行的切除、置换、修补病损主动脉血管的手术,主动脉指胸主动脉和腹主动脉,不包括胸主动脉和腹主动脉的分支血管,动脉内血管形成术不在保障范围内。合同签订后,原告分别于2009年8月1日、2010年8月10日交纳保费共计4600元,2011年2月12日,原告经淮安市第一人民医院确诊为主动脉夹层(stanford B型),并建议转上级医院继续治疗。2011年2月17日至3月4日原告在江苏省人民医院进行主动脉夹层覆膜支架隔绝术。原告要求被告给付保险金未果,遂诉至法院。

2012年4月27日,根据原告王某国申请,委托了江苏省人民医院司法鉴定所对原告申请的"1.王某国所患的主动脉夹层(stanford B型)是否属于主动脉疾病;2.主动脉夹层覆膜支架隔绝术是否比中国人寿康宁终身保险条款(2007修订版)第23条第10款约定的开胸手术创伤更小、手术死亡率和并发症的发生率低;3.主动脉夹层覆膜支架隔绝术是否属于中国人寿康宁终身保险条款(2007修订版)第23条第10款约定的主动脉手术;4.患者的病情是否更加适合主动脉夹层覆膜支架隔绝术,是否属于主动脉修补范畴"等事项进行了鉴定,该所2012年6月11日作出了法医临床鉴定意见书,鉴定意见为:"王某国所患的主动脉夹层(stanford B型)属于主动脉疾病;主动脉夹层覆膜支架隔绝术比中国人寿康宁终身保险条款(2007修订版)第23条第10款约定的开胸手术创伤更小、手术死亡率和并发症的发生率低;主动脉夹层覆膜支架隔绝术是主动脉手术,但其无需实施开胸进行;患者的病情更加适合主动脉夹层覆膜支架隔绝术,属于介入主动脉修补范畴"。

原告王某国诉称:

2009年7月30日,原告、被告签订了康宁终身保险合同一份,合同第5条第1款约定:被保险人于合同生效之日起180日后,初次发生合同所指的重大疾病,人寿保险楚州支公司按基本保险金额的2倍给付重大疾病保险。合同保险金额2万元。2011年2月12日,原告经淮安市第一人民医院确诊为主动脉夹层并建议转上级医院继续治疗。

2011年2月22日,原告在江苏省人民医院手术治疗,共用去医疗费用10多万元。原告多次要求被告理赔,但被告拒不给付保险金。请求法院依法判令被告给付原告保险金4万元,并由被告承担诉讼费、鉴定费。

被告人寿保险楚州支公司辩称:

原告王某国于2009年7月30日与被告签订康宁终身保险合同(2007修订版)是事实,因原告所患疾病(手术)不符合合同约定的保险责任范围,故请求法院驳回原告的诉讼请求。

江苏省淮安市淮安区人民法院一审经审理认为:

原告、被告签订的康宁终身保险合同,系双方真实意思表示,且不违反法律、行政法规强制性规定,应认定为合法有效,对双方当事人具有法律约束力,双方当事人应当严格按照合同的约定行使权利并履行义务。本案中,原告、被告对双方之间存在的保险合同关系及原告所患的主动脉疾病均无异议,只是对原告没有采取开胸而是行主动脉夹层覆膜支架隔绝术治疗疾病是否属保险责任范围产生争议。原告、被告双方订立的保险合同已明确约定重大疾病的保险范围有“主动脉手术”,该合同第23条第10款项目是对医疗术语“主动脉手术”的解释和描述,以进一步明确保险责任范围,“主动脉手术”指为治疗主动脉疾病的手术,主动脉指胸主动脉和腹主动脉,不包括胸主动脉和腹主动脉的分支血管。由此可见,胸主动脉和腹主动脉疾病应属原告、被告签订的康宁终身保险合同约定的重大疾病的保险责任范围。本案中,根据江苏省人民医院司法鉴定所法医学鉴定意见书及答复函意见,原告王某国所患主动脉夹层(stanford B型)疾病属于主动脉疾病,符合康宁终身保险合同约定重大疾病的保险责任范围。该合同第23条第10款项目关于“实际实施了开胸或开腹进行的切除、置换、修补病损主动脉血管”的表述显然不属于对疾病症状的解释和描述,而是对于疾病治疗方式的限制,排除了被保险人享有的对疾病治疗方式的选择权。按通常理解,重大疾病并不会与某种具体的治疗方式相联系。对于被保险人来说,其在患有重大疾病时,往往会结合自身身体状况,选择具有创伤小、死亡率低、并发症发生率低的治疗方式而使自己所患疾病得到有效治疗,而不会想到为确保重大疾病保险金的给付而采取保险人限定的治疗方式。保险人以限定治疗方式来限制原告获得理赔的权利,免除自己的保险责任,根据《保险法》第19条的规定,该条款应认定无效。而且,随着医学技术的进步,外科手术向微创化发展,许多原先需要开胸或开腹的手术,已被腔镜或介入手术取代,而重大疾病的保险期间往往很长甚至终身,因此保险人以被保险人投保时的治疗方式来限定被保险人患重大疾病时的治疗方式不符合医学发展规律。保险公司不能因为被保险人没有选择合同指定的治疗方式而拒绝理赔。

据此,江苏省淮安市淮安区人民法院依据《合同法》第107条、《保险法》第23条、《民事诉讼法》第128条之规定,经法院审判委员会讨论决定,于2012年9月6日判决如下:被告人寿保险楚州支公司于判决书生效后10日内给付原告王某国保险金4万元。

人寿保险楚州支公司不服一审判决,向江苏省淮安市中级人民法院提起上诉称:

(1)一审法院认定事实错误,被上诉人王某国所患疾病不属于双方保险合同约定的主动脉疾病赔付情形,双方保险合同中约定给付保险金的情形是:实际实施了开胸或开腹手术的主动脉疾病;(2)江苏省人民医院司法鉴定意见不应予以采纳,被上诉人所患疾病就是在江苏省人民医院治疗的,其与被上诉人之间存在利害关系。请求二审法院查明事实,依法改判驳回王某国的诉讼请求。

被上诉人王某国答辩称:

一审法院认定事实清楚,适用法律正确,程序合法,请求二审法院驳回上诉,维持原判。

江苏省淮安市中级人民法院二审经审理认为:

首先,2009年7月30日,上诉人人寿保险楚州支公司与被上诉人王某国签订的保险合同系其真实意思表示,且未违反法律、行政法规的禁止性规定,合法有效。双方均应按照保险合同约定履行相应的义务。关于争议焦点1,因双方签订的康宁终身保险合同(2007修订版)保险条款第23条是上诉人人寿保险楚州支公司以限定治疗方式来限制被上诉人王某国获得理赔的权利,免除自己的保险责任,根据我国《保险法》第19条的规定,该条款无效,且人寿保险楚州支公司对王某国所患疾病属于主动脉疾病并无异议。人寿保险楚州支公司称王某国所患疾病不属于保险合同赔付保险金情形的上诉理由不能成立,不予采信。其次,人寿保险楚州支公司认为江苏省人民医院作为治疗机构就不能作为司法鉴定机构,没有法律依据,且双方当事人也都认同鉴定机构是双方当事人共同选择确定的事实。综上所述,上诉人人寿保险楚州支公司的上诉理由不能成立,不予采信。一审法院认定事实清楚,判决并无不当,应予维持。据此,江苏省淮安市中级人民法院依照《民事诉讼法》第153条第1款第1项的规定,于2012年11月13日判决如下:驳回上诉,维持原判。

☞ 案例4:被保险人违反法律法规的禁止性规定发生意外事故,如果保险合同的免责条款中没有约定,是否能够获得保险理赔?

董某成、钟某四与中国太平洋财产保险股份有限公司广州市番禺支公司人身保险合同纠纷案[1]

裁判要旨

人身意外保险中,对于被保险人因醉酒驾驶、无证驾驶等违反法律和行政法规中的禁止性规定导致的意外事故不予理赔的条款,按照《保险法司法解释(二)》第10条之规定,发生保险事故,无论在格式合同中有无体现,是否明确说明,均属于保险公司的法定免赔事由。

原告(上诉人):董某成、钟某四

被告(被上诉人):中国太平洋财产保险股份有限公司广州市番禺支公司(以下简称太平洋财保番禺支公司)

基本案情

2014年3月10日,迪舞公司为其包括董某甲等在内的12名员工投保购买了团体人身意外伤害保险(13版),每人保险金额10万元,保险期间自2014年3月12日零时起至2015年3月12日零时止。所对应的保险条款载明,保险责任包括身故保险责任和××保险责任;被保险人酒后驾车、无有效驾驶证驾驶或驾驶无有效行驶证行驶的机动车期间,直接或间接造成被保险人身故、××的,保险人不负任何给付保险金责任。迪舞公司在投保单的保险销售事项确认书栏盖章确认产险销售人员已向其解释有关保险条款内容,并明确说明免除保险人责任的条款。

2014年3月22日22时50分,董某甲未取得机动车驾驶证、醉酒(血液中

[1] 参见广州市番禺区人民法院(2015)穗番法民二初字第66号民事判决书;广州市中级人民法院(2015)穗中法金民终字第563号民事判决书。

酒精含量221.7mg/100ml）驾驶无号摩托车，邱某坐后座，董某甲与邱某均没有戴安全头盔，追尾碰撞一辆同向前方由李某驾驶停在路面的重型普通货车，造成两车损坏、董某甲死亡、邱某受伤的交通事故。交警部门认定董某甲应承担此事故的主要责任，李某应承担此事故的次要责任。

2014年10月24日，迪舞公司代董某成、钟某四向太平洋财保番禺支公司申请人身意外险理赔。太平洋财保番禺支公司于2014年11月7日出具一份《告知函》给迪舞公司，称根据保险条款规定，被保险人酒后驾车、无有效驾驶证驾驶或驾驶无有效行驶证行驶的机动车期间，保险人对保险人身故、××不负任何给付保险金责任；对迪舞公司的索赔申请不予受理。

董某成、钟某四作为董某甲的父母，遂向该院提起诉讼，请求解决。庭审中，董某成、钟某四称董某甲未婚，无其他第一顺序继承人。

原告诉称：

（1）太平洋财保番禺支公司向董某成、钟某四支付意外伤害保险赔偿款人民币100,000元；（2）诉讼费由太平洋财保番禺支公司负担。

被告辩称：

保险合同约定：被保险人酒后驾车、无有效驾驶证驾驶或驾驶无有效行驶证行驶的机动车期间，直接或间接造成被保险人身故的，保险人不负任何给付保险金责任。故请求法院驳回原告的诉讼请求。

一审广州市番禺区人民法院经审理认为：

根据《保险法》第4条的规定，从事保险活动必须遵守法律、行政法规，尊重社会公德，不得损害社会公共利益。酒后驾驶、无证驾驶、驾驶无牌机动车为法律所禁止的行为，保险不应成为转移故意违法行为后果的工具，保险公司不应为故意违法行为造成的损失向故意违法行为人提供任何保障。保险公司在保险条款中将前述违法行为规定为免责事由，即使在承保时未向投保人明确说明，投保人、被保险人也应知道该类行为的违法性，保险公司的该规定仍应认定为合法、有效条款，保险公司可依法拒赔。

董某甲无证、醉酒驾驶无牌机动车，发生交通事故，致其本人死亡，太平洋财保番禺支公司不负赔偿责任。董某成、钟某四的诉求，该院不予支持。依照《民事诉讼法》第64条第1款、《保险法》第4条的规定，判决如下：驳回董某成、钟某四的诉讼请求。

一审宣判后，原告董某成、钟某四向广州市中级人民法院提起上诉。

二审广州市中级人民法院经审理认为:

该案二审争议的焦点在于:保险公司对董某甲因无证驾驶,醉驾而导致的死亡应否支付死亡保险金。

上诉人董某成、钟某四认为,董某甲虽然是无证驾驶、醉驾。但其死亡并非其故意造成,且免赔条款系格式条款,保险人对该免责条款并未作明确的说明解释义务,故应当支付董某甲的死亡保险金。对此本院认为,无证驾驶、醉驾是严重违反法律的行为。该行为的后果不仅加大了投保人伤残死亡的风险,也严重危害公共安全。对于法律明确禁止的行为,即便保险人未能作合理的说明解释,也不影响对于被保险人违反法律禁止性规定而免除保险人义务的条款的法律效力。现上诉人对董某甲因无证驾驶、醉驾而导致死亡的事实并不否认。依照保险条款的约定,保险人对投保人因无证驾驶、醉驾导致的伤残死亡不予赔付。

综上所述,上诉人董某成、钟某四的上诉主张缺乏事实和法律依据,本院不予支持。原审判决认定事实清楚,适用法律正确,本院予以维持。依照《民事诉讼法》第170条第1款第1项的规定,判决如下:驳回上诉,维持原判。

第八节　从人身保险合同纠纷谈保险代理人执业风险及规避意见

保险代理人的展业过程其实就是一份人身保险合同从订立到成立的过程,保险代理人服务客户的过程其实就是一份人身保险合同的生效、复效、变更、解除的过程。就合同本身而言,这些操作就是《保险法》及《民法典》总则编和合同编在实务中的具体运作体现,操作者需要专业的法律知识背景方能更深刻的体会和理解。

而大多数保险从业者是不具备这些背景知识的,再加上日常业绩考核压力下的不严谨操作、客户法律意识的逐步提高,极易诱发执业风险,引起客户与公司之间的各种纠纷。本节我们就保险从业者的执业风险分类和预防展开讨论,希望能够让保险从业者牢固树立合规执业意识,从此远离纠纷,实现健康发展。

法条汇编

《民法典》(2021年1月1日)

第一百六十一条 民事主体可以通过代理人实施民事法律行为。

依照法律规定、当事人约定或者民事法律行为的性质,应当由本人亲自实施的民事法律行为,不得代理。

第一百六十二条 代理人在代理权限内,以被代理人名义实施的民事法律行为,对被代理人发生效力。

第一百六十四条 代理人不履行或者不完全履行职责,造成被代理人损害的,应当承担民事责任。

代理人和相对人恶意串通,损害被代理人合法权益的,代理人和相对人应当承担连带责任。

第一百六十五条 委托代理授权采用书面形式的,授权委托书应当载明代理人的姓名或者名称、代理事项、权限和期限,并由被代理人签名或者盖章。

《保险法》(2015年4月24日)

第一百三十一条 保险代理人、保险经纪人及其从业人员在办理保险业务活动中不得有下列行为:

(一)欺骗保险人、投保人、被保险人或者受益人;

(二)隐瞒与保险合同有关的重要情况;

(三)阻碍投保人履行本法规定的如实告知义务,或者诱导其不履行本法规定的如实告知义务;

(四)给予或者承诺给予投保人、被保险人或者受益人保险合同约定以外的利益;

(五)利用行政权力、职务或者职业便利以及其他不正当手段强迫、引诱或者限制投保人订立保险合同;

(六)伪造、擅自变更保险合同,或者为保险合同当事人提供虚假证明材料;

(七)挪用、截留、侵占保险费或者保险金;

(八)利用业务便利为其他机构或者个人牟取不正当利益;

(九)串通投保人、被保险人或者受益人,骗取保险金;

（十）泄露在业务活动中知悉的保险人、投保人、被保险人的商业秘密。

《保险代理人监管规定》(2021年1月1日)

第二条第一款、第四款 本规定所称保险代理人是指根据保险公司的委托，向保险公司收取佣金，在保险公司授权的范围内代为办理保险业务的机构或者个人，包括保险专业代理机构、保险兼业代理机构及个人保险代理人。

本规定所称个人保险代理人是指与保险公司签订委托代理合同，从事保险代理业务的人员。

第三十七条第一款 个人保险代理人、保险代理机构从业人员应当具有从事保险代理业务所需的专业能力。保险公司、保险专业代理机构、保险兼业代理机构应当加强对个人保险代理人、保险代理机构从业人员的岗前培训和后续教育。培训内容至少应当包括业务知识、法律知识及职业道德。

第五十三条 保险代理人从事保险代理业务，应当与被代理保险公司签订书面委托代理合同，依法约定双方的权利义务，并明确解付保费、支付佣金的时限和违约赔偿责任等事项。委托代理合同不得违反法律、行政法规及国务院保险监督管理机构有关规定。

保险代理人根据保险公司的授权代为办理保险业务的行为，由保险公司承担责任。保险代理人没有代理权、超越代理权或者代理权终止后以保险公司名义订立合同，使投保人有理由相信其有代理权的，该代理行为有效。

个人保险代理人、保险代理机构从业人员开展保险代理活动有违法违规行为的，其所属保险公司、保险专业代理机构、保险兼业代理机构依法承担法律责任。

第五十五条 保险专业代理机构、保险兼业代理机构应当对被代理保险公司提供的宣传资料进行记录存档。

保险代理人不得擅自修改被代理保险公司提供的宣传资料。

第五十八条 保险代理人应当向投保人全面披露保险产品相关信息，并明确说明保险合同中保险责任、责任减轻或者免除、退保及其他费用扣除、现金价值、犹豫期等条款。

第六十九条 保险公司应当制定个人保险代理人管理制度。明确界定负责团队组织管理的人员（以下简称团队主管）的职责，将个人保险代理人销售行为合规性与团队主管的考核、奖惩挂钩。个人保险代理人发生违法违规行为的,保险公司应当按照有关规定对团队主管追责。

第七十三条　保险代理人不得以捏造、散布虚假事实等方式损害竞争对手的商业信誉,不得以虚假广告、虚假宣传或者其他不正当竞争行为扰乱保险市场秩序。

《保险销售行为可回溯管理暂行办法》(2017年11月1日)

第二条　本办法所称保险销售行为可回溯,是指保险公司、保险中介机构通过录音录像等技术手段采集视听资料、电子数据的方式,记录和保存保险销售过程关键环节,实现销售行为可回放、重要信息可查询、问题责任可确认。

第七条　在实施现场同步录音录像过程中,录制内容至少包含以下销售过程关键环节:

(一)保险销售从业人员出示有效身份证明。

(二)保险销售从业人员出示投保提示书、产品条款和免除保险人责任条款的书面说明。

(三)保险销售从业人员向投保人履行明确说明义务,告知投保人所购买产品为保险产品,以及承保保险机构名称、保险责任、缴费方式、缴费金额、缴费期间、保险期间和犹豫期后退保损失风险等。

保险销售从业人员销售人身保险新型产品,应说明保单利益的不确定性;销售健康保险产品,应说明保险合同观察期的起算时间及对投保人权益的影响、合同指定医疗机构、续保条件和医疗费用补偿原则等。

(四)投保人对保险销售从业人员的说明告知内容作出明确肯定答复。

(五)投保人签署投保单、投保提示书、免除保险人责任条款的书面说明等相关文件。

保险销售从业人员销售以死亡为给付条件保险产品的,录制内容应包括被保险人同意投保人为其订立保险合同并认可合同内容;销售人身保险新型产品的,还应包括保险销售从业人员出示产品说明书、投保人抄录投保单风险提示语句等。

《保险销售行为管理办法》(2024年3月1日)

第三十七条　保险销售人员离职后、保险中介机构与保险公司终止合作后,不得通过怂恿退保等方式损害投保人合法利益。

保险公司、保险中介机构应当在与保险销售人员签订劳动、劳务等用工合同或者委托合同时，保险公司应当在与保险中介机构签订委托合同时，要求保险销售人员或者保险中介机构就不从事本条第一款规定的禁止性行为作出书面承诺。

第三十九条 任何机构、组织或者个人不得违法违规开展保险退保业务推介、咨询、代办等活动，诱导投保人退保，扰乱保险市场秩序。

法条解读

一、强监管背景下的保险代理人执业风险分析

过去的5年里，我们正在经历保险行业的巨大变化。第一个变化就是监管的日益加强。2023年党的二十大报告提出，加强和完善现代金融监管，强化金融稳定保障体系，依法将各类金融活动全部纳入监管，守住不发生系统性风险底线。2023年10月中央金融工作会议针对保险历史性地提出了"经济减震器和社会稳定器"的新定位。第二个变化就是机构的改革和调整。保险的监督管理部门，从中国保险监督管理委员会到中国银行保险监督管理委员会，再到国家金融监督管理总局，变化之迅速让人应接不暇。第三个变化就是保险代理人数量的剧烈变化。根据《2024中国保险发展报告》统计数据：2019年年底，全国个人保险代理人达到历史最高的900多万人，此后一路剧烈下滑；截至2023年年底，保险代理人数降至281.34万人，与2019年的高峰时期相比，缩减了631万人。当然，在这样的时代巨变中，唯一不变的就是我国保费的持续增长。根据国家金融监督管理总局披露的2023年保险行业经营情况，2023年，全国人身险公司实现原保险保费收入3.54万亿元，同比增长10.25%，其中，增速最快的是寿险业务，原保险保费收入达到2.76万亿元，同比增长12.75%。此外，健康险同比增长2.97%。行业人数的快速衰减和销售数据的快速增长同时存在，用《权力的游戏》原著小说《冰与火之歌》来形容当下的保险市场实在是妥帖之极。

保险代理人数量的短时间大进大出，给保险行业的稳健发展带来了相当明显的负面影响，一些不适合从事保险的代理人（如没有正确的行业价值观、学历不够高学习能力差等）进入行业带来了不合规的保单投诉隐患。三年疫情

叠加后疫情时代的经济下行和“失业潮”，让很多收入下降的客户在“代理退保”不法人员的蛊惑下，通过各种恶意投诉给保险公司制造压力，以达到全额退保的不法目的，造成了保险行业的异常投诉激增，也让很多无辜代理人深陷其中影响了正常工作。

据了解，从事“退保黑产”的，很多都是原来保险公司的代理人，对于保险公司自身的销售话术、各个环节存在的漏洞都非常了解，黑产组织或个人往往利用市场规则漏洞，通过投诉而不是诉讼的方式，以“保险维权”“误导销售”“跨区域经营保险业务”等理由，并通过“诱导消费者恶意投诉或举报保险机构”“雇佣陌生客户”“缠访闹访”等手段，威胁保险公司要求全额退保，并以此赚取高额佣金。

2024 年 4 月 16 日，保险业协会印发《保险行业异常投诉识别指引》，指出异常投诉案件主要包括三种常见类型：一是存在涉嫌违法犯罪情形的；二是存在扰乱公共秩序、信访秩序情形的；三是存在冒充消费者本人等异常情形的。伴随对“代理退保”黑产的打击力度增强，保险行业投诉数量也开始逐步下降，经《21 世纪经济报道》记者统计，2022 年全年保险消费投诉总量达 11 万件，其中人身险公司投诉总量为 70, 698 件，同比下降 27%；2023 年第一季度，监管部门接收并转送保险消费投诉 26, 188 件，同比又下降了 1. 3%。

面对如此剧烈变革的时代和行业，作为对保险行业高度认同、个人素质符合行业高质量发展要求、愿意在保险行业持续健康发展的这一部分从业人员。我们必须要正视一个问题：在行业监管措施越来越严格，客户消费维权意识越来越积极的时代，保险从业者如何做到既要通过大单落地让自己在行业名利双收，又能做到合规执业筑起防范自己执业风险的“护城河”？

第一，保险代理人和保险公司是什么关系？

保险代理人和保险公司签订《代理合同》，故属于代理人和被代理人关系。按照我国《民法典》和《保险代理人监管规定》的规定，保险代理人应当和保险公司签订书面《代理合同》，明确约定代理权限以及代理人违约赔偿责任。保险代理人在向客户讲解和推荐保险产品时、在订立保险合同过程中以及保险合同成立后合同内容的变更等事项时，只要严格按照保险公司培训要求的内容讲解，就视为在代理权限内行使代理权，发生的法律后果由被代理人保险公司承担。

反之，如果保险代理人在代理行为过程中和第三人串通损害保险公司利益,或者为谋取利益故意进行不合规销售行为,则在《保险代理人监管规定》出台后,保险代理人和保险公司权利义务关系进一步明确的背景之下,这种行为不仅无法得到客户的尊重,而且还会面临保险公司追责的法律风险。

第二,保险代理人为什么要学习法律知识?

保险代理人的工作就是向客户发出签订保险合同的要约邀请(接触和销售面谈),引发客户产生投保的需求进而向保险公司提出要约(销售促成,客户填写投保单),保险公司经过核保后同意,收取保费签发保险合同,视为承诺。至此,保险合同正式成立。

保险合同成立后,可能会因为各种原因引发合同的解除、撤销、变更、复效甚至无效,这其中保险代理人可能会在变更、复效过程中参与客户服务,协助客户完成服务。也有可能因为合同的解除、撤销、无效而追溯当初的销售或者服务是否符合法律法规的规定和《代理合同》的约定。以上所有的工作对于保险代理人而言都是日常的销售与客户服务内容,很少有人会认真思考这些工作背后的法律意义和法律责任。所以此次《保险代理人监管规定》中明确提出要求保险公司对保险代理人进行法律知识培训,也正是基于这个原因。

第三,引发执业风险的新监管措施有哪些?

为尽可能减少因为保险代理人的不合规销售引发的客户投诉甚至诉讼案件,监管机关出台了一系列新的更加严格的措施,这些措施的出台一方面会对不合规销售行为进行打击和处罚,另一方面也是对保险代理人的执业风险进行有力的保护和规避。

比如,《保险代理人监管规定》中提出要在《代理合同》中增加违约赔偿责任的内容,今后保险代理人在进行日常展业活动中,必须遵守法律法规和《代理合同》,如果因为自己的原因(如夸大收益、随意承诺导致保险合同被撤销,或者以死亡为理赔条件的保险合同,明知被保险人没有亲自签字而导致保险合同无效)导致保险公司损失的,保险公司有权要求代理人进行违约赔偿;另外,在其第69条规定:"……将个人保险代理人销售行为合规性与团队主管的考核、奖惩挂钩。个人保险代理人发生违法违规行为的,保险公司应当按照有关规定对团队主管追责。"明确今后团队主管在组织发展中必须注重人员质量和素质提升,否则属员被处罚,主管也要被追责。

如果说《保险代理人监管规定》属于"大棒型"的监管措施,那么《保险销售行为可回溯管理暂行办法》则属于"胡萝卜型"的监管措施。假如一个合规销售的保险代理人遇到了一个动机不纯的客户，日后该客户因为保险合同纠纷和保险公司产生纠纷，保险代理人该如何证明自己的销售行为是合法合规的？很难！因为很少有保险代理人会通过录音录像的方式记录自己的展业过程，即使有也往往因为电子数据保存不专业而无法提供。而按照监管规定的“双录”则能够很好地解决这个问题。在销售时进行录音录像，不仅可以保护客户的合法利益，也可以更好地保护保险代理人自己，如果自己的销售行为是合规的，日后即使引发纠纷，这份留存在监管机构的原始证据也能证明自己的清白。如此则可放心展业，不用再担心未来发生纠纷把自己牵扯进来的风险，或者因为客户没有获得理赔而埋怨自己。

二、保险代理人执业风险规避法律意见

（1）给客户讲解保险产品时，不能为一时的业绩和收入而夸大产品责任或者保单收益，否则客户一旦发现代理人讲解内容与产品条款不符，很有可能以重大误解为由要求合同撤销。而一旦这种撤销理由被法院认可，最终的结果就是要退还全部已交保费，这会引发保险公司启动内部追责程序。所以保险代理人除了平时要认真学习产品知识，积极参加公司培训，还应当树立正确的行业价值观，切忌为贪图一时的利益给自己的执业生涯埋下隐患。

（2）给客户讲解产品时，向客户出示的产品宣传内容应当是公司统一印刷的单页或者建议书系统打印出来的产品计划书，尽量不要自己私自制作产品宣传资料，如果确有必要根据公司的产品条款和建议书系统自己来制作（如方便客户了解的简易产品计划书），请一定要在上面备注：“该计划书仅作为投保人签订保险合同的要约邀请，不能替代正式保险合同，具体的产品责任和利益演示以保险合同为准”。2018 年 4 月 13 日澎湃新闻发表一篇题为《老太买××人寿保险 8 年发现利润不符，北京市保监局：存在欺骗》的新闻，投保人 A 女士为给孙子存钱，在交纳 7 年保费后因没钱继续交纳保费，其儿子得知详情后遂与该保险公司客服沟通，在沟通过程中得知，这款产品到期后的收益只有 12 万元左右。除去投入的保费（10 年累计交纳 107,400 元）后，真正盈余的钱仅剩 1 万余元。但是在保险销售人员提供给 A 女士的一张产品讲解资料上，却称获得的收益可达 22.7 万余元，除去投入的保费 107,400 元，还应该额外得到 11.96 万元。最后监管部门认定保险公司存在欺骗，进而引发要求全额退保的诉讼。

(3)日常展业过程中,尤其是面临以死亡为给付条件的保险合同签订时,一定要本人看到是被保险人自己或者其法定代理人在保险合同中签字,否则很有可能因为没有被保险人或者其法定代理人同意和认可,最终保险合同被认定无效,保险公司还要全额退还保费,这同样会引发保险公司按照《代理合同》的约定启动追责程序。

(4)在被保险人变更受益人时,按照《保险法》第41条的规定,必须书面通知保险公司变更才发生效力;而在《保险法司法解释(三)》第10条,则取消了书面通知的变更方式,改为"通知到"保险公司即可,不再要求必须书面或者现场办理,口头通知也具备法律效力。如果一位保险代理人接到被保险人的电话说自己要变更受益人,请问发生还是不发生受益人变更的效力?笔者的意见是:发生。因为保险代理人就代表保险公司,保险代理人如果接到客户电话后口头答应变更,而客观上由于事务繁忙忘记到公司进行变更手续办理,在事后如果因被保险人身故发生保险理赔金争夺时,如果有证据证明被保险人已经明确告知到保险代理人,视为受益人变更的意思表示成立。最终,我们将因为自己的疏忽大意或者对法律规定的无知而引发纠纷,同时丧失客户的信任。所以,能让客户到公司办理此类保全变更业务的,尽量让客户到公司现场办理。紧急情况下接到的电话或者口头变更申请,一定要第一时间反馈到公司,这是自己作为代理人代理职责的重要内容,关系客户切身利益,不可大意和疏忽。

第六章　人身保险合同纠纷的十个热点难点问题

随着人身保险业务的迅猛发展，与人身保险相关的合同纠纷数量和纠纷种类呈现越来越多的态势。本书不是专门研究理论的书籍，而是以问题为导向，以保险从业者日常遇到的保险理赔实务和法律实务中易发生的保险合同纠纷为切入点，总结出 10 个热点难点问题。

笔者通过法条的汇编解读和典型案例的分享，把重要且典型的司法观点进行汇总和梳理，以便于更好地指导保险从业者树立合规展业意识。同时，方便从事法律实务工作的同行们更好地处理案件，用一个个精彩的案例促进人身保险业的健康发展。这既是写作本章的初心，也是全书成书的初心。

第一节　投保人的如实告知与两年不可抗辩条款解析

投保人的如实告知义务和保险人的两年不可抗辩制度犹如保险合同的一对翅膀，互相依存不可分割，维系着人身保险制度的正常运转和保险合同的公平公正。

如实告知义务是人身保险合同最大诚信原则对投保人的具体要求，其目的是弥补保险公司的信息劣势，对双方在保险标的信息掌握的不平等地位进行矫正，促使投保人恪守诚信原则，防止逆选择等不可保风险进入保险公司。

两年不可抗辩制度是法律给予保险公司的一种“权利限制”，这个制度的目的就是防止保险公司滥用自身优势地位，疏于核保而惜赔不赔，促使保险公司在接受风险标的投保时应当审慎核保，否则一旦错过了法律规定的抗辩期，投保人、被保险人或者受益人就有权援引不可抗辩制度要求理赔。当然,两年不可抗辩制度不是一个绝对的“不可抗辩”,不可机械理解和使用。

法条汇编

《保险法》(2015年4月24日)

第十六条 订立保险合同,保险人就保险标的或者被保险人的有关情况提出询问的,投保人应当如实告知。

投保人故意或者因重大过失未履行前款规定的如实告知义务,足以影响保险人决定是否同意承保或者提高保险费率的,保险人有权解除合同。

前款规定的合同解除权,自保险人知道有解除事由之日起,超过三十日不行使而消灭。自合同成立之日起超过二年的,保险人不得解除合同;发生保险事故的,保险人应当承担赔偿或者给付保险金的责任。

投保人故意不履行如实告知义务的,保险人对于合同解除前发生的保险事故,不承担赔偿或者给付保险金的责任,并不退还保险费。

投保人因重大过失未履行如实告知义务,对保险事故的发生有严重影响的,保险人对于合同解除前发生的保险事故,不承担赔偿或者给付保险金的责任,但应当退还保险费。

保险人在合同订立时已经知道投保人未如实告知的情况的,保险人不得解除合同;发生保险事故的,保险人应当承担赔偿或者给付保险金的责任。

保险事故是指保险合同约定的保险责任范围内的事故。

《保险法司法解释(二)》(2021年1月1日)

第五条 保险合同订立时,投保人明知的与保险标的或者被保险人有关的情况,属于保险法第十六条第一款规定的投保人“应当如实告知”的内容。

第六条 投保人的告知义务限于保险人询问的范围和内容。当事人对询问范围及内容有争议的,保险人负举证责任。

保险人以投保人违反了对投保单询问表中所列概括性条款的如实告知义务为由请求解除合同的,人民法院不予支持。但该概括性条款有具体内容的除外。

《江苏省高级人民法院关于审理保险合同纠纷案件若干问题的讨论纪要》(苏高法审委〔2011〕1号,2011年1月12日)

第十六条 保险人以投保人违反了对投保单询问表中所列“其他”等兜底

事项的如实告知义务为由,主张解除合同的,人民法院不予支持。

第十七条　投保人对其不知道的事项未作披露,保险人以投保人违反了如实告知义务为由要求解除合同的,人民法院不予支持。

第十八条　学生平安险的投保人以及履行如实告知义务的主体是学生或者其监护人,保险人就被保险人的有关情况提出询问的,应为各投保人履行如实告知义务提供必要条件,以使投保人知道询问的内容。保险人仅向学校进行询问而以投保人未履行如实告知义务为由要求解除合同的,人民法院不予支持。

第二十条　保险合同订立时事故已发生,投保人就此向保险人作了不实告知,保险合同成立两年后,被保险人或者受益人以可抗辩期已过为由,要求保险人对该项隐瞒的事故赔偿或者给付保险金的,人民法院不予支持。

被保险人或者保险标的因前款规定的事故之外的其它原因发生新的保险责任范围内的事故的,无论该保险事故是否发生在保险合同成立后两年期间内,保险人应当依据保险合同的约定赔偿或者给付保险金。

第二十一条　保险人依据《保险法》第十六条第四款、第五款规定,主张不承担赔偿或者给付保险金责任,但未主张解除合同的,或者保险人主张解除合同但不符合《保险法》第十六条第二款规定的解除条件的,人民法院不予支持。

福建省高级人民法院民事审判第二庭《关于审理保险合同纠纷案件的规范指引》

第十六条　(违反如实告知义务解除保险合同的除斥期间)根据保险法第十六条规定,如果投保人违反如实告知义务,保险人在合同成立后二年内拥有解除权,同时自保险人知道有解除事由之日起,超过三十日不行使而消灭。上述两个期间系除斥期间,不因任何原因而中断、中止或延长。

济南市中级人民法院《关于保险合同纠纷案件94个法律适用疑难问题解析》(2018年7月24日)

84.保险人解除失权的问题

保险法第十六条第三款规定“自合同成立之日起超过2年的,保险人不得解除合同;发生保险事故的,保险人应当承担赔偿或给付保险金的责任”。人身保险合同中投保人违反如实告知义务,保险人享有解除权。

从该条文分析,“自合同成立之日起超过2年保险人不得解除合同”是指保险人不得解除合同的前提是自合同成立之日起超过2年后新发生的保险事故,如保险合同成立后的两年中的某个时间保险事故已经发生,两年后才去理赔时,保险人要求解除合同的,被保险人以保险法第十六条第三款进行抗辩,是对该条文的断章取义,不应得到支持。即两年的起算时间是保险合同成立之日,到保险事故发生之日,而不是到被保险人或投保人主张权利之日。

如果投保人违反如实告知义务,保险人在合同成立后二年内拥有解除权,同时自保险人知道有解除事由之日起,超过三十日不行使而消灭。上述两个期间系除斥期间,不因任何原因而中断、中止或延长。

《山东省高级人民法院关于印发审理保险合同纠纷案件若干问题意见(试行)的通知》(2011 年 3 月 17 日)

7. 投保人因重大过失未履行如实告知义务的内容和保险事故发生之间不具有因果关系的,保险人对合同解除前发生的保险事故,以投保人未尽如实告知义务为由拒绝承担保险责任的,人民法院不予支持。

法条解读

《保险法》第 16 条堪称现行《保险法》里面最重要的法条之一。它所包含的信息量之大,处理纠纷援引频率之高,引发的理论和实务争议之多,在《保险法》中首屈一指,值得我们用专门章节来论述。

一、《保险法》第 16 条是人身保险合同最大诚信原则的典型贯彻

诚实信用原则最早起源于罗马法,其基本含义为:民事活动的当事人在行使权利或者履行义务时,应当遵循诚实信用的道德准则。这条法律原则几乎成为全世界各国民法中公认的最高原则。我国著名民法学家史尚宽认为该原则“甚至具有君临全法域之效力”。[1] 我国《民法典》第 7 条规定:民事主体从事民事活动,应当遵循诚信原则,秉持诚实,恪守承诺。由于保险合同具有高度的信息不对称性、射幸性和格式化等特点,所以诚实信用原则在保险法中的重要性是在其他法律中无可比拟的,故保险合同被称为最大诚信合同。

最大诚信原则在保险合同中的具体体现,一个是保险公司的提示和说明义

---

〔1〕 史尚宽:《民法总论》,台北,正大印书馆 1980 年版,第 300 页。

务,另一个是投保人的如实告知义务。关于保险公司的提示和说明义务,我们在第五章第七节部分已经有所阐述,此处不再赘述。本节我们专门讨论投保人的如实告知义务问题。

为什么必须在保险合同中通过立法赋予投保人如实告知的合同义务?第一,保险制度存在的意义就是抵御风险,人类无法通过立法彻底消除风险的发生,只能通过制度安排在风险责任分担上做出平衡,这种平衡,有助于从人性的角度尽量减少风险的发生概率。投保人支付少量保费以求风险发生时获得数倍的保额保障,从公平原则上讲也必须就保险标的的具体情况向保险公司如实告知。第二,告知义务是保险合同缔结过程中信息不对称情形下的必然要求。保险合同在订立阶段,保险公司对保险标的的状况几乎是一无所知的,那么最终保险公司是否同意接受投保人的投保申请,完全依赖投保人的单方告知。而投保人作为对保险标的最了解的人,其告知的结果是否客观属实,直接决定了后期能否顺利地获得理赔,间接影响了保险公司基于诚信告知的大数据假设和费率厘定的准确性,这将导致保险公司潜在的经营风险。

二、投保人如实告知义务的履行问题

如实告知义务,是指投保人在订立保险合同过程中,对保险公司的询问所作陈述应当全面、真实、客观、不得隐瞒或者故意回避,也不得编造虚假情况来欺骗保险公司。如实告知义务直接源于法律的规定,而非基于当事人之间的约定,属于法定义务。如实告知义务也并非基于保险合同而产生,它独立于保险合同而存在,不构成保险合同的内容,因此投保人不能对此提出格式合同无效的抗辩。

(一)应当由谁来向保险公司履行如实告知义务?

按照我国《保险法》第 16 条第 1 款的规定:订立保险合同,保险人就保险标的或者被保险人的有关情况提出询问的,投保人应当如实告知。所以从立法层面来看告知义务的主体是投保人应当是没有争议的。在人身保险的纠纷实务中,笔者发现如果投保人和被保险人是同一人,这样的规定自然没有任何争议。但是如果投保人和被保险人不是同一人时,尽管法律规定合同成立时投保人和被保险人应当具有保险利益关系,但是保险利益关系的存在,也并不能解决只有被保险人而不是投保人,才是对自己身体健康状况、个人隐秘生活习惯等信息更了解的人的客观情况。在法律未将被保险人作为告知义务主体的情况下，被保险人如明知自己不符合承保条件而通过委托不知情的投保人代为投保，从而规避自己作为投保人时应尽的告知义务，这种行为有违诚信，不应鼓励。若被保险人不承担如实告知义务，则保险公司很有可能对保险标的的风险评估产生偏差，从而导致对保险公司不公平的结果。因此笔者也和很多保险领域学术专家持相同的观点：可以对《保险法》第 16 条作扩张解释，将如实告知义务主体扩大到投保人和被保险人。

（二）投保人应当如何向保险公司履行告知义务？

关于投保人告知义务的履行，国际上有两种立法方式：一种是自动申告的告知（又称事实告知），另一种是书面询问的告知（又称有限告知）。自动申告的告知，法律或者保险公司对告知内容没有明确的规定，只要事实上与保险标的危险状况有关的任何重要事实，投保人都有义务主动告知保险公司。基于其较为苛刻的告知要求，这种立法模式主要在部分保险市场发达、社会诚信度较高的英美法系国家和地区存在，比如英国和我国香港特别行政区。

而书面询问告知，投保人的告知范围仅限于保险公司询问的问题范围内。世界上大多数国家采用的是书面询问告知的方式，我国也是这种模式，比如《保险法》第 16 条第 1 款规定，订立保险合同，保险人就保险标的或者被保险人的有关情况提出询问的，投保人应当如实告知。《保险法司法解释（二）》第 6 条第 1 款规定，投保人的告知义务限于保险人询问的范围和内容。当事人对询问范围及内容有争议的，保险人负举证责任。

如果保险公司询问的内容投保人不知道而未告知，能否以其违反了如实告知义务为由解除合同？保险公司以投保人违反如实告知义务为由解除合同必须具备投保人有过错（故意或者重大过失）这一主观要件。对于投保人不知道的事项，投保人未作披露并无过错，保险公司以投保人违反了如实告知义务为由要求解除合同的，人民法院不应支持。

（三）投保人应当向保险公司告知哪些内容？

（1）保险公司书面询问的内容；（2）对在有些情况下保险公司虽未询问，但足以影响保险公司是否同意承保或者以何种方式承保的重大事项也负有告知义务。比如被保险人在保险公司要求的体检中未检查出来的其他身体疾病。具体而言，在人身保险中，如实告知义务的范围和内容应当包含但不限于以下信息：被保险人的年龄、性别、健康状况、既往病史、家族遗传史、职业、居住环境、不良嗜好等。总之，按照我国现行《保险法》的规定，凡是保险公司书面询问的内容，且这些询问内容“足以影响保险公司决定是否同意承保或者提高保险费率”，都是投保人应当告知的内容。

三、投保人违反如实告知义务的法律后果

《保险法》第 16 条第 2 款规定，投保人故意或者因重大过失未履行前款规定的如实告知义务，足以影响保险人决定是否同意承保或者提高保险费率的，保险人有权解除合同。《保险法司法解释（二）》第 6 条第 2 款规定，保险人以投保人违反了对投保单询问表中所列概括性条款的如实告知义务为由请求解除合同的，人民法院不予支持。但该概括性条款有具体内容的除外。根据这两条法律规定，可以得出两个结论：

（1）如果投保人违反了告知义务，最直接的法律后果就是引发保险公司解除合同且不予理赔。关于保险公司解除保险合同的问题，我们在后面用专门章节讨论，此处不再赘述。

（2）对于概括性问题，保险公司不得以投保人未如实告知为由解除合同。保险公司在投保单上的询问内容，可以分为两类：列举性问题和概括性问题。列举性问题都是一个个具体的问题，投保人在告知时可以对照被保险人情况回答“是”或者“否”。但是保险公司不可能在投保单上把所有自己关心的问题都一一列举出来，所以就出现了概括性问题。

概括性问题，是指缺乏具体内涵，外延难以确定，投保人不知道如何回答的问题，概括性问题一般是以“其他”“除此之外”等概括性条款的方式出现，比如在健康告知中询问“有无慢性疾病或自觉不适应症状”“除上述以外是否作过其他检查”等就属于典型的概括性条款，对于这种问题的询问，投保人客观上无法做到真正如实告知，要求告知实属强人所难。所以按照《保险法司法解释（二）》第 6 条第 2 款的规定，对于概括性问题，保险公司不得以投保人未如实告知为由解除合同。除非该概括性问题有具体内容，比如“是否曾经向其他保险公司申请过人身保险”“是否有其他心脑血管类疾病”等。

四、关于两年不可抗辩条款的理解问题

不可抗辩条款是指保险合同自成立之日起经过一段时间（一般为 2 年），

就成为不可争议的文件，保险公司就不得以投保人在订立保险合同时违反诚实信用原则，未履行如实告知义务为理由主张解除保险合同并拒绝赔偿保险金。不可抗辩制度起源于英国，广泛应用于美国，进而被世界上大多数国家立法所采用。我国《保险法》第 16 条第 2、3 款也规定了不可抗辩条款：投保人故意或者因重大过失未履行前款规定的如实告知义务，足以影响保险人决定是否同意承保或者提高保险费率的，保险人有权解除合同。前款规定的合同解除权，自保险人知道有解除事由之日起，超过 30 日不行使而消灭。自合同成立之日起超过 2 年的，保险人不得解除合同；发生保险事故的，保险人应当承担赔偿或者给付保险金的责任。

我国在 2009 年《保险法》修改时正式引入不可抗辩制度。之所以引进这一制度，就是为了解决我国保险业发展过程中的“理赔难”问题。保险公司在同意投保人的投保申请之前，对各种不如实告知睁一只眼闭一只眼，只管收取保费并在“核保时睡大觉，待到被保险人索赔时再指责被保险人当初投保时违反了告知义务或诚信原则，从而引发理赔纠纷”。[1] 不可抗辩制度的引进，曾被媒体称为“我国《保险法》2009 年修改的最大亮点”。这一制度的初衷，旨在保护保险消费者的合法利益，对保险公司滥用合同解除权进行限制，提升全社会对保险业的信任。但是由于规定内容过于简略、粗糙，文字表述上过于刚性，最终矫枉过正，使在司法实务中很多法官和保险消费者在理解和使用上直接从文义解释出发，认为只要保险合同自成立之日起届满两年，保险公司均不得提出解除合同、拒绝给付保险金的抗辩。由此出发，这一制度逐渐为投保人的不诚信投保甚至保险欺诈行为大开方便之门。

(一)两年不可抗辩制度的适用条件

当我们在讨论可抗辩还是不可抗辩时，都特指的是保险公司一方。保险公司“可抗辩”，则对客户不利，其有可能得不到理赔，反之“不可抗辩”，则对客户有利，其有可能获得理赔。什么情况下适用“两年不可抗辩制度”？笔者认为有以下几种情况：(1)投保人的不如实告知行为情节轻微，没有严重到保险公司可以援引《保险法》第 16 条第 2 款的规定直接行使合同解除权的地步。(2)投保人的不如实告知行为情节严重，严重到保险公司可以直接行使合同解

[1] 樊启荣：《保险法诸问题与新展望》，北京大学出版社 2015 年版，第 483 页。

除权,但保险公司因为自己的原因未能在法律规定的“知道有解除事由之日起30日”内行使解除权,结果丧失了解除权而不可抗辩。(3)在讨论是否适用不可抗辩制度时,被保险人必须是处于生存状态的。比如投保人购买健康险,结果被保险人在合同成立两年内疾病身故,如果存在投保人未如实告知的情形,保险公司依然可以行使抗辩权而不予理赔。

(二)两年不可抗辩制度的例外情况

保险合同成立两年后,是否无论在任何情况下,保险公司都丧失合同解除权而必须进行理赔?当然不是!

(1)当投保人故意欺诈并企图骗保时,应当允许保险公司不受两年不可抗辩制度约束,行使解除权并保护自己的合法权益。《保险法》第16条第3款后半句话:自合同成立之日起超过二年的,保险人不得解除合同;发生保险事故的,保险人应当承担赔偿或者给付保险金的责任。这里的“发生保险事故”是指两年后新发生的保险事故,还是投保时就存在的或者两年内发生的保险事故?笔者的观点和《江苏省高级人民法院关于审理保险合同纠纷案件若干问题的讨论纪要》第20条是一致的,该条规定,“保险合同订立时事故已发生,投保人就此向保险人作了不实告知,保险合同成立两年后,被保险人或者受益人以可抗辩期已过为由,要求保险人对该项隐瞒的事故赔偿或者给付保险金的,人民法院不予支持。被保险人或者保险标的因前款规定的事故之外的其他原因发生新的保险责任范围内的事故的,无论该保险事故是否发生在保险合同成立后两年期间内,保险人应当依据保险合同的约定赔偿或者给付保险金”。

这里的“发生保险事故”指的是合同成立两年后新发生的保险事故。比如投保时被保险人有肾炎,然而投保人并未向保险公司如实告知。两年后被保险人身体恶化确诊为尿毒症,达到重大疾病的理赔标准,此时应该赔还是不赔?笔者认为应当理赔!虽然肾炎很有可能会演变成尿毒症,但是这仍然是一个不确定的事件,符合保险合同射幸性原理。或者虽然投保时对被保险人的肾炎没有告知,但是合同成立两年内确诊为尿毒症,应不应当获得理赔?笔者认为不应当!因为合同成立不到两年就发生重大疾病,足以说明投保人之前的不告知行为性质是非常严重的,主观上故意或者重大过失的意图明显,所以保险公司有权解除合同并拒绝理赔。反之,如果投保时被保险人已经确诊为尿毒症,投保人故意隐瞒不如实告知与保险公司订立合同,然后两年后再提出理赔,此时被保险人是否可以援引不可抗辩条款主张理赔？笔者认为不可以！因为此时申请理赔的“保险事故”不是两年后新发生的，而是投保时已经确定存在的事实。保险合同是射幸合同，对将来是否发生保险事故具有不确定性。但在保险合同成立之前已发生投保事故，随后再投保，其具有主观恶意，系恶意骗保的不诚信行为，违反保险合同法理，此时不应机械性地固守不可抗辩期间的限定，而应赋予保险公司解除权。因为两年不可抗辩期间适用的前提是保险合同成立两年后新发生的保险事故，因此保险合同成立前已发生保险事故的，保险公司不应赔偿。

另外，就是投保人故意不如实告知的行为严重到“民事欺诈”的程度，出现《保险法》规定的保险公司合同解除权与《民法典》合同编规定的相对人的撤销权竞合问题。比如投保人在投保前带病投保且故意不告知，合同成立两年内发生保险事故，但投保人故意等合同成立两年后再提出理赔，这种行为，如果再加上投保人的特殊身份或者特殊操作（如本身就是保险从业人员，或者在多家公司购买重疾险等类似操作），此类带病投保且故意不如实告知的案件很有可能构成保险欺诈。

欺诈，是指一方故意以捏造或隐瞒事实的方式使另一方做出错误的意思表示，而故意不如实告知是指故意隐瞒事实或故意做不实的陈述。欺诈比故意不如实告知对主观恶意程度的要求更高。在保险合同成立起两年内，无论为一般故意不如实告知还是欺诈性不如实告知，均可适用《保险法》第 16 条行使合同解除权，且解除权救济更为有利。当两年不可抗辩期间届满后，对于一般故意不如实告知行为，保险公司要承担保险责任；对于欺诈性不如实告知的投保行为，保险公司不仅可以行使合同解除权，还可以按照《民法典》第 148 条行使撤销权，撤销权的行使是当事人自知道或者应当知道撤销事由之日起一年内，而不用考虑合同成立是否过了两年。只要保险公司发现了撤销事由，都可以在发现后一年内提出撤销合同。这也是对保险欺诈的综合性立法保护。

（2）两年不可抗辩制度的适用一般以保险合同有效成立为前提，如果保险合同缺乏生效要件从根本上就不成立，则保险公司不受两年不可抗辩制度约束，可以在任意时间提出抗辩。笔者总结了四种情况供大家了解：第一，合同成立时投保人对被保险人没有保险利益的保险合同。这样的保险合同一开始就是无效的。面对一个无效的保险合同，两年不可抗辩制度也就不存在，保险公司可以拒绝理赔。第二，替代体检的保险合同。在人寿保险中，保险公司通常会要求被保险人在指定医疗机构进行体检。如果被保险人体检时用另外一个人替代自己去体检。这种情形下,保险公司是否可以不受两年不可抗辩的制约,在任何时候提出抗辩?答案同样是可以的!因为保险公司在核保时把替身误认为是被保险人,因此在核定保费和保障范围时并不是和真正的被保险人达成了一致的意思表示,没有达成合意的保险合同是不能成立的。第三,有道德风险的保险合同。在美国的一起保险司法案例"汉德森诉弗吉尼亚寿险公司"中,法官指出,"如果投保的目的在于蓄意谋杀被保险人从而获得死亡保险金,或以被保险人的生命为筹码进行投机,则不可抗辩条款不能禁止保险公司对保单有效性提出异议。这两个理由均违背公共利益,因此保单无效。当保单无效时,不可抗辩条款与其他条款一样,不再是保单的有机组成部分"。[1] 第四,对除外责任不告知的保险合同。当投保人或被保险人在与保险公司订立合同时未告知的事项属于保险合同除外责任内容时,无论保险合同成立之日起是否经过两年,投保人或被保险人都不能借助不可抗辩条款进行抗辩并要求保险公司承担保险责任。比如有些保险产品在发售时明确指明不接受某些疾病高发地区的客户投保,而该地区的客户提供其他地区虚假身份信息投保;或者某些产品只接受年龄在20~40岁的客户投保,有年龄超过40岁的客户为了购买这一产品把自己的年龄虚报为低于40岁。

第二节　关于保险公司解除保险合同的问题

立法者赋予保险公司对保险合同的解除权,是对投保人不履行如实告知义务的惩罚,是维护保险合同公平原则的体现。但鉴于保险公司拥有是否决定理赔的优势地位以及为维护投保人对保险合同的信任期待,法律上对保险公司行使解除权进行了明确的立法限制,笔者认为相对于投保人的"任意解除权",保险公司的解除权因受到诸多限制而应当称为"法定解除权"。

法条汇编

《保险法》(2015年4月24日)

第五条　保险活动当事人行使权利、履行义务应当遵循诚实信用原则。

---

〔1〕［美］缪里尔·L.克劳福特:《人寿与健康保险》,周伏平等译,经济科学出版社2000年版,第381页。

第十五条 除本法另有规定或者保险合同另有约定外，保险合同成立后，投保人可以解除合同，保险人不得解除合同。

第十六条 订立保险合同，保险人就保险标的或者被保险人的有关情况提出询问的，投保人应当如实告知。

投保人故意或者因重大过失未履行前款规定的如实告知义务，足以影响保险人决定是否同意承保或者提高保险费率的，保险人有权解除合同。

前款规定的合同解除权，自保险人知道有解除事由之日起，超过三十日不行使而消灭。自合同成立之日起超过二年的，保险人不得解除合同；发生保险事故的，保险人应当承担赔偿或者给付保险金的责任。

投保人故意不履行如实告知义务的，保险人对于合同解除前发生的保险事故，不承担赔偿或者给付保险金的责任，并不退还保险费。

投保人因重大过失未履行如实告知义务，对保险事故的发生有严重影响的，保险人对于合同解除前发生的保险事故，不承担赔偿或者给付保险金的责任，但应当退还保险费。

保险人在合同订立时已经知道投保人未如实告知的情况的，保险人不得解除合同；发生保险事故的，保险人应当承担赔偿或者给付保险金的责任。

保险事故是指保险合同约定的保险责任范围内的事故。

第二十七条第一、二款 未发生保险事故，被保险人或者受益人谎称发生了保险事故，向保险人提出赔偿或者给付保险金请求的，保险人有权解除合同，并不退还保险费。

投保人、被保险人故意制造保险事故的，保险人有权解除合同，不承担赔偿或者给付保险金的责任；除本法第四十三条规定外，不退还保险费。

第三十二条第一款 投保人申报的被保险人年龄不真实，并且其真实年龄不符合合同约定的年龄限制的，保险人可以解除合同，并按照合同约定退还保险单的现金价值。保险人行使合同解除权，适用本法第十六条第三款、第六款的规定。

《保险法司法解释(二)》(2021年1月1日)

第七条 保险人在保险合同成立后知道或者应当知道投保人未履行如实告知义务，仍然收取保险费，又依照保险法第十六条第二款的规定主张解除合同的，人民法院不予支持。

第八条 保险人未行使合同解除权,直接以存在保险法第十六条第四款、第五款规定的情形为由拒绝赔偿的,人民法院不予支持。但当事人就拒绝赔偿事宜及保险合同存续另行达成一致的情况除外。

法条解读

合同解除,是指在合同有效成立后,当解除的条件具备时,因当事人一方或双方的意思表示,使合同法律关系消灭的行为。根据不同的标准,可以将合同解除进行不同的区分。(1)根据合同解除的主体不同,可以将其分为单方解除和双方协议解除。单方解除,是指解除权人行使解除权将合同解除的行为,不需要经过对方当事人的同意,只需将解除合同的意思表示通知到对方,也可以经过人民法院或仲裁机构向对方主张合同解除,即可发生合同解除的效果。双方协议解除,即在双方协商一致的基础上同意将合同解除的行为。(2)根据合同解除的条件不同,可以将其分为法定解除和约定解除。如果合同达到了法律规定的解除条件,有解除权的一方行使法律赋予的解除权而解除合同,视为法定解除。约定解除,是指当事人之间通过协商,将原来存在的合法有效的合同予以解除的行为。合同解除的意义在于保障合同一方或双方当事人在合同履行过程中发生意外情况时,可以通过解除合同,避免或者减少损失。但是合同解除对合同的稳定和交易的安全会带来很大的破坏性。当事人一旦行使此权利,合同便归于消灭。所以法律对合同解除一般都采用非常审慎的态度。特别是对包括保险合同解除权在内的法定解除权作出了严格的限制。

我们本节讨论的解除,属于法定解除范畴。即保险公司有权根据《保险法》及其司法解释的规定,直接以投保人违反法律规定为由要求将保险合同解除并不承担保险理赔责任。前文有表述"在人身保险实务操作中,保险合同解除分为三种情形:一是投保人的任意解除权(俗称退保);二是保险公司的法定解除权;三是司法机关强制力解除保险合同"。此处我们专门讨论保险公司的法定解除权的相关问题。

一、保险公司享有保险合同解除权的两大法理依据

首先是最大诚信原则。最大诚信原则是保险合同订立的前提条件,贯彻保险业务始终,是保险法最核心也是最重要的原则,并被我国《保险法》第5条采

用。在最大诚信原则下,衍生出一系列行为规范:投保人的如实告知义务、保险公司的提示和说明义务、投保人对保险标的危险程度增加的告知义务等。其次是合同法的等价有偿原则。保险合同是双务合同,投保人支付保险费给保险公司,以换取保险公司承诺的当保险标的发生危险事故时获得保险金赔偿的机会,这就是等价有偿。保险经营的方式是通过集合大多数人,根据大数法则,在数据精算的基础上计算出单位风险发生的概率,从而进行费率厘定。收取的保费建立集中的保险基金,既能弥补团体成员中个人的损失,又能让保险公司获取合法利润。正如我国台湾地区"保险法"第 64 条规定,"当投保人或被保险人对于保险标的的重要事项,故意隐匿、或过失遗漏,或为不实之说明,足以变更或减少保险人对于危险之估计者,将影响保险人填补损害之赔偿能力,故法律规定保险人得解除契约,以求对价平衡"。

二、按照《保险法》第 16 条的规定,保险公司行使合同解除权的条件

保险公司如果以投保人违反如实告知义务为理由主张解除保险合同的,必须符合以下条件:(1)投保人未履行如实告知义务。也就是投保人在订立保险合同时没有将有关被保险人的重要信息告知保险公司。(2)投保人未履行如实告知义务是出于故意或者重大过失。所谓故意指投保人明知被保险人的身体情况有异常,或保险事故已经发生,且知道这种异常应当在投保时向保险公司告知,但是没有告知的情形。民法上的过失一般是指行为人因疏忽大意未能尽到一个普通人应尽到的合理谨慎的注意义务,分为一般过失和重大过失。在保险合同中,投保人的重大过失,是指投保人应当预见有关被保险人的重要情况,但由于严重的疏忽大意或者过于自信而没有告知,而此信息对保险公司是否决定承保有重大意义的情形;反之,如果投保人未履行如实告知义务是因为一般过失,即使该未告知的信息对保险公司是否决定承保有重大意义,保险公司依然不享有解除权。如何认定过失是重大过失还是一般过失,对保险合同而言意义重大,但是很难用抽象的原则来界定,只能通过个案来判断。(3)前述投保人的未如实告知行为必须达到"足以影响保险人决定是否同意承保或者提高保险费率"的程度。换句话说,不是只要保险公司询问,投保人不如实告知,保险公司就可以解除合同。为控制保险公司滥用合同解除权规避应当承担的理赔责任,法律上要求以上三个条件必须同时具备时,保险公司才有权主张合同解除。

反之,如果投保人的未如实告知属于一般过失,或者达不到“足以影响保险人决定是否同意承保或者提高保险费率”的程度,保险公司就不得解除合同。

三、《保险法》规定的保险公司有解除权的其他三种情形

《保险法》第27条规定了两种保险公司可以解除合同的情形:第一种是未发生保险事故,被保险人或受益人谎称发生了保险事故,向保险公司提出赔偿或者给付保险金请求的;第二种是投保人、被保险人故意制造保险事故的。《保险法》第32条还规定了保险公司可以解除合同的情形:投保人申报的被保险人年龄不真实,并且其真实年龄不符合合同约定的年龄要求的。

四、《保险法》对保险公司行使合同解除权的限制

合同的解除,无论是投保人的任意解除还是保险公司的法定解除,对保险合同关系的稳定性都会带来巨大影响,直接带来保险合同关系的消灭。基于此,《保险法》对保险公司行使法定解除权进行了明确的限制。

(1)保险公司必须在法定期间内行使解除权。《保险法》第16条第3款规定:前款规定的合同解除权,自保险人知道有解除事由之日起,超过30日不行使而消灭。自合同成立之日起超过二年的,保险人不得解除合同。换句话说,保险公司要行使合同解除权,必须受到此二期间的限制:一个是“保险公司知道有解除事由之日起三十日”,另一个是“自合同成立之日起二年内”。超过任何一个期间的,解除权都消灭(个别例外情况除外)。

(2)保险公司存在弃权和禁止反言的情况。《保险法》第16条第6款规定了保险公司不可以反言(也就是不能反悔):“保险人在合同订立时已经知道投保人未如实告知的情况的,保险人不得解除合同;发生保险事故的,保险人应当承担赔偿或者给付保险金的责任。”《保险法司法解释(二)》第7条规定了保险公司的弃权:“保险人在保险合同成立后知道或者应当知道投保人未履行如实告知义务,仍然收取保险费,又依照保险法第十六条第二款的规定主张解除合同的,人民法院不予支持。”

为维护保险合同的稳定性,保护保险消费者合法利益。如果在保险合同订立时保险公司已经知道了投保人未履行告知义务,事后发生理赔时再以未履行告知义务为理由拒绝赔付,同样违反了最大诚信原则,应当对这种情况下的保

险公司的解除权进行限制。如果保险公司在订立合同时的确不知道,但合同成立后知道了投保人有未如实告知的事实的,理应在知道之日起30日内解除合同。如果保险公司装作不知道而继续收取保费,即以自己的行为放弃了解除权。

典型案例

☞ 案例1:投保人故意不履行告知义务,2年内被保险人身故,保险公司是否有权解除合同?

张某会诉中国平安人寿保险股份有限公司
北京分公司保险合同纠纷案[1]

裁判要旨

投保人故意不履行告知义务,2年内被保险人身故,保险公司有权利解除合同。如何在具体的司法实践中认定投保人的不告知是故意还是过失,本案也给出了一个相对客观的认定依据。

原告:张某会

被告:中国平安人寿保险股份有限公司北京分公司

基本案情

2007年11月26日,张某会向被告保险公司投保,人身保险投保书记载:(1)投保人张某会,被保险人及受益人管某明,身故保险金受益人张某会。(2)主险为平安智盈人生终身寿险(万能型),基本保险金额15万元,附加险为平安附加智盈人生提前给付重大疾病保险,基本保险金额10万元。保单生效日为2007年11月27日。(3)在对投保人、被保险人询问事项中,有关是否抽烟喝酒、是否5年内住院检查或者治疗等健康告知项目中,投保人和被保险人栏均勾选“否”,并在健康告知声明及不进行健康告知的法律后果栏,张某会亲笔签名。

2007年11月27日,被保险人到北京胸科医院进行影像学检查。2007年11月29日,北京胸科医院CT诊断报告中诊断意见显示,被保险人左上肺癌、

[1] 参见北京市西城区人民法院(2009)西民初字第14474号民事判决书。

左侧胸膜增厚、左侧胸腔积液、右下肺慢性感染性病变。2007年12月6日，被保险人在北京胸科医院住院治疗，病历中被保险人自述4年前曾去医院就诊、有肺结核史、咳嗽咳痰、胸腔积液、消瘦等，吸烟约30年平均每日10~20支，饮酒约30年平均每日3~6两。2007年12月18日，被保险人被确诊患有肺癌，于2007年12月27日进行手术治疗，于2008年1月31日出院。2009年4月4日，被保险人因左肺癌术后到北京胸科医院就诊，门诊病历首页记载“初诊日期2003年7月22日，初诊科别肿瘤内科门诊”。2009年7月9日，被保险人去世。2009年9月9日，保险公司出具人身险理赔批单，以张某会投保时未如实告知为由作出了解约、拒赔处理。

原告张某会起诉称：

张某会与被保险人管某明（以下统称被保险人）系夫妻关系，2007年11月张某会为被保险人在保险公司投保了人身险，张某会为受益人。2007年12月6日，被保险人入院，后被确诊为肺癌，经过一年多的治疗，2009年7月9日去世。后张某会向保险公司要求理赔，保险公司于2009年9月9日以投保时未如实告知为由作出了解约、拒赔处理。故起诉至法院，请求法院判令保险公司赔偿张某会保险金15万元，同时承担本案诉讼费。

被告保险公司答辩称：

第一，投保人未尽法定如实告知义务，故意隐瞒被保险人健康状况。投保人在投保时，否认被保险人吸烟、喝酒，否认被保险人5年内曾住院治疗，否认被保险人有反复咳嗽咳痰、胸腔积液，否认被保险人有原因不明的消瘦等情况。但是保险公司通过调取病历，证明被保险人吸烟史长且吸烟量大，属于肺癌高危人群。被保险人最终出险事故为肺癌，与投保人隐瞒的事项具有因果关系。第二，投保人未尽如实告知义务的主观心态是故意。被保险人4年前就开始就诊于北京胸科医院肿瘤内科，被怀疑为“肺结核可能性大”并进行了抽胸水等针对性治疗，长期吸烟、咳嗽、咳痰，并出现明显消瘦现象。投保人与被保险人系夫妻关系，对被保险人的身体状况是非常了解的，投保人却在投保时故意隐瞒这些事实。在2007年11月27日保单生效后，被保险人就当日立即到北京胸科医院进行肺部的专项影像检查，并于2007年11月29日CT确认为肺癌、12月6日入院手术。根据《保险法》的规定，投保人故意不履行如实告知义务的，保险公司对于保险合同解除前发生的保险事故，不承担赔偿或者给付保险金的责任，并不退还保险费。第三，本案所涉保险合同已经正常解约，张某会已亲自到公司领取相应的解约费用，双方的合同关系已经不存在，现在张某会就已经正常终止的合同提出要求，缺乏事实及法律依据。综上所述，请求法院依法驳回张某会的诉讼请求。

北京市西城区人民法院经审理认为：本案争议焦点在于，投保书对于当事人张某会、保险公司具有何种意义？张某会是否未对保险公司作如实告知以及该未如实告知行为将导致怎样的后果？

1. 关于投保书

张某会于投保时，在投保书中“声明和授权”一栏内已经签字确认，张某会在投保声明一栏内的签字，意味着其对于投保书中全部信息承诺为真实情况并对此承担责任，进而使保险公司有理由相信投保书中所记载的全部信息是真实的，并可以依此判断是否应当接受张某会的投保以及是否应当提高保险费率。即张某会签字确认投保书、作出上述声明的行为不是与他人无关的单方行为，而是对保险公司的承保与否会产生影响的行为。因此，如果投保书中健康告知的内容存在不实之处，张某会应当承担责任。

2. 关于张某会是否已经履行法律规定的如实告知义务及其法律后果

依保险公司所提供的证据住院病历所显示的内容，被保险人于2003年7月22日曾进行肿瘤内科门诊，2007年11月27日进行影像学检查，2007年11月29日经CT初步诊断患有肺癌，2007年12月6日住院治疗，在病历中自述4年前曾去医院就诊、有肺结核史、咳嗽咳痰、胸腔积液、消瘦、烟龄30年、饮酒30年。张某会在投保书询问事项中关于健康告知的回答均为“否”，已构成对保险公司的不实告知，足以影响保险公司决定是否同意承保或提高保险费率，保险公司有权解除保险合同。

另外需要分析的是，张某会对于保险公司的不实告知属于故意还是属于过失？张某会与被保险人系夫妻关系，双方共同生活数十年，张某会对于被保险人4年前曾去医院就诊、有肺结核史、咳嗽咳痰、胸腔积液、消瘦等情况应当知道，张某会对于被保险人烟龄30年、饮酒30年的情况不可能不知道。同时，根据法院对保险业务员的询问核实，张某会投保时被保险人也在场，而张某会亦未提供相反证据证明被保险人不在场或者保险业务员未进行询问。应属故意不告知。

综上所述，张某会在向保险公司投保时，故意没有就被保险人健康状况向保险公司进行如实告知，因此，保险公司有权解除保险合同且对合同解除前发生的保险事故不承担保险责任，法院对张某会的诉讼请求不予支持。依照《保险法》(2002 年修正)第 17 条第 3 款的规定，判决如下：驳回原告张某会的诉讼请求。

☞ 案例 2：如何根据全案事实，区分一起案件是重大过失不告知还是一般过失不告知？

赵某勋诉中国平安人寿保险股份有限公司包头中心支公司人身保险合同纠纷案[1]

裁判要旨

这是一起典型的关于重大过失不告知的认定。投保前三年内被保险人两次体检均有甲状腺结节并钙化的结果，投保时未告知保险公司，合同成立不到两个月被保险人确诊为甲状腺恶性肿瘤，二审法院推翻一审判决，认定投保人属于重大过失不告知，保险公司有权解除合同。

原告(被上诉人)：赵某勋

被告(上诉人)：中国平安人寿保险股份有限公司包头中心支公司(以下简称平安保险包头支公司)

基本案情

2019 年 2 月 7 日，原告妻子刘某与被告平安保险包头支公司签订了平安安鑫保两全保险，投保人为刘某，被保险人为赵某勋，受益人为赵某勋和刘某，主险安鑫保，保险金额 130,000 元；附加长险安鑫保重疾，保险金额 130,000 元。被告平安保险包头支公司在投保时询问被保险人是否患有甲状腺疾病或者甲状旁腺疾病时，投保人回答为“否”。2016 年 3 月 24 日、2018 年 1 月 26 日，原告两次体检均有甲状腺左叶结节并钙化，医生建议进一步检查、复查，后无结论。2019 年 4 月 1 日，原告发病，入住包头市肿瘤医院治疗 11 天，被确诊为甲状腺恶性肿瘤。随即原告向被告申请理赔。2019 年 5 月 22 日，被告以原告投保前存在疾病病史，而投保人在投保时未如实告知，严重影响了本公司的

---

[1] 参见包头市铁路运输法院(2019)内 7101 民初 298 号民事判决书；包头市中级人民法院(2019)内 02 民终 3128 号民事判决书。

承保决定为由,拒绝赔付,解除合同,退还保费。

原告诉称:原告、被告签订保险合同时,被告未认真审核调查原告身体状况,只简单询问并让原告打钩确认固定格式的健康告知书,就与原告签订了保险合同。作为非医学专业的普通人,单凭自己的知识结构和生活经验并不能确定自己在查出甲状腺处有结节,就明确自己患有甲状腺疾病,且绝大多数甲状腺结节不被视为疾病。所以要求被告给付“安鑫保重疾”保险金130,000元。

被告辩称:甲状腺结节就是询问列表中的疾病,原告明知但未履行如实告知义务。2016年3月24日、2018年1月26日,被保险人两次体检均被查出甲状腺左叶结节并钙化,医生建议进一步检查、复查。并且,在询问事项第5项“过去三年内是否曾有医学检查(包括健康体检)结果异常?”原告填写了“否”,是原告故意隐瞒体检情况,刻意回避保险人的询问,系故意不履行如实告知义务,被告有权解除合同。

包头铁路运输法院一审经审理认为:

原告、被告签订的保险合同,是当事人的真实意思表示,不违反法律规定,合法有效。在签订合同时,被告在询问内分泌、血液系统疾病事项中列有甲状腺或甲状旁腺疾病、糖尿病、痛风、白血病、血友病再生障碍性贫血、地中海贫血,并未列明哪些病属于甲状腺或甲状旁腺疾病。原告、被告对合同条款解释产生异议。根据《合同法》的规定,对格式条款的理解发生争议的,应当作出不利于提供格式条款一方的解释,法院确认原告在合同签订时履行了如实告知义务。综上所述,原告要求被告给付“安鑫保重疾”保险金130,000元的诉求,于法有据,本院予以支持。

一审宣判后,被告平安保险包头支公司提起了上诉。

包头市中级人民法院二审经审理认为:

本案的争议焦点是双方在签订合同时,被上诉人是否履行了如实告知义务。

从庭审查证看,被上诉人认可投保前上诉人已就保险合同相关条款进行了明确说明和询问,上诉人问及被上诉人之前是否患有甲状腺疾病或者甲状旁腺疾病时,被上诉人回答为“否”。但在2016年3月24日包头泽康体检中心健康体检报告显示:被上诉人甲状腺左侧叶结节伴钙化(建议进一步检查);2018年1月26日,包头泽康体检中心健康体检报告显示:甲状腺左侧叶结节并钙化(建议短期复查)。并且,在询问事项第5项“过去三年内是否曾有医学检查(包括健康体检)结果异常?”被上诉人均填写了“否”。从以上体检报告可知,被上诉人在投保前就已经知道自己的甲状腺出现了异常,而且从体检报告医生建议看,也是从要求“进一步复查”到“短期复查”,可以看出其甲状腺异常的情况是越来越重的,从一个正常的普通人的理解应该可以意识到身体的这一部位已经不是健康的,是病态的。而且在日常生活中当某人罹患某种疾病时其称呼或称谓,并不见得均要体现“疾”或“病”等字眼,比如说“肺炎”“肝炎”等。因此,保险合同中“甲状腺或甲状旁腺疾病”的描述是具体的、确定的某一部位的疾病,不属于概括性陈述。而且甲状腺结节确有一定的恶变比例,由于保险合同属于转移风险的特殊合同,在保险人询问该事项时被上诉人应该如实告知这一情况,就保险人而言,有权自主决定是否承担风险进而承保或提高保险费用。但被上诉人对以上提问均否认,可以认定其没有履行如实告知义务。另外,被上诉人在回答保险人“过去三年内是否曾有医学检查(包括健康体检)结果异常?”被上诉人也予以否认。该询问括号中明确医学检查包括健康体检,内容具体,不属于概括性陈述。

退一步讲,按照被上诉人的抗辩,即便其始终不认为这种异常状况属于“甲状腺疾病”,也属于投保人或者被保险人的重大过失,依据《保险法》第16条的相关规定,保险人有权据此解除保险合同,退还全部保险费。

另外关于双方当事人签订保险合同时,保险人是否需认真审核调查原告身体状况的问题,上诉人在二审时提交了保险合同签订时对上诉人的体检报告,证明对被保险人的身体状况进行了检查。依据《保险法司法解释(三)》第5条的规定,保险人在合同签订前无论是否对被保险人进行体检都不能免除投保人、被保险人的如实告知义务,同时审核调查被保险人身体状况既不是保险法规定也非双方保险合同约定的保险人义务。故上诉人要求解除合同,拒绝对被上诉人赔付保险金,符合合同约定和法律规定,法院予以支持。一审法院以“原告与被告签订保险合同时,被告未认真审核调查原告身体状况”为由认定上诉人对被上诉人身体健康状况的认可,没有事实和法律依据。

综上所述,上诉人平安保险包头支公司上诉请求成立,法院予以支持。依照《民事诉讼法》第170条第1款第2项的规定,判决如下:(1)撤销包头铁路运输法院(2019)内7101民初298号民事判决;(2)驳回被上诉人赵某勋诉讼请求。

☞ 案例3:在投保人客观上未告知的情况下,如何认定投保人是故意不告知、重大过失不告知还是一般过失不告知?

欧阳某菊与中国平安人寿保险股份有限公司
上海分公司人身保险合同纠纷案[1]

裁判要旨

在投保人客观上未如实告知的情况下,如何认定投保人是故意或者重大过失不告知,还是一般过失不告知,司法实务中一向缺乏明确的认定标准。本案以事实为基础,全面分析法条,明确了以《保险法》第16条规定的"危险"的构成要件为依据,综合考量认定人身保险合同下投保人是否履行了重大疾病如实告知义务,为此类案件的审理提供了思路和标准。

原告:欧阳某菊

被告:中国平安人寿保险股份有限公司上海分公司

基本案情

原告系中学老师,也是被告保险业务员郁某莲孩子的老师。原告与被告在2017年9月13日签订人身保险合同一份,投保人和被保险人均为原告,保险项目中投保主险"平安福17终身寿险(1204)";附加长险"终身平安福重疾17(1205)",基本保险金额28万元;附加一年期短险"健享人生B(522)",基本保险份数为3份,每份医疗费用住院限额3000元。

2018年4月15日,原告参加单位组织的体检,体检报告载明:在肺部CT检查项目中,被查出右肺下叶后基底段可见一小结节,直径约8.5mm等。经体检中心电话提醒,原告于2018年4月26日赴上海市肺科医院就诊,初步诊断为肺部阴影结节。嗣后,原告又几次就诊,于2018年5月12日入住上海市肺科医院,同年5月14日被确诊为右下肺恶性肿瘤,并于当天做了胸腔镜下肺叶段切除手术。嗣后,原告向被告申请理赔,被告于2018年7月12日赴原告家中询问,并制作笔录1份,当场原告在家中上网下载2017年4月体验报告提供给被告。原告于2018年7月24日收到被告作出的《理赔决定通知书》,通知原告解除原告、被告之间的人身保险合同。理由是:被保险人投保前存在疾病病

[1] 参见上海市崇明区人民法院(2018)沪0151民初8478号民事判决书,该案例入选2019年度上海法院金融商事审判十大案例。

史,而投保人在投保时未如实告知,严重影响了被告的承保决定。

庭审中,原告、被告一致确认:原告被确诊右下肺恶性肿瘤属于原告、被告签订的人身保险合同中约定的疾病;若被告应对原告的疾病承担保险责任的话,附加长险“终身平安福重疾17(1205)”项下的应付保险金是28万元,附加一年期短险“健享人生B(522)”的应付保险金是6914.88元。

另查明,原告于2017年4月23日参加单位崇明教育局组织的体检报告提示:(1)右叶少许炎症后遗灶;(2)右肺叶混杂密度结节,相邻北侧胸膜稍增厚粘连,考虑炎症后遗灶可能,建议随访。原告至2018年4月26日赴上海市肺科医院就诊之前从未针对上述体检提示看病就诊。庭审中,被告确认,在原告投保前,尚无证据显示原告被确诊患有右下肺恶性肿瘤。

原告诉称:

(1)判令原告、被告之间签订的保险合同有效,双方继续履行保险合同约定的权利义务;(2)判令被告向原告支付“平安福重疾17”保险金28万元及利息;(3)判令被告支付“健享人生B”保险金1.35万元及利息。

被告辩称:

原告未履行如实告知义务。原告在投保时,被告保险代理人书面向原告询问原告的身体状况,过去一年里去医院门诊、吃药、手术或其他治疗,医院检查结果是否有异议,原告均说没有。而在投保后的8个月即被诊断为恶性肿瘤。原告申报理赔后,被告发现原告未告知参加过2017年单位组织的体检,体检结果有异常,足以影响被告决定是否承保、承保费率的高低。所以被告于2018年7月24日通知原告解除合同,无须向原告支付保险金。

上海市崇明区人民法院经审理认为:

本案的争议焦点是,被告于2018年7月24日向原告发出理赔决定通知书,是否发生涉案原、被告之间签订的人身保险合同解除之法律效力。我国《保险法》第16条规定,订立保险合同,保险人就保险标的或者被保险人的有关情况提出询问的,投保人应当如实告知。投保人故意或者因重大过失未履行前款规定的如实告知义务,足以影响保险人决定是否同意承保或者提高保险费率的,保险人有权解除合同。由此可见,保险人有权解除合同的前提必须具备以下几个条件:第一,投保人有未如实告知的事实;第二,投保人未告知的事实必须足以影响保险人决定是否同意承保或提高保险费率;第三,投保人在主观上有故意或重大过失而未履行如实告知事实的义务。

法院结合本案查明的事实,作如下分析:首先,需要原告履行告知义务的内容,主要是指投保人需向保险人陈述与保险事故有关的危险和危险的程度。假如保险事故(本案中指的是保险合同中约定的疾病)已经发生或必然会发生,那么,这种保险事故就不具备可保性,将影响保险人是否承保;假如保险事故发生危险的可能性大,将影响的是保险人是否提高费率。在本案中,被告主要认为原告未将投保前2017年体检报告中肺部CT报告上有关肺部出现结节、胸膜稍增厚粘连的事实告知被告。对此,法院认为,根据法院查明事实,被告的保险代理人在原告投保时仅向原告笼统地询问“身体状况如何”,而原告回答“身体状况好的”,被告保险代理人即帮助原告进行了材料送交被告,缺乏被告保险代理人逐一询问原告的事实。虽然原告2017年体检报告中提示肺部异常,“建议随访”,并未建议原告“随诊”,而从原告医保卡就诊记录来看,原告并没有在该次体检后就相关体检建议进行就诊,其他就诊记录也不频繁,可见原告对于自己身体状况凭主观判断是良好的,并没有意识到体检报告上的检查结果存在异常。因此,原告对人身保险投保单中询问事项“过去三年内是否曾有医学体检(包括健康体检)结果异常”的回答为“否”与原告的一般认知相符,不构成未如实告知。其次,被告并没有举证证明2017年体检报告中肺部CT的结果会必然导致肺恶性肿瘤这种重大疾病,根据本案查明的事实是,原告在投保时,甚至在等待期内均未有权威医疗机构确诊原告患有合同约定的疾病,这种疾病是否会发生,何时会发生尚不确定。因此,原告所患的疾病在投保时只是一种可能发生的危险,属于保险人应承保的范围。另外,在本案中,原告于2017年4月体检中显示肺部存在结节,2017年9月向被告投保,至2018年4月再次体检后就诊检查,于同年5月被确诊为重大疾病的整个过程来分析,法院难以相信原告作为一名生活稳定的职业教师、作为家庭的妻子和未成年儿女的母亲,仅仅为了满足投保要求,在明知有患重大疾病的可能性而不及时就诊医治,而在拖延一年后才看病就诊。而且在被告接受原告理赔申报后向原告调查询问2017年的体检结果时,原告当场从网上调取体检结论,没有主观上刻意隐瞒或阻碍被告了解历史身体状况的表现。由此法院认为,本案的事实和证据不足以推定原告在投保时存在故意或重大过失不告知的情形,故被告主张解除原告、被告之间的人身保险合同不符合法定或约定条件,不发生合同解除的效力,原告、被告应继续按照人身保险合同的约定享有权利、履行义务。

综上所述,法院认为,原告、被告之间签订的人身保险合同(包括主险和附加险)合法有效。原告不构成故意或重大过失不履行告知义务,故被告主张上述合同解除不符合法定条件,不发生合同解除的效力,尽管原告仅交纳保险费为期一年有余,但被告仍应本着最大诚信原则向原告支付相应的保险金。原告、被告双方对于原告本次患病属于双方约定的疾病,符合住院费用补偿条件,应支付的保险金金额无异议,法院予以确认。据此,依照《保险法》第13条第1款、第3款,第14条,第16条第1款、第2款、第4款、第5款之规定,判决如下:

(1)确认原告欧阳某菊与被告中国平安人寿保险股份有限公司上海分公司于2017年9月13日签订的人身保险合同有效,双方继续履行保险合同约定的权利义务;

(2)被告中国平安人寿保险股份有限公司上海分公司于判决书生效之日起10日内支付原告欧阳某菊“终身平安福重疾17(1205)”附加险种项下的保险金280,000元;

(3)被告中国平安人寿保险股份有限公司上海分公司于判决书生效之日起10日内支付原告欧阳某菊“健享人生B(522)”附加一年期险种项下的保险金6914.88元。

二审保险公司上诉后撤回,一审判决已生效。

☞ 案例4:投保人不履行告知义务,合同成立2年内被保险人发生保险事故,2年后提出理赔,保险公司有无权利解除合同?

李某林诉中国平安人寿保险股份有限公司
南通中心支公司人身保险合同纠纷案[1]

裁判要旨

合同订立时投保人故意或者重大过失不告知,合同成立两年内发生保险事故,合同成立两年后提起理赔申请,投保人不得援引两年不可抗辩制度要求保险公司理赔,保险公司有权解除合同。

原告(上诉人):李某林

被告(被上诉人):中国平安人寿保险股份有限公司南通中心支公司(以下

---

[1] 参见江苏省南通市海安县人民法院(2015)安商初字第00500号民事判决书;江苏省南通市人民法院(2015)通中商终字第0645号民事判决书。

简称平安人寿公司)

基本案情

2012年5月5日,李某林与平安人寿公司签订保险合同一份,合同约定:李某林购买平安人寿公司主险"平安鑫盛终身寿险(分红型)"及附加寿险"鑫盛重疾"保险,保险金额均为80,000元;被保险人为李某林,身故保险金受益人为张某(配偶);在投保书的询问事项中包括了下列问题:是否目前患疾病或手术史,包括泌尿系统疾病,如肾炎、肾病、肾脏功能不全、尿毒症、肾移植等。在询问事项表格的右方,李某林均在被保险人一栏勾划为"否"。

另查明,2012年3月27日,李某林在海安县人民医院因"夜尿增多、解泡沫尿半年余"入院,诊断为慢性肾功能不全(失代偿期)、高血压3级(极高危),2012年4月17日李某林出院。2013年4月5日,李某林在海安县人民医院因"反复发作性胸痛六年,再发加重四天"入院,入院诊断为慢性肾功能不全(尿毒症期)、高血压病3级(极高危)等,2013年4月22日李某林出院(出院诊断为慢性肾衰竭CKD5期),医院建议李某林维持规律血液透析,每周3次,门诊随治。原告李某林确认其明知在2013年4月5日被确诊为慢性肾衰竭(尿毒症期),并自2013年4月开始遵医嘱进行规律性血液透析至今。

2015年5月26日,李某林向平安人寿公司申请保险理赔。2015年6月24日,平安人寿公司作出难给付保险金、难退保险费及解除李某林与平安人寿公司之间保险合同的理赔决定,其理由是李某林投保前存在影响平安人寿公司承保决定的健康状况,而在投保时未书面告知。

原告诉称:

被告平安人寿公司不应在保险合同成立之日起两年之后解除保险合同。请求判令平安人寿公司给付保险金80,508.56元及利息。

被告辩称:

首先,李某林在投保之前已患有慢性肾功能不全、高血压病,在投保时对平安人寿公司的询问故意没有如实告知,严重影响平安人寿公司作出是否承保或提高保险费率的决定,因此,李某林违反了保险合同约定的如实告知义务,平安人寿公司不应承担支付保险金及利息的责任。其次,原告李某林保险事故发生在投保之前,或者说至少发生在保险合同成立后的两年之内。《保险法》第16条所规定的"两年不可抗辩制度",指的是投保人未履行如实告知义务,但保险事故发生在保险合同成立两年后,保险人应当承担保险责任。故在被保险人恶意带病投保的情况下,保险人不应当承担保险责任。最后,2013年4月,李某林即被确诊为尿毒症,保险事故既已发生,其为了拖延超过所谓的两年期间,直至2015年7月起诉,但已经超过了两年的诉讼时效,丧失了胜诉权。庭审中,李某林表示在投保时,其与妻子均已明知李某林患有慢性肾功能不全,投保是为了万一将来其去世,平安人寿公司可以理赔。

海安县人民法院一审经审理认为:

李某林与平安人寿公司订立的保险合同是双方当事人的真实意思表示,合法有效,双方当事人均应按约履行合同义务。在保险合同订立时,李某林故意不履行如实告知义务,足以影响保险人决定是否同意承保或者提高保险费率,平安人寿公司有权解除合同,不负赔偿或者给付保险金的责任。理由如下:根据《保险法》第16条的规定,从该条条文上分析,"自合同成立之日起超过二年保险人不得解除合同"是指保险人不得解除合同的前提是自合同成立之日起二年后新发生保险事故。而本案中,从李某林多份入院、出院记录、住院病历反映,李某林在投保之际已被确诊为肾功能不全,李某林为了获取平安人寿公司的理赔在投保时未作如实告知,存在主观的故意,并足以影响平安人寿公司决定是否同意承保。保险合同成立时间为2012年5月5日,李某林在2013年4月即被诊断为慢性肾衰竭(尿毒症期),随后其即遵循医嘱进行了规律性透析至今,保险事故显然已经发生在其投保后的两年之内(2014年5月5日前),故平安人寿公司有权解除保险合同,被保险人李某林以《保险法》第16条第3款进行抗辩,法院不予支持。

李某林不服一审法院判决,向南通市中级人民法院提起上诉。

江苏省南通市中级人民法院二审经审理认为:

综合双方当事人的诉辩主张,本案的争议焦点为平安人寿公司应否向李某林进行理赔。关于保险合同中询问事项的问题,询问事项中载明,"目前患有或过去曾经患过下列症候、疾病或手术史"中包括的内容有肾炎、肾病、肾脏功能不全、尿毒症、肾移植等。该条款内容上已经达到了相对具体的程度,并不存在概括性条款。并且按照通常理解,"慢性肾功能不全"显然应包含在"肾脏功能不全"范畴内,不存在理解上的歧义。因此,李某林在投保时就相关询问事项勾划为"否"的行为违反了如实告知义务。

《保险法》第16条第3款规定:"……自合同成立之日超过二年的,保险人不得解除合同;发生保险事故的,保险人应当承担赔偿或者给付保险金的责任。”该条款是保险法确定的不可抗辩制度,从条文文义上分析,应当理解为“自合同成立之日起二年后发生保险事故”是不可抗辩制度适用的前提,否则会造成不可抗辩条款的无限制不当适用,可能会导致不履行如实告知义务的投保人,隐瞒重要事实到合同成立两年后再提出索赔请求,保险公司亦须给予赔偿等后果。这将在根本上违背法律本意,亦违背诚实信用原则。本案中,李某林投保前即患有慢性肾功能不全,但其并未在投保时如实告知保险公司相关情况;而在保险合同成立后一年内李某林即被诊断为慢性肾衰竭(尿毒症期)并进行规律性血液透析至今,但其并未及时向保险公司申请理赔,而是在合同成立三年后才提出申请。李某林依据《保险法》第16条第3款提出的上诉理由,法院不予采信。

综上所述,上诉人李某林的上诉理由不能成立,法院不予采信。一审法院审判程序合法,判决认定事实清楚,适用法律正确,依法应予维持。判决如下:驳回上诉,维持原判决。

☞ 案例5:保险事故在合同成立前已经发生,保险公司的合同解除权是否还受到两年不可抗辩的限制?

陈某诉中国平安人寿保险股份有限公司
乐山中心支公司人身保险合同纠纷案[1]

裁判要旨

保险合同成立前保险事故已经发生,投保人存在恶意骗保行为,不应机械固守不可抗辩期间的限定,应赋予保险人解除权。

原告(上诉人):陈某

被告(被上诉人):中国平安人寿保险股份有限公司乐山中心支公司

基本案情

陈某之父陈某康,因右肺腺癌于2010年8月10日入院治疗,至2010年8月24日病情平稳后出院。2010年8月25日,陈某为陈某康在被告处投保了8

---

〔1〕 参见乐山市市中区人民法院(2014)乐中民初字第1286号民事判决书;乐山市中级人民法院(2014)乐民终字第1079号民事判决书。该案例入选最高人民法院合同纠纷典型案例,2015年12月4日,载最高人民法院网。

万元的身故险和附加重大疾病险。陈某和陈某康均在“询问事项”栏就病史、住院检查和治疗经历等项目勾选为“否”。两人均签字确认其在投保书中的健康、财务状况及其他告知内容的真实性,并确认被告及其代理人已提供保险条款,对免除保险人责任条款、合同解除条款进行了明确说明。双方确认合同自2010年9月2日起生效。合同第7.1条及第7.2条就保险人的明确说明义务、投保人的如实告知义务以及保险人的合同解除权进行了约定。

2010年9月6日至2012年6月6日,陈某康因右肺腺癌先后9次入院治疗。2012年9月11日,陈某康以2012年3月28日的住院病历为据向被告申请赔付重大疾病保险金。保险公司经调查发现,陈某康于2010年3月10日入院治疗,被确认为“肝炎、肝硬化、原发性肝癌不除外”,因此被告于2012年9月17日以陈某康投保前存在影响该公司承保决定的健康情况,而在投保时未书面告知为由,向原告送达解除保险合同并拒赔的通知。陈某康、陈某于2012年10月24日诉请判令被告继续履行保险合同并给付重大疾病保险金3万元,后在二审中申请撤诉,二审法院于2012年12月18日裁定撤诉。2014年3月11日至3月14日,陈某康再次因右肺腺癌入院治疗,其出院诊断为:右肺腺癌伴全身多次转移(Ⅳ期,含骨转移)。2014年3月24日,陈某康因病死亡。原告陈某遂诉至法院,请求被告给付陈某康的身故保险金8万元。

原告诉称:

根据《保险法》第16条的规定,保险合同成立之日起超过2年的,保险人不得解除合同;发生保险事故的,保险人应当承担赔偿或给付保险金的责任。从2010年9月2日保险合同生效至2012年9月17日保险合同终止时间已超过2年,并且保险人在投保时并未询问被保险人的身体健康状况也未告知投保人有关限制约束、免责条款。因陈某康于2014年3月24日因疾病死亡,现诉至法院请求判决被告给付原告保险金80,000元。

被告辩称:

第一,被告虽在合同成立2年后解除合同,但由于原告的不正当行为故意规避保险人解除权的成就,根据《合同法》第45条的规定,应视作解除合同的条件成就,原告故意规避行为无效。具体而言,首先,投保时,原告及陈某康故意隐瞒了陈某康已患右肺腺癌的重大事项;其次,在合同成立后2年内,陈某康连续9次住院,在法律明确规定且合同也约定需要及时报案的情况下,原告均未报案,故意阻止保险人知道解除事由的存在;最后,原告在合同成立2年后不到10天便向被告申请理赔,主张合同已超过2年不得解除必须赔付,故意规避2年期限。第二,根据《最高人民法院关于保险法司法解释(二)理解与适用》中关于《保险法》第16条的释明可知,保险合同订立时事故已经发生,投保人就此向保险人作了不实告知,保险合同成立2年后,被保险人或受益人以可抗辩期已过为由,要求保险人对该隐瞒的保险事故赔偿的,人民法院不予支持,保险人可以拒付解约。第三,原告方2年内持续住院一直故意不通知被告,违反了法律及合同中关于及时通知的义务,应承担不利后果。第四,陈某康在投保前已患癌症,最终也是因此病故。即便合同已成立超过2年,但由于其隐瞒的疾病属于投保前既存风险,根据保险是对未知风险进行保障这一保险原理及相关审判实践,其不应获得赔付。第五,原告方隐瞒病情,故意阻止被告解除权成就的行为具有明显故意,于情于理均应当获得法律否定性评价。综上所述,请求驳回原告的诉讼请求。

四川省乐山市市中区人民法院一审经审理认为:

投保人陈某在陈某康因右肺腺癌住院治疗好转后,于出院次日即向被告投保,在投保时故意隐瞒被保险人陈某康患有右肺腺癌的情况,违反了如实告知义务,依据《保险法》第16条第2款的规定,保险人依法享有合同解除权。因上述解除事由在保险合同订立时已发生,且陈某康在2010年9月6日至2012年6月6日,即合同成立后两年内因右肺腺癌先后9次入院治疗,却在合同成立两年后才以2012年3月28日的住院病历为据向被告申请赔付重大疾病保险金,又在陈某康因右肺腺癌死亡之后要求被告赔付身故保险金8万元,其主观恶意明显,该情形不属于《保险法》第16条第3款的适用范围,原告不得援引该条款提出抗辩。被告自原告方向其申请理赔的2012年9月11日起始知道该解除事由,即于2012年9月17日向原告送达书面通知拒付并解除合同。原告未在三个月异议期内提出异议。根据《合同法》第96条第1款的规定,双方合同已于2012年9月17日解除。原告以2014年3月24日陈某康因病死亡为由诉请被告支付保险金8万元没有法律依据,判决驳回原告陈某的诉请。

一审宣判后,原告陈某不服判决,向乐山市中级人民法院提起上诉,要求撤销原审判决,重新改判支持上诉人原诉讼请求。

四川省乐山市中级人民法院二审经审理认为:

上诉人主张,依据《保险法》第16条第3款的规定,保险公司不能解除合同。法院认为,从《保险法》第16条第3款看,"自合同成立之日起超过二年的,保险人不得解除合同”,保险人不得解除合同的前提是自合同成立之日起两年后新发生保险事故。而本案中,保险合同成立时保险事故已发生,不属于前述条款适用的情形,保险人仍享有解除权。被保险人、受益人以《保险法》第16条第3款进行的抗辩,系对该条文的断章取义,对此不予支持。另外,被告已于2012年9月17日发出解除通知,而原告在三个月内未提出异议,双方合同已于2012年9月17日解除,上诉人于2014年3月起诉,其诉请不应支持。因此,判决驳回上诉,维持原判。

典型意义

1. 本案中投保人未如实告知投保前已发生的保险事故,保险合同成立两年后请求理赔,应否支持的问题,尚属于法律空白,若机械援用《保险法》第16条的规定,将变相鼓励恶意骗保行为。为此,本案在权衡保障投保人的合法权益和维护良好保险秩序后作出了裁判,为类案处理提供了经验。

2. 保险合同是射幸合同,对将来是否发生保险事故具有不确定性。但在保险合同成立之前已发生投保事故,随后再投保,其具有主观恶意,系恶意骗保的不诚信行为,并违反保险合同法理,此时不应机械性地固守不可抗辩期间的限定,应赋予保险公司解除权,且两年不可抗辩期间适用的前提是保险合同成立两年后新发生的保险事故,因此保险合同成立前已发生保险事故的,保险公司不应赔偿。本案的裁判,对于遏制恶意投保并拖延理赔的不诚信行为,规范保险秩序,防止保险金的滥用,具有积极作用。

☞ 案例6:保险公司自知道有解除事由之日起,超过30日不行使合同解除权的法律后果是什么?

杨某兵与中国平安人寿保险股份有限公司
天津分公司人身保险合同纠纷案[1]

裁判要旨

根据《保险法》第16条第3款的规定,保险合同解除权,“自保险人知道有解除事由之日起,超过30日不行使而消灭”;反之,保险公司未在此法定期间内

[1] 参见天津市宝坻区人民法院(2016)津0115民初4385号民事判决书;天津市第一中级人民法院(2016)津01民终6480号民事判决书。

解除合同,则丧失了法定的合同解除权。即使投保人存在未如实告知的情形,也应当进行理赔。

实务中常见的问题是具体哪一天视为“保险人知道有解除事由之日”,是被保险人、受益人口头告知保险代理人或者致电公司客服电话报案之日起算,还是被保险人或者受益人的书面理赔申请递交到保险公司之日起算?本案给出了一个可以借鉴的裁判思路。如果被保险人或者受益人先口头通知保险代理人,后向保险公司递交书面理赔申请的,以口头通知保险代理人之日起算30日法定解除权行使期间。

原告(被上诉人):杨某兵

被告(上诉人):中国平安人寿保险股份有限公司天津分公司(以下简称平安人寿天津分公司)

基本案情

2014年10月1日,杨某兵与平安人寿天津分公司签订了人身保险合同一份,杨某兵投保的主险为平安护身福险,附加一年期短险为健享人生住院费用医疗保险(A)4份、住院日额医疗保险(2007)20份。

2014年10月7日,杨某兵到北京天坛医院对脑部进行了检查。2014年10月26日,杨某兵又到北京天坛医院对脑部进行了CT检查,诊断结果为:鞍内占位,垂体瘤可能性大。2014年11月4日,杨某兵因身体不适,到北京天坛医院就医,经诊断为:变(鞍区)垂体腺瘤,并住院10天,经手术治疗后于2014年11月14日出院,杨某兵支付医疗费用22,655.19元。

原告诉称:

(1)判令被告继续履行双方于2014年10月1日签订的人身保险合同;(2)被告赔偿杨某兵住院日额医疗保险金1600元,住院费用7681.84元、护理费1021.13元,合计10,302.97元;(3)本案诉讼费由平安人寿天津分公司负担。

被告辩称:

原告杨某兵起诉数额虽然没有超出保险范围,但原告于2014年10月7日就到医院检查过,2014年10月26日就诊断出脑垂体瘤,杨某兵的就诊时间未超出30日的等待期,日额医疗保险未超出90日的等待期,因杨某兵在等待期内就诊,且在签订合同时未履行如实告知义务,案涉保险合同已经解除,故不需要承担理赔义务。

一审天津市宝坻区人民法院审理认为：

杨某兵与平安人寿天津分公司订立的人身保险合同系双方真实意思表示，不违反法律、行政法规的强制性规定，为有效合同。杨某兵主张住院期间的医疗费和护理费金额，被告应当根据保险合同约定赔偿给原告，而平安人寿天津分公司认为原告杨某兵起诉数额虽然没有超出保险范围，但主张原告于2014年10月7日就到医院检查过，10月26日就诊断出脑垂体瘤，原告的就诊时间未超出合同约定的30日的等待期，故不同意赔偿，虽然杨某兵住院时间为2014年11月4日，但杨某兵分别于2014年10月7日和10月26日到医院就诊过，杨某兵的就诊和治疗时间未超出合同约定的30日的等待期，故杨某兵要求平安人寿天津分公司赔偿医疗费和护理费的请求不符合合同约定，本院不予支持。

杨某兵主张的双方继续履行于2014年10月1日签订的人身保险合同，对此平安人寿天津分公司主张因杨某兵在等待期内就诊，在投保后等待期内有过往病史，且在签订合同时未履行如实告知义务，故要求与杨某兵解除合同。本院认为，根据《保险法》第16条的规定，投保人故意或重大过失未履行如实告知义务，足以影响保险人决定是否同意承保或者提高保险费率的，保险人有权解除合同，该解除权自保险人知道有解除事由之日起，超过30日不行使而消灭。本案中，平安人寿天津分公司主张杨某兵在投保后等待期内有过往病史，且在签订合同时未履行如实告知义务，对此杨某兵予以否认，因平安人寿天津分公司对自己的主张未能提供证据予以证实，且被告于2015年4月13日，才以杨某兵未书面告知投保前体检情况为由向杨某兵发出解除合同，已经超过了30日的行使解除权的法定期间，现杨某兵要求继续履行合同，故对杨某兵要求双方继续履行于2014年10月1日签订的人身保险合同的诉讼请求，本院予以支持。综上所述，判决如下：(1)原告杨某兵与被告平安人寿天津分公司继续履行于2014年10月1日签订的人身保险合同。(2)驳回原告的其他诉讼请求。

一审宣判后，被告平安人寿天津分公司向天津市第一中级人民法院提起上诉，要求撤销一审判决第1项，判决驳回被上诉人的该项诉讼请求。

二审另查明，案外人李某红系上诉人保险业务员，涉案保险合同系李某红经办，杨某兵于2014年11月14日做手术后10天左右即告知李某红办理保险理赔事宜，2015年3月19日李某红作为杨某兵保险理赔授权委托人正式向平安人寿天津分公司提交保险理赔申请书等理赔材料，保险事故发生时间载明为

2014年11月4日。

二审天津市第一中级人民法院经审理认为:

本案系人身保险合同纠纷。双方当事人对签署保险合同、被上诉人杨某兵发生保险事故等事实不持异议。经二审查明,上诉人平安人寿天津分公司对案外人李某红的身份及其出具的杨某兵保险理赔说明真实性不持异议,根据李某红出具的杨某兵保险理赔说明及其到庭陈述,可以证实杨某兵已于2014年11月14日做手术后即告知李某红保险事故的发生,作为上诉人的保险业务员,应视为上诉人已知晓保险事故的发生,上诉人平安人寿天津分公司上诉主张应以杨某兵正式提交相关理赔手续作为知道解除事由的起始时间,缺乏事实和法律依据,本院不予支持。一审法院以此认定上诉人平安人寿天津分公司超过30日的行使解除权的法定期间,判决本案人身保险合同继续履行,处理结果并无不当,本院应予维持。

综上所述,平安人寿天津分公司的上诉请求不能成立,应予驳回;一审判决认定事实清楚,适用法律正确,应予维持。判决如下:驳回上诉,维持原判。

☞ 案例7:保险代理人作为投保人,投保时未履行如实告知义务,能够因此减轻保险公司的解释说明义务?

李某泽诉美国友邦保险有限公司北京分公司人身保险合同案[1]

裁判要旨

从投保人具有保险从业人员的特殊身份,可推定其应当知晓并理解保险人销售的险种保险合同的全部内容,保险人未履行解释说明义务所需承担的责任应根据实际情况予以减轻或者免除。投保人在投保时未如实向保险人告知所患疾病,因重大过失未履行如实告知义务,保险人有权解除合同,并对合同解除前发生的保险事故不承担保险责任,但应当退还保险费。

原告(上诉人):李某泽

〔1〕 参见北京市朝阳区人民法院(2012)朝民初字第10433号民事判决书;北京市第二中级人民法院(2012)二中民终字第10249号民事判决书。

被告(被上诉人):美国友邦保险有限公司北京分公司(以下简称友邦公司)

基本案情

2010年11月20日,友邦公司与李某泽签订了保险营销员合同书,就有关李某泽为公司招揽人身保险业务及招募人身保险营销事宜,双方达成协议;李某泽同意作为友邦公司保险代理人从事保险业务的招揽和服务。2011年5月17日,李某泽作为投保人及被保险人填写了个人人身保险投保单,向友邦公司投保疾病保险。在个人资料部分,李某泽填写的工作单位为友邦公司,职务为保单销售,职位为营销员;在被保险人及投保人健康资料部分,保险公司询问是否患有甲状腺或甲状旁腺机能亢进或减退等有关健康状况,李某泽选择"否"。2011年5月17日,友邦公司签发了保险单,投保人和被保险人均为李某泽;保险产品为全佑一生"五合一"疾病保险,基本保额为12万元;附加添益住院给付医疗保险,保险金额为50元每日;附加添益b款住院费用补偿医疗保险,保险金额为5000元;附加添益b款手术费补偿医疗保险,保险金额为5000元每次。

2011年5月26日,李某泽在友邦公司客户回执上签字。同年7月27日,李某泽曾到北京协和医院(以下简称协和医院)进行检查,协和医院的病案记录记载:甲状腺结节半年,甲状腺大,未见明显结节,做B超检查。李某泽交纳了B超检查费,诉讼中法院要求李某泽提供B超检查的结果,李某泽称结果已丢失。同年7月29日,李某泽到协和医院抽血,做甲状腺过氧化物酶抗体及甲状腺球蛋白抗体检查,协和医院出具的检验报告单记载诊断:甲状腺结节;同年8月16日,李某泽在北京同仁医院(以下简称同仁医院)住院接受治疗,B超甲状腺偏左侧结节,性质待查,不排除微小癌。同年8月19日,在全麻下行甲状腺左侧腺叶切除术,左侧vi区淋巴结清除术;入院时诊断为甲状腺肿物,性质待查,出院时诊断为甲状腺癌。同年8月24日,李某泽出院。

2011年9月29日,李某泽向友邦公司提交了保险金给付申请书,在事故原因处李某泽填写了其因颈部不适,于2011年8月16日在同仁医院门诊B超体检时发现甲状腺结节,医生收住院手术治疗。2011年10月21日,友邦公司向李某泽出具了批准赔偿通知书,全佑一生"五合一"疾病保险,理赔金额为12万元;附加添益收入保障保险住院给付,批准金额为400元,附加添益b款住院费用补偿医疗保险,批准金额5000元,附加添益b款手术费补偿医疗保险,批准金额4483.46元,合计9883.46元。友邦公司向李某泽支付9883.46元保险金,其余未付。

2011年12月12日,友邦公司出具不予赔偿通知书,对李某泽的索赔申请不予赔偿,原因为李某泽2011年7月27日在协和医院门诊病历显示,甲状腺结节半年,友邦公司在理赔过程中发现李某泽既往上述病史,投保时未告知,此项重要健康信息对公司当时核保决定构成了实质性的影响,经重新核保,根据《保险法》及相关合同约定,解除本合同并退还保险费。退费冲抵保险合同下住院理赔款,该住院理赔款总计9883.46元,本案退还的保险费冲抵2600元,剩余赔偿款7283.46元应返回。另查明,李某泽向友邦公司交纳了保费2600元。

原告诉称:

2011年5月17日,李某泽向友邦公司为本人投保了一份保额为12万元的重大疾病保险,并签订了重大疾病保险合同,合同中约定被保险人于90天后确诊患有重大疾病,保险公司按12万元的保险金额进行赔付。合同生效后,李某泽于2011年8月16日发现甲状腺肿物,19日做手术,于25日被同仁医院确诊为甲状腺微小乳头状癌。李某泽向友邦公司提出索赔。2011年12月13日,友邦公司发给李某泽一份不予赔偿通知书,强行解除合同并明确表示拒绝履行赔付义务。现诉至法院,要求确认双方签订的合同继续有效;要求友邦公司赔付12万元保险金。

被告答辩并反诉称:

李某泽作为保险营销员,对保险合同的内容及《保险法》的规定应是明知的,其在投保时并未如实告知友邦公司其自身健康情况,故友邦公司解除合同的行为合法有效;按照保险合同的约定,在合同生效后的90天的等待期内发生的疾病,保险公司不予赔偿。李某泽的发病在等待期之内,李某泽的疾病不属于保险责任。现友邦公司反诉要求李某泽归还理赔款9883.46元并承担本案诉讼费。

针对友邦公司的反诉李某泽辩称:友邦公司提出解除合同时已经超过了一个月的解除期限,故其解除合同的行为无效;李某泽提出索赔申请,友邦公司予以准许,双方就赔偿事宜已经达成了协议,友邦公司应遵守协议;双方的合同继续有效,友邦公司应支付赔偿款。

北京市朝阳区人民法院一审经审理认为:

李某泽与友邦公司之间订立的保险合同系双方当事人的真实意思表示,未违反法律、行政法规的强制性规定，合法有效。本案涉及以下三个焦点问题：(1)关于友邦公司是否履行了明确说明义务的问题；(2)关于李某泽是否履行了如实告知义务的问题；(3)关于友邦公司行使解除权的效力问题。

关于友邦公司是否履行了明确说明义务的问题。本案中友邦公司在合同中通过书面的方式向投保人说明了保险条款，在个人人身保险投保单中单独用方框框起一个区域，要求投保人阅读保险条款，并要求投保人签名确认；通过客户回执要求投保人认真阅读并理解保险合同文本，并要求投保人签名确认。且李某泽有保险代理从业人员资格证，较普通公众对保险法及保险条款了解更加全面具体，其同时作为保险营销员及投保人向友邦公司购买保险，现又以保险人未履行明确说明义务，要求确认相关的格式条款无效的意见，缺乏事实依据，法院不予采信。关于李某泽是否履行了如实告知义务的问题。在签订保险合同时，保险标的并不由保险人掌控，而保险人却要承受保险标的的危险，所以保险法要求投保人在保险人询问的范围内如实告知保险标的的情况。2011 年 7 月 27 日，李某泽到协和医院就诊时称甲状腺结节半年，但在 2011 年 5 月 17 日友邦公司向李某泽询问是否存在甲状腺功能亢进或者减退时，李某泽并未向友邦公司如实告知甲状腺结节的情况。故法院认定李某泽对友邦公司的询问，未如实告知自己的健康状况。关于友邦公司行使解除权的效力问题。按照《保险法》的规定：投保人故意或者因重大过失未履行前款规定的如实告知义务，足以影响保险人决定是否同意承保或者提高保险费率的，保险人有权解除合同。合同解除权，自保险人知道有解除事由之日起，超过 30 日不行使而消灭。本案中，因李某泽未如实告知，故友邦公司享有合同解除权。友邦公司称其 2011 年 11 月 3 日得知了李某泽未如实告知的情况，于同年 11 月 11 日口头通知了李某泽解除合同，并于同年 12 月 12 日书面通知了李某泽。法院认定友邦公司在 2011 年 11 月 11 日已经通知李某泽解除保险合同。相关法律并未要求解除合同需要以书面形式告知，故友邦公司口头告知解除合同的行为有效。李某泽是故意还是重大过失未履行告知义务，涉及合同解除后保费是否退还的问题。按照李某泽出具的情况说明及友邦公司出具的不予赔偿通知书的内容，双方认可李某泽系因重大过失未履行如实告知义务，故李某泽退还保险金时应将保费扣除，在扣除后李某泽应向友邦公司返还保险金 7283.46 元。北京市朝阳区人民法院依法作出如下判决：李某泽于本判决生效之日起 7 日内向友邦公司返还保险金 7283.46 元；驳回友邦公司的其他反诉请求；驳回李某泽的诉讼请求。

一审宣判后，李某泽提起上诉。

北京市第二中级人民法院二审经审理认为：李某泽与友邦公司之间的人身保险合同合法有效，对双方当事人具有约束力。涉案保险合同是李某泽以友邦公司保险营销员的身份销售给自己的，李某泽应当知晓并理解自己销售的险种保险合同的全部内容。根据本案查明的事实，李某泽于2011年7月27日在协和医院就诊时自述甲状腺结节半年，表明其在2011年5月17日向友邦公司投保前即已发现自己有甲状腺结节的症候，但李某泽在投保时针对友邦公司提出的“是否还有其他以上未提及的疾病及症候”的问题时，李某泽选择了“否”的回答，未向友邦公司如实告知其已发现的甲状腺结节的症候。因此，李某泽关于其已履行如实告知义务的上诉理由，不能成立。本案中，李某泽申请的疾病理赔款本身属于保险责任范围内的保险事故，但因李某泽未履行如实告知的义务，根据《保险法》第16条的规定，友邦公司有权解除合同，并对合同解除前发生的保险事故不承担给付保险金的责任，只是对于投保人故意不履行如实告知义务的，友邦公司依法有权不退还保险费，对于投保人因重大过失未履行如实告知义务的，友邦公司应当退还保险费。李某泽认为友邦公司解除合同应当以书面方式通知，缺乏法律依据，法院不予采信。友邦公司通知李某泽解除合同时未超过《保险法》及双方保险合同规定的自知道解除事由之日起30天的期限。一审法院认定事实清楚，适用法律正确，李某泽上诉理由不能成立，法院不予支持。

北京市第二中级人民法院依照《民事诉讼法》第153条第1款第1项之规定，判决如下：驳回上诉，维持原判。

☞ 案例8：保险公司明知投保人未履行如实告知义务，仍与之订立合同收取保费，发生理赔时是否有权拒绝理赔？

何某红诉中国人寿保险股份有限公司佛山市顺德支公司、
中国人寿保险股份有限公司佛山分公司保险合同纠纷案[1]

裁判要旨

如果保险人在明知投保人未履行如实告知义务的情况下，不是进一步要求

[1] 载《最高人民法院公报》2008年第8期。

投保人如实告知，而是仍与之订立保险合同，则应视为其主动放弃了抗辩权利，构成有法律约束力的弃权行为，故无权再以投保人违反如实告知义务为由解除保险合同，而应严格依照保险合同的约定承担保险责任。

原告（上诉人）：何某红

被告（被上诉人）：中国人寿保险股份有限公司佛山市分公司、顺德支公司

基本案情

2004年3月8日，黄某基与原告何某红一起到顺德支公司下属的伦教办事处，投保"祥和定期保险"20万元、"人身意外伤害综合保险"30万元。以上两份保险的投保人和被保险人均为黄某基，受益人均为何某红。对于保险投保单第三项告知事项中的第11款内容，即"A.目前是否有已参加或正在申请中的其他人身保险？如有，请告知承保公司、保险险种名称、保险金额、保单生效时间"；黄某基在"祥和定期保险"投保单中均填写"否"，而在"人身意外伤害综合保险"投保单中未填写任何内容。2004年3月15日，被告佛山分公司向黄某基签发了"人身意外伤害综合保险合同"，合同生效日期为2004年3月16日。同年3月24日，佛山分公司又向黄某基签发了"祥和定期保险合同"，合同生效日期为2004年3月25日。2004年7月7日，黄某基意外死亡。中山大学法医鉴定中心司法鉴定书认定：黄某基符合交通事故致心肺破裂、失血性休克死亡。2004年8月27日，原告何某红向被告佛山分公司提出理赔申请，并提交了相关书面材料，但佛山分公司以投保人黄某基故意违反如实告知义务、保险人有权解除合同等为由，未予赔付。2004年8月31日，佛山分公司及被告顺德支公司向佛山市公安局顺德分局报案，反映何某红涉嫌保险诈骗罪。2004年11月15日，佛山市公安局顺德分局作出不予立案通知书。

另查明：黄某基于2004年2月29日、3月2日向中国太平洋保险公司顺德支公司购买了3份"安康如意卡保险"，保险金额为288,000元；于2004年3月1日向中国平安保险公司购买了5份"如意卡保险"，保险金额为15万元；于2004年3月4日向天安保险公司顺德分公司购买了"愉快人身意外伤害保险"1份，保险金额为100万元；于2004年3月5日、9日向新华保险公司广州分公司购买了"多保通吉祥卡"3份，保险金额为30万元。上述保险金额共计1,738,000元。黄某基于2003年9月16日进入泰康保险公司，从事兼职个人寿险业务代理工作，2004年1月2日离职。原告何某红于2003年9月4日进入泰康保险公司，从事兼职个人寿险业务代理工作，2004年2月2日离职。

原告何某红诉称：

投保人黄某基(原告之夫)生前与被告中国人寿顺德支公司先后签订了两份保险合同，包括：2004年3月16日签订的"人身意外伤害综合保险合同"1份，保险金额为30万元；2004年3月25日签订的"祥和定期保险合同"1份，保险金额为20万元。上述两份保险合同的被保险人均为黄某基，受益人均为原告。2004年7月7日，黄某基意外死亡，原告于2004年8月27日向被告提出理赔申请，二被告拒不履行赔偿义务，严重侵害了原告的合法权益。故请求判令二被告立即向原告支付保险赔偿金50万元及利息，并承担本案诉讼费用。

被告顺德支公司、佛山分公司辩称：

1. 投保人黄某基违反了如实告知义务。2004年3月8日，黄某基为申请投保被告方的"祥和定期保险"及"人身意外伤害综合保险"，提交了两份个人保险投保单，并在投保单中明确其当时没有参加或正在申请其他人身保险。但事实上，黄某基在此前后数日中在多家保险公司有多次投保记录，上述保险累计保险金额为1,738,000元。

2. 黄某基违反如实告知义务具有主观上的故意。黄某基及涉案保险受益人、本案原告何某红曾是泰康人寿保险公司业务员，受过相关保险知识的专业培训，应当知道保险法关于投保人如实告知义务的规定，且他们在投保涉案保险前一周内先后向4家保险公司投保人身意外险，支付保费数千元，不可能不知道自己已经参加或正在申请其他的人身保险。故可以推断黄某基系故意不履行如实告知义务。

3. 黄某基故意不履行如实告知义务的行为，严重影响保险人的核保工作及对于保险费的确定，并最终导致保险人做出不真实的意思表示。依照《保险法》第17条的规定，保险人有权解除保险合同，并不承担保险金给付责任。

针对被告顺德支公司、佛山分公司的答辩意见，原告何某红补充如下意见：投保人黄某基在多家保险公司购买人身保险属实，但黄某基在购买涉案"人身意外伤害综合保险"时，在填写投保单的告知事项第11项(是否参加过或正在申请其他人身保险)中未作答复，没有违反如实告知义务；在购买涉案"祥和定期保险"时，虽然黄某基没有说明向其他保险公司投保的事项，但黄某基是因过失而未能履行告知义务，可以认定投保人未履行告知义务对涉案保险事故的发生没有达到"严重影响"的程度，故保险人不得以此为由解除保险合同或者不承担保险责任。

佛山市顺德区人民法院一审经审理认为：

本案的争议焦点是：一是黄某基在投保涉案保险时是否故意违反了如实告知义务；二是被告佛山分公司、顺德支公司应否承担保险责任。

（1）关于投保人黄某基在投保涉案保险时是否故意违反了如实告知义务的问题。根据本案事实，可以认定投保人黄某基在投保涉案保险时，在是否向多家保险公司投保同类保险的问题上具有故意违反如实告知义务的行为。投保人黄某基向被告佛山分公司分别购买了“祥和定期保险”和“人身意外伤害综合保险”，签订了两份保险合同。在购买“祥和定期保险”时，黄某基对于投保单第三部分告知事项第11款投保记录关于“A.目前是否有已参加或正在申请中的其他人身保险”？填写了“否”。黄某基向佛山分公司投保“人身意外伤害综合保险”时，对于投保单第三部分告知事项第11款的询问，既未填写“是”，也未填写“否”，即未作回答。但根据本案事实，黄某基分别于2004年2月29日，3月1日、2日、5日、9日向多家保险公司购买了多份人身保险，保险金额累计高达1,738,000元，可以认定黄某基对于保险人提出的上述问题没有履行如实告知义务。黄某基生前曾从事泰康人寿保险股份有限公司兼职个人寿险业务代理工作的事实，对于如实告知义务应当比一般投保人具有更全面和清晰的认识，并对保险风险控制应注意的事项具有一定的了解。同时，黄某基的重复投保行为集中在2004年2月29日至3月9日，距涉案投保时间并不久远，不可能记忆不清。据此，可以认定黄某基不履行如实告知义务系出于故意。

（2）关于被告佛山分公司、顺德支公司应否承担保险责任的问题。投保人黄某基向被告佛山分公司购买“祥和定期保险”时，在是否向多家保险公司投保同类保险的问题上具有故意违反如实告知义务的行为。黄某基所重复投保的包括涉案保险在内的各项保险，均为低保费、高赔付的险种，重复投保次数多，保险金额累计高达1,738,000元，相应的保险费对于黄某基5万元的年收入而言，亦属巨额。上述情形的存在，使投保人在客观上具有巨大的潜在道德风险，投保人不如实告知保险人上述情况，直接影响到保险人对投保人人身风险的评估，足以影响保险人对是否承保、如何确定承保条件和费率等问题作出正确决策。因此，佛山分公司解除黄某基与其签订的涉案“祥和定期保险合同”，拒绝对该保险合同解除前发生的保险事故承担赔偿或者给付保险金的责任，并不退还保险费，具有事实根据和法律依据。原告何某红要求佛山分公司依据“祥和定期保险合同”支付保险赔偿金的诉讼请求，不予支持。

但是，投保人黄某基向被告佛山分公司投保“人身意外伤害综合保险”时，对于投保单第三部分告知事项第11款关于是否向多家保险公司投保等事项的询问，既未填写“是”，也未填写“否”，即未作回答，也具有故意违反如实告知义务的行为。佛山分公司明知存在上述情形，但既不向投保人作进一步的询问，也未明确要求投保人必须如实回答，而是与投保人签订了涉案“人身意外伤害综合保险合同”，并收取了保险费。保险人虽然可以以投保人不履行如实告知义务为由解除保险合同并拒绝承担赔偿责任，但如果保险人在明知投保人未履行如实告知义务的情况下，不是要求投保人如实告知，而是仍与之订立保险合同，则应视为其主动放弃了抗辩权利。佛山分公司的上述行为，即属于主动放弃了要求投保人如实告知的权利，构成有法律约束力的弃权行为，故无权再就该事项继续主张抗辩权利。因此，佛山分公司无权解除其与黄某基签订的“人身意外伤害综合保险合同”。因该合同的被保险人黄某基已因交通事故死亡，合同约定的保险事故已经发生，佛山分公司应按该合同的约定，向受益人即原告何某红支付意外伤害保险赔偿金30万元。

综上所述，佛山市顺德区人民法院于2005年7月29日判决如下：(1)被告佛山分公司应于判决发生法律效力之日起10日内向原告何某红支付保险金30万元及利息；(2)驳回原告何某红的其他诉讼请求。

何某红不服一审判决，主张“祥和定期保险”的20万元保额也应当得到理赔，遂向佛山市中级人民法院提起上诉。

佛山市中级人民法院二审经审理认为：本案二审的争议焦点是：(1)在投保涉案“祥和定期保险”时，黄某基是否履行了如实告知义务；(2)如果黄某基在投保涉案“祥和定期保险”时没有履行如实告知义务，被上诉人佛山分公司是否有权据此解除该保险合同并拒绝承担保险责任。

关于在投保涉案“祥和定期保险”时，黄某基是否履行了如实告知义务的问题。本案中，黄某基在投保涉案“祥和定期保险”时，被上诉人佛山分公司就投保记录向黄某基做出了询问，但黄某基隐瞒了自己在其他保险公司多次重复投保的实际情况，做出了与事实明显不符的答复，显然违反了如实告知的法定义务。一审法院结合黄某基重复投保时间密集及其曾兼职保险代理业务的具体情况，认定黄某基为故意不履行告知义务，并无不当，应予维持。关于黄某基在投保涉案“祥和定期保险”时没有履行如实告知义务，被上诉人佛山分公司是否有权据此解除该保险合同并拒绝承担保险责任的问题。根据保险行业的实际情况,投保人是否已经参加或者正在申请其他人身保险的情况,是保险人正确认定承保风险,决定是否承保和如何确定承保条件、保险费率的重要依据。投保人不如实告知上述事项,将直接影响保险人的正确评估和决策,足以影响保险合同的订立。根据本案事实,被上诉人佛山分公司通过投保单和高保额财务问卷,对投保人黄某基是否已经参加或者正在申请其他人身保险进行了询问,但黄某基未予如实回答,违反了如实告知义务。佛山分公司作为保险人,有权依据《保险法》第 17 条第 2 款的规定,解除其与黄某基签订的涉案"祥和定期保险合同",并对保险合同解除前发生的保险事故不承担赔偿或给付保险金的责任,同时不退还保险费。

上诉人何某红作为受益人,请求佛山分公司依照该保险合同承担保险责任于法无据,对其相应诉讼请求依法不予支持。综上所述,一审判决认定事实清楚,适用法律正确,审判程序合法,应予维持。佛山市中级人民法院于 2006 年 1 月 10 日判决如下:驳回上诉,维持原判。

☞ 案例 9:保险公司在明知被保险人发生保险事故后仍然收取保费继续履行合同,是否视为保险公司对解除权的放弃?

陈某金诉新华人寿保险股份有限公司
福建分公司人身保险合同纠纷案[1]

裁判要旨

被保险人在投保前已患有癌症,在投保防癌和重大疾病保险期间再次患癌被拒赔,保险公司在拒赔后仍继续收取保费以继续履行合同,视为对解除权的放弃,保险公司应当承担理赔责任。

原告(上诉人):陈某金

被告(被上诉人):新华人寿保险股份有限公司福建分公司

---

[1] 参见福建省福州市台江区人民法院(2016)闽 0103 民初 2935 号民事判决书;福建省福州市中级人民法院(2017)闽 01 民终 2803 号民事判决书。本案已入选"2017 年度福建法院十大影响性诉讼案件"。

基本案情

2008年7月，陈某金患有甲状腺癌并接受手术治疗。2012年，陈某金向新华人寿保险股份有限公司福建分公司（以下简称新华人寿公司）投保防癌疾病保险，在投保书上回答是否曾患有癌症而接受检查或治疗时，在“否”处打钩，并签字确认，此后双方签订了防癌疾病保险合同。

2016年3月25日，陈某金以“体检发现颈淋巴结肿大22天”为主诉，进入福建医科大学附属协和医院住院治疗，并接受左侧甲状腺癌扩大根治术。2016年5月8日，新华人寿公司以陈某金“不如实告知”为由作出拒赔决定。诉讼中，双方确认在新华人寿公司拒赔之后又扣划收取了防癌疾病险和附加重大疾病险的相应保险费。

原告诉称：原告曾因甲状腺癌动过手术，被告业务员得知该情况后仍代为填写保险单证，原告出于对业务员信任而直接签字。原告已尽到如实告知义务；诉讼请求：(1)新华人寿公司向陈某金给付保险金321,800元；(2)本案诉讼费用全部由新华人寿公司承担。

被告辩称：原告癌症确诊时间为2008年7月21日，而其于2012年6月21日投保，属于故意未如实告知的情形，不属于保险责任范围，故保险人有权拒赔保险金。

本案的争论焦点为：投保人虽存在未尽如实告知义务的情形，但保险人并未选择解除保险合同而是仍继续收取保费的行为，是否影响本案保险事故的赔偿责任。

福州市台江区人民法院一审经审理认为：

陈某金否认曾患有癌症而接受检查或治疗，故可认定其未尽如实告知义务。康健吉顺定期防癌疾病保险条款、附加08定期重大疾病保险条款对新华人寿公司给付癌症确诊保险金、癌症住院津贴保险金、癌症手术保险金、重大疾病保险金等保险责任范围作了明确约定，即被保险人初次患癌症或重大疾病属于保险责任范围。“初次”按通常理解就是第一次，不存在两种以上解释。保险免责条款亦约定，被保险人在投保本合同前已患癌症，保险人不承担保险责任，该免责条款作了足以引起投保人注意的加黑提示，应认定合法有效。根据福建医科大学附属协和医院的入院记录，陈某金在订立本案保险合同之前就曾患癌，不属于保险责任范围，且其未如实告知其患癌经历，故新华人寿公司以陈某金不如实告知为由拒赔并无不当。综上所述，对陈某金的诉讼请求，不予支持,判决驳回陈某金的诉讼请求。

陈某金不服一审判决提起上诉。

福州市中级人民法院二审经审理认为:

第一,与投保人的如实告知义务相对应,保险人亦应全面履行询问义务。案涉投保单系由保险业务员代为填写,投保人虽于"客户声明"落款处签字确认,但投保所涉内容复杂、保险专业术语较多且字体较小,作为普通民众难以注意全部内容,故应由保险业务员予以明确说明并有代填之现象。本案中,新华人寿公司既未举证案涉投保单填写时的询问事项,亦未申请业务员出庭核实相关投保之细节,故其无法证明其已履行相应询问义务。陈某金于投保前即已患有癌症并经治疗,其若明知该发病情况致此后癌症等重大疾病排除于保险责任范围外,在该疾病情况不存在查实障碍的情况下,其显然不会故意隐瞒身体健康状况而订立案涉合同。故本案不能排除保险人未实际履行询问义务或保险业务员回避不利于投保人条款,而致投保人因重大过失未履行如实告知义务的可能。

第二,案涉防癌、附加重大疾病保险系与被保险人身体状况有重大关联的险种,且二者的保险责任范围均被限定为被保险人初次患癌或重大疾病,故被保险人的身体健康程度对保险费率高低、保险人是否同意承保等方面均有重大影响,保险人在投保人经询问告知之余还应尽到谨慎审查的注意义务。本案中,陈某金在投保前曾就医于三甲医院进行癌症手术治疗,且该疾病及治疗情况均记载于医院病历存档中,保险人极易通过体检或其他方式知悉该发病情形。故法律虽规定投保人负如实告知之义务,但不应免除保险人审慎承保之义务。

第三,案涉防癌、附加重大疾病保险的保险责任范围均约定为被保险人初次患癌或重大疾病。但陈某金再次发生癌症治疗后申请理赔,新华人寿公司以陈某金未尽如实告知义务为由予以拒赔,但在拒赔后仍就案涉保险继续收取相应保险费,在明知已不可能出现保险合同约定的被保险人初次患癌或重大疾病之情形的情况下,新华人寿公司本可以选择依法解除合同,却继续向陈某金收取保费、继续履行合同,此行为明显构成对陈某金的不诚信甚至欺诈。若支持新华人寿公司以不可能出现的保险事故为保险责任范围而任意收取保险费,将助长保险公司违背保险宗旨、恶意兜揽类似保险业务之不良风气。

综上所述,纵使双方对是否如实询问及告知有争议,新华人寿公司本可以选择解除合同、明确拒赔理由的方式让己方处于有利的诉讼地位,但是,新华人寿公司放弃了解除合同的机会,仍然继续催收保险费,也未明确指出非初次患癌或重大疾病保险责任范围的事由,致使己方丧失有利时机,陷入极为不利的诉讼地位,并因此承担理赔责任,新华人寿公司应引以为戒,诚信、规范经营。陈某金因重大过失未如实告知其曾患有癌症之情形,并不实质影响本案理赔,其申请赔付康健吉顺定期防癌疾病保险项下保险金121,800元、附加08定期重大疾病保险项下保险金200,000元,合计321,800元,于法有据,应予支持。上诉人陈某金的上诉请求成立,应予支持。一审法院未全面综合判断双方之履约情节,判决结论错误,予以纠正。

福州市中级人民法院判决:(1)撤销福州市台江区人民法院(2016)闽0103民初2935号民事判决;(2)新华人寿公司应于判决生效之日起10日内向陈某金支付保险金321,800元。

法官后语(福建省福州市中级人民法院　林秀榕　官永琪)

人身保险作为社会民生保障重要一环,辐射面广,合理的理赔申请受保护与否直接关乎民众切身利益,亦影响保险行业的良性发展。本案特殊之处在于,被保险人在投保前已患有癌症,在投保防癌和重大疾病保险期间再次患癌被拒赔,保险人在拒赔后仍继续收取保费以继续履行合同,故而引发理赔诉讼。本案从保险人承保前后的义务履行规范角度,综合双方间的履约行为,判断保险人承保前后各环节存在的履约瑕疵,最终认定保险人应承担赔偿责任,以维护保险最大诚信原则。本案旨在规范保险人及其业务员的诚信询问及审慎核保行为,以及理赔决定后的延续行为,积极引导保险人诚信拓展保险业务,切实践行人身保险合同的民生保障之宗旨,防止保险人违背保险宗旨、恶意兜揽类似保险产品之不良风气,推动人身保险行业诚信、规范经营,树立正确的行业规则观念。

第三节　被保险人自杀与故意犯罪情况下的理赔问题

人身保险在以死亡为理赔条件的合同中,倘若被保险人身故获取保险金理赔应当是保险合同的应有之义。但现实社会的复杂性决定了在原则之外还存在例外情况,比如被保险人的身故是因为自杀或者故意犯罪的情形。

在面对这些问题时，如何既能维护保险合同的正当目的和秩序，保护善意的投保行为，又能精准打击故意犯罪和防范自杀等滋生的道德风险，本节我们围绕两个问题展开讨论。

法条汇编

《保险法》(2015年4月24日)

第四十四条　以被保险人死亡为给付保险金条件的合同，自合同成立或者合同效力恢复之日起二年内，被保险人自杀的，保险人不承担给付保险金的责任，但被保险人自杀时为无民事行为能力人的除外。

保险人依照前款规定不承担给付保险金责任的，应当按照合同约定退还保险单的现金价值。

第四十五条　因被保险人故意犯罪或者抗拒依法采取的刑事强制措施导致其伤残或者死亡的，保险人不承担给付保险金的责任。投保人已交足二年以上保险费的，保险人应当按照合同约定退还保险单的现金价值。

《保险法司法解释(三)》(2021年1月1日)

第二十一条　保险人以被保险人自杀为由拒绝承担给付保险金责任的，由保险人承担举证责任。

受益人或者被保险人的继承人以被保险人自杀时无民事行为能力为由抗辩的，由其承担举证责任。

第二十二条　保险法第四十五条规定的“被保险人故意犯罪”的认定，应当以刑事侦查机关、检察机关和审判机关的生效法律文书或者其他结论性意见为依据。

第二十三条　保险人主张根据保险法第四十五条的规定不承担给付保险金责任的，应当证明被保险人的死亡、伤残结果与其实施的故意犯罪或者抗拒依法采取的刑事强制措施的行为之间存在因果关系。

被保险人在羁押、服刑期间因意外或者疾病造成伤残或者死亡，保险人主张根据保险法第四十五条的规定不承担给付保险金责任的，人民法院不予支持。

法条解读

本节我们讨论两个问题,一个是被保险人自杀的理赔问题,另一个是被保险人故意犯罪的理赔问题。

一、关于被保险人两年内自杀免责的理论探讨

北京大学刑法学陈兴良教授对自杀有一个比较经典的定义:基于自由意志,自我决定结束生命的行为。对于以被保险人死亡为给付保险金条件的合同而言,自杀是导致被保险人死亡的因素之一,如何规范"被保险人自杀致死"和"保险公司理赔义务"的关系是人身保险合同需要解决的一个重要内容。目前世界上绝大多数国家在保险法中规定人寿保险合同的被保险人在合同成立后的一段时间内(通常是两年)自杀,保险公司不承担给付保险金的责任。

樊启荣教授认为,自杀条款之本旨,并非为了将"所有的自杀风险"完全排除在承保范围之外,而仅仅是为了防堵被保险人于"缔约时"即已具有的以取得保险金为目的之自杀风险。换言之,理论上对被保险人自杀之情形,依据其"自杀意念产生的时间",将自杀区分为两种类型,即"缔约时"已具备以取得保险金为目的而自杀的风险、"缔约后"才开始萌发的以取得保险金而自杀的风险。学者将前者简称为"旧念",将后者称为"新念",法律对二者的效果评价有明显差异。就"旧念"而言,被保险人蓄意或预谋自杀,即使起意于订约之初,也应视其有欺诈保险人之故意,法律自难予以保护。然而,被保险人在订约时有无自杀故意,此深藏于被保险人的内心,保险公司无法得知更无法证明。[1]

所以"两年免责期间"制度(两年内自杀,保险公司可以免责)不仅解决了保险公司的举证难问题,而且可以防堵被保险人订立保险合同时的"以命换钱"的意图,因为时间是冲淡人们自杀意念的一剂良药。如果被保险人真的冲破两年的免责期间,在两年后自杀,则无须再讨论"新念"和"旧念"的问题,从保险制度的初衷和保障遗属生活的角度出发,保险公司应当给予理赔。诚如我国台湾地区学者林群弼所言,因好生恶死,本为人之常情,被保险人之蓄意自杀,多系一时冲动,此种意念,绝非历久不变,经历两年之久,必因时间冲淡或景物变迁,而打消自杀意念,若自订约两年之后,仍能贯彻始终,遂其自杀之"壮

---

〔1〕 参见樊启荣:《保险法诸问题与新展望》,北京大学出版社2015年版,第386页。

志”,足见其必有非死不可之苦衷,而且事实上蓄意两年然后自杀亦属绝无而仅有之事,因此保险法允许该自杀亦理赔款发生效力,在此情况,保险人仍需给付保险金。再者,人之将死,其“念”也善,假借保险契约图利其受益人,已达其遗爱人间之目的,亦非绝无可能之事。[1]

二、关于自杀引发的理赔实务问题探讨

(1)如果一个精神智力正常的成年人,在合同成立两年内自杀,则保险公司可按照《保险法》第44条的规定不承担给付保险金责任,但是应当退还保单的现金价值。自杀必须是基于自由意志而结束自己生命的行为,如果被保险人是非自愿的,是受到了胁迫而结束自己生命的,不能认定自杀,保险公司不能以此为由拒绝承担保险金责任。

(2)如果被保险人自杀时是缺乏辨认自己行为能力的精神病人,无论自杀行为是否发生在保险合同成立或者复效之日起两年内,保险公司均应当承担给付保险金的责任。因为只有当行为人是完全民事行为能力人时,在企图结束自己生命时才能真正认识到自己行为的性质和后果,而无民事行为能力人缺乏的就是这种判断能力,所以该行为在法律上可以归于意外而不属于自杀,应当获得理赔。

(3)在带有意外身故理赔责任的意外保险中,其保险责任只承担被保险人因意外事故造成的死亡。自杀显然不属于意外,因此意外伤害保险合同都将被保险人自杀死亡明确列为除外责任,无论被保险人何时自杀,保险公司均可不予理赔。

三、关于被保险人自杀引发理赔纠纷后的特殊举证责任问题

我国民事诉讼法确立的举证原则是“谁主张,谁举证”。但是根据《保险法司法解释(三)》第21条的规定:“保险人以被保险人自杀为由拒绝承担给付保险金责任的,由保险人承担举证责任。受益人或者被保险人的继承人以被保险人自杀时无民事行为能力为由抗辩的,由其承担举证责任。”可以发现一个有趣的现象,那就是在被保险人自杀引发的举证环节,出现了一个双向举证的问题:比如被保险人在合同成立两年内自杀了,受益人会极力举证证明被保险人

---

[1] 参见林群弼:《保险法论》,台北,三民书局2006年版,第585页。

自杀时是没有行为能力的,而保险公司则会极力证明被保险人自杀时是有行为能力的。这也是自杀条款为我们贡献的一个特殊的举证原则。

四、被保险人故意犯罪的理赔问题

自人寿保险制度于17世纪末产生以来,即有所谓"被保险人一般不能从自己的犯罪行为的后果中得到保险赔偿"的公共政策。[1] 经过历史长河的演变进化,该政策逐渐融入各国保险立法。支持"犯罪免赔"的观点认为:其一,保险合同是射幸合同,故意犯罪违反射幸性原则;其二,将"犯罪免赔"观点纳入立法,有助于惩罚犯罪,维护社会的公正秩序和善良风俗;其三,避免激励犯罪。如果被保险人故意犯罪身故后,受益人还能获得保险理赔,用我国台湾地区著名保险学者江朝国教授的观点形容,"无异于鼓励犯罪,更有使保险制度遭欲犯罪者所利用,以致保险制度反成为犯罪之后盾,如此之后果,诚属不敢想象"。

近现代以来,保险法理论的发展对传统"犯罪免赔"理论进行了多角度的批判和反驳。逐渐从打击犯罪优先理论,转向"保护受益人利益"优先理论。其中美国的肯尼思·布莱克和哈罗德·斯基珀在他们合著的《人寿保险》(上册)中的观点最为典型:"倘若立法者以被保险人故意犯罪致其自身死亡或者伤残作为被保险人的法定免责事由,以示对被保险人故意犯罪之惩罚,不仅惩罚的'皮鞭'势必落在'无辜'的受益人身上,而且无辜之受益人的生活也会因此陷入无着落之境地。如此立法,有失怜悯之道。"[2]

所以,我国《保险法司法解释(三)》对此问题,在《保险法》立法的基础上又进行了明确的界定和规范。

(1)被保险人故意犯罪的认定问题。一个人的犯罪行为是否被认定为故意犯罪,这属于专业的刑事司法范畴。在一个保险合同纠纷案件中,商事审判法庭无法直接认定被保险人的行为是否属于故意犯罪。所以根据《保险法司法解释(三)》第22条的规定:《保险法》第45条规定的"被保险人故意犯罪"的认定,应当以刑事侦查机关、检察机关和审判机关的生效法律文书或者其他结

[1] [英]Malcolm A. Clarke:《保险合同法》,何美欢等译,北京大学出版社2002年版,第662页。
[2] [美]肯尼思·布莱克、哈罗德·斯基珀:《人寿保险》(上册),洪志忠等译,北京大学出版社1999年版,第150~151页。

论性意见为依据。实务中，被保险人身故，受益人向保险公司提出理赔，保险公司一旦认为被保险人身故是因为故意犯罪而引发，有权先不予理赔，等待刑事司法机关的生效法律文书或者其他结论性意见作出后再决定是否理赔。如认定故意犯罪，可按照《保险法》第 45 条的规定不予理赔。

(2)被保险人畏罪自杀能否获得保险理赔？被保险人于实施故意犯罪后，因畏惧刑罚处罚而自杀，保险公司是否可以依据《保险法》第 45 条而免责？实务中其实有争议，但根据《最高人民法院关于保险法司法解释(三)理解适用与实务指导》一书中的观点，应当按照《保险法》第 44 条关于自杀的规定处理。[1] 笔者也认同此观点。即根据被保险人自杀时是否超出保险合同成立或复效两年、自杀时被保险人的行为能力等事由来判断保险公司是否承担保险责任。

(3)判断因果关系是否存在是保险公司是否承担保险责任的前提。根据《最高人民法院关于保险法司法解释(三)理解适用与实务指导》一书中的观点，如果《保险法》第 45 条中，被保险人的死亡、伤残是因为被保险人故意犯罪或者抗拒依法采取的刑事强制措施而导致的，则两者之间因为有因果关系可导致保险公司不予理赔；反之，保险公司则应当理赔。比如，被保险人在看守所羁押、在监狱服刑期间，因为意外或者疾病造成伤残或者死亡，并不存在被保险人故意犯罪或者抗拒依法采取的刑事强制措施情形，两者没有因果关系，故保险公司应当理赔。

(4)故意犯罪与故意制造保险事故的关系。一个成年的被保险人要求他人砍去自己的大拇指，在刑法上属于被害人承诺行为，两人都不构成犯罪。但是在保险法上，被保险人的这种行为属于故意制造保险事故，保险公司可以解除合同并不予承担理赔责任。但是如果一个受益人故意杀害被保险人，则不仅属于保险法上的故意制造保险事故，也触犯了刑法上的故意杀人罪和保险诈骗罪而导致犯罪的竞合。

---

〔1〕 参见杜万华主编：《最高人民法院关于保险法司法解释(三)理解适用与实务指导》，中国法制出版社 2016 年版，第 573 页。

典型案例

☞ 案例1:投保人为自己购买短期意外险,第二天就自杀,保险公司是否需要承担身故理赔责任?

刘甲、殷甲诉中国平安财产保险股份有限公司连云港中心支公司意外伤害保险合同纠纷案[1]

裁判要旨

投保人为自己购买短期意外险,第二天就自杀。法院拼出完整证据锁链,证明被保险人刘乙溺水死亡前具有自杀的动机,系蓄意自杀。故保险公司不承担理赔责任。

原告(上诉人):刘甲、殷甲

被告(被上诉人):中国平安财产保险股份有限公司连云港中心支公司(以下简称平安保险公司)

基本案情

刘甲、殷甲是刘乙的父母。2014年5月25日,刘乙在网上向平安保险公司投保了平安短期意外伤害保险,保险期限7天,生效日期为2014年5月26日,交纳保险费61元。2014年5月29日,平安保险公司出具短期健康保险和意外伤害保险保险单,内容为:投保人刘乙,意外伤害身故/残疾保险金额人民币50万元,意外伤害医疗保险金额2万元。

2014年5月26日16时许,死者的姐姐、姐夫打"110"电话报警。报警人称其弟弟刘乙下午去花果山玩,可能要想不开,刚刚发条短信给报警人说其照顾好家人后就关机了。园林派出所出警,与刘甲等人先在花果山上下查找,最终经救援队员潜水作业,于次日零时30分许将死者刘乙打捞上岸。

2014年5月29日,花果山派出所向死者亲属出具证明一份,证明死者系溺水死亡,排除他杀,不构成刑事犯罪。2014年8月,刘甲、殷甲向平安保险公司提出理赔申请,平安保险公司于8月26日向刘甲、殷甲出具不予给付保险金的理赔通知书,理由是被保险人非意外伤害死亡。

---

[1] 参见江苏省连云港市中级人民法院(2017)苏07民终1509号民事判决书。

连云港市海州区人民法院一审经审理认为：

本案平安保险公司认为被保险人系自杀而拒绝赔付，则平安保险公司应当承担被保险人是自杀的举证责任。一审法院综合双方所举证据及本案查明的事实，能够认定被保险人系自杀，理由如下：

(1)在保险单生效的当天，刘乙的姐姐、姐夫即报警称"其弟弟刘乙可能要想不开，刚刚发条短信给报警人说让其照顾好家人后就关机了"。该报警电话有办案警察证实，并与园林派出所电脑截屏显示的接处警详细信息相互印证，且刘甲、殷甲在庭审中予以认可。

(2)在庭审中，刘甲陈述："他(死者)去花果山玩的，家里人不知道他有自杀的情况，晚上找他吃饭没有回去，就觉得他有自杀的情况。"

(3)救援队员及目击证人的证人证言、现场监控视频与其他证据也能相互印证，形成证据锁链，能够充分证明法院查明的相关事实。

(4)刘甲对公安机关作出的排除他杀结论予以认可，不要求对死者进行尸检，没有要求公安机关查明溺水死亡的真正死因。

(5)刘乙在保险生效的当日即溺水死亡，其不可能为了到本市花果山游玩而特意购买短期健康保险和意外伤害保险，临别告诉其姐姐、姐夫照顾好家人，不排除有为父母获得保险利益的嫌疑。

连云港市海州区人民法院依照《保险法》第44条第1款，《保险法司法解释(三)》第21条第1款，《最高人民法院关于民事诉讼证据的若干规定》第2条、第64条，《民事诉讼法》第64条第1款之规定，作出如下判决：驳回刘甲、殷甲的诉讼请求。

刘甲、殷甲提起上诉认为平安保险公司的证据不足以认定刘乙系自杀身亡。

连云港市中级人民法院二审经审理认为：

本案二审争议焦点为：(1)刘乙是自杀还是意外死亡；(2)刘乙的死亡是否属于涉案合同约定的保险责任范围。

本院认为，刘乙与平安保险公司签订的短期健康保险和意外伤害保险合同，不违反法律、行政法规的强制性规定，合法有效。因保险合同中投保人及被保险人均未指定受益人，故刘甲、殷甲作为被保险人刘乙的法定第一顺序继承人有权向保险公司主张赔付保险金。

关于争议焦点一。本院认为，保险人以被保险人自杀为由拒绝给付保险金的，由保险人承担举证责任。本案平安保险公司认为刘乙系自杀而拒绝赔付，则平安保险公司应当承担被保险人是自杀的举证责任;平安保险公司在本案中提供了刘乙亲属向“110”指挥中心报警记录、第一接处警单位园林派出所的接处警记录、公安机关对救援队员和围观群众的讯问笔录、现场视频和照片,能够形成完整证据锁链,证明被保险人刘乙溺水死亡前具有自杀的动机,系蓄意自杀,故一审法院认定刘乙系自杀身亡并无不当,本院予以确认。

关于争议焦点二。本院认为,《保险法》第44条第1款规定,以被保险人死亡为给付保险金条件的合同,自合同成立或者合同效力恢复之日起2年内,被保险人自杀的,保险人不承担给付保险金的责任,但被保险人自杀时为无民事行为能力人的除外。同时,涉案短期意外伤害保险条款第6条约定:因下列原因造成被保险人身故、伤残或医疗费用支出的,保险人不承担给付保险金责任:被保险人自致伤害或自杀,但被保险人自杀时为无民事行为能力人的除外。本案中,双方对于刘乙生前系完全民事行为能力人及其本人网上投保涉案短期意外伤害保险并无异议,故被保险人刘乙自杀身亡不属于合同约定的保险责任范围,亦不符合法律规定的给付保险金条件。

综上所述,上诉人刘甲、殷甲的上诉请求不能成立,应予驳回;一审判决结果正确,应予维持。判决:驳回上诉,维持原判。

2018年8月30日,江苏省高级人民法院作出(2018)苏民申436号再审裁定书,驳回一审原告刘甲、殷甲的再审申请。

法官后语(江苏省连云港市中级人民法院　任　慧)

《保险法司法解释(三)》第21条将以自杀为由拒赔的举证责任分配给保险公司,从证明的标准来看,在民事诉讼中采用的是“证据优势原则”,即双方当事人对同一事实分别举出相反的证据,但都没有足够的依据否定对方证据的,人民法院应当结合案件情况,判断一方提供证据的证明力是否明显大于另一方提供证据的证明力,并对证明力较大的证据予以确认。本案中,刘甲举证的花果山派出所接处警工作登记表对于刘乙死因表述为“溺水身亡,排除他杀”,单从字面意思理解,不能排除刘乙系意外身故死亡,但根据保险公司举证的刘乙失踪后家人的报警电话、现场监控录像、目击证人证言以及刘乙购买意外伤害保险的时间及身故之前的表现,种种迹象相互印证,可以得出刘乙自杀的结论。

现在社会生活压力大,持有侥幸心理期望通过自杀获得保险金的人群并不罕见,一般情况下,保险公司要完成证明被保险人系自杀的举证责任难度确实不小,但本案系少有的保险公司通过举证能够形成完整有效的证据锁链证明被保险人自杀身亡的案件,客观上对维护正常保险行业秩序,警示通过不当手段骗取保险金的行为起到了积极的作用。

☞ 案例2:被保险人在合同成立两年内自杀,受益人和保险公司各执一词,最终能否获得身故理赔,法院的裁判标准是什么?

陈某民、陈某林、陈某乐诉中国人寿保险股份有限公司
孟津支公司保险合同纠纷[1]

裁判要旨

被保险人在保险合同成立两年内自杀,由受益人对被保险人自杀时没有行为能力承担举证责任,由保险公司就被保险人自杀时有行为能力承担举证责任,根据各方证明力的强弱由法院决定采纳哪一方意见。如果认为受益人的证据比较充分,则保险公司应当理赔;反之,则不予理赔。

原告:陈某民、陈某林、陈某乐

被告:中国人寿保险股份有限公司孟津支公司(以下简称人寿保险公司)

基本案情

2012年5月8日,李某霞(投保人与被保险人均是李某霞)与人寿保险公司签订国寿福满一生两全保险(分红型)保险合同,保险金额6058.16元,保险期限32年,标准保费3000元。该保险产品条款约定:被保险人于本合同生效之日起1年内因疾病身故,按本合同所交保险费(不计利息)给付身故保险金,本合同终止;被保险人因前述以外情形身故,本公司按基本保险金额的200%与本合同所交保险费(不计利息)之和给付身故保险金,本合同终止。

2013年1月,原告陈某民(被保险人李某霞丈夫)再次患脑梗塞疾病,导致其家庭经济拮据和生活困难。因各方压力过大,造成李某霞精神失常,在街上乱跑寻死觅活,于2013年4月24日上吊,经孟津县中医院抢救无效死亡。2014年3月11日,被告人寿保险公司向原告陈某民发出拒绝给付保险金通知书:根据保险合同约定,被保险人在合同生效之日起2年内自杀,属于合同约定

[1] 参见河南省孟津县人民法院(2014)孟民二初字第76号民事判决书。

的责任免除范围，本次合同终止，并返还保单现金价值。人寿保险公司就本次事故现退给受害者家属现金价值36元。

原告诉称：请求依法判令被告按照国寿福满一生两全保险利益条款，赔偿原告15，116.32元，诉讼费由被告承担。

被告辩称：李某霞2013年4月上吊死亡，属于自杀行为。保险合同明确约定因被保险人在该合同成立或合同效力恢复之日起，2年内自杀，公司不承担给付保险金的责任，该合同终止，公司只退还合同的现金价值。因此被告不应支付原告保险理赔金。

河南省孟津县人民法院经审理认为：

双方当事人对李某霞与人寿保险公司签订的保险合同均不持异议，应予以认定。但对李某霞的死亡原因认识不一致，原告方认为其死因是由于李某霞之前患有精神病，无民事行为能力，属于无民事行为能力人，其死亡结果应依据合同规定由被告进行赔偿；被告方则认为，李某霞自杀原因没有医学诊断证明和法医学鉴定结论，不能证明死前患有精神病，应定为有民事行为能力人，因此其死亡结果被告依合同不应承担赔偿责任，而应退给其家属即原告方现金价值36元即理赔终结。

依据《最高人民法院关于贯彻执行〈中华人民共和国民法通则〉若干问题的意见（试行）》关于民事权利能力和民事行为能力问题第7项的规定："当事人是否患有精神病，人民法院应当根据司法精神病学鉴定或者参照医院的诊断、鉴定确认。在不具备诊断、鉴定条件的情况下，也可以参照群众公认的当事人的精神状态认定，但应以利害关系人没有异议为限。"就本案情况，李某霞自杀原因没有进行过司法精神病学鉴定或者医院的鉴定结论。原告方提供的相关证据分析：首先有孟津县城关镇杨进军诊所的诊断证明证实2013年2月13日之前死者病情严重，建议去洛阳市第五人民医院诊治，以防病情变化延伸。洛阳市第五人民医院是洛阳市治疗精神病的专门医院。其次，有孟津县中医院医师孟某的二次处方，已诊断为癔病，并依此开具药物。最后，有死者所在行政村孟津县横水镇西沟村陈某锤等多人的证言以及该村委会的证明一份，均证实李某霞自杀前所表现出来的种种异常迹象，说明其精神失常，已丧失民事行为能力，属于无民事行为能力人。因此，自杀原因是基于无民事行为能力，患有严重精神病情况下的行为，故原告依合同约定主张保险理赔，于法有据，应当支持。

被告人寿保险公司的辩解理由与原告方所根据的客观事实及法律依据相

比较，原告的证据证明力优于被告，被告人寿保险公司拒绝给付保险金，只支付现金价值36元的行为不当。被告应根据保险合同身故保险金按基本保险金额的200%与本合同所交保险费（不计利息）之和给付身故保险金本合同终止的约定给付保险金。李某霞交纳国寿福满一生两全保险（分红型）标准保费3000元，保险金额6058.16元，人寿保险公司应给李某霞的身故保险金计算为15,116.32元（6058.6元×200%+3000元）。被告人寿保险公司在起诉前已给付原告现金价值36元，应从此款项中予以扣除，实际被告人寿保险公司再一次性付给原告方保险金15,080.32元。判决被告人寿保险公司给付原告陈某民、陈某林、陈某乐保险金15,080.32元。

☞ 案例3：保险责任开始24小时内，被保险人先故意杀人然后制造单方交通事故死亡，能否获得身故理赔？

纪某大、冯某翠等与中国太平洋人寿保险股份有限公司连云港中心支公司人身保险合同纠纷[1]

裁判要旨

被保险人的保险责任开始不足24小时，被保险人就实施了故意杀人行为，并在故意杀人后通过单方事故企图制造交通意外身故现场，以获得巨额交通意外身故保险赔付。但法院通过证据综合认定被保险人是自杀身亡，不应获得赔付。

原告（上诉人）：纪某大、冯某翠、纪某2（法定代理人：徐某）

被告（被上诉人）：中国太平洋人寿保险股份有限公司连云港中心支公司（以下简称太平洋保险公司）

基本案情

纪某大、冯某翠系纪某父母，纪某2系纪某之子。纪某与徐某原系夫妻，双方于2016年8月19日在民政部门协议离婚。2016年11月16日，纪某向太平洋保险公司投保安行宝两全保险，被保险人为纪某。保险期间自2016年11月

---

〔1〕参见江苏省连云港市海州区人民法院（2019）苏0706民初2584号民事判决书；江苏省连云港市中级人民法院（2019）苏07民终4129号民事判决书。

17日零时起至2046年11月16日24时止。保险费1880元/年,基本保险金额100,000元。同日,纪某在太平洋保险公司投保祥宁幸福保意外伤害保障计划,被保险人为纪某。保险期间自2016年11月17日0时起至2017年11月16日24时止。保险费180元,意外身故、残疾保险金额70,000元,在交通工具上遭受意外身故或全残,保额700,000元。纪某在投保人提示书上签名。

2016年11月17日晚,纪某尾随案外人徐某、朱某光,持三刃刀将朱某光杀死,现场人员徐某受伤。纪某杀人后逃离现场。2016年11月18日1时30分左右,纪某驾驶小型面包车撞上高速出口处匝道,致车辆及护栏受损,纪某当场死亡。事故车辆在现场未见任何制动痕迹。

原告起诉,请求:(1)判令太平洋保险公司支付保险金107万元;(2)判令太平洋保险公司支付保险金逾期付款利息118,777元。

被告辩称:保险合同免责条款约定被保险人故意犯罪或抗拒依法采取的刑事强制措施、被保险人自杀等,保险公司不承担保险金给付责任。纪某的死亡属于保险免责范围,太平洋保险公司依法不应承担保险责任。

连云港市海州区人民法院一审经审理认为:

纪某与太平洋保险公司之间签订的保险合同,系双方当事人真实意思表示,合法有效。关于纪某的死亡是自杀还是意外事故,一审法院认为纪某死亡系自杀。理由如下:

首先心理决定行为。根据本案查明的事实,纪某采取尾随跟踪被害人,持三刃刀杀死被害人,杀人凶器为管制刀具,并非日常生活所用普通刀具。纪某的上述行为表明其杀害被害人行为为蓄意谋杀,并非偶发的激情杀人。杀人者偿命,是一般公民普遍认知的常识及朴素的公平正义观念,纪某对此应当明知。纪某明知其杀人行为必将受到严厉的刑事制裁,甚至会因此丧失生命,却依然预谋实施谋杀行为,说明其并不畏惧失去生命,其投保意外伤害保险的行为追求的是意外伤害的结果,而不是为防范意外事故,其投保行为并不符合一个普通投保人的投保初衷,而是因预谋杀人心理触发的行为。

其次行为是心理的体现。自意外伤害保险生效至纪某杀人再至逃离现场发生单方交通事故当场死亡,前后时间共25个小时左右。在短时间内,纪某连续实施投保、杀人、驾车逃跑,单方交通事故致死等一系列行为,其行为具有一定的连续性,也不存在第三方因素介入,且交通事故现场未见刹车痕迹。故该一系列行为能够反映纪某追求或放任死亡发生的心理状态。

综上所述，难以认定纪某的死亡是意外事故导致，纪某交通事故死亡应是自杀行为。一审法院判决如下：驳回纪某大、冯某翠、纪某2的诉讼请求。

一审宣判后，纪某大、冯某翠、纪某2不服一审判决，向江苏省连云港市中级人民法院提起上诉。

连云港市中级人民法院二审经审理认为：

二审争议焦点：涉案事故是自杀还是意外事故，被上诉人是否应当承担保险赔偿责任。涉案事故不属于意外事故，一审判决认定被保险人纪某系自杀，论证充分，判决结果正确。

(1)纪某在涉案保险生效后的当天晚上跟踪报复杀人，系有预谋的行凶，该行为与其购买涉案保险防止意外造成的损害扩大相矛盾；纪某行凶杀人后，于当晚向其父母电话告别，并嘱托子女照料问题，表明其具有自杀后果的心理准备，一审认定其投保涉案保险的行为追求的是意外伤害的结果，与客观结果相印证。

(2)纪某持有A2D驾照，初次领证为2003年，具有相应驾驶能力，而事发时其驾驶小型面包车，根据盐城市公安局交通警察支队道路交通事故认定书和"情况说明"记载"事故地点道路平坦，视线良好，未见有其他车辆相撞痕迹，现场未见任何制动痕迹"，表明纪某驾车发生事故不符合一般的应急反应，一审综合考虑纪某在短时间内连续实施投保、杀人、驾车逃跑、单方交通事故致死等一系列行为，认为纪某追求或放任死亡发生的心理状态，认定纪某交通事故死亡应是自杀行为，符合客观实际。上诉人主张本案为意外事故，与客观事实不符，法院不予采纳。

(3)涉案保险条款约定被保险人自杀为免赔条款，通过文字背景加黑的形式足以起到提示作用，纪某在投保单上签字确认保险人对免责条款履行明确说明义务，该条款对其具有法律效力，而且依据《保险法》第44条"以被保险人死亡为给付保险金条件的合同，自合同成立或者合同效力恢复之日起二年内，被保险人自杀的，保险人不承担给付保险金的责任，但被保险人自杀时为无民事行为能力人的除外。保险人依照前款规定不承担给付保险金责任的，应当按照合同约定退还保险单的现金价值"的规定，本案纪某自杀，太平洋保险公司依法不承担涉案保险责任，一审判决驳回上诉人的诉讼请求具有合同和法律依据，但太平洋保险公司应当按照合同约定退还保险单的现金价值。

综上所述，上诉人纪某大、冯某翠、纪某2的上诉请求不能成立，应予驳回；一审判决结果正确，应予维持。判决：驳回上诉，维持原判。

第四节　保险理赔金会不会成为遗产的问题

保险理赔金会不会变成遗产，取决于被保险人是否提前指定了受益人。在人身保险合同中，受益人虽不是合同的主体，却是保险合同目的的实现的主要载体。

如果合同目的实现，则当被保险人身故时，受益人顺利获得保险理赔金，这笔保险理赔金承载的不仅是被保险人对受益人专属的财富传承，还有可能是责任的延续和爱意的表达，一旦剔除道德风险就是一种完美的制度设计。但如果目的没有实现，则保险金变成遗产，不仅让传承计划落空，还会引发一系列围绕保险理赔金的法律争夺与纠纷。

法条汇编

《保险法》(2015 年 4 月 24 日)

第四十条　被保险人或者投保人可以指定一人或者数人为受益人。受益人为数人的，被保险人或者投保人可以确定受益顺序和受益份额；未确定受益份额的，受益人按照相等份额享有受益权。

第四十二条　被保险人死亡后，有下列情形之一的，保险金作为被保险人的遗产，由保险人依照《中华人民共和国继承法》的规定履行给付保险金的义务：

(一)没有指定受益人，或者受益人指定不明无法确定的；

(二)受益人先于被保险人死亡，没有其他受益人的；

(三)受益人依法丧失受益权或者放弃受益权，没有其他受益人的。

受益人与被保险人在同一事件中死亡，且不能确定死亡先后顺序的，推定受益人死亡在先。

《保险法司法解释(三)》(2021 年 1 月 1 日)

第九条　投保人指定受益人未经被保险人同意的，人民法院应认定指定行为无效。

当事人对保险合同约定的受益人存在争议，除投保人、被保险人在保险合同之外另有约定外，按以下情形分别处理：

(一)受益人约定为“法定”或者“法定继承人”的，以民法典规定的法定继承人为受益人；

（二）受益人仅约定为身份关系的，投保人与被保险人为同一主体时，根据保险事故发生时与被保险人的身份关系确定受益人；投保人与被保险人为不同主体时，根据保险合同成立时与被保险人的身份关系确定受益人；

（三）约定的受益人包括姓名和身份关系，保险事故发生时身份关系发生变化的，认定为未指定受益人。

第十二条　投保人或者被保险人指定数人为受益人，部分受益人在保险事故发生前死亡、放弃受益权或者依法丧失受益权的，该受益人应得的受益份额按照保险合同的约定处理；保险合同没有约定或者约定不明的，该受益人应得的受益份额按照以下情形分别处理：

（一）未约定受益顺序及受益份额的，由其他受益人平均享有；

（二）未约定受益顺序但约定受益份额的，由其他受益人按照相应比例享有；

（三）约定受益顺序但未约定受益份额的，由同顺序的其他受益人平均享有；同一顺序没有其他受益人的，由后一顺序的受益人平均享有；

（四）约定受益顺序和受益份额的，由同顺序的其他受益人按照相应比例享有；同一顺序没有其他受益人的，由后一顺序的受益人按照相应比例享有。

第十四条　保险金根据保险法第四十二条规定作为被保险人的遗产，被保险人的继承人要求保险人给付保险金，保险人以其已向持有保险单的被保险人的其他继承人给付保险金为由抗辩的，人民法院应予支持。

《最高人民法院关于人身保险金能否作为被保险人的遗产进行赔偿问题的批复》（1988年3月24日）

（一）根据我国保险法规有关条文规定的精神，人身保险金能否列入被保险人的遗产，取决于被保险人是否指定了受益人。指定了受益人的，被保险人死亡后，其人身保险金应付给受益人；未指定受益人的，被保险人死亡后，其人身保险金应作为其遗产处理，可以用来清偿债务或赔偿。

济南市中级人民法院《关于保险合同纠纷案件94个法律适用疑难问题解析》

第四十二条第一款　投保人、被保险人死亡或终止时保险合同的承继。投保人死亡或者终止的，除另有约定外，投保人的继承人或者权利义务的承继人主张承继保险合同权利义务的，应予支持。

法条解读

保险金会不会变成遗产的问题,关键看《保险法》第42条中列举的事项是否发生?该条列举了三种保险金最终变成遗产的情形:(1)没有指定受益人,或者受益人指定不明无法确定的;(2)受益人先于被保险人死亡,没有其他受益人的;(3)受益人依法丧失受益权或者放弃受益权,没有其他受益人的。其中(2)和(3)我们将在后面道德风险防范部分专门讲解,此处我们只讨论(1)没有指定受益人,或者受益人指定不明无法确定的情形下,保险金变成遗产的问题。

受益人是人身保险合同的关系人,也是人身保险合同履行后的最终利益获得者。通过指定受益人,不仅可以体现被保险人和投保人的投保意愿,而且可以防范道德风险,因此,确定受益人对保险合同目的实现至关重要,是保险合同价值的根本体现。从本质上说,受益人领取受益金,应当是以被保险人身故为前提,也就是身故保险金。而被保险人拥有受益人的最终决定权,所以被保险人身故之前把自己的身故受益人指定好,也体现出被保险人对保险合同的最终控制权。同时明确受益人也使得保险公司在给付保险金时可以很方便地支付到位,避免陷入纠纷之中。

在没有指定明确的受益人,或者指定了明确的受益人但是受益人先于被保险人身故,就会发生被保险人最不愿意看到的结果:其身故保险金最终变成遗产,将按照我国遗产继承方面的法律进行分配(有生前遗嘱按照遗嘱,无遗嘱的按照法律规定继承);除此之外,一旦保险受益金变成遗产后,还会涉及继承人继承遗产先要履行缴纳税务、清偿债务等法律义务。而保险受益金在有指定受益人的情况下,其法律性质不属于遗产,自然不涉及遗产继承方面的法律问题。因为遗产是公民死亡时遗留的个人合法财产,具有遗留性和个人性。而身故保险金是被保险人身故后才会发生给付问题。遗产产生于被继承人身故前,身故保险金产生于被保险人身故后,两者具有本质不同。《最高人民法院关于保险法司法解释(三)理解适用与实务指导》针对这个问题指出:“无论是指定受益人领取的身故保险金,还是被保险人的继承人受领的身故保险金,均非被保险人遗产,都是人身保险合同的被保险人为他人利益而设定的债权。被保险人的继承人受领身故保险金系基于其受益人之地位,而非遗产继承人之地位。因此保险金属于受益人所有,不会用于偿还被保险人债务,法院也无权冻结这部分资产。"[1]

如果被保险人指定了受益人,但是受益人先于被保险人身故,要想避免保险金变成遗产,被保险人可以再重新指定一个新的受益人,或者当初投保时一次性指定两个以上受益人,当第一顺位受益人身故时,可以由第二顺位受益人获取保险金。但是如果受益人指定不明确,实务中又该如何认定?《保险法司法解释(三)》给出了解决方案。

一、受益人填写为"法定"或者"法定继承人",如何确定受益人?

长期以来,在保险实务中一直存在受益人"指定"和"法定"两种情形。很多人认为,如果受益人填写为"法定"或者"法定继承人",相当于没有指定受益人,保险金按照《保险法》第 42 条第 1 款规定变成遗产。根据《保险法司法解释(三)》第 9 条第 1 款第 1 项的规定:受益人约定为"法定"或者"法定继承人"的,以《民法典》规定的法定继承人为受益人。也有人指出,司法解释这样规定会导致受益人处于不明确且不稳定的状态。因为根据我国《民法典》继承编第 1127 条规定:"遗产按照下列顺序继承:(1)第一顺序:配偶、子女、父母;(2)第二顺序:兄弟姐妹、祖父母、外祖父母。继承开始后,由第一顺序继承人继承,第二顺序继承人不继承;没有第一顺序继承人继承的,由第二顺序继承人继承。本编所称子女,包括婚生子女、非婚生子女、养子女和有扶养关系的继子女。本编所称父母,包括生父母、养父母和有扶养关系的继父母。本编所称兄弟姐妹,包括同父母的兄弟姐妹、同父异母或者同母异父的兄弟姐妹、养兄弟姐妹、有扶养关系的继兄弟姐妹。"结合二者规定可以得出,保险公司应当同时结合《民法典》继承编规定的继承人身份及继承顺序确定受益人,并按照《保险法》第 40 条规定来分配保险金,即"被保险人或者投保人可以指定一人或者数人为受益人。受益人为数人的,被保险人或者投保人可以确定受益顺序和受益份额;未确定受益份额的,受益人按照相等份额享有受益权"。由于保险合同签订时,被保险人并未死亡,根据《民法典》继承编第 1121 条的规定:"继承从被继承人死亡时开始。"所以继承人的身份也是在被继承人死亡时才确定,故保险受益人的确定应以保险事故发生即被保险人死亡时确定的法定继承人名单确定。

---

[1] 杜万华主编:《最高人民法院关于保险法司法解释(三)理解适用与实务指导》,中国法制出版社 2016 年版,第 251 页。

但是还有一个问题：由于法定继承人数量的不确定性（如单就“子女”就有婚生、非婚生、养子女和有扶养关系的继子女这四种，而这四种类型下再多出来几个有继承权的“子女”不得而知），被保险人一旦身故，即使在保单受益人填写“法定”或“法定继承人”的情况下不视为遗产，由其继承人按照《民法典》继承编规定的法定继承人为受益人。那么这么多法定继承人都向保险公司主张自己的合法继承人身份，保险公司该如何应对？《保险法司法解释（三）》第 14 条给出了解决办法：“保险金根据保险法第四十二条规定作为被保险人遗产，被保险人的继承人要求保险人给付保险金，保险人以其已向持有保险单的被保险人的其他继承人给付保险金为由抗辩的，人民法院应予支持。”这一条乍一看似乎规定的不是我们说的问题，说的是保险金变成遗产的继承问题。但是如果我们看明白了保单受益人填写“法定”或“法定继承人”时保险金不视为遗产的结果，又理解了由其继承人按照《民法典》继承编规定的法定继承人为受益人的处理办法，也就清楚了这一条司法解释其实和保险金变不变成遗产没有关系。它讲的是如果众多受益人或者被保险人的法定继承人都来向保险公司主张理赔时，保险公司不需要也没有能力去一一审查继承人或者受益人身份，只需要向保单持有人给付保险金就算完成了理赔义务。至于其他受益人或者继承人，如果认为自己的权益受到侵害，只需向拿到保险金的保单持有人另行提起诉讼即可。

二、受益人仅为身份关系的约定，当保险事故发生时身份关系发生变化的，如何确定受益人？

这种情形在目前的保险投保实务中并不常见，我们简单阐述一下。身份关系分为两种：一种是夫妻关系，另一种是父母子女关系。第一种关系下，夫妻关系有可能因为离婚而发生变更，父母与子女关系不因父母离婚而有任何变化。第二种关系下，虽然法律上不承认诸如“断绝父子关系”之类约定的效力，但是子女的数量有可能变化，比如投保后又生了二胎。

在第一种情况下，根据《保险法司法解释（三）》第 9 条第 2 款第 2 项的规定：“受益人仅约定为身份关系的，投保人与被保险人为同一主体时，根据保险事故发生时与被保险人的身份关系确定受益人；投保人与被保险人为不同主体时，根据保险合同成立时与被保险人的身份关系确定受益人。”司法机关把这个问题一分为二解决。如果投保人、被保险人同为丈夫一人，受益人约定为

"妻子",后双方离婚,丈夫再婚另娶他人,后丈夫去世,引发身故理赔。此时按照规定,应当以保险事故发生时的身份关系来确定受益人,也就是从遵循投保人、被保险人的投保本意出发,认定现任妻子为受益人,前妻没有受益权。反之,如果投保人、被保险人不是同一人,则用合同成立时的身份关系来认定。在第二种情况下,如果投保后子女数量增加,那么新增加的子女能不能确定受益权?《最高人民法院关于保险法司法解释(三)理解适用与实务指导》认为,"对子女范围的确定,应为被保险人身故时的所有子女为限,因为这更符合保险的理念和当事人的投保初衷"。[1]

三、以姓名和身份关系指定受益人,当保险事故发生时身份关系发生变化的,如何确定受益人?

在我国的保险实务中,为了让受益人的指定变得更加确定,投保环节通常要求填写受益人姓名、身份证号码以及与被保险人的关系。这种具体而明确的指定方式既保障了受益人的利益,也可避免保险理赔时发生的保险金争议纠纷。但问题是由于人身保险合同的时间很长,当被保险人的婚姻状况发生变化,如张三在婚内给自己投保时,填写的受益人姓名和身份证号码均是妻子的,与张三的关系上填写的是"配偶"。后张三离婚又再婚,再后来张三身故。此时会带来一个保险金归属上的麻烦。如果依据姓名信息,那张三的前妻是受益人;如果依据与被保险人的身份关系,则现任妻子是受益人。应该如何打破这种僵局?《保险法司法解释(三)》第 9 条第 2 款第 3 项规定:"约定的受益人包括姓名和身份关系,保险事故发生时身份关系发生变化的,认定为未指定受益人。"司法机关认为,从尊重被保险人的本意出发,如果保险理赔时身份关系发生变化,视为未指定受益人,保险金将作为被保险人的遗产由其法定继承人继承,以便更好地照顾他们的生活。

故从避免纠纷的角度来看,笔者建议如果出现了上述情况,保险从业者可以以此作为一个为客户提供日常服务的突破口,在离婚率居高不下的情况下,一旦发现被保险人离婚,应当适时提醒他们进行受益人变更,并告知不变更的后果,这是体现我们专业形象的好机会。

---

[1] 杜万华主编:《最高人民法院关于保险法司法解释(三)理解适用与实务指导》,中国法制出版社 2016 年版,第 259 页。

四、如果被保险人和受益人未发生风险，而投保人出现了身故的情况，该如何解决？

对此，济南市中级人民法院发布的《关于保险合同纠纷案件94个法律适用疑难问题解析》第42条给出了解决方案，“投保人、被保险人死亡或终止时保险合同的承继。投保人死亡或者终止的，除另有约定外，投保人的继承人或者权利义务的承继人主张承继保险合同权利义务的，应予支持”。也就是说，投保人身故后，其拥有的保单项下现金价值应当归属投保人的个人遗产，其法定继承人可以主张退保分割保单现金价值份额，或者由其中一个人变更为投保人，其他继承人分得相对应的现金价值份额，从而退出保险合同关系。当然，如果想避免现金价值成为遗产，也可以由投保人提前另行约定，比如提前确定好在自己身故后的第二投保人，此为第二投保人制度。第二投保人制度，指保单生效后，保险事故发生前，投保人单方面通知保险公司指定其他人（通常是保险合同的被保险人或者受益人），在自己身故后代替自己成为投保人，避免保单现金价值成为遗产的情况。指定第二投保人的行为性质相当于提前立下遗嘱，事实上只需要在保险合同上通过合同保全做一个批注就可以实现。

五、如果存在继承关系的被保险人和受益人同时身故，无法区分死亡先后顺序，保险金该如何给付？

《保险法》第42条第2款规定：“受益人与被保险人在同一事件中死亡，且不能确定死亡先后顺序的，推定受益人死亡在先。”如果被保险人还有其他受益人，则按照《保险法司法解释（三）》第12条之规定，有其他受益人的，该受益人的受益份额由其他受益人分配。如果被保险人就指定一个受益人，此时受益人又推定为先于被保险人身故，那么保险金就成为被保险人的遗产。《最高人民法院关于保险法司法解释（三）理解适用与实务指导》：“例如，张甲以自己为被保险人投保死亡险，指定其子张乙为受益人，张甲与张乙在同一车祸中死亡，在确定死亡保险理赔金归属时，应推定张乙死亡在先，因张甲没有指定其他受益人，保险金应作为张甲的遗产进行分配。在分配作为张甲遗产的保险金时，张甲是被保险人，张乙是继承人，因张甲是长辈，应推定张甲先死亡，保险金由张甲继承人张乙以及其他继承人共同分配。”[1]

---

〔1〕 杜万华主编：《最高人民法院关于保险法司法解释（三）理解适用与实务指导》，中国法制出版社2016年版，第375页。

六、部分受益人失权后，保险金如何给付？

当指定的受益人达到2人及以上的情况下，在保险事故发生前部分受益人死亡、依法丧失受益权或者放弃受益权的，保险金该如何给付？根据《保险法》第40条和《保险法司法解释(三)》第12条之规定，可以根据如下思路解决此问题：

第一种情况：未约定受益顺序和受益份额的。比如张三原指定张甲、张乙和张丙3个儿子共同分享100万元身故保险金，但在投保单上没有明确的受益顺序和受益份额。在张甲提前去世后，张甲的受益份额由张乙和张丙共同分享，原则上各50%不分先后顺序。

第二种情况：只针对受益份额进行了约定，没有约定受益顺序的。比如张三原指定张甲、张乙和张丙3个儿子共同分享100万元身故保险金，但在投保单上只约定了受益份额，3个儿子受益份额分别为张甲40%，张乙40%和张丙20%。后张甲提前去世，最后张甲的40%受益份额，按照张乙和张丙原有的受益比例进行分配，张乙分的张甲40%中的2/3，张丙分的张甲40%中的1/3，加上张乙和张丙原有的份额，最终的保险金份额变成张乙66.7%和张丙33.3%，也不分先后顺序。

第三种情况：只针对受益顺序进行了约定而未对受益份额进行明确约定。第一种情况下，张三原指定张甲、张乙、张丙3个儿子为第一顺序受益人，没有约定受益份额，自己的夫人为第二顺序受益人。张甲提前去世，其在第一顺序受益人里面的33%的受益份额由同一顺位的张乙、张丙共同分享，结果是张乙、张丙各50%受益份额，张三妻子无份额；第二种情况下张三原指定张甲、张乙和张丙3个儿子共同分享100万元身故保险金，约定第一顺位受益人为张甲，第二顺位受益人为张乙和张丙。后张甲提前去世，张甲原有的第一顺位受益权自动归张乙和张丙平均享有，二人各获得50%的受益份额。

第四种情况：受益顺序和受益份额同时都有约定的。第一种情况下，张三原指定张甲、张乙和张丙3个儿子共同分享100万元身故保险金，约定第一顺位受益人为张甲和张乙，受益份额为各50%，第二顺位受益人为张丙，受益份额100%，后张甲提前去世，则张乙作为同一顺位受益人获得100%受益份额，张丙无份额；第二种情况下，张三原指定张甲作为第一顺序受益人，受益份额100%，第二顺序受益人为张乙、张丙，受益份额为张乙60%，张丙40%，在张甲去世后，张甲的受益份额由张乙和张丙按照各自的受益比例享有，即张乙60%和张丙40%。

典型案例

☞ 案例1：被保险人和受益人在一起事故中同时身故，无法区分死亡先后顺序，保险金该如何给付？

陈某珍与中国太平洋人寿保险股份有限公司
抚州中心支公司人身保险合同纠纷案[1]

裁判要旨

被保险人和受益人在一起交通事故中同时身故，无法确定死亡先后顺序的，推定受益人先于被保险人身故，保险金变成遗产，由被保险人的法定继承人按照《继承法》继承。

原告（上诉人）：陈某珍

第三人（上诉人）：邓某妍、刘某敏、吴某丽

被告（被上诉人）：中国太平洋人寿保险股份有限公司抚州中心支公司（以下简称太平洋保险公司）

基本案情

2017年1月26日，邓某奇向被告太平洋保险公司购买了一份个人人身保险，投保人为邓某奇、被保险人为邓某奇，身故受益人为刘某委（系邓某奇妻子，受益份额100%），保险金额100万元。2017年2月15日8时，邱某驾车撞上高速公路右侧龙门架钢质立柱，造成车上乘客邓某奇、邓某勇、刘某委当场死亡，驾驶人邱某、乘车人员吴某受伤，车辆及高速公路设施不同程度受损的较大交通事故。经交警部门认定，邱某在此次事故中负全部责任，乘车人邓某奇、邓某勇、刘某委、吴某无责任。事故发生后，经景德镇市昌江区人民法院（2017）赣0202刑初51号刑事附带民事调解书确认，邱某赔偿陈某珍（邓某奇母亲）因

[1] 参见江西省南城县人民法院（2017）赣1021民初832号民事判决书；江西省抚州市中级人民法院（2018）赣10民终102号民事判决书。

邓某奇、邓某勇死亡的各项经济损失60万元。截至目前,陈某珍已获得邱某赔偿款15万元。景德镇市昌江区人民法院(2017)赣0202刑初51-1号刑事附带民事调解书确认,邱某赔偿刘某敏、吴某丽(刘吴二人是刘某委父母)、邓某妍(邓某奇未成年女儿)因刘某委死亡的各项经济损失100万元。截至目前,刘某敏、吴某丽、邓某妍已获得邱某赔偿款15万元。

原告陈某珍诉称:

(1)要求被告给付保险理赔款100万元;(2)诉讼费由被告承担。事实和理由:2017年1月25日,原告之子邓某奇在被告处购买了一份安行宝两全保险,保险金额100万元。2017年2月15日,邓某奇乘坐邱某驾驶的普通货车在高速公路上发生交通事故,造成邓某奇死亡。原告作为邓某奇的母亲对该笔保险理赔款有合法继承权,故诉至法院,请依法判决。

第三人邓某妍、刘某敏、吴某丽诉称:

请求判决被告向第三人邓某妍、刘某敏、吴某丽支付人身保险赔偿金100万元。事实和理由:(1)原告陈某珍不享有邓某奇人身保险的继承权。首先,邓某奇已经在人身保险合同中指定了受益人为妻子刘某委。其次,受益人刘某委没有先于邓某奇死亡,且刘某委没有丧失或者放弃受益权。(2)本案有充足的证据证明受益人刘某委后于邓某奇死亡。(3)本案的死亡顺序的认定及法律适用。其一,根据《保险法》第42条第2款"受益人与被保险人在同一事件中死亡,且不能确定死亡先后顺序的,推定受益人死亡在先"之规定,只有在不能确定死亡先后顺序时才推定受益人死亡在先。本案司法鉴定文书及吴某的调查笔录充分证明了刘某委死亡在邓某奇之后,故本案不能适用该法条推定受益人刘某委先于邓某奇死亡。

综上所述,本案的保险金首先应由受益人刘某委享有,因刘某委死亡,由刘某委的法定继承人即其父亲刘某敏、母亲吴某丽、女儿邓某妍继承。原告不是刘某委的近亲属,没有继承权,请求法院驳回原告陈某珍的诉讼请求。

被告辩称:

原告主体不适格,请求依法驳回原告的诉讼请求。根据保险公司对事故目击证人吴某所做的调查笔录可知,车祸发生后,邓某奇当场死亡、刘某委还在呻吟,并没有立即死亡,故本案中被保险人邓某奇先于受益人刘某委死亡。根据《保险法》及安行宝两全保险条款的规定,保险金归于受益人刘某委个人所有,应属于受益人刘某委个人财产。另外,根据《继承法》第10条的规定,刘某委死亡后，保险金作为刘某委的个人遗产，应由刘某委的父母刘某敏、吴某丽以及女儿邓某妍继承。陈某珍对于保险金无继承权，故其原告主体不适格。

江西省南城县人民法院经审理认为：

邓某奇生前向被告太平洋保险公司购买了个人人身保险，双方的保险合同关系依法成立并生效，现邓某奇因交通事故意外死亡，事故发生在保险期内，按照保险条款的约定，保险人应给付保险金100万元。

本案的争议焦点主要有两个，一是被保险人邓某奇与受益人刘某委的死亡先后顺序问题；二是如何确定保险金的分配比例问题。(1)关于被保险人邓某奇与受益人刘某委的死亡先后顺序问题，法院认为，对于死亡的定义，法律意义上通用的界定标准是"临床死亡"，即根据患者临床的生命体征，当患者意识完全丧失，呼吸、心跳完全停止，血压持续为零，瞳孔放大，经抢救一段时间后上述指标仍不能恢复，可以判断为临床死亡。上述证据均无法确定邓某奇与刘某委的死亡先后顺序。故应推定受益人刘某委死亡在先，保险金应作为被保险人邓某奇的遗产，由邓某奇的继承人享有。(2)关于如何确定保险金的分配比例问题。本案中，第三人邓某妍尚只有2周岁，其父母均在本次交通事故中死亡，其今后的生活和学习现只能依靠其外祖父母，考虑到第三人邓某妍的现状及其与邓某奇生前存在的法律上的权利义务关系、共同生活情况和经济依赖关系，在分配遗产时，应对第三人邓某妍予以照顾且可以多分。

原告陈某珍，现年52周岁，尚未丧失劳动能力，其近些年也一直在外务工，自邓某奇15岁左右时，便未在一起共同生活，考虑到其与邓某奇生前的共同生活时间和抚养的事实及经济依赖关系，在遵循权利义务对等的前提下，原告陈某珍应获得相应的遗产份额。结合上述情形，综合原告陈某珍、第三人邓某妍与邓某奇生前的身份关系、经济依赖程度及当地的经济生活水平、双方因邓某奇死亡从驾驶员邱某处的获赔情况(邓某妍未获得该赔偿份额)、投保人设定受益人的初衷等因素，出于保护未成年人的合法权益及遵循公平原则的角度，法院酌定，被告太平洋保险公司应支付的100万元保险金，由原告陈某珍享有20%的份额，即20万元，由第三人邓某妍享有80%的份额，即80万元。

一审宣判后，陈某珍不服一审判决，向江西省抚州市中级人民法院提起上诉。要求被告向自己支付保险理赔金45万元，剩余55万元支付给第三人；第三人吴某丽、刘某敏、邓某妍也提起上诉请求，要求被告向自己支付保险理赔金100万元。

江西省抚州市中级人民法院审理后认为：

二审的焦点问题：(1)本案所涉100万元保险赔偿金是否属于邓某奇的个人遗产；(2)上诉人陈某珍是否为邓某奇遗产的法定第一顺序继承人之一；(3)一审判决就100万元保险赔偿金确定的分配比例是否合理合法。对于焦点(1)，本院认为应认定本案所涉100万元保险赔偿金属于邓某奇的个人遗产；对于焦点(2)，本院认为应认定上诉人陈某珍为邓某奇遗产的法定第一顺序继承人之一；对于焦点(3)，本院认为邓某妍分得的遗产份额应当多于陈某珍。因此，原审法院判决将100万元保险金的20%分配给陈某珍，将剩余的80%分配给邓某妍的方案既于法有据，亦符合人之常情，二审予以认可。另外，原审第三人吴某丽、刘某敏并非邓某奇遗产的法定继承人，对本案所涉100万元保险金不享有请求权，故本院对于吴某丽、刘某敏提出的分得本案所涉100万元保险金的上诉请求不予支持。

综上所述，原审原告陈某珍及原审第三人邓某妍、吴某丽、刘某敏的上诉请求不成立，二审不予支持。原审判决认定事实清楚，适用法律正确，应予维持。判决：驳回上诉，维持原判。

☞ 案例2：被保险人婚内购买的保单，受益人指定为妻子张某敏。离婚后被保险人身故，则前妻还能作为受益人吗？

张某敏与中国平安人寿保险股份有限公司
阜阳中心支公司人身保险合同纠纷[1]

裁判要旨

被保险人和前妻离婚后身故，婚内购买的保险中，受益人采用"姓名+身份"方式进行了约定的，如果离婚后没有对受益人进行相应变更，视为未指定受益人，保险金按照被保险人遗产处理。本案历经一审、二审和再审程序，最终坚持了《保险法司法解释(三)》第9条第2款第3项的立法本意。

---

[1] 参见安徽省阜阳市颍州区人民法院(2017)皖1202民初7894号民事判决书；安徽省阜阳市中级人民法院(2018)皖12民终1406号民事判决书；安徽省高级人民法院(2019)皖民申529号民事裁定书。

原告(被上诉人):张某敏、徐某

被告(上诉人):中国平安人寿保险股份有限公司阜阳中心支公司(以下简称平安寿险公司)

基本案情

张某敏和徐某想系夫妻关系。2010年3月、2011年5月、2012年8月共投保3份保险,投保人和受益人为张某敏,被保险人为徐某想,累计意外身故保险责任29.5万元;2017年8月张某敏做投保人,以徐某想为被保险人投保平安意外伤害保险,保险金额为5万元,受益人为徐某(徐某想孩子),合计身故保险金34.5万元。合同签订后,张某敏每年按期交纳保险费。

2014年12月16日双方离婚,2017年11月25日,徐某想在工地发生意外事故死亡,张某敏在徐某想死亡后,向平安寿险公司申请理赔,至今未果。

安徽省阜阳市颍州区人民法院一审经审理认为:

张某敏与平安寿险公司之间签订的保险合同系当事人真实意思的表示,内容合法,为有效合同,双方均应按合同约定履行各自义务。在被保险人发生保险事故后,平安寿险公司应当将赔偿金按照合同约定支付给受益人,其未能按约支付保险金系违约行为,应承担民事责任;张某敏在与平安寿险公司签订合同时,与被保险人徐某想系夫妻关系,系具有保险利益的关系人,合同指定受益人为张某敏,即使在徐某想与张某敏离婚后,被保险人徐某想并未要求变更受益人,且《保险法》第42条规定,被保险人死亡后,没有指定受益人的,保险金作为被保险人的遗产。本案中,被保险人指定的受益人为张某敏和徐某,该保险金不应作为遗产,故对张某敏和徐某的诉讼请求,予以支持,判决如下:平安寿险公司于判决发生法律效力之日起10日内支付张某敏、徐某保险赔偿金34.5万元。

平安寿险公司不服,向安徽省阜阳市中级人民法院提起上诉。

安徽省阜阳市中级人民法院二审经审理认为:

本案双方当事人对保险合同的签订和出险事实均无异议,争议焦点在于张某敏是否依然享有以其为受益人的三份保单相应权利。根据《保险法司法解释(三)》第9条第2款第3项之规定,约定的受益人包括姓名和身份关系,保险事故发生时身份关系发生变化的,认定为未指定受益人。本案三份投保书上明确约定受益人是张某敏,身份关系为配偶,可以认定徐某想在投保时约定了受益人的姓名以及身份。徐某想于2017年11月25日身故前二人已经离婚,在保险事故发生时张某敏的身份关系已经发生变化，应当认定为未指定受益人，保险金应按徐某想遗产进行处理。

因此，对双方当事人于2010年3月、2011年5月、2012年8月达成的以被保险人徐某想妻子张某敏为受益人的三份保单，张某敏不再具有受益人资格，不享有保险金请求权。对徐某想于2017年8月以其子女徐某为受益人的保险合同，保险公司应履行赔付义务，因徐某系未成年人，其法定代理人张某敏有权请求该笔保险金，对张某敏该部分诉求，应予以支持。

综上所述，上诉人平安寿险公司上诉理由成立，对其上诉请求，法院予以支持。判决如下：(1)撤销安徽省阜阳市颍州区人民法院(2017)皖1202民初7849号民事判决；(2)平安寿险公司于判决发生法律效力之日起10日内支付徐某保险赔偿金5万元。

二审判决生效后，张某敏向安徽省高级人民法院提起再审申请。

安徽省高级人民法院经审理认为：

三份投保书中关于身故保险金受益人的表述均为“姓名张某敏，是被保险人的配偶”。该约定表明，双方当事人对受益人限定的条件应当是姓名附加身份关系。张某敏认为该表述只是明确受益人是张某敏，对配偶的表述并不是对受益人做出身份的限定的观点，与事实不符。虽然三份保险单正本均显示徐某想身故保险金的受益人为张某敏，未载明徐某想与张某敏的身份关系，但基于上述投保书载明的身份信息，且该投保书已经约定作为保险合同的组成部分，故其上约定的内容同样约束签约的双方当事人，张某敏认为应以保险单记载的内容作为双方履行的依据，与事实不符。

依据《保险法司法解释(三)》第9条第2款规定“当事人对保险合同约定的受益人存在争议”，该“当事人”应是指签订合同的双方当事人，即张某敏与平安寿险公司。张某敏认为其为案涉保险合同约定的受益人，平安寿险公司应向其支付保险金。平安寿险公司认为张某敏与徐某想已经离婚，保险金应按徐某想的遗产处理。根据双方上述主张，双方实质是对保险金的归属发生争议，故张某敏称本案受益人不存在争议，原审判决适用法律错误的再审理由不能成立。

综上所述，张某敏再审申请的理由不能成立。裁定驳回张某敏的再审申请；驳回张某敏的其他诉讼请求。

第五节　日常医疗保险的理赔问题汇总

商业医疗保险是人身保险合同中客户购买最多,也是引发理赔纠纷最多的保险类型。本节我们挑选出实务中关于医疗保险理赔最常见的5个问题:体检与如实告知问题、医疗费能否重复理赔的问题、自费药报销的问题、定点医院理赔问题和观察期内出险能否理赔的问题展开讨论,希望能给读者更多的实务操作意见和参考。

法条汇编

《保险法司法解释(三)》(2021年1月1日)

第五条　保险人在合同订立时指定医疗机构对被保险人体检,当事人主张投保人如实告知义务免除的,人民法院不予支持。

保险人知道被保险人的体检结果,仍以投保人未就相关情况履行如实告知义务为由要求解除合同的,人民法院不予支持。

第十八条　保险人给付费用补偿型的医疗费用保险金时,主张扣减被保险人从公费医疗或者社会医疗保险取得的赔偿金额的,应当证明该保险产品在厘定医疗费用保险费率时已经将公费医疗或者社会医疗保险部分相应扣除,并按照扣减后的标准收取保险费。

第十九条　保险合同约定按照基本医疗保险的标准核定医疗费用,保险人以被保险人的医疗支出超出基本医疗保险范围为由拒绝给付保险金的,人民法院不予支持;保险人有证据证明被保险人支出的费用超过基本医疗保险同类医疗费用标准,要求对超出部分拒绝给付保险金的,人民法院应予支持。

第二十条　保险人以被保险人未在保险合同约定的医疗服务机构接受治疗为由拒绝给付保险金的,人民法院应予支持,但被保险人因情况紧急必须立即就医的除外。

济南市中级人民法院《关于保险合同纠纷案件94个法律适用疑难问题解析》

第三十四条　责任保险合同或人身保险合同对医疗费用赔付标准有约定的,从其约定。没有约定或约定不明的,一般应参照当地社会医疗保险主管部门规定的医疗报销标准确定。因治疗确需使用标准以外的药品,被保险人主张列入保险赔付范围的，人民法院应予支持，但被保险人能够举证证明上述药品不属于治疗必需药品的除外。

第九十四条　投保人投保多份商业医疗费用报销型保险的，因同一保险事故被保险人要求各保险人支付的保险金超过实际发生的医疗费用的，人民法院不予支持。除保险合同另有约定外，各保险人按照其保险金额与保险金额总和的比例承担支付保险金的责任。

《江苏省高级人民法院关于审理保险合同纠纷案件若干问题的讨论纪要》(苏高法审委〔2011〕1号，2011年1月12日)

第十九条　投保人、被保险人或者受益人以保险人指定机构对被保险人进行体检为由，主张减轻投保人的如实告知义务的，人民法院不予支持。保险人知道被保险人的体检结果与投保人的告知不符而仍然承保，或者体检机构未将体检结果告知保险人以致保险人仍然承保的，保险人以投保人未履行如实告知义务为由要求解除合同的，人民法院不予支持。

江苏省高级人民法院《保险合同纠纷案件审理指南2010》保险免责条款的效力

第六条　按医保标准核定医疗费用条款的效力。保险条款约定“保险人按照基本医疗保险的标准核定医疗费用的赔偿金额”的，对于基本医疗保险范围外的医疗项目支出，保险人应当按照基本医疗保险范围内的同类医疗费用标准赔付。比如，使用了医保范围外的药品，而医保范围中有同种类或者同功能可使用的药品，则应按医保范围内同种类或者同功能药品的标准予以赔付。如此处理，既保护了被保险人利益，又未从实质上损害保险人利益，较为公平。

《健康保险管理办法》(中国银行保险监督管理委员会令2019年第3号，2019年12月1日)

第五条　医疗保险按照保险金的给付性质分为费用补偿型医疗保险和定额给付型医疗保险。费用补偿型医疗保险，是指根据被保险人实际发生的医疗、康复费用支出，按照约定的标准确定保险金数额的医疗保险。定额给付型医疗保险，是指按照约定的数额给付保险金的医疗保险。费用补偿型医疗保险的给付金额不得超过被保险人实际发生的医疗、康复费用金额。

第二十四条　保险公司设计费用补偿型医疗保险产品，必须区分被保险人是否拥有公费医疗、基本医疗保险、其他费用补偿型医疗保险等不同情况，在保险条款、费率或者赔付金额等方面予以区别对待。

第二十五条　被保险人同时拥有多份有效的费用补偿型医疗保险保险单的，可以自主决定理赔申请顺序。

法条解读

一、关于体检与如实告知义务履行问题

在投保人向保险公司递交投保申请的时候，保险公司有权利接受或者拒绝。而促使保险公司作出决定的因素有两个：一个是法律规定的投保人如实告知义务履行，另一个是要求被保险人体检。实务中产生的问题是：如果被保险人配合保险公司进行了体检，是否可以视为已经履行了告知义务？

根据《保险法司法解释（三）》第5条的规定是不可以的。体检程序的介入并不能免除投保人的如实告知义务。因为有些疾病在非发病期是不容易被发现的，还有些疾病可通过药物暂时控制而在体检指标上显示正常。如果允许投保人在通过了体检程序后可不履行如实告知义务，则将助长投保人的不诚信行为。为了体现公平，该条司法解释同时规定了保险公司的弃权行为："保险人知道被保险人的体检结果，仍以投保人未就相关情况履行如实告知义务为由要求解除合同的，人民法院不予支持。"如果投保时投保人递交的体检报告上已经有相关疾病信息，在保险公司未谨慎审查而正常承保的情况下，该如何认定？笔者认为，此种情况下应当视为投保人已经履行了如实告知义务，之后发生理赔时保险公司不得再以投保人故意或者重大过失未履行如实告知义务为由解除合同。

二、关于医疗险重复报销问题

根据银保监会于2019年12月1日正式实施的《健康保险管理办法》第5条的规定："医疗保险按照保险金的给付性质分为费用补偿型医疗保险和定额给付型医疗保险。费用补偿型医疗保险，是指根据被保险人实际发生的医疗、康复费用支出，按照约定的标准确定保险金数额的医疗保险。定额给付型医疗

保险,是指按照约定的数额给付保险金的医疗保险。费用补偿型医疗保险的给付金额不得超过被保险人实际发生的医疗、康复费用金额。”据此可以得知,在我国,医疗保险分为两种,一种是费用补偿型医疗保险,这种保险在给付保险金时允许保险公司扣减被保险人从公费医疗或社会医疗保险处取得的赔偿金额,在剩余金额范围内按照约定的标准(或者是理赔比例或者是具体的金额)进行理赔,客观上说这种理赔模式就是损失填平原则的具体体现,在这种理赔模式下,被保险人不会因为一次保险事故获得超出实际损失的重复赔偿,避免了被保险人因申请理赔而获得不正当利益的可能。另一种是定额给付型医疗保险,这种无此限制,被保险人可以在公费医疗、社会医疗保险之外获得重复给付。

因为费用补偿型医疗保险在理赔时要扣减公费医疗、社会医疗保险的赔偿金额,实属对被保险人权利的重大影响,所以从保护消费者知情权和遵循市场经济条件下的对价公平原则出发,保险公司应当自己来证明该保险产品设计时已经将公费医疗或者社会医疗保险部分作了相应的扣除,鉴于保险精算公式非常复杂,结合民事诉讼法“谁主张,谁举证”的原则,由保险公司来证明自己并没有多收保费。实务中各家保险公司在销售费用补偿型医疗保险时都会有价格不同的两款产品供客户选择,一种是针对有社保的被保险人,另一种是针对无社保的被保险人。比如在费用补偿型商业医疗保险中,会在合同中明确约定,若被保险人已从其他途径(包括社会医疗保险、公费医疗、工作单位、本公司在内的任何机构)取得补偿,我们在保险金额的限额内对剩余部分按本附加险合同的约定承担相应的保险责任。如此一来,则可最大限度地避免争议。

如果一个人同时在多家公司购买了商业医疗保险,保险事故发生后,被保险人能否就同一个保险事故向多家保险公司提出理赔?《最高人民法院关于保险法司法解释(三)理解适用与实务指导》一书中,最高人民法院法官的观点是,“目前,我们倾向于区分该医疗保险是费用补偿型还是定额给付型。如果是前者,则根据损失填平原则,保险公司不能支付超出实际发生的医疗费用,反之如果是定额给付型则不存在以上问题”。[1] 具体情况适用请参考济南市中级人民法院发布的《关于保险合同纠纷案件 94 个法律适用疑难问题解析》第 94 条。

---

〔1〕 杜万华主编:《最高人民法院关于保险法司法解释(三)理解适用与实务指导》,中国法制出版社 2016 年版,第 507 页。

三、关于自费药报销问题

在人身保险合同中，经常出现诸如“保险人按照国家基本医疗保险标准核定医疗费用的赔偿金额”的保险条款，从实务的角度来看其实就是如果被保险人发生保险事故，医保以外的医疗费用尤其是药物费用是否应当获得理赔？

在司法界，这个问题素有争议。支持的一方认为：如果在合同中约定“非医保用药不予赔付”，则属于免责条款，保险公司已经在保险合同中约定了理赔的上限额度，现在再来一个自费药不予报销，有失公平；反对的一方认为：保险公司如果在合同中明确约定了按照医保范围内用药理赔，实质上就是按照这个作为精算基础和指定费率的依据，否定了这一条款，会带来医保范围外用药的非理性增长和道德风险。

针对这个争议，《保险法司法解释（三）》第19条给出了最终意见：“保险合同约定按照基本医疗保险的标准核定医疗费用，保险人以被保险人的医疗支出超出基本医疗保险范围为由拒绝给付保险金的，人民法院不予支持；保险人有证据证明被保险人支出的费用超过基本医疗保险同类医疗费用标准，要求对超出部分拒绝给付保险金的，人民法院应予支持。”最高人民法院采用了折中主义的方式，既肯定了保险公司条款约定的法律效力，又对被保险人滥用权利，在自己的就诊治疗中，本来有医保用药可以替代的情况下，大量使用医保之外的自费药，导致治疗费用激增继而寻求保险理赔的行为予以反对。对超出基本医疗保险同类医疗费用标准的花费，保险公司有权拒绝理赔。

被保险人的医疗费用是否属于“超出基本医疗保险同类医疗费用标准”，应当由保险公司承担举证责任。根据《最高人民法院关于审理人身损害赔偿案件适用法律若干问题的解释》第6条第1款的规定：医疗费根据医疗机构出具的医药费、住院费等收款凭证，结合病历和诊断证明等相关证据确定。赔偿义务人对治疗的必要性和合理性有异议的，应当承担相应的举证责任。

随着人身保险行业竞争越来越激烈，更多的保险公司都已经在合同中通过限定额度或者限定比例，或者完全不区分自费药还是医保用药的方式，逐渐放开了对自费药报销的限制，对于消费者来说在购买健康保险时应当确认清楚这一问题。

四、关于定点医院的理赔问题

在人身保险合同中，保险公司为了控制风险，往往会在保险合同中约定被保险人必须到指定的医院就医，否则不予赔付。保险公司在保险合同中载明的定点医院，通常是病历管理规范的综合性医院，对待一些病历管理不规范的医院，保险公司通常不会与之合作，其目的就是防范保险欺诈。通过限定被保险人在定点医疗机构接受治疗，包括诊断、治疗、护理、用药等一系列环节的控制，保险公司可以将医疗保险中的道德风险降至最低。

如果当事人在医疗保险合同中约定了被保险人应当在指定的医疗机构接受诊疗服务，而被保险人却在其他医疗机构进行了诊断和治疗，保险公司能不能以此为由拒绝支付保险金？如果保险公司有权利拒绝支付，为了保护被保险人利益，有没有例外的情况？

最高人民法院首先肯定了定点医院的法律效力，原则上被保险人应当按照合同约定到定点医院就诊。《保险法司法解释(三)》第 20 条规定，保险人以被保险人未在保险合同约定的医疗服务机构接受治疗为由拒绝给付保险金的，人民法院应予支持，但被保险人因情况紧急必须立即就医的除外。同时规定了例外情况，那就是“情况紧急必须立即就医”的，可以不受定点医院的限制。实务中，被保险人需要自行证明“情况紧急必须立即就医”，通常就是填写非定点医院住院申请，保险公司一般情况下都会同意或者附条件同意，比如“紧急情况”消失后应当及时转移到定点医院，此时被保险人应当配合。否则保险公司不予理赔也就有了法律依据。

五、观察期内出险的保险理赔问题

准确地说本节讨论的问题是“观察期内发现了身体异常，在观察期过后才确诊”，这种情况下，该不该理赔的问题。

人身保险合同(特指健康保险或者人寿保险)属于典型的成立但不立即生效的合同。通常的合同一般都会有“自双方当事人签字后生效”的条文表述，此时只要双方在合同的甲乙双方处签字完成，就意味着合同不仅成立而且即时生效，双方都受到合同的拘束。人身保险合同则不同，投保人填写投保单提出投保申请，保险公司审核通过收取保费签发合同，则保险合同已经成立，但此时保险合同并不立即生效。实践中，部分不诚信投保人明知道将发生保险事故，而选择马上投保以获得保险金,这种行为严重影响了保险公司大数据精算的准确性,破坏了保险合同的合理对价原则,为过滤风险稳健经营,保护诚信消费者的合法权益,保险制度中引进了观察期的概念。

观察期又称等待期或免责期,是指保险合同在成立或者复效后,即使发生保险事故,被保险人或者受益人也不能获得保险赔偿的期间。为研究这个问题,笔者专门翻阅了一部分保险合同,还有在国内具有代表性的其他公司官方网站,根据保险条款找到了以下六家公司关于等待期理赔问题的表述:

公司一:在附加合同有效期内,被保险人因意外伤害事故或于附加合同持续有效90日(若附加合同中止后复效,则以最后复效日起持续有效90日为准)以后(不含当日)首次确诊患附加合同所述重大疾病(无论一种或多种),则我们给付等值于附加合同保险金额的重大疾病保险金,附加合同及主合同效力终止。

公司二:自合同生效起180日内(含180日当日),被保险人因意外伤害事故以外的原因发生保险事故的,我们不承担给付保险金的责任,我们退还所交保险费,合同终止。这180日的时间称为等待期;被保险人因意外伤害事故发生保险事故的,无等待期。

公司三:被保险人于合同生效(或合同效力恢复)之日起180日(含)内,因疾病原因由公司认可的医院的专科医生确诊初次发生合同所指的重大疾病(无论一种或多种),公司给付重大疾病保险金,其金额为该保险实际交纳的保险费的1.1倍,合同终止。

公司四:若被保险人于合同生效或最后一次复效之日起90日内(含第90日)因意外伤害以外的原因导致初次患合同所列的重大疾病的一种或多种,我们将按累计已交保险费给付重大疾病保险金,同时合同终止。

公司五:附加合同生效(或最终复效)之日起,被保险人首次发病并经医院确诊为附加合同约定的重大疾病,公司不承担保险责任,将退还所支付的附加合同的保险费,附加合同终止。这90日的时间称为等待期;被保险人因意外伤害发生上述情形的,无等待期。

公司六:合同生效日或合同中止后的最后复效日(以较迟者为准)起180日为等待期。等待期是指本合同生效后公司不承担保险责任的一段时间。发生以下情形之一时,公司不承担保险责任,但无息返还已交的保险费(不计利息),合同效力终止。

(1)等待期内被保险人经认可的医院确诊初次患上一种或多种合同所约

定的重大疾病；

（2）等待期内被保险人已经发生的疾病、症状或病理改变且延续到等待期以后经认可的医院确诊初次患上一种或多种合同所约定的重大疾病。因意外伤害导致的保险事故，不受上述时间的限制。

上述具体情况整理如下（见表 6-1）。

表 6-1　六公司关于等待期的具体规定

公司	等待期间/日	等待期条款关键词
公司一	90	首次确诊
公司二	180	发生
公司三	180	确诊初次发生
公司四	90	初次患
公司五	90	首次发病并经医院确诊
公司六	180	（1）等待期内确诊初次患上； （2）等待期内被保险人已经发生的疾病、症状或病理改变且延续到等待期以后经认可的医院确诊初次患上

但是，什么是“发生”，什么是“首次确诊”，什么是“确诊初次发生”？为什么会有如此复杂的规定？

其原因，以案例为据，如湖南省常德市中级人民法院民事判决书（2018）湘 07 民终 208 号中的保险纠纷。

基本案情：投保人曾某以自己为被保险人在某人寿保险公司购买重大疾病保险，保险合同成立的时间为 2016 年 7 月 7 日，等待期为 90 天，即自 2016 年 7 月 7 日起至 10 月 5 日止。曾某于 2016 年 9 月 30 日因身体不适进行检查，但就诊检查并未确诊其是否患有重度疾病。直至 2016 年 10 月 27 日，曾某通过手术对右乳肿块作病理切片时才确诊为右侧乳腺浸润癌。曾某认为，病情符合合同约定的理赔范围，要求保险公司承担赔偿保险金责任。2016 年 12 月 23 日，保险公司作出理赔决定通知书，以曾某的病情在条款约定的等待期为由，向曾某退还了 371.31 元的现金价值，终止了相关的保险责任。曾某不服，诉至法院。一审判决保险公司败诉，二审维持一审判决。

二审法院的判决理由如下：

首先，对于等待期中保险公司的免责事由，保险公司应当向曾某作出明确说明和解释，但保险公司仅就保险合同内容知道与否对曾某进行了一些概括性提问及让曾某在回执单上予以签名，而并未向曾某就相关条款具体内容作出明确说明和解释。

其次，曾某与保险公司签订的保险合同中保险责任部分约定有“等待期”及“重大疾病保险金”等，重大疾病保险金条款规定“被保险人经医院确诊初次发生重大疾病，其按照基本保险金额给付重大疾病保险金”。而该条款明确规定为“确诊”，曾某在2016年9月30日在医院门诊治疗检查，虽然该检查在合同等待期届满前，但曾某确诊为右侧乳腺浸润癌的时间为2016年10月27日，确诊时间已超过合同等待期。

最后，曾某在等待期内虽检查出右乳上象限偏内占有位、低声块影，但不足以认定曾某在等待期内已身患重大疾病或系导致重大疾病的相关疾病就诊，另外，该条款并未明确在等待期内诊断怀疑，而在等待期后确诊的重大疾病属于不承担保险责任之情形，对于采用保险人提供的格式条款订立的保险合同，保险人与投保人、被保险人或者受益人对合同条款有争议的，应当按照通常理解予以解释。对合同条款有两种以上解释的，人民法院应当作出有利于被保险人和受益人的解释。故该条款应作有利于曾某的解释。

综上所述，法院对保险公司应向曾某支付保险金的诉讼请求予以支持。

通过这个案例，我们会发现，除非投保时故意隐瞒自己的病情，否则根据一般的生活常识，通常都是先发现身体不适，然后经过大量的检查结果综合推定出最终的病症，也就是保险合同中所说的确诊。换句话说，就是病情通常“发生”在等待期内，“确诊”在等待期过后。如果保险合同中对于等待期的描述是“首次发生且确诊”或者直接描述成“确诊”，无异于强人所难，也给保险公司自己增加了很大的法律风险，因为此种不予理赔的约定超出了一般老百姓的认知范围，再加上是格式合同，所以不予理赔的决定通常很难得到法院支持。

那么如果合同对于等待期不予理赔的条款约定为“发生”或者“初次患”，是不是更好一些？非也！因为这会带来更大的一个问题：“发生”的意思是什么？是发现身体不适就算“发生”还是发现身体不适后再经确诊算“发生”？如果是前一种解释，无疑让保险公司的不理赔范围获得了更大的扩张，因为只要出现病症，无论什么时候确诊都可以不理赔！如果是后一种解释，就属于上一段探讨的问题了。所以，这两种表述不仅没有解决问题，反而带来了更大的不确定。

等待期的合同设计，本身是为了打击某些非善意客户的逆选择，规避道德风险。但在实务中，保险公司不能把等待期异化成一个规避责任承担的技术性手段，应当严格限定等待期内不理赔的解释范围，防止保险公司借助格式合同做扩大解释。

从笔者的诉讼实务经验看，等待期有存在的必要，但必须严格限定范围。比如约定为"等待期内首次发生且确诊"。也就是说，如果等待期内发现病症并在等待期内确诊为重大疾病，只有在这两个条件同时具备时才能认定是等待期内出险，可以不予理赔。在这个情形之外的其他情形都应当是给予理赔的。这既是保险合同公平正义的需要，也是民法诚实守信帝王条款的本意。

典型案例

☞ 案例1：被保险人投保时如实告知甲状腺结节，保险公司正常核保通过，合同成立半年后确诊甲状腺癌，是否能够获得理赔？

陆某芳与泰康人寿保险股份有限公司
上海分公司人寿保险合同纠纷案[1]

裁判要旨

被保险人投保前一年检查出右侧甲状腺结节，保险合同订立时，投保人已经主动告知了被保险人的体检信息，而保险公司由于自己的疏忽未核实，保险合同成立半年后被保险人确诊为右侧甲状腺癌，保险人仍应当承担保险责任。

原告(被上诉人)：陆某芳

被告(上诉人)：泰康人寿保险股份有限公司上海分公司(以下简称泰康保险公司)

基本案情

2014年6月27日，被告签发保险单，合同生效日为2014年6月28日，投

---

〔1〕参见上海市浦东新区人民法院(2015)浦民六(商)初字第6979号民事判决书；上海市第一中级人民法院(2015)沪一中民六(商)终字第605号民事判决书。

保人和被保险人均为原告，主险为泰康两全保险，附加重大疾病保险，保额20万元。2015年1月26日，原告在第二军医大学第二附属医院住院，诊断为右侧甲状腺癌。同年2月9日，原告向被告申请理赔。3月10日，被告发出理赔通知书，认为原告投保前已经患有右侧甲状腺结节，而在投保时未告知，严重影响被告承保决定，故终止保险合同并退还原告交纳的保费5060元。

另查明，个人寿险投保单“询问事项”第4项询问原告“是否在过去2年内做过以下一项或几项检查”原告勾选“是”；第7项询问原告“是否患有、被怀疑患有或接受治疗过以下一种或几种疾病，如甲状腺或甲状旁腺疾病等”，原告勾选“否”。在“备注及特别约定栏”载明“被保人备注：单位每年年检，指标正常。2013年10月26日体检医院：瑞慈张某”。2013年10月26日，上海瑞宁门诊部对原告出具的体检报告关于甲状腺外科检查中表述为“未见异常”，而在超声波诊断中载明“超声提示：甲状腺右叶结节。建议定期复查，外科随诊”。

原告陆某芳诉称：

原告于2014年6月向被告投保泰康全能保保障计划，该保险合同约定，在保险期内，如被保险人发生重大疾病，保险人应当支付理赔金人民币20万元。原告于2015年1月被确诊为甲状腺右侧癌，后于2015年2月向被告提出理赔申请。被告于2015年3月10日出具拒赔通知书。原告认为被告拒赔没有事实及法律依据，故诉至法院，请求：判令被告支付理赔金20万元。

被告泰康保险公司辩称：

被告不同意原告的诉讼请求，原告在投保时未如实告知重要事项，且这些事项直接导致了原告患有右侧甲状腺癌，因此被告最终根据保险合同约定，作出解除合同、全额退还保费的决定，并且已经退还原告全额保费。

上海市浦东新区人民法院一审经审理认为：

《保险法》规定投保人的如实告知义务不在于将收集风险评估有关的信息完全施加于投保人，而是让其协助保险人收集相关重要信息，以弥补信息的不对称。保险人仍应当承担信息收集和审查义务，该义务并不因投保人承担如实告知义务而免除。根据个人寿险投保单的备注栏，可知被告在与原告签订保险合同时，应当知道存在2013年10月26日的体检报告，被告作为谨慎的保险人，应当尽到一定的审查义务。

且被告在保单中设置对检查事项的询问，主要目的就是进一步核实投保人所作的陈述。体检报告外科检查与超声波检查两部分对“甲状腺”的结论表述不明确,原告在询问事项上的判断可能难以把握,若以外科检查为准,亦无法认定原告存在未如实告知的情况。同时,原告已经主动告知被告体检事宜,可见原告并无隐瞒之意,而被告疏于作出适当的核实,就作出承保决定,使原告产生合理期待。因此,被告不得解除合同,现在原告发生保险事故,被告应当承担给付保险金的责任。被告已经退还的保费 5060 元,应当予以扣除。

据此判决如下:被告泰康保险公司应于判决生效之日起 10 日内赔付原告陆某芳保险金 194,940 元。后被告提起上诉,二审法院经审理后判决驳回上诉,维持判决。

☞ 案例 2:保险公司在保险合同中单方面约定医疗费用仅报销剩余部分,此约定条款有无法律效力?

刘某民与中国平安人寿保险股份有限公司
即墨支公司意外伤害保险合同纠纷案[1]

裁判要旨

保险合同约定:保险公司对被保险人因意外伤害事故而实际支出的医疗费用给付意外伤害医疗费保险金,并且如果被保险人从其他医疗保险机构处取得补偿,保险公司仅给付剩余部分,此项约定有效。但保险公司主张自费药不予理赔和被保险人要求保险公司支付利息的主张能不能得到法院支持需要根据案件具体情况确定。

原告(上诉人):刘某民

被告(被上诉人):中国平安人寿保险股份有限公司即墨支公司(以下简称平安保险公司)

基本案情

2010 年 5 月 4 日,刘某民与平安保险公司签订保险合同约定:投保主险为平安终身寿险(万能型),保险金额为人民币 12 万元;附加一年期无忧意外险,保险金额为人民币 5 万元;无忧医疗险,保险金额为人民币 1 万元以及健享人

---

[1] 参见青岛市即墨区人民法院(2014)即商初字第 977 号民事判决书;青岛市中级人民法院(2014)青金终字第 406 号民事判决书。

生2份，每份给付限额为人民币3000元，并实行补偿原则。

2014年1月22日，刘某民因煤烟中毒在即墨市人民医院住院治疗17天，诊断为：一氧化碳中毒，住院医疗费为人民币11,360.18元，门诊花费人民币106.2元。即墨市农村合作管理中心已给原告报销人民币7112.38元，剩余医疗费人民币4354元（含门诊人民币106.2元），平安保险公司于2014年3月5日给刘某民出具了理赔决定通知书，平安保险公司赔付人民币2341.35元，剩余人民币2012.65元平安保险公司以扣除自费药为由未赔付。

原告刘某民诉称：

要求保险公司赔付医疗保险金人民币13,658.65元（其中给付意外伤害保险金人民币9920元，住院费用保险金人民币3738.65元）及利息损失。

被告辩称：

原告所投保的"平安附加无忧意外伤害医疗保险"和"平安附加健享人生住院费用医疗保险"属于费用补偿型医疗保险，应适用损失补偿原则。原告已从其他途径取得补偿，被告只需要在保险金额的限额内对剩余部分承担相应的保险责任。

即墨市人民法院一审经审理认为：

当事人双方签订的保险合同的内容未违反法律及行政法规的禁止性规定，合同合法有效。本案意外伤害医疗费保险合同保险人承担的给付责任，不是定额给付型，而是费用报销型，该意外伤害医疗保险合同的目的在于补偿被保险人因意外伤害而遭受的医疗费用的经济损失，这种损失的数额是确定的，不允许被保险人从中获利，应适用损失补偿原则。刘某民因意外中毒并住院治疗，花医疗费人民币11,466.38元，尽管其已从其他部门报销人民币7112.38元，但剩余的人民币4354元保险公司仍应在刘某民投保的保险金额限范围内予以赔付。

平安保险公司仅赔付了医疗费人民币2341.35元，剩余人民币2012.65元，平安保险公司辩称系自费药不予赔付，且仅在理赔决定通知书中对列出其不承担赔付的项目明细，并辩称属自费药部分，但未提交扣费依据，所以其辩称的自费药部分属证据不足，一审法院不予采纳。对于刘某民主张的利息损失，一审法院不予支持。刘某民要求平安保险公司赔付理赔款人民币2012.65元，事实清楚，证据充分，应予支持。超出部分，证据不足，不予支持。

一审法院判决：平安保险公司于判决生效后10日内赔付刘某民理赔款人

民币 2012.65 元。

一审宣判后,原告刘某民提起上诉。

青岛市中级人民法院二审经审理认为:

根据保险合同条款的约定,上诉人因本案保险事故而支付的医疗费用人民 11,466.38 元,扣除医疗保险报销的部分人民币 7112.38 元,剩余医疗费用人民币 4354 元,应当由被上诉人给付上诉人。被上诉人已经在约定的理赔期限内进行了理赔,不应当赔偿上诉人利息损失。综上所述,上诉人的上诉理由不成立,法院不予支持。一审判决认定事实清楚,适用法律正确,应予维持。

☞ 案例 3:保险合同中约定的非医保用药不予报销的条款,是否都是无效条款?

刘某涛诉中国人寿保险股份有限公司泰州市分公司意外伤害保险案[1]

裁判要旨

保险公司在保险责任中约定的按照"医保标准条款"进行理赔的条款,如果能够证明已经尽到提示和说明义务,则应属有效;对于不属于医保药品名录的人体器官源及其手术费,因违反等价支付和公平原则,保险公司有权拒绝理赔。

原告:刘某涛

被告:中国人寿保险股份有限公司泰州市分公司

基本案情

原告为恒联信息公司的员工。2016 年 7 月 15 日,恒联信息公司在被告处投保国寿绿洲团体意外伤害保险(A 型)(2013 年版)、国寿附加绿洲意外费用补偿团体医疗保险、国寿附加绿洲意外住院定额给付团体医疗保险。恒联信息公司依法足额交纳了保险费。2016 年 9 月 29 日,被告出具保险合同变动清单,增加被保险人刘某涛即本案原告。

2016 年 10 月 2 日,原告的左眼在工作期间遭受意外伤害。2016 年 10 月 11 日,原告因左眼视力下降到复旦大学附属眼耳鼻喉科医院就诊。

2016 年 10 月 19 日至 24 日,原告在复旦大学附属眼耳鼻喉科医院住院治

---

〔1〕 参见江苏省泰州市海陵区人民法院(2017)苏 1202 民初 1198 号民事判决书。

疗,其伤情被诊断为左眼角膜穿孔,次日,原告进行左眼角膜穿孔伤修补术。原告因治疗花去住院费用 8570.19 元,门诊费用 19,346.23 元,其中人体器官摘除、保存、运输、检验费 17,229.99 元。

原告诉称:

(1)依法判令被告立即支付原告保险金 28,716.49 元;(2)被告承担本案诉讼费。

被告辩称:

原告提交的门诊病历、出院记录均没有明确相关的首次就诊以及实际出险时间,其未能就实际发生事故时间提供有效的证明材料,也就不能证明是不是在保险期限内出险,故本次事故是否属于保险合同责任范围内发生的相关事故无法证明,更谈不上医疗费赔付多少的问题。退一步讲,如果原告能提供相关出险情况的证明以及首诊病历资料,确定在保险期限内出险,也应该按照保险合同约定的医疗赔付责任和计算方法进行理赔审定。

本案的争议焦点为:(1)保险责任中约定的"医保标准条款"是否属于无效条款;(2)不属于医保药品名录的人体器官源及其手术费应否赔付。

本院认为,保险合同应符合对价平衡原则,即保险人与投保人之间互负债务,互为对价,保险费应客观上等于保险人承担危险所需之对价。本案中,被告与恒联信息公司成立团体意外伤害保险关系,附加意外费用补偿团体医疗保险,该费用补偿型医疗保险约定保险人的保险责任限定在被保险人实际支出的符合当地社会基本医疗保险支付范围的医疗费用,结合该种保险的保险费理算需要考虑被保险人社会医疗保险情况,以及被告提交的团体保险投保单中对被告现任医保情况核实为"无"的事实,表明被告应承担的保险责任与其收取的保费相平衡,并未免除保险人依法应承担的保险义务,故对原告认为该条款为无效条款的主张,法院不予支持。现原告作为被保险人要求被告承担保险责任,应当尊重保险条款关于保险责任的约定,即在当地社会基本医疗保险支付范围内核定原告的医疗费。

根据《保险法司法解释(三)》第 19 条的规定,保险人主张被保险人支出的费用超过基本医疗保险同类医疗费用标准,但不能提供相关证据证明的,由保险人承担不利的法律后果。本案中,第一,因医保药品名录中并无器官源及其手术费用的相关项目,即眼角膜及眼角膜修补手术费在医保范围内无同种类或同功能可使用的药品替代,故可免除保险人的举证责任,对被告拒绝赔付人体器官摘除、保存、运输、检验费17,229.99元的主张,法院予以支持。第二,对于原告发生的其他医疗费用10,686.43元,有门诊病历、住院费用明细分类账单等予以佐证,现被告认为医保范围内的费用为9508.49元,拒绝支付超过的部分1177.94元,其仅提供核算的费用明细清单,并未举证证明医疗费中的哪些药品系非医保用药,以及非医保用药如何按照基本医疗保险范围内的同类医疗费用标准赔付,故对被告拒绝支付1177.94元的主张,法院不予支持。根据特别约定,扣除免赔额100元后,余额10,586.43元按赔付比例90%计算为9527.79元。第三,至于原告主张的配镜费300元,因不属于医疗费范围,故法院不予认定。综上所述,被告应在费用补偿医疗保险金额内给付原告9527.79元,在定额给付医疗保险金额内给付原告500元,合计10,027.79元。

江苏省泰州市海陵区人民法院依据《保险法》第2条、第10条、第14条、第23条,《保险法司法解释(三)》第19条的规定,判决如下:(1)被告中国人寿保险股份有限公司泰州市分公司于判决生效之日起10日内给付原告刘某涛保险理赔款10,027.79元;(2)驳回原告刘某涛的其他诉讼请求。

法官后语(江苏省泰州市海陵区人民法院　严丽娟)

本案争议焦点主要有以下两个方面。

1. 保险责任中约定的"医保标准条款"是否属于无效条款

在人身保险合同和责任保险合同中,往往存在诸如"保险人按照国家基本医疗保险的标准核定医疗费用的赔偿金额"的保险条款,实务中一般简称为"医保标准条款"。因医保标准条款对保险公司在赔偿限额内的责任进行了限定,即保险公司对国家基本医疗保险标准以外的医疗费用不予赔付,故该条款符合免责条款的特征。既然属于责任免除条款,那么应按照《保险法》第17条第2款的规定由保险人尽提示和明确说明义务。本案中,因该条款设置在保险责任的约定内,对于保险责任的约定应尊重双方在订立保险合同时的真实意思表示,且结合《保险法司法解释(三)》第18条关于由保险人举证保险费率的理算是否已扣除公费医疗部分的规定,被告保险人提供费率理算表及已确认被保险人不享受社会医疗保险的投保单,以证实其在承保时收取的保费已经区分被保险人是否拥有社会医疗保险的不同情况,在保险条款、费率及赔付金额等方面予以区别对待,符合对价平衡原则。同时,保险人对该免责条款虽未通过加黑、加粗或单独提醒的方式进行提示,但其所举"投保人及被保险人声明"可以确认其对免责条款已尽明确说明义务，因明确说明义务大于提示，则应当视为其已尽提示义务。综上所述，本案中的“医保标准条款”对被保险人生效。

2. 不属于医保药品名录的人体器官源及其手术费应否赔付

原告因意外事故导致左眼角膜穿孔，其进行眼角膜移植的手术费为17,229.99元。依据《保险法司法解释（三）》第19条的规定，保险人需要举证证明被保险人支出的费用超过基本医疗保险同类医疗费用标准，则对其主张拒绝给付超出部分的保险金应予支持。因人体器官源及其手术费用不属于医保药品名录，即无医保范围内的药品进行替代，而该费用却属于原告治疗必须产生的损失，故是否应当适用公平原则由保险人承担赔偿责任成为本案的关键。首先，人体器官源及其手术费因人体器官的稀缺性等特征而普遍较昂贵，适用公平原则要求保险人承担赔付义务，会使保险人所要承担的风险处于不确定状态，同时打破了保险人将来给付的保险赔偿金与投保人在投保时支付对价之间的平衡，违反对价平衡原则。其次，《保险法司法解释（三）》第19条基于的合理期待是被保险人的一般合理期待，投保人在为被保险人购买案涉保险时，系为了填补因伤害产生的医疗费损失，其目的是作为社会基本医疗保险的替代品，因此被保险人的一般合理期待即应在社会基本医疗保险标准内，而人体器官源及其手术费不在医保药品名录内，则要求保险人支付该部分费用不仅不符合保险人的合理期待，亦超过了被保险人的一般期待，容易引发道德风险。综上所述，人体器官源及其手术费因在医保范围内无同种类或同功能可使用的药品替代，不属于医保标准内的费用，保险人可拒绝支付该部分保险金。

☞ 案例4：被保险人观察期内发现健康异常并积极开展治疗，观察期过后确诊重大疾病，能否得到保险理赔？

闫某环诉中国平安人寿保险股份有限公司
北京分公司人身保险合同案〔1〕

裁判要旨

保险合同关于观察期（又称等待期）的约定属于一般格式条款，不属于责

〔1〕 参见北京铁路运输法院（2017）京7101民初948号民事判决书。

任免除条款。被保险人观察期内发现身体异常，积极开展治疗，观察期过后确诊，保险公司应当赔付。

原告：闫某环

被告：中国平安人寿保险股份有限公司北京分公司（以下简称平安保险公司）

基本案情

2017 年 3 月 8 日，闫某环作为投保人以其本人为被保险人向平安保险公司投保了主险及平安福重疾 16 在内的附加险。平安保险公司同意承保并签发了保险单及保险条款，平安福重疾 16 的保险期间为终身，保险金额为 15 万元，平安保险公司承保的重大疾病包括恶性肿瘤。《平安附加平安福提前给付重大疾病保险（2016）条款》第 1.1 条约定：从本附加险合同生效（或最后复效）之日起 90 日内，被保险人首次发病并经医院确诊为本附加险合同约定的“重大疾病”或“特定轻度重疾”，我们不承担保险责任，退还本附加险合同的现金价值，本附加险合同终止。这 90 日的时间称为等待期。闫某环认可收到了上述保险条款。

2017 年 4 月 21 日，闫某环参加单位组织的体检，北京市大兴区人民医院体检中心出具的体检报告记载总检结论与建议：“……三、左乳外侧导管局限性增宽，约 9.7mm×2.7mm。四、右乳结节。BI-RADS：3 级。建议进一步检查。”2017 年 5 月 18 日至 26 日，闫某环在北京市大兴区人民医院住院治疗。2017 年 5 月 26 日，北京市大兴区人民医院出具诊断：“1. 乳腺肿物（右侧）：乳腺癌？乳腺纤维腺瘤？乳腺增生？2. 乳腺良性肿瘤（左侧）3. 双乳增生。”2017 年 6 月 27 日，北京市大兴区人民医院将闫某环的病理会诊报告单送检至北京协和医院。2017 年 6 月 30 日，北京协和医院出具证明书记载诊断及建议：右侧实性乳头状癌。

闫某环随后向保险公司提出理赔。2017 年 7 月 26 日，保险公司向闫某环出具拒绝理赔决定通知书，认为本次事故属于保险合同中约定的等待期情形，故不予支付重疾保险金，退还现金价值 245.8 元。

原北京铁路运输法院经审理认为：

案件的争议焦点为：（1）保险合同中等待期条款的效力如何认定；（2）被保险人所患疾病是否发生在等待期内，保险公司是否应当承担赔偿保险金的责任。

闫某环与保险公司签订的保险合同合法有效。《保险法》第14条规定，保险合同成立后，投保人按照约定交付保险费，保险人按照约定的时间开始承担保险责任。根据上述规定，当事人可以约定保险责任的开始时间，即保险责任的开始时间可以约定在保险合同成立后的某一时刻。本案中，《平安附加平安福提前给付重大疾病保险(2016)条款》第1.1条约定“附加险合同生效(或最后复效)之日起90日”为等待期，故保险责任的开始时间为附加险合同生效(或最后复效)之日起的第91日。上述等待期条款是保险公司提供的格式条款，但并未不合理地扩大投保人、被保险人的义务或限制保险公司应承担的保险责任，不属于免责条款。闫某环认可收到保险条款，等待期条款即对其发生法律效力。

依法成立的合同，自成立时生效。本案保险合同的生效日期为2017年3月8日，等待期为合同生效之日起90日内。2017年5月26日，北京市大兴区人民医院对闫某环乳腺肿物(右侧)的诊断列明了三项，其中乳腺癌、乳腺纤维腺瘤、乳腺增生的诊断后面均附有问号的标点符号，均非最终确诊。2017年6月30日，闫某环被北京协和医院确诊患有右侧实性乳头状癌，是在合同生效之日起的90日后，非等待期内，属于保险合同约定承担保险责任的期间。因右侧实性乳头状癌属于恶性肿瘤，即保险公司所保障的重大疾病之一，且闫某环首次发病并经医院确诊是在等待期后发生，故保险公司应按照基本保险金额给付闫某环重大疾病保险金15万元。

综上所述，依照《保险法》第2条、第14条之规定，判决如下：被告平安保险公司于判决生效之日起10日内支付原告闫某环保险金15万元。

法官后语(原北京铁路运输法院　刘慧超)

司法实践中，法院认定保险合同中等待期条款是否有效，应结合保险条款的内容及编排方式，区分等待期条款属于一般格式条款还是免责条款。依据法律规定，采用保险人提供的格式条款订立保险合同的，保险人向投保人提供的投保单应当附格式条款，保险人应当向投保人说明合同的内容，并应当遵循公平原则来确定双方之间的权利和义务，如果保险人利用格式条款排除了投保人或被保险人的重要权利或者免除自己的主要义务，则该条款将被认定为无效。免责条款是保险人为减轻或免除其责任而制定的条款，免责条款的效力取决于保险公司是否依据法律规定履行了特别提示和说明义务。本案中，《平安附加平安福提前给付重大疾病保险（2016）条款》第 1.1 条约定“附加险合同生效（或最后复效）之日起 90 日”为等待期，即当事人就保险责任的开始时间与保险合同的生效时间约定不一致，属于当事人的意思自治，并未限制或者免除保险公司应承担的保险责任，不属于免责条款，保险公司无须履行特别的提示说明义务，闫某环收到保险条款即对其发生法律效力。因闫某环首次发病并经医院确诊是在等待期后发生，故保险公司应当承担赔偿保险金的责任。

本案裁判结果给我们以下启示：作为投保人，在投保重疾险时一定要详细了解保险合同的内容，特别是留意保险合同中是否约定了等待期条款。有些疾病从发现异常、检查到确诊需要很长的时间，投保人应注意区分等待期条款约定的不同患病情形，如约定等待期确诊轻症、确诊重疾或是有相关疾病就诊的事实，在充分明知的前提下，再在保险合同上签字。作为保险公司，应当完善相应的告知手续，若格式合同中涉及等待期条款，需要举证证明被保险人患病属于等待期约定的情形，为其拒赔提供合理依据。

第六节　人身保险合同中道德风险的防范问题

保险中的道德风险，是指被保险人或受益人因知道有保险合同上规定的赔偿或给付利益可图而故意违反道德规范，甚至故意犯罪，而引发扩大或漠视保险事故的行为所引起的风险。[1]

道德风险的存在不仅践踏社会基本道德规范破坏社会正常秩序，而且通过人为制造风险的方式打破了自然风险的不可知性，导致基于自然风险基础上的精算数据偏差，严重影响保险行业健康发展。一部人身保险行业的发展历史也是一个打击道德风险维护“公益”与保护善意保险合同相对人的“私益”相结合的历史。

法条汇编

《刑法》（2024 年 3 月 1 日）

第一百九十八条　有下列情形之一，进行保险诈骗活动，数额较大的，处五

[1] 参见何国华、肖兰华：《保险中的道德风险及其防范》，载《武汉大学学报（哲学社会科学版）》2007 年第 2 期。

年以下有期徒刑或者拘役,并处一万元以上十万元以下罚金;数额巨大或者有其他严重情节的,处五年以上十年以下有期徒刑,并处二万元以上二十万元以下罚金;数额特别巨大或者有其他特别严重情节的,处十年以上有期徒刑,并处二万元以上二十万元以下罚金或者没收财产:

(一)投保人故意虚构保险标的,骗取保险金的;

(二)投保人、被保险人或者受益人对发生的保险事故编造虚假的原因或者夸大损失的程度,骗取保险金的;

(三)投保人、被保险人或者受益人编造未曾发生的保险事故,骗取保险金的;

(四)投保人、被保险人故意造成财产损失的保险事故,骗取保险金的;

(五)投保人、受益人故意造成被保险人死亡、伤残或者疾病,骗取保险金的。

有前款第四项、第五项所列行为,同时构成其他犯罪的,依照数罪并罚的规定处罚。

单位犯第一款罪的,对单位判处罚金,并对其直接负责的主管人员和其他直接责任人员,处五年以下有期徒刑或者拘役;数额巨大或者有其他严重情节的,处五年以上十年以下有期徒刑;数额特别巨大或者有其他特别严重情节的,处十年以上有期徒刑。

保险事故的鉴定人、证明人、财产评估人故意提供虚假的证明文件,为他人诈骗提供条件的,以保险诈骗的共犯论处。

《保险法》(2015年4月24日)

第二十七条　未发生保险事故,被保险人或者受益人谎称发生了保险事故,向保险人提出赔偿或者给付保险金请求的,保险人有权解除合同,并不退还保险费。

投保人、被保险人故意制造保险事故的,保险人有权解除合同,不承担赔偿或者给付保险金的责任;除本法第四十三条规定外,不退还保险费。

保险事故发生后,投保人、被保险人或者受益人以伪造、变造的有关证明、资料或者其他证据,编造虚假的事故原因或者夸大损失程度的,保险人对其虚报的部分不承担赔偿或者给付保险金的责任。

投保人、被保险人或者受益人有前三款规定行为之一,致使保险人支付保险金或者支出费用的，应当退回或者赔偿。

第三十三条　投保人不得为无民事行为能力人投保以死亡为给付保险金条件的人身保险，保险人也不得承保。

父母为其未成年子女投保的人身保险，不受前款规定限制。但是，因被保险人死亡给付的保险金总和不得超过国务院保险监督管理机构规定的限额。

第三十四条　以死亡为给付保险金条件的合同，未经被保险人同意并认可保险金额的，合同无效。

按照以死亡为给付保险金条件的合同所签发的保险单，未经被保险人书面同意，不得转让或者质押。

父母为其未成年子女投保的人身保险，不受本条第一款规定限制。

第四十三条　投保人故意造成被保险人死亡、伤残或者疾病的，保险人不承担给付保险金的责任。投保人已交足二年以上保险费的，保险人应当按照合同约定向其他权利人退还保险单的现金价值。

受益人故意造成被保险人死亡、伤残、疾病的，或者故意杀害被保险人未遂的，该受益人丧失受益权。

第一百七十四条　投保人、被保险人或者受益人有下列行为之一，进行保险诈骗活动，尚不构成犯罪的，依法给予行政处罚：

（一）投保人故意虚构保险标的，骗取保险金的；

（二）编造未曾发生的保险事故，或者编造虚假的事故原因或者夸大损失程度，骗取保险金的；

（三）故意造成保险事故，骗取保险金的。

保险事故的鉴定人、评估人、证明人故意提供虚假的证明文件，为投保人、被保险人或者受益人进行保险诈骗提供条件的，依照前款规定给予处罚。

《保险法司法解释（三）》（2021 年 1 月 1 日）

第一条　当事人订立以死亡为给付保险金条件的合同，根据保险法第三十四条的规定，“被保险人同意并认可保险金额”可以采取书面形式、口头形式或者其他形式；可以在合同订立时作出，也可以在合同订立后追认。

有下列情形之一的，应认定为被保险人同意投保人为其订立保险合同并认可保险金额：

（一）被保险人明知他人代其签名同意而未表示异议的；

(二)被保险人同意投保人指定的受益人的;

(三)有证据足以认定被保险人同意投保人为其投保的其他情形。

第二条 被保险人以书面形式通知保险人和投保人撤销其依据保险法第三十四条第一款规定所作出的同意意思表示的,可认定为保险合同解除。

第六条 未成年人父母之外的其他履行监护职责的人为未成年人订立以死亡为给付保险金条件的合同,当事人主张参照保险法第三十三条第二款、第三十四条第三款的规定认定该合同有效的,人民法院不予支持,但经未成年人父母同意的除外。

第十六条 人身保险合同解除时,投保人与被保险人、受益人为不同主体,被保险人或者受益人要求退还保险单的现金价值的,人民法院不予支持,但保险合同另有约定的除外。

投保人故意造成被保险人死亡、伤残或者疾病,保险人依照保险法第四十三条规定退还保险单的现金价值的,其他权利人按照被保险人、被保险人的继承人的顺序确定。

法条解读

自人寿保险制度诞生以来,保险公司通过收取保费建立基金、管理风险支付保险赔偿的方式,为每一个弱小的个人或者家庭提供了风险保障和资金支持,即使家庭成员中有人不幸伤残、疾病或者死亡,他们的亲人可以从保险公司获得及时的资金救助,不需要低三下四哀求社会的捐助,也不会因为巨额花费而使家庭陷入困境。人寿保险制度既维护了做人的尊严,又保护了社会的弱小;保险公司既实现了自身的商业价值也体现了巨大的社会价值,所以人寿保险制度是任何一个成熟市场经济体系中不可分割的组成部分,一个市场经济体越发达,人寿保险的发展也就越成熟。

然而,基于人性中长期存在的不可根除的恶的意念,道德风险与人寿保险相生相伴,长期共存。道德风险只能通过制度设计事先预防或者事后惩罚,但难以根除,在财产保险和人寿保险中均有可能发生。具体到人寿保险而言,道德风险是指投保人、被保险人或者受益人为诈取保险赔偿而违反法律规定或合同约定,故意制造或者扩大保险事故的危险。

人们为了防范道德风险给人寿保险制度的健康发展带来的不利影响,企图用保险利益这一根本原则的至高地位来抵御道德风险对人寿保险制度的破坏。历经几百年的历史演变，如今保险利益原则仍然是防范道德风险的“不二法宝”。在保险利益的原则之下，人们又创造出更多新的防范道德风险的具体方法，比如《保险法》第 34 条第 1 款规定，“以死亡为给付保险金条件的合同，未经被保险人同意并认可保险金额的，合同无效”；《保险法》第 33 条规定：“投保人不得为无民事行为能力人投保以死亡为给付保险金条件的人身保险，保险人也不得承保。”

保险利益原则只能作为道德风险的事先预防措施，在保险利益原则一章有详细阐述，此处不再赘述。这里我们重点讨论：在投保人、被保险人、受益人故意对被保险人造成伤害引发道德风险的情形下，《保险法》该如何事后打击这种行为。

2018 年 10 月底，天津人张某带妻子去泰国普吉岛旅游，在一家私密性极强的别墅酒店内将妻子残忍杀害，后伪造现场向岳父母谎称妻子溺亡。尸检报告显示：死者生前遭受了严重的暴力伤害，导致多处外伤，肋骨骨折、肝脏撕裂。张某在向岳父母报告妻子死讯时声称：他已经买了 1700 万元的保险，可以拿这个钱抚养孩子。事后查明：2018 年 6 月开始，张某在几个月的时间里，陆续为妻子在多家寿险公司购买了十几份人寿保险，保险金额接近 3000 万元，投保人和受益人都是张某，被保险人都是妻子。

这就是震惊全国的“天津杀妻骗保案”。消息一出，举国哗然，无数情绪激动的人将这一罪恶的帮凶算在了保险公司头上，认为正是因为保险制度的存在，让张某这样的不法之徒找到了通过故意制造保险事故引发伦理悲剧进而获利的机会。事实并非如此，为了防范因为保险制度而引发的道德风险，我国在保险方面的制度设计和法律修订上不可谓不精密。再好的制度设计也无法完全消灭人性中难以抑制的恶。我们需要做的就是：第一，防止它落入坏人手里；第二，即使真的落到了坏人手里，坏人基于无利可图和畏惧法律的制裁而选择放弃犯罪。

一、被保险人自杀时的道德风险防范

《保险法》第 44 条第 1 款规定：“以被保险人死亡为给付保险金条件的合同，自合同成立或者合同效力恢复之日起二年内，被保险人自杀的，保险人不承担给付保险金的责任，但被保险人自杀时为无民事行为能力人的除外。”

在保险实务中，保险公司在接受投保时通常是无法辨认出被保险人有无自杀倾向的。为防止被保险人通过自杀使受益人提前获得保险金引发道德风险，保险法采用了国外成熟的制度设计，即两年的风险隔离期。心理学知识告诉我们，一个有自杀倾向的人是不会等待两年以上再去采取行动的，也不会愿意交纳两年保费以后再去自杀。如果一个有行为能力的被保险人在保险合同成立两年内自杀，则属于故意制造保险事故，违背了保险合同是“射幸合同”的基本理论，所以不应当获得保险金（可以退还现金价值）。但如果被保险人自杀时属于无民事行为能力人，则其无论是在合同成立两年内还是两年之外自杀，其受益人都应当获得保险金理赔。

二、投保人和被保险人不同属一人，投保人故意造成被保险人死亡、伤残或者疾病的道德风险防范

《保险法》第 43 条规定了投保人和受益人分别针对被保险人制造保险事故的法律后果。

1. 投保人故意杀害被保险人，投保人同时也是受益人的情形

这种情形下，即使之前保险合同是合法成立的，那么保险公司也是不会给付保险金的，因为这种情况下法律规定保险公司具有法定免赔权。无论其是否在保险合同中写明，都是有效的。樊启荣教授认为：“以他人生命或身体为自己利益之保险，投保人滋生道德风险的概率要高于其他情形的保险，如果保险人仍给付保险金的话，则可能助长不肖之徒重金收买被保险人同意其为他投保，这无异于收买生命！”[1]投保人以他人生命或身体投保且指定自己为唯一受益人之情形一般具有严重骗保倾向，所以保险公司因投保人的故意致害行为应该完全免责。

因此，当投保人同时也是唯一受益人，故意杀害被保险人企图获得保险受益金时，我们必须明确地依据法律告诉他们：这种行为同时触犯了《保险法》第 43 条的第 1 款和第 2 款：作为投保人，其合同成立两年内杀害被保险人将导致保险公司不予理赔且不退还保费的后果；超过两年杀害被保险人同样不予理赔但是可以向其他权利人退还现金价值。作为受益人，他的行为将使其丧失受益权。不仅无利可图而且要面临刑事处罚。

---

〔1〕 樊启荣：《保险法诸问题与新展望》，北京大学出版社 2015 年版，第 414 页。

2. 投保人故意杀害被保险人,同时投保人不是受益人或者仅是受益人之一的情形

在这个问题上,《保险法》第 43 条第 1 款的立法弊端就显现了出来。

案例一:丈夫甲做投保人给妻子乙(被保险人)投保终身寿险一份,受益人是两人的婚生儿子丙。在甲乙发生矛盾,甲失手杀害乙,甲不构成故意杀人罪的情形下,就不适用《保险法》第 43 条第 1 款,保险公司依然应当向受益人丙支付保险金。

案例二:假如丈夫甲是故意杀害了妻子乙,构成了故意杀人罪,则按照《保险法》第 43 条第 1 款,由于投保人故意杀害被保险人,因此无论受益人是谁,对保险公司来说都属于法定免赔事由。这样的规定显然损害了受益人合法的保险金期待权。因为对被保险人而言,让谁做自己的受益人,既是法律赋予自己的权利,也是给自己在人世间最牵挂的人留下的最后一笔财富,所以务必会慎之又慎。在投保人不是受益人的情况下,投保人杀害被保险人不仅会让自己徒增刑事处罚,而且无利可得。即使自己是部分受益人,一旦杀害被保险人也将使自己丧失受益权,仍然是一无所获。

所以,《保险法》第 43 条第 1 款对投保人故意杀害被保险人就赋予保险公司法定免赔的权利的规定存在法律漏洞。这样的规定,不仅伤害了合法受益人的保险金期待权,也使遭受飞来横祸的被保险人最后的愿望落空,这样的立法不仅不能阻止道德风险的发生,还剥夺了受益人的合法受益权,引发新的道德困境。故笔者建议对《保险法》第 43 条第 1 款进行修改,保留第 2 款。

具体修改意见为:(1)投保人为被保险人投保,受益人为投保人时,如果投保人故意导致被保险人死亡,则保险公司不承担给付保险金责任;(2)投保人为被保险人投保,受益人是投保人之外的第三人时,如果投保人故意导致被保险人死亡,则保险公司应当向受益人给付保险金。

实务中还有一个问题需要回答,如果投保人故意造成被保险人伤亡,导致保险公司行使法定免赔权的情况下,保单现金价值该何去何从?按照《保险法》第 43 条第 1 款的规定,投保人交足两年以上保费的,保险人应当按照合同约定向"其他权利人"返还保险单的现金价值。此处的"其他权利人"是哪些人?《保险法司法解释(三)》第 16 条第 2 款给出了明确范围:"其他权利人"按照被保险人、被保险人的继承人的顺序确定。也就是说,如果被保险人只是受伤并未身故,则现金价值归被保险人自己所有。如果被保险人已经身故,则现

金价值归被保险人的继承人来继承。

三、以死亡为给付条件的保险，受益人伤害被保险人的道德风险防范

抛开被保险人和受益人之间的信任和亲情关系，如果被保险人死亡，客观上最大的获益者将是受益人，因为此时受益人的保险金期待权就变成了现实的请求权，故从动机上分析受益人对被保险人故意制造保险事故的可能性更大。为防范这一风险，《保险法》第 43 条第 2 款规定：受益人故意造成被保险人死亡、伤残、疾病的，或者故意杀害被保险人未遂的，该受益人丧失受益权。也就是说，只要受益人对被保险人有故意伤害行为，无论是既遂还是未遂，都将丧失受益权。立法的本意是从根本上断绝受益人通过犯罪获益的可能，根除引发道德风险的土壤。

受益人故意实施犯罪导致被保险人死亡，在不触发《保险法》第 43 条第 1 款的情况下，保险公司依然需要支付保险金。但由于受益人丧失了受益权，所以在受益人是唯一的情况下，启动《保险法》第 42 条第 1 款第 3 项：受益人依法丧失受益权的，保险金作为被保险人的遗产，由保险人依据《继承法》（现应为《民法典》继承编）的规定履行给付保险金的义务。如果受益人不是唯一的，则该受益人丧失他应有的受益份额，他的受益份额将由其他受益人按照《保险法司法解释（三）》第 12 条之规定进行分配。

典型案例

☞ 案例 1：受益人以骗取保险金为目的，故意杀害被保险人，应受到怎样的刑事处罚？

最高人民法院栾某保故意杀人、保险诈骗死刑复核裁定书[1]

裁判要旨

栾某保为达到骗取保险金之目的，不惜杀妻弑母，犯罪动机特别卑劣，手段

---

〔1〕 参见吉林省松原市中级人民法院（2016）吉 07 刑初 3 号刑事判决书；吉林省高级人民法院（2016）吉刑终 220 号刑事裁定书。

极其残忍，其行为同时构成故意杀人罪和保险诈骗罪，依法应当处以极刑。

基本案情

吉林省松原市中级人民法院审理松原市人民检察院指控被告人栾某保犯故意杀人罪、保险诈骗罪一案，于2016年6月14日以（2016）吉07刑初3号刑事判决，认定被告人栾某保犯故意杀人罪，判处死刑，剥夺政治权利终身；犯保险诈骗罪，判处有期徒刑7年6个月，并处罚金人民币20万元，决定执行死刑，剥夺政治权利终身，并处罚金人民币20万元。宣判后，栾某保提出上诉。吉林省高级人民法院经依法开庭审理，于2016年12月23日以（2016）吉刑终220号刑事裁定，驳回上诉，维持原判，并依法报请最高人民法院核准。最高人民法院依法组成合议庭，对本案进行了复核，依法讯问了被告人。现已复核终结。

经复核确认：

（1）2010年8月10日，被告人栾某保的父亲栾某甲在新华人寿保险股份有限公司为妻子李某某（被害人，殁年55岁）购买了一份"吉星高照A款两全保险"，投保人和受益人均为栾某甲。2014年7月，栾某甲因病去世。2015年3月，李某某因病在吉林省乾安县中医院住院医治。在此期间，栾某保产生杀害母亲李某某骗取保险金的想法。2015年3月24日7时许，栾某保将事先购买的农药"克百威"（化学成分名称"呋喃丹"）投放到李某某食用的粥内，致李某某食用后中毒在医院身亡。2015年4月7日，栾某保以继承人的身份，从新华人寿保险股份有限公司骗取李某某身故保险理赔金人民币102,856.36元。此款被栾某保挥霍。

（2）栾某保因与妻子于某甲（被害人，殁年35岁）感情不和，继而产生杀害于某甲后骗取保险金的想法。2015年4月10日、14日，栾某保在中国人民人寿保险股份有限公司为于某甲购买了"百万身价"和"无忧一生"两份保险，投保人和受益人均为栾某保。2015年4月27日至8月18日，栾某保在其租住的家中，用购买的农药"克百威"（化学成分名称"呋喃丹"）先后三次投放到于某甲食用的食物和药物中，前两次因抢救及时和被人发现而未得逞，栾某保第三次投毒后，即2015年8月18日，致于某甲中毒死亡。2015年8月25日，栾某保以保险受益人的身份向中国人民人寿保险股份有限公司申请于某甲身故保险理赔金人民币40万元，在理赔过程中因公安机关介入而未得逞。

最高人民法院经复核认为：

被告人栾某保故意非法剥夺他人生命，其行为已构成故意杀人罪；栾某保以非法获取保险金为目的，采用杀害被保险人的方法向保险公司骗取保险金，数额较大，其行为又构成保险诈骗罪，应依法数罪并罚。栾某保为骗取保险金杀妻弑母，犯罪动机特别卑劣，手段残忍，所犯故意杀人罪后果和罪行均极其严重，应依法惩处。第一审判决、第二审裁定认定的事实清楚，证据确实、充分，定罪准确，量刑适当，审判程序合法。依照《刑事诉讼法》第 235 条、第 239 条和《最高人民法院关于适用〈中华人民共和国刑事诉讼法〉的解释》第 350 条第 1 项的规定，裁定如下：

核准吉林省高级人民法院(2016)吉刑终 220 号维持第一审对被告人栾某保以故意杀人罪判处死刑，剥夺政治权利终身；以保险诈骗罪判处有期徒刑 7 年 6 个月，并处罚金人民币 20 万元，决定执行死刑，剥夺政治权利终身，并处罚金人民币 20 万元的刑事裁定。

☞ 案例 2：唯一受益人杀害被保险人后，保险金该如何分配？

陈某福、廖某华等与史带财产保险股份有限公司
人身保险合同纠纷案[1]

裁判要旨

本案中投保人和被保险人均系廖某仙，李某作为受益人故意造成被保险人廖某仙死亡，故丧失受益权。根据《保险法》第 42 条的规定，被保险人死亡后，受益人依法丧失受益权，没有其他受益人的，保险金作为被保险人的遗产，由保险人依照《继承法》的规定履行给付保险金的义务。

原告：陈某福、廖某华、李某林

被告：史带财产保险股份有限公司

基本案情

2013 年 3 月 9 日，廖某仙购买"中民百万金领意外保障"保险产品。载明：投保人和被保险人廖某仙，身故保险金受益人为法定受益人，生效日 2013 年 3 月 10 日，保险期限 1 年，保险项目包括意外身故、残疾(保险金额 300 万元)及其他项目，保费 1988 元。

---

[1] 参见上海市浦东新区人民法院(2016)沪 0115 民初 51739 号民事判决书。

审理中,被告确认:(1)涉案保单的受益人已由法定变更为李某。(2)根据规定,涉案保险为短期网络销售保险,不需要电话回访被保险人,因此投保时没有对廖某仙进行回访。(3)被告的客服在收到被保险人签名为廖某仙的变更申请表后,向其打过电话核实情况,廖某仙确认同意变更受益人为其丈夫,被告在系统里做了相应变更,并将变更受益人的批单发送给廖某仙,并电话通知了她。

另查明,2014 年 1 月 17 日,江苏省常州市中级人民法院出具(2013)常刑初字第 40 号刑事判决书载明:被告人李某因无力偿还债务等原因,遂产生寻找结婚对象,制造保险事故进而实施保险诈骗之念。2013 年 2 月,被告人李某与被害人廖某仙相识,并于 2013 年 3 月 5 日登记结婚。3 月 8 日,李某购买了平安人寿保险公司的保额为 100 万元的意外保险(被保险人为廖某仙,受益人为李某),3 月 9 日又购买了被告公司的保额为 300 万元的意外保险(被保险人为廖某仙,受益人原为法定受益人,后经李某申请变更为自己)。为制造保险事故,李某指使被告人周某伟于 2013 年 5 月 9 日杀害廖某仙……判决如下:被告人李某犯故意杀人罪,判处死刑,剥夺政治权利终身;犯保险诈骗罪(未遂),判处有期徒刑 8 年,并处罚金人民币 5 万元,决定执行死刑,剥夺政治权利终身,并处罚金人民币 5 万元……后李某不服一审判决,上诉至江苏省高级人民法院,被裁定"驳回上诉,维持原判"。2014 年 12 月 12 日,最高人民法院复核核准死刑。再查明,原告陈某福、廖某华系被保险人廖某仙之父母。2004 年 1 月,廖某仙与村民李某勇按农村风俗结婚(未领取结婚证),2005 年 2 月 12 日廖某仙生育独生子,系本案原告李某林。

原告诉称:

认为涉案保单的指定受益人李某因故意犯罪丧失受益权,三原告作为被保险人廖某仙的第一顺位继承人依法享有保险理赔权益,要求被告支付 300 万元身故保险金及利息。

被告辩称:

涉案保单系李某为骗保而购买,以合法形式掩盖非法目的,属无效合同,故于 2016 年 3 月 14 日回函拒绝赔付。虽然本案投保单中投保人处填写的是廖某仙,但根据刑事判决书查明的事实"李某购买"涉案保险及相关证据,购买涉案保险是李某的意思表示,李某从事的行为是在为了谋财害命而实施的保险诈骗,咨询、购买、支付保费均是李某的行为,李某符合投保人的特征。按照法律规定，投保人杀害被保险人，被告无须支付保险金。

上海市浦东新区人民法院经审理认为：

本案的争议焦点为：如何认定涉案保单的投保人。首先，保险合同系书面合同，应以书面记载为准。本案中，保险单明确记载投保人为廖某仙，又因为本案系网上投保，保险单内容均基于投保人在网上填写内容而生成，故可推定投保流程中记载的投保人亦为廖某仙，也就是说，根据保险合同书面记载，投保人为廖某仙。

其次，被告认为投保人与书面记载不符，应当就订立本案保险合同并非廖某仙的真实意思表示承担举证责任。现被告提出投保人为李某，理由为：李某是购买涉案保险的实施人，购买前向被告客服咨询、实际填写投保单、使用自己的信用卡支付保费，因此李某是实际投保人，廖某仙仅仅是李某实施保险诈骗的"工具"。对此，法院认为：第一，被告混淆了"投保人"与"实际操作人"。即使如被告所述，咨询客服、选定保险产品、填写投保单均系李某所为，李某系整个购买保险过程的实际操作人，但这并不能证明购买涉案保险产品并非廖某仙本人意愿。第二，刑事判决书认定事实虽然描述为"李某购买"涉案保险产品，但是并未认定李某为投保人；根据《刑法》关于保险诈骗罪的规定，投保人、受益人故意造成被保险人死亡、伤残或者疾病，骗取保险金的，构成保险诈骗罪，可见故意造成被保险人死亡而构成保险诈骗罪的主体并非只有投保人，李某作为受益人亦可构成保险诈骗罪的主体。

综上所述，法院确认，涉案保单的投保人为廖某仙。根据《保险法》第43条的规定，投保人故意造成被保险人死亡的，保险人不承担给付保险金的责任。受益人故意造成被保险人死亡的，该受益人丧失受益权。本案中，投保人和被保险人均系廖某仙，李某作为受益人故意造成被保险人廖某仙的死亡，故丧失受益权。根据《保险法》第42条的规定，被保险人死亡后，受益人依法丧失受益权，没有其他受益人的，保险金作为被保险人的遗产，由保险人依照《继承法》的规定履行给付保险金的义务。现涉案保单已无其他受益人，根据继承法，被保险人廖某仙的法定继承人为三原告，保险人应当向三原告支付保险金300万元。三原告主张保险金的利息损失，尚属合理，法院予以支持。据此，判决如下：被告应于判决生效之日起10日内赔付原告陈某福、廖某华、李某林保险金300万元及利息。

第七节　雇主责任险与团体意外险的重复理赔问题

本节没有对应的具体法条，属于纯实务问题的探讨。我们将围绕工伤保险、雇主责任险和团体意外险三者关系展开讨论，并回应实务中困扰我们的那些似是而非的问题。

第一，工伤保险与雇主责任险的关系。

每一个劳动者都面临工伤的潜在风险。工伤一旦发生对受伤害者本人及其家庭都会造成巨大的物质和精神损失，劳动者不仅需要承受巨大的身心痛苦，还不得不背上沉重的经济包袱。因此，必须由政府出面运用国家力量对这一风险进行管理。

2004 年 1 月 1 日《工伤保险条例》正式实施，政府通过立法把工伤保险作为法定强制保险，要求所有的用人单位都必须强制购买，该条例使劳动者的工伤待遇标准有了提高，对工伤的认定范围也作了进一步明确。从此以后，只要劳动者和用人单位形成劳动关系（劳动合同签订与否都不影响劳动关系的成立，不签劳动合同是事实劳动关系），用人单位就有义务为其雇佣的劳动者购买工伤保险，以转移风险。因为一旦劳动者被认定为工伤，在有工伤保险的情况下由工伤保险赔付，没有工伤保险的则由用人单位自己承担工伤赔偿。而这个损失，对于很多小微企业或者个体工商户而言是承受不起的经济负担。

随着商业保险的发展，雇主责任险应运而生。相较于工伤保险，雇主责任险解决的问题都是一样的，即当劳动者因为工伤而需要支付工伤赔偿的问题，共同的价值就是为劳动者提供劳动保障，为用人单位转嫁风险。

不同之处在于工伤保险是社会保险，具有强制性和理赔标准统一性，不以营利为目的；而雇主责任险是商业保险，具有自愿购买和多买多得的特点。用最形象的比喻来理解工伤保险和雇主责任险的关系，就如同机动车辆保险里的交强险和三责险。所以很多企业家为了转移用工风险，既购买了社保的工伤保险，又为员工购买了雇主责任险，作为工伤保险的补充，让员工能够获得更多的保障从而安心工作。同时让企业家安心创业，一旦工伤保险赔付额度不够，可以启动雇主责任险进行理赔。

根据 2019 年 5 月 13 日新华社发布的消息，在当天举行的国务院政策例行吹风会上，人力资源和社会保障部工伤保险司司长郑玄波表示：截至2018年年底，全国工伤保险参保人数已经达到2.39亿人，其中农民工参保人数超过了8000万人，取得了较好成效。据不完全统计，从2014年至2018年，工伤保险已经累计保障了40多万人次职业病职工的工伤保险待遇，全额报销了他们相关的医疗救治费用和住院医疗费用，有效地减少了他们的经济负担。2020年1月17日，国家统计局局长宁吉喆在国务院新闻办公室举行的新闻发布会介绍2019年国民经济运行情况表示：数据显示，我国16周岁至59周岁的劳动年龄人口89,640万人，占总人口的比重为64%。笔者认为，2.39亿人的工伤保险投保人数和8.9亿人的劳动人口数量相比可知，无论是工伤保险还是雇主责任险，都还有很大的发展空间。

第二，雇主责任险（工伤保险）与团体意外险的关系。

既然雇主责任险属于商业保险性质的工伤保险，那么在用人单位同时为劳动者购买团体意外险和雇主责任险的情况下，能不能同时获得两者的赔付？

实践中很多保险从业者会向企业推荐团体意外险，因为其具有保费低廉保障额度高的特点，所以一般拥有风险意识的企业家都不会拒绝。而很少有保险从业者会同时向企业家推荐雇主责任险和团体意外险，很多人会认为没有这个必要，这样的操作只会徒增企业家的财务成本而已，因为一旦劳动者发生风险，两者只能赔一个。果真如此吗？

就相同点而言，雇主责任险和团体意外险都属于商业保险，都属于企业家可选择可不选择的范围。

两者更多的是不同：第一，从保险性质上说，团体意外险大多属于人身保险范畴，而雇主责任险则是确定的财产保险范畴；第二，就理赔的范围而言，团体意外险适用于员工因一切意外造成的人身伤害，而雇主责任险（工伤保险）则只在工伤保险范围内进行赔付，也就是说，如果员工的人身伤害不被认定为工伤，则不能获得赔付；第三，从商业价值上说，团体意外险是对员工发放的福利，雇主责任险（工伤保险）则是用人单位的法定责任。企业不能因为给员工发放了福利就可以不承担法律规定的责任。打个比方，团体意外险好比春节发放的购物券，属于员工福利；雇主责任险（工伤保险）则是春节应当发放的工资，不能因为发放了福利就可以不发放工资。

所以企业家不能片面地认为只要购买了团体意外险就可以不用再为员工购买工伤保险或者雇主责任险。换句话说，如果在仅仅为员工购买了团体意外险的情况下，一旦有员工因为工伤导致意外伤残，当然可以获得团体意外险的理赔。该员工获得团体意外险理赔后，有没有权利要求雇用他的用人单位再承担工伤赔付？当然可以！或者用人单位可不可以和该员工签署协议，在获得团体意外险理赔金后，让该员工放弃其他所有的权利申请？不可以！因为这样的协议剥夺了员工获得工伤救济的机会，违反了法律的强制性规定而归于无效。员工可以继续要求用人单位在工伤保险范围内对自己的伤残进行赔偿。

在雇主责任险和团体意外险这两个险种的比较上，笔者建议无论用人单位有没有为员工缴纳社保，都应当同时进行配置推荐。如果有社保，雇主责任险就是锦上添花；如果无社保，雇主责任险则是企业应对工伤危机的救命稻草。而团体意外险作为一种团体性福利和雇主责任险搭配销售，能够让员工更安心工作，营造和谐的劳资关系，增加雇员对企业的认同感和归属感。让企业家花费每一笔钱的时候都知道能解决的问题是什么，这也是每一个保险销售人员的专业价值体现。

☞ 案例1：企业向因意外发生工伤的雇员支付工伤赔偿后，能否因此获得该雇员意外伤害保险的受益权？

昊辰（无锡）塑业有限公司诉华夏人寿保险股份有限公司
无锡分公司人寿保险合同案[1]

裁判要旨

在企业未参加工伤保险的情况下，企业向受伤职工进行工伤赔偿是企业应负的法定义务，企业应承担终局赔偿责任，其不能以向职工履行工伤赔偿为对价受让职工从保险公司获赔意外伤害保险的权利。

昊辰公司与徐某明等职工签订的权益转让书，亦是无效的。企业如需减轻因工伤赔偿责任而造成的经济负担，除参加工伤保险外，亦可以投保以企业所负工伤赔偿责任为保险标的的雇主责任险。

原告：昊辰（无锡）塑业有限公司（以下简称昊辰公司）

被告：华夏人寿保险股份有限公司无锡分公司（以下简称华夏人寿保险公司）

---

〔1〕 参见江苏省无锡市锡山区人民法院（2016）苏0205民初4443号民事判决书。

基本案情

2015 年、2016 年，昊辰公司为其职工徐某明等人先后在华夏人寿保险公司投保了团体意外伤害保险和意外医疗险，保险期间为 12 个月。合同所附团体意外伤害保险条款规定，若被保险人发生意外伤害，且自该意外伤害发生之日起 180 日内因该意外伤害导致本合同所附《人身保险伤残评定标准》所列伤残项目，保险公司依照该标准规定的评定原则对伤残项目进行评定，并按评定结果对应的给付比例乘以本合同载明的该被保险人的意外伤害保险金额给付意外伤残保险金。

2015 年 7 月 10 日，无锡市锡山区人力资源和社会保障局作出工伤认定，认定昊辰公司职工徐某明于 2015 年 1 月 18 日在工作时右手受伤，此为工伤。2015 年 8 月 12 日，无锡市劳动能力鉴定委员会根据《劳动能力鉴定职工工伤与职业病致残等级》(GB/T 16180—2014)对徐某明的致残程度鉴定为十级。2015 年 10 月 28 日，经无锡市锡山区东港镇劳动人事争议调解中心调解，徐某明和昊辰公司达成调解协议：双方自愿达成协议，当即解除劳动关系及工伤保险关系；徐某明的医疗费、护理费、停工留薪期工资等其他一切费用已由昊辰公司支付；昊辰公司一次性赔偿徐某明工伤待遇费合计 64,000 元，其赔偿内容包括一次性工伤医疗补助金、一次性伤残补助金、一次性伤残就业补助金等其他一切费用；徐某明已知实际法定赔偿金额，但对赔偿差额部分作放弃处理；双方在经济、劳动保障权益方面再无任何纠葛。

2015 年 10 月 29 日，昊辰公司赔偿工伤理赔款 64,000 元后，徐某明签署权益转让书，载明：本人相关理赔已由昊辰公司赔偿 64,000 元，本人现将向华夏人寿保险公司理赔的权益全部转让给昊辰公司。

昊辰公司的诉讼请求为：

请求判令华夏人寿保险公司支付昊辰公司保险金 34 万元(其中徐某明工伤鉴定十级，根据保险条款的规定，投保的保险金额是 40 万元，按照 10%计算，即 4 万元)。

华夏人寿保险公司不同意昊辰公司的诉讼请求。

案件焦点：(1)企业能否以向职工履行工伤赔偿为对价受让职工从保险公司获赔意外伤害保险的权利；(2)团体意外伤害保险赔偿时依据的伤残评定能否直接套用工伤致残等级评定。

江苏省无锡市锡山区人民法院经审理认为：

昊辰公司与华夏人寿保险公司签订的保险合同合法有效。昊辰公司要求华夏人寿保险公司赔偿团体意外伤害保险项下保险金的主张于法无据，理由如下：

第一，涉诉徐某明系昊辰公司投保的团体意外伤害保险的被保险人，在发生保险事故后，徐某明有权按照保险合同、保险条款的约定向华夏人寿保险公司主张团体意外伤害保险项下的相关赔偿。同时，徐某明又是昊辰公司的在职职工，其所受事故伤害已经社会保险行政部门认定为工伤且经调解后由昊辰公司对徐某明进行工伤赔偿。徐某明同时享有向用人单位昊辰公司及华夏人寿保险公司主张赔偿的权利，两项求偿的权利虽均基于徐某明所受事故伤害，但赔偿主体及依据并不相同。据此，该院认为，昊辰公司所称为减轻企业经济负担，就已向受伤职工垫付的赔偿款向保险公司主张赔偿的理由不能成立。

第二，徐某明与昊辰公司签订了权益转让书，就权益转让书上载明的内容可知，徐某明向昊辰公司转让向华夏人寿保险公司求偿权利的对价是昊辰公司已向其进行赔偿，按前所述，昊辰公司对徐某明所负工伤赔偿义务系自身应负义务，不应以此为对价受让受伤职工向保险公司主张商业保险赔偿的权利。

第三，即使昊辰公司受让了徐某明向华夏人寿保险公司主张赔偿的权利，但昊辰公司并未提供证据证明徐某明发生意外伤害后存在按照《人身保险伤残评定标准》评定的伤残项目的情况。昊辰公司已提供的证据仅能证明徐某明的工伤等级，系按照《劳动能力鉴定职工工伤与职业病致残等级》(GB/T 16180—2014)评定。前后评定标准并非同一。

综上所述，昊辰公司要求华夏人寿保险公司支付保险金34万元的诉讼请求，法院不予支持。判决：驳回昊辰公司的诉讼请求。原被告双方均未对该判决提起上诉。

法官后语(江苏省无锡市锡山区人民法院　蔡永芳)

一、工伤职工的权益保障

国务院《工伤保险条例》规定，用人单位应当依照该条例规定参加工伤保险，为本单位职工缴纳工伤保险费。建立工伤保险的目的是分散用人单位承担责任的风险，当职工发生工伤事故就能获赔，由国家统一管理的社会基金支付赔偿金。工伤保险属于法定的社会保险，具有强制性，用人单位缴纳工伤保险费，职工个人不缴纳工伤保险费。用人单位应当参加工伤保险而未参加工伤保险的，当职工发生工伤的，该用人单位仍应按照《工伤保险条例》规定的工伤保险待遇项目和标准支付费用。本案中，昊辰公司并未参加工伤保险，故当徐某明等6名职工发生工伤事故后，应由昊辰公司进行工伤赔偿。本案中所涉企业为职工投保的团体意外伤害保险,其性质属于职工福利,当职工发生工伤事故,受伤职工就享有要求企业工伤赔偿和保险公司保险赔偿的双重权利。就工伤求偿权利而言,受伤职工是基于其职工的特殊身份,因在特定时间、特定场所内发生的事故伤害方能获得工伤赔偿。就保险权利而言,受伤职工系团体意外伤害保险的被保险人,也是受益人,其要求保险公司赔偿的权利具有人身专属性。在企业未参加工伤保险的情况下,企业向受伤职工进行工伤赔偿是企业应负的法定义务,承担终局赔偿责任,其不能以向职工履行工伤赔偿为对价受让职工从保险公司获赔意外伤害保险的权利。昊辰公司与徐某明等职工签订的权益转让书,亦是无效的。企业如需减轻因工伤赔偿责任而造成的经济负担,除参加工伤保险外,亦可以投保以企业所负工伤赔偿责任为保险标的的雇主责任险。

二、工伤赔偿与团体意外伤害保险赔偿的定残标准不同

工伤赔偿和团体意外伤害保险赔偿,虽然两者赔偿时都需依据伤残定级,但是团体意外伤害保险赔偿时依据的伤残评定能否直接套用工伤致残等级评定,还是应该看保险合同所附条款的具体约定,本案所涉的意外伤害保险赔偿并不直接套用工伤等级评定结果,而是应根据保险合同所附《人身保险伤残评定标准》重新进行伤残评定后再按比例给付保险金。本案中,无锡市劳动能力鉴定委员会根据《劳动能力鉴定职工工伤与职业病致残等级》(GB/T 16180—2014)对徐某明的致残程度鉴定为十级。庭审中,华夏人寿保险公司称徐某明所受事故伤害尚未达到致残程度。两者的差异实际上就是工伤序列中的劳动能力鉴定重在对劳动功能障碍程度的等级鉴定,而意外伤害保险重在对生活自理障碍程度的等级评定,前者的评定要求显然高于后者。

☞ 案例2:职工在上班途中因交通事故发生人身损害,能否同时主张工伤赔偿和人身侵权赔偿?

邓某诉广安市联发民用爆破工程有限公司
工伤保险待遇纠纷案[1]

裁判要旨

职工在上班途中因为工伤导致交通事故造成人身伤害,不仅可以要求肇事

[1] 参见四川省广安市中级人民法院(2017)川16民终410号民事判决书。

方承担交通事故人身侵权责任获得赔偿,还可以同时要求工伤赔偿。

原告(上诉人):邓某

被告(被上诉人):广安市联发民用爆破工程有限公司

基本案情

2012年11月16日,联发公司的工作人员邓某驾驶摩托车前往该公司工地从事爆破工作时遭遇交通事故受伤,送医后产生医疗费65,665.17元。邓某此次受伤经人力资源和社会保障局认定为工伤,其伤残等级经四川省劳动能力鉴定委员会鉴定为六级。邓某因交通事故受伤,经法院终审判决确定邓某在交通事故中应获得赔偿金额为516,347.66元。2016年7月28日,邓某主张工伤保险待遇经仲裁未得到支持,向一审法院起诉请求判令联发公司赔偿其因工受伤的损失645,315.63元。联发公司辩称,邓某已获得交通事故赔偿,其再主张工伤保险待遇不应支持。

案件焦点

交通事故赔偿与工伤保险待遇是否可以兼得。

四川省广安市中级人民法院经审理认为:

《最高人民法院关于审理工伤保险行政案件若干问题的规定》第8条第3款规定,职工因第三人的原因导致工伤,社会保险经办机构以职工或者其近亲属已经对第三人提起民事诉讼为由,拒绝支付工伤保险待遇的,人民法院不予支持,但第三人已经支付的医疗费用除外。故第三方侵权造成劳动者工伤的,除医疗费不能兼得外,工伤劳动者既有权获得侵权损害赔偿,也有权获得相应的工伤保险待遇。当事人在获得民事赔偿后,其获得的民事赔偿金额不应当在工伤保险待遇中扣减。本案中,邓某的受伤性质经人力资源和社会保障局认定为工伤,由于联发公司没有向社会保险经办机构为邓某办理缴纳社会保险费和参加工伤保险,邓某因工伤所应享有的工伤保险待遇依法应由联发公司支付。但交通事故案件中已确定由第三人支付邓某的医疗费用,应从工伤保险待遇总额中予以扣除。经计算,邓某应当享受的工伤保险待遇总额405,305.17元,故联发公司应支付邓某的工伤保险待遇为:总额405,305.17元-医疗费65,665.17元=339,640元;对于邓某提出的超出339,640元的其他诉讼请求,因没有法定依据或相关事实依据,不予支持。依照《工伤保险条例》第14条、第30条、第33条、第36条,《民事诉讼法》第170条第1款第2项的规定,判决如下:(1)撤销四川省广安市广安区人民法院(2016)川1602民初3450号民事判决;(2)联发公司于判决生效后10日内支付邓某工伤保险待遇共计339,640

元;(3)驳回邓某的其他诉讼请求。

法官后语(四川省广安市中级人民法院 王 敏 谭 昀)

工伤保险是一种隶属于劳动法体系下的社会保险制度,劳动者获得的工伤待遇是一种具有国家强制性的福利,与因第三人侵权而获得的民事赔偿是两种法律关系。基于不同的法律关系,受害人享有两种赔偿请求权:一是受工伤职工的工伤保险赔偿请求权,二是受工伤职工向第三人提起的侵权损害赔偿请求权。两种赔偿请求权各自独立,侵权人并不能因受害人享受工伤待遇而免于承担侵权责任,与此同时,用人单位亦不能因职工已获得侵权赔偿而免除工伤赔偿责任。我国《劳动法》和《工伤保险条例》中均专门对此作了明确规定,抵消、减免工伤保险待遇的做法是没有法律依据的。另外,受工伤职工与工伤保险经办机构之间的工伤保险并非商业保险,故用人单位无权以侵权第三人赔偿了相关费用为由拒绝支付相应的工伤保险待遇。《工伤保险经办规程》第74条第1款规定:"业务部门根据民事伤害赔偿法律文书确定的医疗费与工伤待遇中的医疗费比较,不足部分予以补足,其工伤医疗待遇不得重复享受。"可见,我国是支持双重赔偿的,只是医疗费不可兼得。本案中邓某在上班途中发生交通事故,符合工伤与交通事故竞合的情况,其在已经获得交通事故赔偿的同时,仍有权获得工伤保险待遇赔偿。

第八节 司法机关强制解除保险合同问题

说起人身保险合同法律关系中的合同解除,笔者在前面讨论过两种解除方式:一种是投保人的任意解除权,另一种是保险公司的法定解除权。其实还有一种就是司法机关的强制解除权,本节我们专门探讨。

人身保险合同是否真的可以做到"欠债不还",保险费一旦进入保险公司是否就真的安全了吗,保险公司有没有权力阻止人民法院的强制执行,如果投保人成为被执行人,是否变更投保人就可以规避执行?带着这些问题,我们开始本节的知识讨论。

法条汇编

《最高人民法院关于人民法院民事执行中查封、扣押、冻结财产的规定》(2021年1月1日)

第三条 人民法院对被执行人下列的财产不得查封、扣押、冻结:

（一）被执行人及其所扶养家属生活所必需的衣服、家具、炊具、餐具及其他家庭生活必需的物品；

（二）被执行人及其所扶养家属所必需的生活费用。当地有最低生活保障标准的，必需的生活费用依照该标准确定；

（三）被执行人及其所扶养家属完成义务教育所必需的物品；

（四）未公开的发明或者未发表的著作；

（五）被执行人及其所扶养家属用于身体缺陷所必需的辅助工具、医疗物品；

（六）被执行人所得的勋章及其他荣誉表彰的物品；

（七）根据《中华人民共和国缔结条约程序法》，以中华人民共和国、中华人民共和国政府或者中华人民共和国政府部门名义同外国、国际组织缔结的条约、协定和其他具有条约、协定性质的文件中规定免于查封、扣押、冻结的财产；

（八）法律或者司法解释规定的其他不得查封、扣押、冻结的财产。

《最高人民法院关于民事执行中财产调查若干问题的规定》

第三条第一款 人民法院依申请执行人的申请或依职权责令被执行人报告财产情况的，应当向其发出报告财产令。金钱债权执行中，报告财产令应当与执行通知同时发出。

第五条第一款 被执行人应当在报告财产令载明的期限内向人民法院书面报告下列财产情况：（一）收入、银行存款、现金、理财产品、有价证券；（二）土地使用权、房屋等不动产；（三）交通运输工具、机器设备、产品、原材料等动产；（四）债权、股权、投资权益、基金份额、信托受益权、知识产权等财产性权利；（五）其他应当报告的财产。

浙江省高级人民法院《关于加强和规范对被执行人拥有的人身保险产品财产利益执行的通知》（2015年4月29日）

一、投保人购买传统型、分红型、投资连接型、万能型人身保险产品、依保单约定可获得的生存保险金、或以现金方式支付的保单红利、或退保后保单的现金价值，均属于投保人、被保险人或受益人的财产权。当投保人、被保险人或受益人作为被执行人时，该财产权属于责任财产，人民法院可以执行。

六、保单尚在犹豫期内的，保险产品退保后，人民法院可执行被执行人缴纳的保险费。

超过犹豫期未发生保险事故的，只能执行保单的现金价值，负有协助义务的保险机构应当根据相关法律法规的规定和保单的约定计算确定保单的现金价值，提供给执行法院。

江苏省高级人民法院《关于加强和规范被执行人所有的人身保险产品财产性权益执行的通知》（2018年7月9日）

一、保险合同存续期间，人身保险产品财产性权益依照法律、法规规定，或依照保险合同约定归属于被执行人的，人民法院可以执行。人身保险产品财产性权益包括依保险合同约定可领取的生存保险金、现金红利、退保可获得的现金价值（账户价值、未到期保费），依保险合同可确认但尚未完成支付的保险金，及其他权属明确的财产性权益。

五、投保人为被执行人，且投保人与被保险人、受益人不一致的，人民法院扣划保险产品退保后可得财产利益时，应当通知被保险人、受益人。被保险人、受益人同意承受投保人的合同地位、维系保险合同的效力，并向人民法院交付了相当于退保后保单现金价值的财产替代履行的，人民法院不得再执行保单的现金价值。

被保险人、受益人未向人民法院交付相当于退保后保单现金价值财产的，人民法院可以要求投保人签署退保申请书，并向保险公司出具协助扣划通知书……

北京市高级人民法院《关于印发修订后的〈北京市法院执行工作规范〉的通知》（2010年8月1日）

第四百四十九条 对商业保险中享有的权益的执行

对被执行人所投的商业保险，人民法院可以冻结并处分被执行人基于保险合同享有的权益，但不得强制解除该保险合同法律关系。

保险公司和被执行人对理赔金额有争议的，对无争议的部分可予执行；对有争议的部分，待争议解决后再决定是否执行。

对被执行人所设的用于缴纳保险费的账户，人民法院可以冻结并扣划该账户内的款项。

广东省高级人民法院《关于执行案件法律适用疑难问题的解答意见》(2016年3月3日)

问题十一、被执行人的人身保险产品具有现金价值,法院能否强制执行?

处理意见:首先,虽然人身保险产品的现金价值是被执行人的,但关系人的生命价值,如果被执行人同意退保,法院可以执行保单的现金价值,如果不同意退保,法院不能强制被执行人退保。其次,如果人身保险有指定受益人且受益人不是被执行人,依据《保险法》第四十二条的规定,保险金不作为被执行人的财产,人民法院不能执行。再次,如果人身保险没有指定受益人或者指定的受益人为被执行人,发生保险事故后理赔的保险金可以认定为被执行人的遗产,可以用来清偿债务。

主要理由:《中华人民共和国保险法》第42条规定:"被保险人死亡后,有下列情形之一的,保险金作为被保险人的遗产,由保险人依照〈中华人民共和国继承法〉的规定履行给付保险金的义务:"(一)没有指定受益人,或者受益人指定不明无法确定的。"《最高人民法院关于保险金能否作为被保险人遗产的批复》认为:"根据我国保险法规有关条文规定的精神,人身保险金能否列入被保险人的遗产,取决于被保险人是否指定了受益人。指定了受益人的,被保险人死亡后,其人身保险金应付给受益人;未指定受益人的,被保险人死亡后,其人身保险金应作为遗产处理,可以用来清偿债务或者赔偿。"

河南省高级人民法院、河南省律师厅、河南省律师协会《关于在民事诉讼和民事执行中实行律师调查令的若干规定》(2019年4月19日)

第一条第二款 执行案件立案后,人民法院应当通过网络查控系统调查被执行的财产及其他相关证据或信息。无法通过网络执行查控系统调查,申请执行人或其代理人可以书面申请人民法院向其委托的律师发出调查令。

第三条 调查令可用于调查人民法院认为适合以调查令调查的与案件待证事实有关的证据,以及有关被执行人的实际履行能力、与利害关系人之间的财产流转情况、被执行人是否违反限制消费令、是否违反限制出境措施、是否隐藏转移财产以及涉嫌拒执犯罪等相关证据、信息或财产状况:

……

5. 在银行、证券、保险、信托等金融机构的存款、理财、债券、股票、基金份额、信托受益权、保险金请求权、保单现金价值、住房公积金、拆迁补偿安置等财产情况及其变动或者交易明细；

……

上海市高级人民法院《关于建立被执行人人身保险产品财产利益协助执行机制的会议纪要》(2021年11月4日)

为深入贯彻《中共上海市委全面依法治市委员会关于加强综合治理从源头切实解决执行难的实施意见》,全面优化上海法治化营商环境建设,加大对被执行人名下人身保险产品财产利益的执行力度,根据《民事诉讼法》及其司法解释、最高人民法院《关于民事执行中财产调查若干问题的规定》,经上海市保险同业公会协调,上海市高级人民法院(以下简称"上海高院")与中国人寿上分、太保寿险上分、平安人寿上分、友邦人寿、工银安盛人寿、泰康人寿上分、新华保险上分、上海人寿上分等公司(以下简称"保险机构")协商一致,就保险机构协助人民法院执行人身保险产品财产利益有关事项,达成纪要如下:

一、积极协助原则

人民法院因执行工作需要,依法要求保险机构协助查询、协助冻结或协助扣划被执行人人身保险产品财产利益的,保险机构应当予以协助。

三、规范执行与特殊免除

(一)明确被执行人及对应的执行标的

被执行人为投保人的,可冻结或扣划归属于投保人的现金价值、红利等保单权益。

被执行人为被保险人的,可冻结或扣划归属于被保险人的生存金等保险权益。

被执行人为受益人的,可冻结或扣划归属于受益人的生存金等保险权益。

(二)保单现金价值的执行

1. 冻结或扣划投保人(被执行人)的现金价值、红利等保单权益,投保人、被保险人或受益人均为被执行人同一人时,人民法院可直接冻结或扣划。

2. 冻结或扣划投保人(被执行人)的现金价值、红利等保单权益,投保人(被执行人)与被保险人或受益人不一致时,人民法院应秉承审慎原则,保障被保险人或受益人相关赎买保单的权益。人民法院冻结上述保单权益后,应给予不少于15日赎买期限。保险机构在办理协助冻结后,联系投保人(被执行人)、被保险人或受益人,告知赎买权益、行使期限以及不赎买时保单将被强制执行的事项。相关人员联系人民法院的，人民法院应向上述人员告知投保人（被执行人）保单被强制执行的相关情况。

被保险人或者受益人赎买支付相当于保单现金价值的款项的，由赎买人直接交予人民法院。人民法院应提取该赎买款项，不得再继续执行该保单的现金价值、红利等权益。但赎买期届满后无人赎买或者被保险人、受益人明确表示不赎买的，人民法院可以强制执行投保人（被执行人）对该保单的现金价值、红利等权益。

3. 保单减保的适用

人民法院要求协助执行的金额，小于投保人（被执行人）的保单现金价值的，保险机构可按规定对保单作减保处理，协助法院扣划相应现金价值；若保险机构无法对该保单作减保处理的，应作出说明，并在协助扣划保单全部现金价值后一并交由人民法院处理。

上述赎买政策同样适用于保单减保。

（三）特殊免除执行的保单类型

鉴于重大疾病保险、意外伤残保险、医疗费用保险等产品人身专属性较强、保单现金价值低，但潜在可能获得的保障大，人民法院应秉承比例原则，对该类保单一般不作扣划。

保险机构认为涉案保单不适宜扣划的，可通过本纪要第六条确定联络人沟通反馈，但应在回执中予以说明。

四川省高级人民法院、国家金融监督管理总局四川监管局联合出台《关于人身保险产品财产利益执行和协助执行的工作指引》（川高法〔2023〕194号，2023年9月）

一、协助执行

（一）人民法院因办案需要，依法要求保险机构协助查询、冻结、扣划被执行人人身保险产品财产利益（以下简称保单财产利益），包括现金价值、个人账户价值、红利、满期金、生存金、保险赔款等，保险机构应当积极协助配合。

（二）保险机构应当制定协助执行有关管理制度，理顺法律合规、客服、运营等部门协作流程，并做好客户投诉处理和声誉风险管理。

（三）保险机构应当确定协助执行的对接部门、对接人员，并将相关信息报送四川省保险行业协会，由其统一提供至人民法院。

（四）人民法院要求协助的执行事项，对应保险机构无相关业务或者处理权限的，应当尽量通过内部渠道协调处理。如内部流转确有困难的，该保险机构应当在三个工作日内将有权办理相关业务的单位信息（包括名称、联系人、联系方式等）告知人民法院。

二、办理流程

（一）形式要件

人民法院现场执行的，不得少于2人，送达协助执行文书时，应当出示执行人员工作证和执行公务证。

协助执行通知书应当载明执行案号、执行依据、执行要求、被执行人身份信息、保单信息等，并载明执行人员（包括承办法官）姓名及联系方式。

人民法院通过邮寄或电子方式送达协助执行文书的，应当一并提供上述证件及文件材料。

（二）保单查询

人民法院可以向保险机构查询被执行人所涉保单及享有保单利益的情况。保险机构应当按照协助执行文书上列明的内容和要求全面反馈查询结果。协助执行文书上虽未明确，但保险机构认为事关消费者合法权益保护的事项，如涉及多方主体、多份保单或者未成年人等，应当及时与人民法院沟通。

保单查询期间，原则上保险机构不得通知投保人、被保险人或者受益人。若需要通知的，须经人民法院同意。

对于涉案保险机构较多、案情重大复杂的保单执行案件，人民法院可以提交四川省保险行业协会协助统一查询。

（三）保单冻结及扣划

1. 被执行人为投保人的，人民法院可以冻结或扣划归属于投保人的现金价值、个人账户价值、红利等保单利益。

被执行人为被保险人的，人民法院可以冻结或扣划归属于被保险人的满期金、生存金等保单利益。

被执行人为受益人的，人民法院可以冻结或扣划归属于受益人的满期金、生存金等保单利益。

2. 人民法院执行保单财产利益，原则上应当先行冻结再作扣划。冻结期限不得超过三年。

3. 保单尚在犹豫期内的，人民法院可以扣划被执行人（投保人）所缴纳的保险费,犹豫期经过的,人民法院可以扣划保单现金价值。扣划全部保险费或者现金价值的,人民法院应当通知保险机构解除与被执行人(投保人)的人身保险合同。

4. 人民法院扣划金额小于保单现金价值时,如被执行人名下仅有一张保单的,保险机构可以按照内部规定对保单作减保处理,再行协助人民法院扣划相应的现金价值;如被执行人名下涉及多张保单的,保险机构应当在查明相关情况后反馈人民法院,由人民法院确认具体执行保单的情况。执行过程中,人民法院应当按照有利于被执行人的原则进行处理。

(四)办理时限

1. 对于保单查询事项,保险机构一般应当在接到人民法院通知之日起五个工作日内反馈查询结果。

2. 对于保单冻结事项,保险机构一般应当在接到人民法院通知之日起三日内完成冻结工作。情况紧急的,应依法办理。

3. 对于保单扣划事项,保险机构一般应当在接到人民法院通知之日起十个工作日内完成扣划工作。

如遇特殊情况,保险机构在上述时限内不能完成有关工作的,可以与人民法院沟通适当延长,但延长期限一般不超过七个工作日。对于超过时限未完成执行协助事项的保险机构,人民法院应当通报四川省保险行业协会。

三、利益平衡

(一)执行豁免

对于重大疾病、意外伤害、医疗费用、长期护理等高保障、低现价的保险产品,人民法院应当秉承比例原则,一般不予冻结、扣划保单现金价值,但现金价值数额巨大、超出合理保障范围的除外。人民法院执行归属于被执行人的保险金时,应当为其保留必要的生活及医疗费用。

对于涉及未成年人生活、教育保障的保险产品,人民法院应当秉承审慎原则,在冻结、扣划保单现金价值及保险金时,为未成年人保留必要的生活及教育费用。

(二)保单赎买

冻结或扣划被执行人(投保人)的保单现金价值,投保人、被保险人或者受益人均为一人的,人民法院可以直接冻结或扣划。

冻结或扣划被执行人(投保人)的保单现金价值,投保人、被保险人或受益人不一致的,人民法院应当直接通知或者委托保险机构通知受益人可以在指定期限内向人民法院支付相当于保单现金价值的价款,并变更自己为投保人。人民法院给予被保险人或者受益人赎买保单的期限不应低于十五个工作日。

如受益人逾期未支付或拒绝支付的,人民法院可依法扣划保单的财产利益。

(三)其他情况

人民法院扣划被执行人保单财产利益时,保险机构如发现该保单在本机构有质押贷款未偿还或续期保费未交纳等情况的,应当书面告知人民法院,并在扣除贷款本息或垫交保费后,向人民法院支付保单剩余财产利益。

注:四川省高级人民法院发布的《关于人身保险产品财产利益执行和协助执行的工作指引》,由省级人民法院与金融监管部门联合印发,针对性解决人身保险产品财产利益执行的现实问题,在国内属于首次,其形式正式,效力层级较高,内容相对全面,涵盖执行标的、执行对象、执行程序、执行措施等,具有一定前瞻性,能够取得较好指引效果。

法条解读

人身保险合同的强制解除,是指人民法院或人民检察院等司法机关运用国家强制力要求解除合法成立的人身保险合同。具体分两种情形:一种是投保人作为民事诉讼案件的被执行人,法院可向保险公司提出强制合同解除;另一种是投保人以犯罪所得购买保险,执法机关能够要求保险公司强制退保。[1]

司法机关有无权力要求解除保险合同?法律依据是什么?

先讨论刑事案件。在刑事案件中,尤其是在盗窃、贪污、受贿、诈骗等经济犯罪中,司法机关有无权力强制解除合同,要看投保时的保费来源是不是非法所得。根据我国《刑法》第64条之规定:“犯罪分子违法所得的一切财物,应当予以追缴或者责令退赔……”同时根据我国《反洗钱法》和金融监管机构下发的《保险业反洗钱工作管理办法》,如果属于洗钱犯罪下的违法所得,在购买保险时保险公司必须做到尽职调查,发现是洗钱犯罪线索的,应当及时上报,未尽审查义务受理保险合同申请,相关责任人要受到处罚。

---

[1] 参见恒安标准人寿保险有限公司法律部编著:《人身保险法律实务解析》,法律出版社2012年版,第479页。

综上所述,一旦保险来源被认定为犯罪所得,保险合同的结果一定是强制解除;反之即使刑事被告人被人民法院认定为贪污、受贿之类犯罪,但有证据证明购买保险的保费来源并非犯罪所得,则保险合同就不应当被司法机关强制解除。至于强制解除是退还保险费还是现金价值,要看保险公司在接受投保时是否知道保费资金来源的合法性与否,如果有证据证明保险公司明知保费资金来源不合法,为了业绩接受了投保人投保申请,则应当以合同无效为由退还全部已交保费;反之没有证据证明保险公司在接受投保时明知资金来源的非法性,则司法机关只能主张合同解除执行保单现金价值。

在民事案件中,关于保单被司法机关强制解除问题的探讨只针对投保人。原因是保险合同的所有权以及所有权项下的现金价值和保单分红属于投保人所有。针对这一问题,2015 年 11 月 28 日,最高人民法院民二庭刘竹梅副庭长在介绍《保险法司法解释(三)》制定背景以及主要内容时的答记者问给出了明确的司法观点:

新华社记者:人寿保险产品,尤其是投资性的保险产品存在保险单的现金价值,现实生活当中对保险单的现金价值归谁所有存在争议,我们这次司法解释如何看待这个问题?

刘竹梅副庭长:保单的现金价值是投保人在保险期间早期支付的超过自然保险费部分的金额的积累,属于投保人,而不是被保险人或者受益人。原因是:第一,保单现金价值是投保人交付的保险费形成的,但是这个保险费因为超过与被保险人可能遭受的风险相对应的自然保险费,实际上是投保人的储蓄和投资,不是保险金。第二,人身保险合同中,与保险人订立保险合同的投保人,承担交付保险费的义务,是保险合同的当事人,享有基于保险合同产生的各项权利。例如,解除合同权利、请求保单现金价值权利、保险费返还请求权等。被保险人是保险合同的保障对象,并不是保险合同的当事人,其权利源于投保人与保险人之间的约定,在保险合同没有赋予被保险人取得保险合同权利的情况下,被保险人不享有保险合同的各项权利,不享有保单现金价值的请求权。第三,受益人是投保人或者被保险人指定的享有保险金请求权的主体,受益人不是保险合同的当事人,而是受益第三人。受益人在保险事故发生后才取得保险金请求权,在保险事故发生前享有期待性质的受益权但不享有保单现金价值的请求权。基于以上原因,《保险法司法解释(三)》第 16 条规定,保单现金价值属于投保人,但是在投保人故意造成被保险人死亡、伤亡或者疾病而丧失权利的情况下,由被保险人以及被保险人的继承人来享有。

所以,当我们在一起民事执行案件中讨论能不能通过司法机关强制解除执行保单时,主要讨论的是被执行人是保单投保人时的情形。在年金保险中,被保险人享有年金受益权,如果被保险人成为被执行人,有没有可能强制执行保险合同中的年金,在下面的案例中,我们看到了支持年金的强制执行的类似案例。接下来我们先回答三个大家最关心的话题。

一、人身保险的保单能不能被司法机关强制执行? 如何执行?

如果保单的投保人对外负有债务,并且经法院的生效判决认定承担偿还义务,一旦案件进入执行层面,就涉及这张人身保险的保单能不能作为执行财产被强制执行的问题了。很多保险从业者在这个问题上存在错误的理解:极端派认为既然买了保险就受到法律保护,人身保险的保单不能被司法机关强制解除;温和派认为如果是带有分红功能的理财险(如年金或者寿险),强制解除没有异议,但是如果投保人购买的是健康险比如重大疾病产品,是不能强制解除的;学院派认为无论什么产品,如果被保险人或者受益人和投保人不是同一人,此时因为投保人对外承担债务而导致合同解除,侵害了无辜的被保险人或者受益人的利益,因为人权或者健康权高于债权,所以不能强制解除。

各方众说纷纭似乎都有道理,但笔者更倾向于目前司法实务界的观点,即人身保险的保单具有可执行性。在笔者阅读的大量关于保单被司法执行的案例中,法官裁决的理由多数是依据《最高人民法院关于人民法院民事执行中查封、扣押、冻结财产的规定》第 5 条的内容,反向推导出既然人身保险合同价值不属于第 5 条列举的不能查封、扣押、冻结的财产,那么就具备可执行性。人身保险合同本质上是家庭财务的一种特殊支出方式,在有现金价值的情况下,本身就拥有了可执行的价值。

还有一个具体的问题就是司法机关在执行人身保险合同时是直接划扣还是先强制解除合同? 笔者认为,对于一个合法成立的保险合同而言,司法机关不能通过司法强制力直接执行保险合同,而应当在确认有执行价值的基础上,先强制解除保险合同,然后再以司法强制力提取保单现金价值完成执行操作。实务中,司法机关通常先要求保险公司报告保单现金价值,然后冻结保险合同(冻结的结果就是只能按时交纳保费,但是投保人无法再进行保单质押贷款和分红提取,也无法退保),如果仍然得不到清偿,再强制解除。当然,解除合同最好是投保人配合法院以自愿申请的方式进行,如果投保人不配合或者下落不明,人民法院有权力直接代替投保人解除,保险公司对以上都应当是配合的。如果保险公司配合法院解除了合同,之后投保人再以自己没签字为由起诉保险公司,这种情况法院应不应当受理?笔者认为不应当受理,否则就是放任不诚信的被执行人浪费司法资源,为自己的不诚信行为"碰瓷"保险公司,这种行为不应当得到支持。

二、人身保险的保单被司法机关强制解除时,被执行的是保险费还是现金价值?

前面我们讨论过,既然保险合同成立后,投保人拥有保险合同所有权的体现之一就是现金价值也属于投保人所有,那么要执行保险合同,司法机关的目标也就是保险合同的现金价值。

值得讨论的是,有没有可能把全部所交保费给执行了?在以下几种情况存在时,是有可能执行已交保费的。(1)保单尚在犹豫期内。(2)债权人有理由认为投保人购买保险的行为是为了规避执行转移财产;一旦这种说法经过证据佐证被法院采信,其结果就是可以申请保险合同无效的方式要求执行全部保费。具体来说就是根据购买保险的时间与债务发生或者诉讼前后的时间关联度、保费与债务数额或者保费与投保人经济实力的匹配度等来综合推定投保人投保时的主观心理态度。(3)如果投保人一看形势不妙,能不能通过变更投保人的行为来规避保单执行?笔者认为,变更投保人是投保人的权利,其法律性质相当于把保单项下所有的权利随着变更行为完成赠与给了新的投保人。但是这种赠与行为不能伤害债权人的利益。《民法典》合同编第 538 条规定:"债务人以放弃其债权、放弃债权担保、无偿转让财产等方式无偿处分财产权益,或者恶意延长其到期债权的履行期限,影响债权人的债权实现的,债权人可以请求人民法院撤销债务人的行为。"所以,一旦变更投保人的行为被债权人认为是规避执行,则债权人有权通过行使撤销权撤销这种变更行为。

所以,笔者建议保险合同的投保人,不要把保险合同当成恶意规避执行、逃避债务清偿的工具,而应当是在自己财务状况尚可的时候,考虑到自己未来可能产生的各种风险(包括债务风险),提前做好保险规划,否则事到临头才想起来买保险,很有可能合同会被认定为无效或者被撤销。如果保险合同的效力得到维护,即使仍然逃脱不了被执行的命运,但执行的仅仅是现金价值,而不是全额保费。投保人可以利用两者之间较大的数额差异和债权人谈判,为保留保险合同的效力留下斡旋的空间。

三、人身保险的现金价值作为执行标的，如何兼顾被保险人和受益人的合法权益？

人身保险合同中不仅有投保人，还有被保险人和受益人这样的关系人存在；不仅有财产属性，还有非常强的人身依附性。当保单因投保人成为被执行人被司法机关强制解除的时候，需不需要照顾关系人的利益，如何在保护债权和保护保险合同关系人中间取得平衡？

执行工作是维护司法公正的“最后一公里”。当事人历尽波折拿到胜诉判决，自然把希望寄托于强有力的执行部门，期待金钱数额执行到位，这就要求我们的司法执行部门在保全、执行等司法活动中，既要加大执行力度提高执行效率，又要坚持善意文明执行理念，在依法保障胜诉当事人合法权益的同时，采取有效措施严禁超标查封、乱查封、过度执行、乱执行，尽可能减小对被执行人权益以及生产经营造成的影响，传递“司法温度”。

在人身保险合同的司法执行过程中，如何传递“司法温度”、如何做到既保障债权人合法利益，又兼顾保险合同中被保险人和受益人的利益？

比如2021年11月发布的上海市高级人民法院《关于建立被执行人人身保险产品财产利益协助执行机制的会议纪要》，其中明确了特殊免除执行的保单类型：鉴于重大疾病保险、意外伤残保险、医疗费用保险等产品人身专属性较强、保单现金价值低，但潜在可能获得的保障大，人民法院应秉承比例原则，对该类保单一般不作扣划。这也是国内首家援引比例原则，对重疾、意外和医疗保险的执行提供了司法保护的明确意见。2023年9月，在四川省高级人民法院和国家金融监督管理总局四川监管局联合出台《关于人身保险产品财产利益执行和协助执行的工作指引》中，更是用“利益平衡”一个章节来明确表示对此类保险产品的特殊保护倾向。

2022年5月6日，全国人大常委会公布2022年度立法工作计划，《民事强制执行法》被列为初次审议的法律案。这是我国首次专门立法保障民事执行，制定《民事强制执行法》，不仅可以进一步织紧法网，让“老赖”无处遁形，更能够规范司法权力的运行，为勤勉还债的债务人提供“重生”的机会，营造诚信、文明的社会环境。虽然这部法律草案最终于2024年6月由全国人民代表大会宪法和法律委员会作出《关于终止审议〈中华人民共和国民事强制执行法(草案)〉的决定》，但是在这部法律里面，我们第一次在全国性执行法律条文里面看到了关于保单司法执行的立法表述。

该草案第5条，明确了公平和比例的执行原则；该草案第159条，明确了人身保险合同现金价值司法执行的两个原则，第一个执行顺序原则，即只有当被执行人的其他财产不足以清偿执行债务的，才可以执行保单现金价值。第二个赎买原则，投保人与受益人不一致的，人民法院应当告知受益人可以在指定期限内向人民法院支付相当于保单现金价值的价款，变更自己为投保人。

民事强制执行法虽然暂时终止了审议，但是它确立的保单司法执行三原则：比例原则、执行顺序原则、赎买原则充分吸收了各地省级高级人民法院对保单司法执行的先进经验，强调对特殊险种和保险合同第三人（被保险人和受益人）的特别保护，统一了执行尺度也符合文明执法的基本要求，应当作为今后各级法院对保单司法执行的指导意见。

典型案例

☞ 案例1：购买保险的资金系犯罪所得的赃款，司法机关能够对投保资金进行追缴？追缴的是保险费还是现金价值？

建信人寿保险股份有限公司深圳分公司、
程某建执行审查类执行裁定书[1]

裁判要旨

被执行人程某建以张某芳、程某眉名义在建信人寿投保寿险，所用资金为传销资金，系犯罪所得之赃款，在案件一审、二审阶段已经认定。被执行人程某建以张某芳、程某眉的名义用赃款订立保险合同，其所投保资金为赃款的性质不能因此改变，应当对其所投保资金及其收益悉数追缴。

申请复议人：建信人寿保险股份有限公司深圳分公司（以下简称建信人寿深圳分公司）

被执行人：程某建

基本案情

2017年8月，程某建与刘某商议，以发展车友会会员，推销“合成氢动力水”产品体验装为名，设计了“鑫车骉配”网上配套平台及运行制度以发展、管

〔1〕 参见山东省滨州市中级人民法院（2019）鲁16执复50号民事裁定书。

理会员。2017年10月,该平台正式上线运行。为对接车友会有关会员业务,2017年11月14日,由程某建及刘某、黄某、曾某为股东,投资成立惠德公司,负责“鑫车骉配”网上平台车友业务的运行、管理等。根据公司规定,推荐对象缴纳2980元后,在“鑫车骉配”网络平台登记注册,成为车友会会员,惠德公司为会员提供4桶金骉牌润滑油。车友会及惠德公司以返还所缴纳的会员费、享受“静态分红”等为诱饵,吸引社会人员加入;按会员本身的等级、会员发展的数量,作为计酬依据,引诱会员继续发展下线会员形成一定的传销奖励模式。截至案发,车友会及惠德公司共发展会员148,808人,形成层级114级,收入总计442,699,860元,支出总计158,461,951.43元。

2018年12月20日阳信县人民法院作出(2018)鲁1622刑初134号刑事判决:(1)被告人程某建犯组织、领导传销活动罪,判处有期徒刑5年3个月,并处罚金人民币200万元。(2)传销资金284,237,908.57元依法追缴,予以没收,上缴国库。程某建提出上诉,2019年3月29日山东省滨州市中级人民法院驳回上诉,维持原判。

阳信县人民法院在执行罚金及追缴没收中,于2019年4月12日作出(2019)鲁1622执229号之七执行裁定书:提取被执行人程某建犯罪所得在张某芳名下两张保单,保险总金额9,999,550.60元及其收益至阳信县人民法院执行款专户。(2019)鲁1622执229号之八执行裁定书:提取被执行人程某建涉案犯罪所得在程某眉名下3张保单,保险总金额为39,846,041.20元及其收益至阳信县人民法院执行款专户;一并作出(2019)鲁1622执229号协助执行通知书。将执行裁定书、协助执行通知书送达案外人建信人寿深圳分公司。

阳信县人民法院经审理认为:

山东省滨州市中级人民法院作出的(2019)鲁16刑终15号刑事裁定书业已生效,被执行人程某建犯有组织、领导传销活动罪,应当将其传销资金依法予以追缴、没收。阳信县人民法院在执行罚金及追缴中,依法提取其在建信人寿深圳分公司投保的于张某芳、程某眉名下的保险金及其收益,合法有效,并无不当。案外人建信人寿深圳分公司异议称,协助执行通知书援引法律适用不当,应当以张某芳、程某眉退保后支付相关费用,将余款作为被追缴的款项。被执行人程某建以张某芳、程某眉名义在建信人寿深圳分公司投保寿险,所用资金为传销资金,系犯罪所得之赃款,在案件一审、二审阶段已经认定。被执行人程某建以张某芳、程某眉的名义用赃款订立保险合同,其所投保资金为赃款的性质不能因此改变，应当对其所投保资金及其收益悉数追缴。

综上所述，案外人建信人寿深圳分公司提出的异议不能成立，应予驳回。依照相关法律规定，裁定驳回建信人寿深圳分公司的异议请求。

复议申请人建信人寿深圳分公司复议称：

（1）张某芳、程某眉与公司的保险合同合法成立且真实有效，保费收入是公司的合法财产。张某芳、程某眉与公司投保的5份保险合同成立后，已经过犹豫期，保险合同合法成立并有效。保费收入是公司提供保险服务收取的费用，被执行人作为保险费支付给公司后即成为公司的合法收入和合法财产。被执行人在投保后，享有保单项下的相关权益，但是对于已经支付的保险费不享有任何权利。根据《最高人民法院关于刑事裁判涉财产部分执行的若干规定》第11条的规定，公司签署合同时并不知道涉案财物是程某建通过违法犯罪活动非法取得，且投保人非程某建本人，公司在尽到保险合同规定的询问义务之后，更无法得知涉案财物的非法来源性，所以公司在签署合同时无主观恶意，所取得的保险费不属于上述应当被法院追缴的情形。

（2）公司认可案件赃款应予追缴，但执行对象即保险账户资金应认定为保单的现金价值。保单现金价值是投保人在解除寿险合同或合同失效时，保险人以合同终止日的个人账户价值为基数，按照规定的比例从个人账户价值中扣除退保费用，向投保人退还的保险费。因此，若追缴涉案保险账户的资金，则应在张某芳、程某眉退保后强制执行保单的现金价值。为此特提出复议申请，请求确认公司协助执行内容为提取涉案保险退保后的现金价值，而非保险金额及收益。

山东省滨州市中级人民法院经审理认为：

关于复议申请人提出的第一个理由，生效的刑事判决书已经认定被执行人程某建犯有组织、领导传销活动罪，应当将其传销资金依法予以追缴、没收。复议申请人认为“签署合同时并不知道涉案财物是程某建通过违法犯罪活动非法取得”“签署合同时无主观恶意，所取得的保险费不属于上述应当被法院追缴的情形”。依法对非法收入予以追缴、没收而不追究刑事责任的前提就是“并不知道涉案财物是程某建通过违法犯罪活动非法取得”，如果明知违法犯罪活动非法取得将不限于承担民事责任。因此，复议申请人的该理由不能成立。

关于复议申请人提出的第二个理由，即追缴、没收投保时缴纳的保险费还是现金价值的问题。虽然法律规定“保险合同成立后，投保人可以解除合同”，但是保险人往往为了自身利益，采取期限越短返还的现金价值越少的限制措施，实际上变相收取了投保人的违约金。司法机关为了案件需要强行解除保险合同不能等同于投保人解除合同，退还保险单的现金价值不能依保险人的标准而定，不能按照当事人违约的标准确定保单的现金价值，即人民法院在执行程序中强制对该保险单的现金价值予以提取应遵循既不能导致保险人利益受损，也不能让保险人获利的原则。

张某芳、程某眉在建信人寿深圳分公司购买的各种名义的大额保险兼有保险和储蓄的功能，直至本案刑事案发，没有保险事故赔偿，建信人寿深圳分公司没有损失，不应当扣除保险费。另外，保险费在复议申请人占有期间也会产生相应的利息，能够弥补一些必要的费用损失。总之，采取“宜粗不宜细”的原则将投保费确定为保单的现金价值较为公平公正。

综上所述，复议申请人建信人寿深圳分公司的复议理由不能成立，不予支持。裁定如下：驳回复议申请人建信人寿深圳分公司的复议请求，维持阳信县人民法院(2019)鲁1622执异4号裁定。

☞ 案例2：保险单的现金价值能够作为执行标的，依据是什么？

王某东执行复议裁定书[1]

裁判要旨

保险单的现金价值是投保人依法享有的财产权益，并构成投保人的责任财产。同时，该财产权益在法律性质上并不具有人身依附性和专属性，也不是被执行人及其所扶养家属必需的生活物品和生活费用，不属于《最高人民法院关于人民法院民事执行中查封、扣押、冻结财产的规定》第5条规定的不得执行的财产。因此，保险单的现金价值依法可以作为强制执行的标的。

申请执行人：滨州市财昌融资担保有限责任公司

申请复议人(异议人、被执行人)：王某东

[1] 参见山东省高级人民法院(2015)鲁执复字第112号复议裁定书。

基本案情

2012年6月11日，异议人王某东做投保人与中国人寿保险公司滨州分公司签订人寿保险合同，险种名称为国寿福星少儿两全保险（分红型），每年交纳保险费3600元，被保险人为王某熙，受益人为王某东。

2014年12月16日，滨州市中级人民法院作出（2014）滨中执字第209-2号执行裁定书及协助执行通知书，要求保险人协助提取涉案人寿保险的保单现金价值。

异议人王某东提出异议称：

（1）异议人交纳的保险费所有权属于保险公司，已不是异议人的财产。（2）在异议人没有解除保险合同的情况下，人民法院裁定提取人寿保单的现金价值于法无据。请求撤销（2014）滨中执字第209号、（2014）滨中执字第209-2号执行裁定书。

滨州市中级人民法院经审理认为：

本案争议焦点有两个：一是如何确认本案执行行为指向的执行对象。二是人民法院在执行程序中能否提取被执行人投保的人寿保单的现金价值。

关于本案执行行为指向的执行对象的问题。（1）滨州市中级人民法院强制执行行为的对象是人寿保单的现金价值，不是保险费本身。人寿保单的现金价值是由投保人交纳的保险费、分红收益扣除保险人相关费用后构成的，与投保人交纳的保险费是不同的概念。（2）根据相关法律规定，在保险事故发生前，投保人可以随时解除合同并要求保险人支付保单的现金价值。保单的现金价值属于投保人的投资性权益，不属于《最高人民法院关于人民法院民事执行中查封、扣押、冻结财产的规定》第5条规定的不得查封、扣押、冻结财产的范围。因此人民法院依法予以查封不违反法律规定。

关于人民法院在执行程序中能否提取被执行人投保的人寿保单的现金价值的问题。根据《保险法》的相关规定，投保人享有单方解除合同的权利，合同解除后保险人必须向投保人支付保单现金价值。保单现金价值的计算方法是确定的，这就意味着保险人在合同解除时支付给投保人的金钱是确定的。因此，保单的现金价值作为投保人享有的一种确定的投资性权益，属于投保人，故法院在执行程序中进行提取并无不当。

综上所述，异议人的异议理由均不成立。滨州市中级人民法院遂以（2015）滨中执异字第13号执行裁定书，裁定驳回了异议人王某东的异议。

王某东不服该裁定，向山东省高级人民法院申请复议，请求撤销滨州市中级人民法院的异议裁定。

山东省高级人民法院经审理认为：

第一，王某东与中国人寿保险公司滨州分公司签订人寿保险合同，险种名称为国寿福星少儿两全保险（分红型），是兼具人身保障和投资理财功能的保险，其虽然是以人的生命和身体为保险标的，但保险单本身具有储蓄性和有价性，其储蓄性和有价性体现在投保人可通过解除保险合同提取保险单的现金价值。这种保险单的现金价值系基于投保人交纳的保险费所形成，是投保人依法享有的财产权益，并构成投保人的责任财产。同时，该财产权益在法律性质上并不具有人身依附性和专属性，也不是被执行人及其所扶养家属必需的生活物品和生活费用，不属于《最高人民法院关于人民法院民事执行中查封、扣押、冻结财产的规定》第5条规定的不得执行的财产。因此，保险单的现金价值依法可以作为强制执行的标的。

第二，保险单的现金价值不同于保险金。保险金，是指保险事故发生后，被保险人或受益人可以请求保险人支付的金额，该保险金是专属于被保险人或受益人的权益，人民法院不得作为投保人的责任财产而予以执行。但本案中，人民法院执行的并非保险事故发生后的保险金，而是保险事故并未发生情况下保险单的现金价值。因此，申请复议人王某东以《保险法》第12条、第23条以及《合同法》第73条等关于保险金的相关规定，主张人民法院不得执行保险单的现金价值，于法无据。

第三，人民法院的强制执行行为在性质上就是替代被执行人对其所享有的财产权益进行强制处置，从而偿还被执行人所欠的债务。根据《保险法》第15条、第47条的规定，在保险期内，投保人可通过单方自行解除保险合同而提取保险单的现金价值。由此可见，保险单的现金价值作为投保人所享有的财产权益，不仅在数额上具有确定性，而且投保人可随时无条件予以提取。基于此，在作为投保人的被执行人不能偿还债务，又不自行解除保险合同提取保险单的现金价值以偿还债务的情况下，人民法院在执行程序中有权强制代替被执行人对该保险单的现金价值予以提取。但是，在投保人与保险人、受益人不一致时，考虑到被保险人或受益人的利益维护，如果受益人或被保险人愿意承受投保人的合同地位、维系保险合同效力，并向执行法院交付了相当于保险单现金价值的货币以替代履行的，人民法院应对保险单的现金价值不再执行。

综上所述，滨州市中级人民法院(2015)滨中执异字第13号执行裁定，认定事实清楚、适用法律正确，应予维持。申请复议人王某东的复议理由不成立，法院依法不予支持。裁定如下：驳回申请复议人王某东的复议申请，维持滨州市中级人民法院(2015)滨中执异字第13号执行裁定。

☞ 案例3：年金保险的被保险人做被执行人时，年金能否被强制执行？及时变更投保人能规避执行吗？

沈某蓉、兴铁一号产业投资基金合伙企业财产份额转让纠纷执行审查类执行裁定书[1]

裁判要旨

本案保单的保险产品是兼具人身保障和投资理财功能的保险，虽然是以人的生命和身体为保险标的，但保险本身具有储蓄性和有价性，体现在被保险人许某婷可每年获得固定比例的年金，并在保险合同到期后提取满期保险金，该满期保险金构成被执行人许某婷的责任财产。本案被执行人许某婷作为该保单的被保险人，应当将其每年获得的固定比例年金用于偿还本案债务。

异议人(案外人)：沈某蓉

申请执行人：兴铁一号产业投资基金(有限合伙)(以下简称兴铁一号)、兴铁二号产业投资基金(有限合伙)(以下简称兴铁二号)

被告、被执行人：成都亲华科技有限公司(以下简称亲华科技)、邓某华、邓某、许某婷

基本案情

原告兴铁一号、兴铁二号与被告亲华科技、邓某华、邓某、许某婷合伙企业财产份额转让纠纷一案，江西省高级人民法院于2018年12月10日作出(2018)赣民初113号民事判决，判令：被告亲华科技于该判决生效后10日内向原告兴铁一号、兴铁二号支付份额转让款5421.047万元、支违约金107.9832万元(含违约金计算方法)、律师费21万元；被告邓某华、邓某、许某婷对上述3项债务承担连带清偿责任，并在承担责任后有权在其承担担保范围内向被告亲

[1] 参见江西省高级人民法院(2019)赣执异16号执行裁定书。

华科技追偿……该判决生效后，兴铁一号、兴铁二号向法院申请执行，法院于2019年6月11日立案受理，案号(2019)赣执47号。在本案执行过程中，法院作出(2019)赣执47号之三协助执行通知书，要求华夏人寿保险公司四川分公司协助冻结被执行人许某婷在该公司购买的保险产品，保险合同号为×××5688，并将该保险产品的现金价值、红利及利息等扣划至法院；冻结被执行人许某婷作为被保险人，投保人为沈某蓉、保险合同号为×××9588、×××0188的两份保险产品的生存金及生存金的收益、利息等财产性权益，冻结期限两年。冻结期间不得以任何方式处置该冻结权益，并将权益以现金转账形式扣划至法院。

另查明，本案被冻结、扣划保险合同号为×××9588保单所属保险合同的投保人为沈某蓉(由原投保人许某婷变更而来)、被保险人为许某婷，身故保险金享有人为法定收益人，险种名称为华夏富贵竹年金保险和华夏附加金管家年金保险(万能型、A款)，保险金额及保险费为10万元。

法院在执行申请执行人兴铁一号、兴铁二号与被执行人亲华科技、邓某华、邓某、许某婷合伙企业财产份额转让纠纷一案过程中，案外人沈某蓉因不服法院冻结并扣划被执行人许某婷在华夏人寿保险公司购买的保险合同号为×××9588保险产品的生存金、利息等财产性权益的执行行为，向法院提出书面异议。法院受理后，依法组成合议庭进行审查，现已审查终结。

异议人沈某蓉称：

法院冻结和扣划的保险合同号为×××9588的保险产品，投保险种为华夏富贵竹年金保险、华夏附加金管家年金保险(万能型、A款)，投保人为异议人，被保险人为被执行人许某婷，生存保险金受益人为被执行人许某婷(受益比例100%)，身故受益人为法定受益人。根据保险条款约定，该保险产品项下已产生的生存保险金已作为华夏附加金管家年金保险的保险费进入华夏附加金管家年金保险万能保险合同账户，实质是被保险人享有所有权的生存保险金进入华夏附加金管家年金保险万能保险合同后，变成了异议人作为投保人享有所有权的保险费，因此，进入华夏附加金管家年金保险万能保险合同账户中的生存保险金，性质为保险费，所有权人为投保人(异议人)。同理，华夏附加金管家年金保险万能保险合同账户中的收益、利息等财产性权益，所有人为投保人(异议人)，而非被执行人许某婷的财产，不属于本案执行财产的范围，不应被冻结扣划，请求撤销对该保险产品的生存金、利息等财产性权益的扣划，并将其退还给异议人。

兴铁一号、兴铁二号辩称：

(1)根据异议人沈某蓉提交的华夏人寿保险公司四川分公司的《富贵竹年金保险条款》和《附加金管家年金保险(万能型、A款)》，被保险人许某婷是本案保单项下生存金受益人、期满受益人，系该保单项下年金及满期保险金请求权的人。

(2)本案保单所涉保险产品的满期保险金和年金不属于被执行人许某婷的生活必需品，可以被执行。本案保单的保险产品是兼具人身保障和投资理财功能的保险，虽然是以人的生命和身体为保险标的，但保险本身具有储蓄性和有价性，体现在被保险人许某婷可每年获得固定比例的年金，并通过保险合同到期后提取满期保险金，该满期保险金构成被执行人许某婷的责任财产。本案被执行人许某婷作为该保单的被保险人，应当将其每年获得的固定比例年金用于偿还本案债务，而不应将该年金追加保险费规避本案债务。请求驳回沈某蓉的异议申请。

江西省高级人民法院经审理认为：

本案的争议焦点是保险合同编号为×××9588保险产品的满期保险金、生存年金及利息等财产性权益能否强制执行。依照相关法律规定，人民法院可以查封、扣押、冻结被执行人占有的动产、登记在被执行人名下的不动产、特定动产及其他财产权，并有权对该被控制的财产及时采取执行措施。本案中，法院冻结、扣划的保险合同号为×××9588生存金收益及利息等财产性权益所属保险合同，投保人为沈某蓉、被保险人为许某婷，身故保险金享有人为法定收益人，本案被执行人许某婷作为该保险合同的被保险人，依照《保险法》第12条的规定应当认定为该保险合同的法定受益人，享有对满期保险金、生存年金支付请求权且在数额上具有确定性，该满期保险金及利息属于许某婷的财产性权益，构成被执行人许某婷的责任财产，但并不属于《最高人民法院关于人民法院民事执行中查封、扣押、冻结财产的规定》第5条规定的被执行人及其扶养家属所必需的生活物品和生活费用等不得查封、扣押、冻结的财产范围，该财产性权益亦不涉及投保人沈某蓉的合法权益。

至于异议人沈某蓉所主张的该满期保险金和生存年金等保险利益转化为附加金管家年金合同的保险费的问题，依照《华夏附加金管家年金保险(万能型、A款)》的条款约定，该生存保险利益在转化成该附加合同的保险费之前，须取得相关受益人许某婷的同意，但是许某婷作为本案被执行人无权同意无偿转让其享有的该财产性权益。因此，本案在被执行人许某婷不能清偿债务且保单中部分生存年金已经具备保险合同约定的给付条件的情形下，法院有权对被执行人许某婷所享有的该保单满期保险金、生存年金及利息等财产性权益予以冻结并在符合条件之日起扣划，该执行行为具有替代被执行人许某婷对其所享有的上述财产性权益进行强制处置以偿还其所欠债务的法律性质，符合法律规定，案外人沈某蓉对该生存年金和满期保险金主张实体权利并请求排除执行，缺乏事实和法律依据。

综上所述，沈某蓉的异议理由不能成立，法院不予支持。依照《民事诉讼法》第 227 条、《最高人民法院关于人民法院办理执行异议和复议案件若干问题的规定》第 17 条第 1 项的规定，裁定如下：驳回沈某蓉的异议请求。

第九节　人身保险公司的整顿和接管问题

保险公司作为以经营风险为业务向全社会提供风险管理解决方案的特殊企业，有与一般企业不同的特点，它在整个金融体系的正常运行和社会稳定方面扮演着重要角色，人身保险公司的客户联结千家万户，人身保险合同的保险期间又是长期甚至终身的，一旦发生风险，必是系统性风险，因此历来保险行业都是金融监管的重中之重。

对保险公司尤其是人身保险公司的监管，以偿付能力指标为切入，通过一系列法定的监管措施，层层递进由松到紧，本节我们探讨这些监管措施中相对较为严厉的两个：整顿和接管。

法条汇编

《保险公司偿付能力管理规定》(2021 年 3 月 1 日)

第六条　偿付能力监管指标包括：

(一)核心偿付能力充足率，即核心资本与最低资本的比值，衡量保险公司高质量资本的充足状况；

(二)综合偿付能力充足率，即实际资本与最低资本的比值，衡量保险公司资本的总体充足状况；

(三)风险综合评级，即对保险公司偿付能力综合风险的评价，衡量保险公司总体偿付能力风险的大小。

核心资本,是指保险公司在持续经营和破产清算状态下均可以吸收损失的资本。

实际资本,是指保险公司在持续经营或破产清算状态下可以吸收损失的财务资源。

最低资本,是指基于审慎监管目的,为使保险公司具有适当的财务资源应对各类可量化为资本要求的风险对偿付能力的不利影响,所要求保险公司应当具有的资本数额。

核心资本、实际资本、最低资本的计量标准等监管具体规则由中国银保监会另行规定。

第八条　保险公司同时符合以下三项监管要求的,为偿付能力达标公司:

(一)核心偿付能力充足率不低于50%;

(二)综合偿付能力充足率不低于100%;

(三)风险综合评级在B类及以上。

不符合上述任意一项要求的,为偿付能力不达标公司。

第十六条第一款　保险公司应当按照中国银保监会制定的保险公司偿付能力监管具体规则,每季度公开披露偿付能力季度报告摘要,并在日常经营的有关环节,向保险消费者、股东、潜在投资者、债权人等利益相关方披露和说明其偿付能力信息。

第二十三条　中国银保监会及其派出机构建立以下偿付能力数据核查机制,包括:

(一)每季度对保险公司报送的季度偿付能力报告的真实性、完整性和合规性进行核查;

(二)每季度对保险公司公开披露的偿付能力季度报告摘要的真实性、完整性和合规性进行核查;

(三)对保险公司报送的其他偿付能力信息和数据进行核查。

核心偿付能力充足率低于60%或综合偿付能力充足率低于120%的保险公司为重点核查对象。

第二十六条　对于核心偿付能力充足率低于50%或综合偿付能力充足率低于100%的保险公司,中国银保监会应当采取以下第(一)项至第(四)项的全部措施:

(一)监管谈话;

（二）要求保险公司提交预防偿付能力充足率恶化或完善风险管理的计划；

（三）限制董事、监事、高级管理人员的薪酬水平；

（四）限制向股东分红。

中国银保监会还可以根据其偿付能力充足率下降的具体原因，采取以下第（五）项至第（十二）项的措施：

（五）责令增加资本金；

（六）责令停止部分或全部新业务；

（七）责令调整业务结构，限制增设分支机构，限制商业性广告；

（八）限制业务范围、责令转让保险业务或责令办理分出业务；

（九）责令调整资产结构，限制投资形式或比例；

（十）对风险和损失负有责任的董事和高级管理人员，责令保险公司根据聘用协议、书面承诺等追回其薪酬；

（十一）依法责令调整公司负责人及有关管理人员；

（十二）中国银保监会依法根据保险公司的风险成因和风险程度认为必要的其它监管措施。

对于采取上述措施后偿付能力未明显改善或进一步恶化的，由中国银保监会依法采取接管、申请破产等监管措施。

中国银保监会可以视具体情况，依法授权其派出机构实施必要的监管措施。

《保险法》(2015年4月24日)

第一百零一条 保险公司应当具有与其业务规模和风险程度相适应的最低偿付能力。保险公司的认可资产减去认可负债的差额不得低于国务院保险监督管理机构规定的数额；低于规定数额的，应当按照国务院保险监督管理机构的要求采取相应措施达到规定的数额。

第一百三十八条 对偿付能力不足的保险公司，国务院保险监督管理机构应当将其列为重点监管对象，并可以根据具体情况采取下列措施：

（一）责令增加资本金、办理再保险；

（二）限制业务范围；

（三）限制向股东分红；

（四）限制固定资产购置或者经营费用规模；

（五）限制资金运用的形式、比例；

（六）限制增设分支机构；

（七）责令拍卖不良资产、转让保险业务；

（八）限制董事、监事、高级管理人员的薪酬水平；

（九）限制商业性广告；

（十）责令停止接受新业务。

第一百三十九条　保险公司未依照本法规定提取或者结转各项责任准备金，或者未依照本法规定办理再保险，或者严重违反本法关于资金运用的规定的，由保险监督管理机构责令限期改正，并可以责令调整负责人及有关管理人员。

第一百四十条　保险监督管理机构依照本法第一百三十九条的规定作出限期改正的决定后，保险公司逾期未改正的，国务院保险监督管理机构可以决定选派保险专业人员和指定该保险公司的有关人员组成整顿组，对公司进行整顿。

整顿决定应当载明被整顿公司的名称、整顿理由、整顿组成员和整顿期限，并予以公告。

第一百四十一条　整顿组有权监督被整顿保险公司的日常业务。被整顿公司的负责人及有关管理人员应当在整顿组的监督下行使职权。

第一百四十二条　整顿过程中，被整顿保险公司的原有业务继续进行。但是，国务院保险监督管理机构可以责令被整顿公司停止部分原有业务、停止接受新业务，调整资金运用。

第一百四十三条　被整顿保险公司经整顿已纠正其违反本法规定的行为，恢复正常经营状况的，由整顿组提出报告，经国务院保险监督管理机构批准，结束整顿，并由国务院保险监督管理机构予以公告。

第一百四十四条　保险公司有下列情形之一的，国务院保险监督管理机构可以对其实行接管：

（一）公司的偿付能力严重不足的；

（二）违反本法规定，损害社会公共利益，可能严重危及或者已经严重危及公司的偿付能力的。

被接管的保险公司的债权债务关系不因接管而变化。

第一百四十五条　接管组的组成和接管的实施办法，由国务院保险监督管理机构决定，并予以公告。

第一百四十六条 接管期限届满，国务院保险监督管理机构可以决定延长接管期限，但接管期限最长不得超过二年。

第一百四十七条 接管期限届满，被接管的保险公司已恢复正常经营能力的，由国务院保险监督管理机构决定终止接管，并予以公告。

第一百四十八条 被整顿、被接管的保险公司有《中华人民共和国企业破产法》第二条规定情形的，国务院保险监督管理机构可以依法向人民法院申请对该保险公司进行重整或者破产清算。

第一百五十三条 保险公司在整顿、接管、撤销清算期间，或者出现重大风险时，国务院保险监督管理机构可以对该公司直接负责的董事、监事、高级管理人员和其他直接责任人员采取以下措施：

（一）通知出境管理机关依法阻止其出境；

（二）申请司法机关禁止其转移、转让或者以其他方式处分财产，或者在财产上设定其他权利。

法条解读

保险公司经营的就是风险，擅长的就是风险管理。所以为确保经营的稳健，防范系统性金融风险发生，监管机构要求保险公司的资产在满足所有预期保险责任（每接受一张保单投保，在保险合同中约定赔付的保险金额就是负债）承担之后，还要按照规定多出来一些钱，即要有一定的“安全垫”。按照新的《保险公司偿付能力管理规定》，这个“安全垫”的厚薄由三个指标构成：（1）核心资本，是指保险公司在持续经营和破产清算状态下均可以吸收损失的资本。（2）实际资本，是指保险公司在持续经营或破产清算状态下可以吸收损失的财务资源。（3）最低资本，是指基于审慎监管目的，为使保险公司具有适当的财务资源应对各类可量化为资本要求的风险对偿付能力的不利影响，所要求保险公司应当具有的资本数额。

核心资本，就是保险公司最优质的那部分资产，实际资本次之，最低资本可称得上是全部的资本总和，其中就包括核心资本和实际资本。监管部门对保险公司的偿付能力监管主要看两个指标：（1）核心偿付能力充足率，即核心资本与最低资本的比值，衡量保险公司高质量资本的充足状况；（2）综合偿付能力充足率，即实际资本与最低资本的比值，衡量保险公司资本的总体充足状况。一旦核心偿付能力充足率低于60%或综合偿付能力充足率低于120%的保险公司，就会被监管部门列为重点核查对象。

偿付能力充足率并不是越高越好。目前，根据我国监管规定，偿付能力充足率达到100%就合格，150%以上就很不错。对于业务发展快速的公司，由于其承担的保险责任越来越大占用大量资金额度（实际上是保险公司的负债），偿付能力充足率往往呈下降趋势；反过来，新成立的公司一般业务量较小，而大量的资本金都在账上趴着，没有得到充足的利用，就会形成“超高”的偿付能力充足率。如果长期保持“超高”的偿付能力充足率，说明保险公司的业务发展达不到投资人的预期，实质上造成了大量资金沉淀，反而不利于公司长期健康运营。

偿付能力对保险公司健康运作来说是至关重要的，一旦发生偿付能力危机，不仅保险公司无法维持正常经营，被保险人或投保人的利益遭到威胁或损害，而且可能会对国民经济的正常运转和金融体系的安全稳定造成巨大的破坏。保险公司的偿付能力监管已成为国家对保险业监管的重要指标，也是其监管的核心内容。所以必须通过立法来预防和避免偿付能力不足带来的破坏性影响，一旦出现偿付能力不足的情况，保险法就赋予监管机构进行整顿，如果整顿仍然无法化解危机，就启动更强有力的接管程序。

我们通过还原安邦保险集团历经接管到大家保险成立的过程，体会《保险法》中规定的监管法律措施在实务中的具体运用，更好地理解加强金融监管对防范系统性金融风险、维护金融市场稳定发展的重要意义。

2017年7月14日和15日，第五次全国金融工作会议在北京召开。会议提出“加强金融监管协调，补齐监管短板。设立国务院金融稳定发展委员会，强化人民银行宏观审慎管理和系统性风险防范职责”。落实金融监管部门监管职责，并强化监管问责。会议强调，防止发生系统性金融风险是金融工作的永恒主题。与以往历次金融工作会议相比，监管、风险是此次会议讲话中的高频词汇。此次会议的召开，标志着中国的金融发展进入了一个新阶段——防范风险和加强监管占据了更为优先的地位。

2018年2月23日，中国保监会发布公告，鉴于安邦保险集团股份有限公司（以下简称安邦集团）存在违反保险法规定的经营行为，可能严重危及公司偿付能力，为保护保险消费者合法利益，维护社会公共利益，依照《保险法》第

144条的规定,决定对安邦集团实施接管,接管期限自2018年2月23日起至2019年2月22日止。

接管期间内,保监会依照法律规定,会同人民银行、银监会、证监会、外汇局等有关部门成立接管工作组,全面接管安邦集团经营管理,全权行使安邦集团三会一层(股东会、董事会、监事会和高级管理人员层级)职责。但接管不改变安邦集团对外的债权债务关系。接管期间,接管工作组将在监管部门指导下,依法依规采取切实有效措施,保持公司照常经营,确保保险消费者合法权益得到充分保障,并依法维护各利益相关方合法权益。同时,接管工作组将积极引入优质社会资本,完成股权重整,保持安邦集团民营性质不变。

据悉,自2017年6月以来,保监会就根据监管工作安排,派出工作组进驻安邦集团,深入开展现场检查,强化公司现场监管,督促公司改善经营管理。此次接管决定,也是对安邦集团内部风险排查后作出的进一步监管措施。

银保监会对安邦集团风险处置工作完成阶段性成果的一个标志是大家保险集团的正式成立。

2019年7月11日,银保监会官方网站发布消息称:经中国银保监会批准,近期,中国保险保障基金有限责任公司、中国石油化工集团有限公司、上海汽车工业(集团)总公司共同出资设立大家保险集团有限责任公司(以下简称大家保险集团),注册资本203.6亿元。公司法定代表人正是安邦保险接管工作组组长何肖锋。

大家保险集团依法受让安邦人寿、安邦养老和安邦资管股权,以及安邦财险的部分保险业务、资产和负债。安邦人寿、安邦养老和安邦资管分别更名为大家人寿、大家养老和大家资管。重组完成后,安邦保险集团将不开展新的保险业务。

2020年2月22日,在接管安邦保险集团两年后(期间接管期限延长一年),银保监会发布公告,根据《保险法》第147条的规定,从安邦保险集团股份有限公司拆分新设的大家保险集团有限责任公司已基本具备正常经营能力,原中国银保监会依法结束对安邦集团的接管。

综上所述,我们梳理出监管部门对保险公司的监管思路和具体的监管措施,按照从轻到重的表述顺序,依次为:(1)根据银保监会最新修改的于2021年3月1日正式实施的《保险公司偿付能力管理规定》可知,保险公司应当每季度公开披露偿付能力季度报告摘要,从而实现核心监管指标的常态化。

(2)一旦发现保险公司偿付能力不足,银保监会先按照《保险法》第138条将其列为重点监管对象,并对公司的正常运营尤其是涉及资金运用方面的使用进行严格的限制措施。(3)如果保险公司未能在规定的时间内增加资本金或者把偿付能力提高到正常水平,银保监会可以按照《保险法》第139条责令调整负责人及有关管理人员。(4)如果保险公司未能遵照《保险法》第139条进行整改,银保监会可以选派保险专业人员和指定该保险公司的有关人员组成整顿组,对公司进行整顿;一旦进入整顿期间,原有业务正常进行,但被整顿保险公司的负责人及有关管理人员都应当在整顿组的监督下行使职权。(5)整顿期间一旦发现比如公司偿付能力严重不足,或者因此可能损害社会公共利益,就按照《保险法》第144条启动接管程序。(6)接管期间,接管组织代为行使保险公司的所有经营管理权力,包括股东(大)会、董事会、监事会和高级管理层级人员。公司所有资金往来、资产买卖、信息发布、除传统保险业务外的合同签订等行为,均需经接管工作组同意。(7)接管期间届满,根据《保险法》第147条的规定,被接管保险公司恢复正常经营能力的,由监管部门决定终止接管。如果接管后发现被接管保险公司资不抵债不能清偿到期债务,或者明显缺乏清偿能力的,监管部门可以根据《保险法》第148条的规定,依法向人民法院申请对该保险公司进行重整或者破产清算。

至此在理论上,一家保险公司终于因为自己的不合规经营走完它最后的路程,在严格监管的措施中落下帷幕退出市场。

第十节　人身保险公司的解散和破产问题

上一节我们探讨了针对保险公司监管措施中的整顿和接管,如果说整顿和接管是针对一个已经“生了病”的保险公司,由监管机关出面全力“医治”。如果“治愈”了,则结束整顿或接管,保险公司经营恢复正常化;如果“病入膏肓,没有治疗价值”,监管机关有权“放弃治疗”,直接按照《保险法》第89条第2款的规定,宣告保险公司的解散。

保险公司的解散意味着这个法人主体从此退出市场,所以兹事体大不可不慎重。为此,《保险法》规定了保险公司解散的前置程序,由国务院保险监督管理机构(目前就是国家金融监督管理总局)批准后方可解散。2020年9月14日,安邦保险集团在其官网发布公告,当天安邦集团召开股东大会,会议决议解散公司,并成立清算组(筹)。下一步,公司将按照法律法规向中国银保监会申请解散,在取得相关行政许可后及时组织清算。

2024年6月12日,国家金融监督管理总局同意安邦保险集团股份有限公司和安邦财产保险股份有限公司进入破产程序。至此,安邦保险正式退出历史舞台。

解散、清算和破产到底有什么关系?保险公司解散甚至破产后,保险消费者的利益该如何维护,本节围绕这些问题展开讨论。

法条汇编

《保险法》(2021年1月1日)

第八十九条 保险公司因分立、合并需要解散,或者股东会、股东大会决议解散,或者公司章程规定的解散事由出现,经国务院保险监督管理机构批准后解散。

经营有人寿保险业务的保险公司,除因分立、合并或者被依法撤销外,不得解散。

保险公司解散,应当依法成立清算组进行清算。

第九十条 保险公司有《中华人民共和国企业破产法》第二条规定情形的,经国务院保险监督管理机构同意,保险公司或者其债权人可以依法向人民法院申请重整、和解或者破产清算;国务院保险监督管理机构也可以依法向人民法院申请对该保险公司进行重整或者破产清算。

第九十二条 经营有人寿保险业务的保险公司被依法撤销或者被依法宣告破产的,其持有的人寿保险合同及责任准备金,必须转让给其他经营有人寿保险业务的保险公司;不能同其他保险公司达成转让协议的,由国务院保险监督管理机构指定经营有人寿保险业务的保险公司接受转让。

转让或者由国务院保险监督管理机构指定接受转让前款规定的人寿保险合同及责任准备金的,应当维护被保险人、受益人的合法权益。

第九十三条 保险公司依法终止其业务活动,应当注销其经营保险业务许可证。

第九十七条 保险公司应当按照其注册资本总额的百分之二十提取保证金,存入国务院保险监督管理机构指定的银行,除公司清算时用于清偿债务外,不得动用。

第一百四十九条 保险公司因违法经营被依法吊销经营保险业务许可证的,或者偿付能力低于国务院保险监督管理机构规定标准,不予撤销将严重危害保险市场秩序、损害公共利益的,由国务院保险监督管理机构予以撤销并公告,依法及时组织清算组进行清算。

《企业破产法》(2007年6月1日)

第二条第一款 企业法人不能清偿到期债务,并且资产不足以清偿全部债务或者明显缺乏清偿能力的,依照本法规定清理债务。

《公司法》(2024年7月1日)

第二百二十九条 公司因下列原因解散:

(一)公司章程规定的营业期限届满或者公司章程规定的其他解散事由出现;

(二)股东会决议解散;

(三)因公司合并或者分立需要解散;

(四)依法被吊销营业执照、责令关闭或者被撤销;

(五)人民法院依照本法第二百三十一条的规定予以解散。

公司出现前款规定的解散事由,应当在十日内将解散事由通过国家企业信用信息公示系统予以公示。

第二百三十七条 清算组在清理公司财产、编制资产负债表和财产清单后,发现公司财产不足清偿债务的,应当依法向人民法院申请破产清算。

人民法院受理破产申请后,清算组应当将清算事务移交给人民法院指定的破产管理人。

第二百四十二条 公司被依法宣告破产的,依照有关企业破产的法律实施破产清算。

《保险保障基金管理办法》(2022年12月12日)

第十三条 保险保障基金的来源:

(一)境内保险公司依法缴纳的保险保障基金;

(二)保险保障基金公司依法从被撤销或者破产的保险公司清算财产中获得的受偿收入;

（三）捐赠；

（四）上述资金的投资收益；

（五）其他合法收入。

第十六条 有下列情形之一的，可以动用保险保障基金：

（一）保险公司被依法撤销或者依法实施破产，其清算财产不足以偿付保单利益的；

（二）国务院保险监督管理机构经商有关部门认定，保险公司存在重大风险，可能严重危害社会公共利益和金融稳定的；

（三）国务院批准的其他情形。

第二十条 保险公司被依法撤销或者依法实施破产，其清算财产不足以偿付保单利益的，保险保障基金按照下列规则对财产保险、短期健康保险、短期意外伤害保险的保单持有人提供救助：

（一）保单持有人的保单利益在人民币5万元以内的部分，保险保障基金予以全额救助。

（二）保单持有人为个人的，对其保单利益超过人民币5万元的部分，保险保障基金的救助金额为超过部分金额的90%；保单持有人为机构的，对其保单利益超过人民币5万元的部分，保险保障基金的救助金额为超过部分金额的80%。

本办法所称保单利益，是指解除保险合同时，保单持有人有权请求保险人退还的保险费、现金价值；保险事故发生或者达到保险合同约定的条件时，被保险人、受益人有权请求保险人赔偿或者给付的保险金。

第二十一条 经营有长期人身保险业务的保险公司被依法撤销或者依法实施破产的，其持有的人寿保险合同，必须依法转让给其他经营有相应保险业务的保险公司；不能同其他保险公司达成转让协议的，由国务院保险监督管理机构指定经营有相应保险业务的保险公司接收。

除人寿保险合同外的其他长期人身保险合同，其救助方式依照法律、行政法规和国务院有关规定办理。

第二十二条 被依法撤销或者依法实施破产的保险公司的清算资产不足以偿付人寿保险合同保单利益的，保险保障基金可以按照下列规则向保单受让公司提供救助：

（一）保单持有人为个人的，救助金额以转让后保单利益不超过转让前保

单利益的90%为限;

(二)保单持有人为机构的,救助金额以转让后保单利益不超过转让前保单利益的80%为限;

(三)对保险合同中投资成分等的具体救助办法,另行制定。

除人寿保险合同外的其他长期人身保险合同,其救助标准按照人寿保险合同执行。

保险保障基金依照前款规定向保单受让公司提供救助的,救助金额应当以保护中小保单持有人权益以维护保险市场稳定,并根据保险保障基金资金状况为原则确定。

《金融稳定法》(二次审议稿)

第二十三条 金融机构出现法律、行政法规规定的危及持续经营、危害金融秩序等情形,国务院金融管理部门可以依法作出促成重组、整顿、接管、托管、撤销或者申请破产等决定并予以公告,实现被处置金融机构恢复正常经营或者平稳有序退出市场。

第二十四条 被处置金融机构应当切实履行风险处置的主体责任,穷尽自救手段,采取一切必要措施清理债权债务,挽回损失。

被处置金融机构的股东、实际控制人按照恢复和处置计划或者监管承诺补充资本,对金融风险负有责任的股东、实际控制人依法承担相应赔偿责任,归还违反规定占用或者转移的资金、分配的股息红利。

第二十五条 金融风险处置应当充分发挥市场配置资源作用,以市场化方式引入战略投资者、处置不良资产和补充资本。存款保险基金管理机构和行业保障基金管理机构发挥市场化、法治化处置平台作用,依法履行促成收购承接、出资等风险处置职责。

第二十六条 全国性银行、证券基金期货经营机构、中央金融企业及其控股金融机构的风险处置,由国务院金融管理部门牵头组织实施,省、自治区、直辖市人民政府按照职责分工做好风险处置相关工作。

地方中小金融机构、农村金融机构的风险处置,由其注册地所在省、自治区、直辖市人民政府牵头组织实施。

本条第一款、第二款规定以外的其他金融机构、私募基金管理机构的风险处置,由其注册地所在省、自治区、直辖市人民政府会同国务院金融管理部门组织实施。

非金融机构涉及的金融风险，由国务院有关部门或者省、自治区、直辖市人民政府按照职责分工承担处置责任。

金融市场风险，由国务院金融管理部门按照职责分工牵头应对。

中国人民银行按照规定履行最后贷款人职责。国务院财政部门依法参与处置系统性金融风险，并按照规定履行相关职责。

省、自治区、直辖市人民政府依照本条第二款规定处置金融风险的，应当牵头制定风险处置方案，履行组织清产核资、挽回损失、协调处置资金、追责问责、维护社会稳定等职责。国务院金融管理部门应当给予必要的指导、支持和协调。

第二十七条 被处置金融机构及其主要股东、实际控制人应当严格执行处置方案规定的各项措施。相关金融基础设施运营机构应当配合执行处置方案，维持稳健运营。

第二十八条 国家设立金融稳定保障基金，作为处置金融风险的后备资金。金融风险严重危及金融稳定的，可以按照规定使用金融稳定保障基金。

金融稳定保障基金由向金融机构、金融基础设施运营机构等主体筹集的资金以及国务院规定的其他资金组成。

经国务院决定，中国人民银行再贷款可以用于为金融稳定保障基金提供流动性支持，金融稳定保障基金应当以处置所得、收益和行业收费等偿还。

金融稳定保障基金筹集、管理、使用和监督的具体办法，由国务院规定。

法条解读

经常听有些保险从业者说，根据《保险法》第89条的规定，人身保险公司不会倒闭。得出此结论的人显然是既不了解《公司法》也不明白《保险法》。

保险公司作为一个具有独立法人地位的商业机构，从其设立到解散就犹如一个人从出生到死亡。老百姓口中的公司倒闭在法律人眼里有两种情形，那就是公司解散和公司破产。虽然两者的结果都是公司消灭，但解散和破产却有着明显的甚至本质上的不同。

解散不一定引发破产，但破产一定是以解散为前提。

保险公司的解散，是指依法设立的保险公司因为法定原因或者法定事由出现，经主管部门批准，终止其营业而停止从事保险业务的行为。根据《保险法》第 89 条的规定，保险公司（此时不区分寿险公司还是财险公司）在以下情况下经批准后解散：

第一，保险公司因分立、合并需要解散。公司合并有两种形式：一个公司吸收其他公司为吸收合并，被吸收的保险公司法人资格消灭，该公司解散。两个以上公司合并设立一个新的公司为新设合并。新设合并时，各方保险公司的全部资产都并入新的保险公司，原各保险公司法人资格相应消灭，都要解散。公司分立也有两种形式：原来的一个公司将财产全部分割为两个以上的公司，属于新设分立，原公司法人解散，出现两个以上新的法人。原公司将一部分财产分割设立一个以上新的经营主体，则构成派生分立，在这种情况下，原公司还继续存在，仅是减少了注册资本。

第二，股东会决议解散。股东会是保险公司的最高权力机关，它们有权对公司的重要事务作出决议。股东会作出公司停止经营活动，消灭法人资格决议的，保险公司报经监管机构批准后解散。

第三，因公司章程规定的解散事由出现而解散。公司章程是保险公司的经营基础，在公司内部具有宪法性质的最高地位。其可以规定公司的营业期限或者解散事由，当公司章程规定的解散事由出现时，公司应当停止经营活动，报经监管机构批准后解散。

第四，保险公司被依法撤销而解散。根据《保险法》第 149 条的规定，保险公司被依法撤销有两种情形：（1）因违法经营被吊销保险经营许可证。吊销保险经营许可证是指保险监督管理机构对于违法经营保险业务情节严重的保险公司，依法取消其经营保险业务资格的一种行政处罚。（2）偿付能力低于监管机构的规定，不予撤销将严重危害保险市场秩序、损害公共利益的，保险监管机构应当撤销该保险公司。保险公司一旦被强制撤销，应当依法及时组织清算组进行清算。

根据《保险法》第 89 条第 2 款的规定：经营有人寿保险业务的保险公司，除被依法撤销或因分立、合并而解散外，不得解散。也就是说，对于人寿保险公司的解散，法律允许因合并分立而解散，也允许因依法撤销而解散，但不允许因章程规定而解散。

为什么不允许公司章程里约定人寿保险公司的解散事由？这是为了保护保险消费者权益的一项重要制度设计。因为人身保险的合同期限通常都很长，甚至有保障终身的产品,但是保险合同的交费期限可以很短,如趸交,3 年或者 5 年。如果允许一家人寿保险公司可以在章程里面约定经营期限为 5 年,公司在 5 年内大量发售 3 年交或者趸交的短期产品,而保险责任却是保障终身的终身寿险,等到 5 年经营期限届满,保险公司的保险责任还没有承担,而保险公司却已经因为经营期限届满自行解散不存在了,客户理赔就出现维权无门的境地。所以为保护保险消费者利益,维护人寿保险市场的稳定性,防范因为个别保险公司的不规范操作引发系统性金融风险,必须通过立法制止这种行为的发生。

综上所述,人寿保险公司的确存在解散的可能,但是解散一定会引发破产吗? 不一定! 保险公司解散,应当依法成立清算组进行清算。清算组在清算过程中发现了人寿保险公司资产不足以清偿全部债务或者明显缺乏清偿能力的,根据《企业破产法》第 2 条的规定,启动公司破产程序。

一家人寿保险公司如果想要破产绝非易事。因为根据监管机构对于综合偿付能力有不低于 100%的硬性要求,而且是每季度一次的动态申报,经营人寿业务的保险公司如果严格按照要求把综合偿付能力维持 100%以上,一旦发现不足及时补充责任准备金,即使因《保险法》第 89 条第 2 款之规定解散,也不会因为资不抵债而面临破产。而安邦保险集团之所以落了个破产的结局,是因为从 2018 年开始接管组正式进驻安邦保险集团,在被国家接管的两年里,除了动用 608 亿元保险保障基金,成立大家保险集团,接管原有安邦保险的保单之外,逐步剥离原有业务的各大子公司也是重点之一。其中安邦人寿、安邦养老和安邦资产管理的股权归属了大家保险集团。资产都剥离到了大家保险,自然就剩下了一堆无法偿还的坏账,触发资不抵债的破产条款,最后就落得个破产的结果。

在 2020 年 2 月 23 日《北京日报》刊登的一篇文章《银保监会安邦接管组组长:1.5 万亿元中短期理财全部兑付》中,中国银保监会安邦集团接管组组长(现任大家保险董事长)何肖锋表示,“在安邦集团原有保险客户的权益保护方面,截至 2020 年 1 月,接管前安邦集团发行的 1.5 万亿元中短存续期理财保险已全部兑付,未发生一起逾期和违约事件。我们也是在这方面花了特别大的力气,想方设法筹措资金,把所有 1.5 万亿保单全部如期兑付了,这个保单也没有出现一单违约,没有动国家财政一分钱,就是用行业的保险保障基金做了一个过渡,整体这些投保人的保单利益都得到了切实保障”。

过去的几年，随着新冠肺炎疫情的扰动叠加经济的下行，金融市场也呈现不稳定态势。2021年包商银行破产，2022年河南村镇银行相继出现取款难问题，2023年新华信托股份有限公司破产；2023年万亿元规模的中植集团官宣陷入流动性枯竭，负债本息规模为4200亿~4600亿元；2023年，经保险保障基金救助，接管组完成了华夏人寿更名瑞众人寿、恒大人寿更名海港人寿，对保险行业的风险进行了系统处置。人们对系统性金融风险有了越来越真切的感受。

进入2024年4月，《财新》周刊杂志上的一篇文章《处置问题险企》在保险圈里迅速流传，人们都在担心文章里写的那句“正在修订过程中的《保险法》草案中已新增提出：若被接管的保险公司资产不足以清偿全部债务，或者依法进行保险业务转让的，经国务院批准，可以对保险合同进行合理变更”。是否意味着当一家保险公司出现解散或者破产，保险合同被别的接管之后，接管公司可以对保险合同进行变更，从而打破保险合同的刚性兑付？

众所周知，虽然我国对保险合同的刚性兑付并没有写在哪个法条里或者政策文件里，但是从监管机关对保险公司的日常监管来看，从我们对保险公司的风险处置结果来看，从《金融稳定法》草案来看，从监管出手强制全行业压降保险产品预定利率防止出现利损差的初衷来看，我们仍然应当对保险合同（至少对已经卖出去的那些存量保单）的刚性兑付保持信心，即使将来真如《财新》周刊记者所言《保险法》修改要对保险合同打破刚性兑付，也应参照《立法法》第104条的“法不溯及既往”原则对以往销售的保险合同按照合同约定内容履行。

“法不溯及既往”原则的本质就是不能让老百姓遵守一个事实上不存在的法律，我们过去销售的，现在正在销售的保险合同中，都是白纸黑字地记载着保险产品的保底利率和固定生存金领取，或者增额终身寿险因保额递增而产生的现金价值确定增加，抑或健康险和寿险杠杆放大之后的保额，这些产品在讲解的时候我们都在强调它的安全性和确定性。如果因为若干年以后的一个法律修改就可以溯及以前的保险合同，就可以单方面决定不按照合同约定履行，那将是对契约精神的践踏和诚信原则的颠覆。

从理性角度看，保险合同的利益兑现是要通过投资人的决策获取投资收益来实现，保险产品预定利率约定在前，合同利益兑现在后，如果大的市场环境预期长期收缩，加上大规模资产荒和投资收益下降，我们也无法要求保险投资能独善其身收益必须逆市飘红。所以不排除未来《保险法》修改下的保险合同会和2018年《资管新规》规定下的银行理财一样，有打破刚兑的可能性。可能是因为这个问题过于敏感，兹事体大，有关方面通过这种方式透露给大众，既能把恐慌和焦虑控制在一定范围之内，又能让全社会提前有了心理预期。

保险从业者该如何面对这一可能的历史变迁？

首先，未来法律修改如果真要打破保险合同的刚性兑付，但因为法不溯及既往的立法原则，所以并不影响过去和现在的保险合同利益兑现。如果有人因为未来要打破刚性兑付就对保险行业失去信心，则大可不必。如同 2018 年《资管新规》实施，对 2018 年之前卖出去的承诺刚兑的银行理财产品给了 3 年的过渡期，确保了客户利益的兑现和顺利过渡。而 2018 年《资管新规》实施后，虽然大家都知道银行理财不再保本保息，但依然挡不住消费者购买银行理财的热情。根据《中国银行业理财市场半年报告（2024 年上）》显示，截至 2024 年 6 月末，我国银行理财市场存续规模达 28.52 万亿元，较年初增长 6.43%。

其次，保险行业未来很有很大的上升空间。2023 年，保险行业从业人员数量从巅峰时期的 900 多万下降到 200 万左右，但是根据国家金融监督管理总局披露的 2023 年保险行业经营情况，2023 年保险业实现原保险保费收入 5.12 万亿元，同比增长 9.14%。从业人员数量剧烈下降，但是原保费增长速度接近同时期 GDP 的 2 倍增速。另外，中国人民银行的数据显示，截至 2024 年第一季度末，我国金融业机构总资产为 476.49 万亿元。从金融结构看，保险业资产仅占我国金融业总资产的约 7%，而国际平均水平在 20%左右，对标发达国家保险业的资产规模，我国保险业的未来仍然有巨大的增长空间。

再次，从现在开始，讲解大额保单时减少对收益的过度讲解。收益从来都不是保险的核心卖点，自 2023 年至 2024 年，保险产品的预定利率已经从 3.5%调整到 3.0%，又从 3.0%调整到 2.5%，而且 2.5%也将不再是终点，很有可能是利率下行的新起点。所以保险必须回归风险管理的基本属性，比如健康管理与理赔、智慧养老、婚姻资产保全、家企风险隔离、定向传承等功能。在保险产品预定利率持续走低的时代，要学会低利率下的高质量讲解，当我们在其他方面让客户认识到保险是风险管理的唯一和不可替代工具时，收益自然就是可有可无的。

最后，充分认识国家处置金融风险的决心和信心。金融安全也是国家安全的一部分，金融稳定事关国家稳定大局。所以我们在金融行业已有立法的基础上，又准备出台《金融稳定法》，试图为我国金融风险处置提供一个标准的处置流程，并通过新设的金融稳定保障基金和现有的保险保障基金一道，筑牢金融稳定的堤坝，丰富风险处置资金来源，为化解系统性金融风险提供更多的处置资金保障和储备。

2024 年 9 月 11 日，国务院发布的《关于加强监管防范风险推动保险业高质量发展的若干意见》(国发〔2024〕21 号)规定："健全市场退出机制。对风险大、不具备持续经营能力的保险机构，收缴金融许可证，依法进入破产清算程序。"根据国家金融监督管理总局公布的保险机构法人名单，截至 2024 年 6 月末，我国保险集团(控股)公司有 13 家，寿险公司有 75 家，财险公司有 89 家，养老险公司 10 家，健康险公司 7 家。这么多保险机构，有严格遵守监管纪律成绩优异的"好学生"，也有个别不遵守纪律成绩长期垫底的"差学生"，在强监管严监管的时代背景下，如何处置问题险企过程中保护保险消费者合法权益，其中的核心是处置风险的资金来源问题。只要有充足的资金储备，就算某家保险公司因为"风险大、不具备持续经营能力"而退出保险市场，但是曾经的保险合同还是要给客户正常兑现的。

(1)金融机构的股东和实际控制人要承诺补充，本质上金融机构股东并不是简单的有限责任，国家金融监督管理总局和央行也分别要求金融机构制定相应的处置和恢复计划，上交监管。这个计划既然制定并承诺了，一旦出事，股东需要出钱。(2)以市场化方式引入战略投资者、处置不良资产和补充资本，如果这一步还无法解决问题，再动用保险保障基金。保险保障基金虽然是公共基金，但是使用依然遵循市场化法治化原则，即保险保障基金按照法律规定出资给问题险企，按照出资比例享受股东分红，最后溢价退出。(3)区域性的风险，且穷尽市场化手段仍难以化解风险的，由注册地的省级人民政府履行相关出资责任。(4)系统性金融风险，最后才能动用金融稳定保障基金。据悉，2022 年 5 月，我国首批 646 亿元金融稳定保障基金已经筹集到位。

金融领域的保障基金作为金融风险处置工具，在国内外并不鲜见。2010 年美国设立的有序清算基金(OLF)、欧盟设立的单一处置基金(SRF)，均属金融稳定保障基金。就中国而言，目前已先后设立多个金融细分行业的保障基金，包括 2004 年设立的保险保障基金、2005 年设立的证券投资者保护基金、2007 年设立的期货投资者保障基金、2014 年设立的信托保障基金、2015 年设立的存款保险基金、2018 年设立的资管新规风险准备金池等。保险保障基金、存款保险基金等基金均深度参与了近年来相关问题企业的处置。

"中国要建立金融强国，也需要将金融稳定保障基金作为中国国家重大金融风险处置后备资金池和金融稳定长效机制的重要组成部分。”国家外汇管理局副局长陆磊此前在“2022 清华五道口全球金融论坛”上表示，加快建立符合中国国情的金融稳定保障基金，要继续完善金融稳定保障基金资金管理和使用方式，创新金融稳定保障基金资金来源，制定金融稳定保障基金动用细则，形成与现有存款保险基金和行业保障基金相互补充、协同配合的高效金融安全网。

后　　记

本书得以付梓，与诸多同事、朋友和家人的帮助和支持密不可分。

感谢两位副主编任司辉律师和赵梦鹤律师以及编委会成员冉纲瑞律师。两位副主编共同为本书编写了第六章《人身保险合同的十个热点难点问题》（其中任司辉律师编写该章第一～四节，赵梦鹤律师编写该章第五～十节）；感谢叶俊庆律师和冉纲瑞律师编写了第五章《人身保险合同的八个基础知识》的部分内容（其中叶俊庆律师编写了第四节和第五节，冉纲瑞律师编写了第六节和第七节），让本书第二编对人身保险合同的法律实务研究内容更加充实，体系更加丰满。

感谢本书编委会的 11 位成员：樊云亮律师、姬瑞明律师、梁栋律师、王玉光律师、聂心尚律师、于德水律师、张虎律师、张金凤律师、冉纲瑞律师、何瑞律师和叶俊庆律师。在本书编写过程中，编委会的各位同仁在体系搭建、资料收集、案例选编和内容校对上付出了大量的工作，提供了大量有价值的修改意见，在此一并向大家致谢。

感谢保险行销集团梁天龙董事长。在北京听完我的介绍后，虽然是初次见面，他仍然果断决定为本书作序，以行业前辈和人生长者之尊，给予笔者和本书很多的勉励和期待，让我深受鼓舞。

感谢陆其明总经理、贾明军律师和张江安总监，尽管日常工作繁忙仍抽出时间阅读书稿，并把自己的推荐意见分享给读者。

感谢我的夫人，在本书编写期间和日常生活中主动承担了几乎所有家务，让我能够心无旁骛地投入工作中；感谢我的一双儿女，你们成长的过程带给我无与伦比的快乐和力量。

感谢本书的责任编辑,法律出版社翁潇潇女士。从本书的初稿到成书的过程中做出了大量耐心细致的工作,并提出了很多专业且宝贵的意见,使本书以最高的质量呈现到读者面前。

重印后记

这本书成书于新冠肺炎疫情期间，出版在《民法典》生效之后，恰逢世界正经历百年未有之大变局时代，金融行业迎来最强监管，各种法律修改和政策改革层出不穷。虽然它及时地为转型期的从业者提供了一些提升业务所需的法律知识和合规展业所需的风险提示，但出版社的编辑老师在 2024 年年初提醒我，这本书应当进行修订了。

从原计划的 3 月底交稿，一直延迟到 9 月底。其间，一方面是应对繁忙的日常工作，另一方面自己也希望借助这次修改，把第一版的不足和遗憾校正过来。经过几个月的奋笔疾书和加班熬夜，真正交稿的时候，粗略一算，把删除的和修改的加在一起，本书修订部分在 10 万字左右，几乎是重新又写了一遍。

作为一本面向保险从业者的展业工具书和学习辅导书，我希望它能拥有更长期的生命力和更及时的实务指导意义。

这一次修订，除了新出台的法律比如《公司法》《反洗钱法》内容更新外，还把目前正在二审审议中的重要法律草案也收录进来，比如《金融稳定法》等；增补关于党的二十大和二十届三中全会，还有最新保险“国十条”中关于保险的政策性指引和解读。

在第一编部分，我把其中一些论述作了系统性的修改，比如把大额保单的 12 个法律价值升级到了 15 个，关于婚姻家庭资产保全和企业家精神论述部分，也作了大量的修改，希望在阅读趣味性和实战指导性方面给读者更多的启迪。

在第二编部分，我进行了大量的删减。尤其是典型案例的表述方面，针对案件非核心内容、重复内容进行大规模删减，力求在保持框架结构和核心内容不变的情况下,减少文字表述内容,提高阅读效率;另外,针对保险行业形势发展,结合近期政策变化和未来预期,进行重新表述,比如对保险营销员的行业监管和执业风险部分,对保险合同是否打破刚兑以及保险公司破产部分,锚定热点话题,给予明确回应。

这本书出版几年来,以书会友,和更多的保险从业者、从事保险审判的司法工作者、看过这本书的保险客户进行了广泛的交流,我也走访了更多的保险机构,和保险从业者面对面交流,传播知识交流思想,帮助更多的从业者树立正确的行业价值观。

如果因为我个人一点努力,为中国保险行业的健康发展发出一点微弱的光和热,这是我个人的荣耀和幸福。

这几年来,我的家人给予我更多的陪伴和支持,三年前新书出版时女儿还是小学生,儿子还需要经常抱着,全家一起去做核酸检测;三年后女儿已经是几乎和我一样高的初中生,儿子也开始要每天面临作业轰炸的准小学生了。

时光匆匆,希望用这些文字记录下孩子们的成长和我的思考,也见证这个时代保险行业的沧桑巨变。

2024 年 11 月 30 日